UTB

W0384291

Eine Arbeitsgemeinschaft der Verlage

Böhlau Verlag · Wien · Köln · Weimar
Verlag Barbara Budrich · Opladen · Toronto
facultas.wuv · Wien
Wilhelm Fink · München
A. Francke Verlag · Tübingen und Basel
Haupt Verlag · Bern · Stuttgart · Wien
Julius Klinkhardt Verlagsbuchhandlung · Bad Heilbrunn
Mohr Siebeck · Tübingen
Nomos Verlagsgesellschaft · Baden-Baden
Ernst Reinhardt Verlag · München · Basel
Ferdinand Schöningh · Paderborn · München · Wien · Zürich
Eugen Ulmer Verlag · Stuttgart
UVK Verlagsgesellschaft · Konstanz, mit UVK/Lucius · München
Vandenhoeck & Ruprecht · Göttingen · Bristol
vdf Hochschulverlag AG an der ETH Zürich

Simon Koschut
Magnus Kutz (Hrsg.)

Die Außenpolitik der USA

Theorie – Prozess – Politikfelder – Regionen

Verlag Barbara Budrich
Opladen & Toronto 2012

Bibliografische Information der Deutschen Nationalbibliothek
Die Deutsche Nationalbibliothek verzeichnet diese Publikation in der Deutschen Nationalbibliografie; detaillierte bibliografische Daten sind im Internet über http://dnb.d-nb.de abrufbar.

Gedruckt auf säurefreiem und alterungsbeständigem Papier.

Verlags-ISBN 978-3-86649-792-4
www.budrich-verlag.de

UTB-ISBN 978-3-8252-8472-5

Satz: Susanne Albrecht-Rosenkranz, Leverkusen, info@lektorat-albrecht.de
Umschlaggestaltung: Atelier Reichert, Stuttgart
Druck: Friedrich Pustet KG, Regensburg
Printed in Germany

Inhalt

Einleitung

Simon Koschut/Magnus-Sebastian Kutz

Im Jahr 1995, also wenige Jahre nach dem Fall des Eisernen Vorhangs und dem Ende der Teilung Europas, wurde Madeleine Albright, die damalige Botschafterin der Vereinigten Staaten bei den Vereinten Nationen, gebeten, als offizielle Repräsentantin der USA nach Europa zu fahren. Sie sollte dort den Feierlichkeiten zum 50-jährigen Ende des Zweiten Weltkrieges beiwohnen. Ihre eigene Herkunft machte Madeleine Albright zu einer Vertreterin mit symbolischer Bedeutung. Die Tochter eines tschechoslowakischen Diplomaten floh als Kind mit ihrer Familie nach der Unterzeichnung des Münchner Abkommens und der Besetzung durch deutsche Truppen aus dem Land.

Als Madeleine Albright nun im Rahmen dieser Feierlichkeiten nach Tschechien fuhr und dort Westböhmen besuchte, das am Ende des Zweiten Weltkrieges zunächst von US-amerikanischen Truppen besetzt worden war, wurde sie von US-amerikanischen Flaggen begrüßt, die die Menschen aus den Häusern gehängt hatten. Schnell fiel ihr der ungewöhnliche Anblick auf: Die Sterne auf den Flaggen waren symmetrisch angeordnet. Die Flagge der Vereinigten Staaten von Amerika wie wir sie heute kennen, besteht aus sieben roten und sechs weißen Streifen, die die 13 Gründungsstaaten der Republik repräsentieren sowie 50 Sternen, die in neun Reihen von abwechselnd fünf und sechs Sternen angeordnet sind und die 50 Bundesstaaten der USA symbolisieren. Die Flaggen, die Madeleine Albright sah, hatten jedoch 48 Sterne, die in sechs Reihen zu je acht Sternen angeordnet waren. Dies ist die Flagge der USA aus der Zeit zwischen 1912 und 1959, dem Zeitraum vor dem Beitritt von Alaska und Hawaii zu den USA. Die Flaggen, die Madeleine Albright in Tschechien bemerkte, waren Flaggen, die die US-amerikanischen Truppen am Ende des Zweiten Weltkrieges mitgebracht hatten und die nach dem Abzug und der Besetzung durch die Rote Armee dort zurückgelassen worden waren. Die Menschen hatten sie unter hohem Risiko versteckt und von Generation zu Generation als Symbol der Freiheit weitergegeben. Nun, 50 Jahre später, konnten sie endlich diese Flaggen wieder öffentlich zeigen, um die Repräsentantin jenes Staates zu begrüßen, der für dieses Symbol und diese Ideale stand.

Diese Anekdote illustriert die enorme gesellschaftspolitische Bedeutung der USA für Europa seit dem Ende des Zweiten Weltkrieges. Während sie auf der einen Seite des „Eisernen Vorhangs“ bei großen Teilen der Bevölkerung vor allem als ein fernes Symbol der Freiheit fungierten, waren die Vereinigten Staaten von Amerika insbesondere in Westdeutschland Freund und Schutzmacht. Ihre Präsenz sicherte die territoriale Integrität der Bundesrepublik und der Marshallplan war Ausgangspunkt des wirtschaftlichen Wiederaufbaus Westeuropas nach dem Zweiten Weltkrieg. Die großen US-amerikanischen Truppenkontingente und die damit verbundene große Anzahl von US-amerikanischen Soldaten, die einen Teil ihres Lebens in Deutschland verbracht haben, sorgten hier ebenso für eine intensive Verbindung wie die unzähligen Austauschbesuche von Schülern und Studierenden. Historisch stehen sich beide Kulturen zudem nahe, da die USA in großem Maße von deutschen Einwanderern geprägt sind, die bis heute die größte Bevölkerungsgruppe in den USA darstellen: 42,8 Prozent der US-Amerikaner haben deutsche Wurzeln. Allein in der Metropolregion Philadelphia existieren bis heute über 200 deutsch-amerikanische Vereine und Organisationen. Zudem wurden die USA sowohl durch Literatur – man nehme nur Autoren wie Mark Twain, J.D. Salinger oder Upton Sinclair –, Kunst und Populärkultur zu einem entscheidenden kulturellen Faktor in Deutschland.

Es gibt also mehrere Gründe für ein besonderes Interesse an den USA: ihre symbolische Bedeutung für den Freiheitsbegriff, die besondere historische Rolle in Europa – insbesondere in Deutschland nach dem Zweiten Weltkrieg – die enge kulturelle Verbindung beider Länder, und natürlich ihre herausgehobene weltpolitische Bedeutung, die sich aus der wirtschaftlichen und militärischen Vormachtstellung ergibt, aber auch immer wieder für große Kritik sorgt. Im ersten Jahrzehnt des 21. Jahrhunderts gab es kaum ein Thema in der internationalen Politik, das so intensiv und leidenschaftlich diskutiert wurde wie die Rolle der USA als (Un-)Ordnungsmacht. Die Reaktionen der Bush-Administration auf die Terroranschläge des 11. September 2001 führten insbesondere in Deutschland zu einem intensiven und kritischen Diskurs über US-amerikanische Außenpolitik. Im Mittelpunkt der Debatte standen ideologische und gesellschaftspolitische Faktoren, Motive und Auslöser ebenso wie die Auswirkungen außenpolitischer Entscheidungen auf das globale Ordnungsgefüge und das internationale System. Mit der Wahl des, insbesondere in Deutschland überaus populären, Barack H. Obama zum 44. Präsidenten der USA – verbunden mit einer vielerorts diskutierten „Renaissance des Staates“[1] im Zuge der globalen Wirtschafts- und Finanzkrise – hat sich das gesellschaftliche und wissenschaftliche Interesse aber auch die Kontroverse hinsichtlich US-amerikanischer Außenpolitik hierzulande weiter verstärkt (GMFUS 2011). Die einerseits massive Kritik an der Bush-Administration und der enorme Erfolg von den Büchern Michael Moores, der besonders in Deutschland die nach wie vor existierenden anti-amerikanischen Ressentiments beförderte und die andererseits beinahe blinde Begeisterung für Barack Obama und dessen symbolträchtige Wahlkampfrede vor 200.000 Menschen an der Siegessäule in Berlin im Präsidentschaftswahlkampf 2008 verdeutlichen dieses Spannungsfeld zwischen kritischer Distanz und inniger Verbundenheit.

Das deutsche Forschungsfeld und Lehrangebot zur Außenpolitik der USA hat sich in diesem Umfeld in den vergangenen Jahren stetig erweitert, ist jedoch keineswegs ‚konjunkturabhängig‘.Vielmehr ist es durch die langjährige und intensive Bindung beider Staaten und Gesellschaften institutionell in der deutschen Hochschullandschaft fest verankert. Dies hat sich im Zuge der Reformen des Bolognaprozesses nur unwesentlich verändert. Nach wie vor zieht es jeden zehnten deutschen Studierenden in die USA zum Auslandsstudium, auch wenn die Vereinigten Staaten dabei ihre langjährige Spitzenposition eingebüßt haben (Statistisches Bundesamt 2009). Durch die stärkere Verschulung der Bachelor- und Masterstudiengänge ist der Bedarf an Einführungslehrbüchern zudem gestiegen.

Hier zeigt sich der gegenwärtige Kontrast zwischen Bedarf und Angebot: Das vorliegende Lehr- und Handbuch bietet Lehrenden und Studierenden der Politikwissenschaft erstmals eine deutschsprachige, systematische Einführung in die US-amerikanische Außenpolitik. Während es an derartigen Lehrbüchern im englischsprachigen Raum nicht mangelt (vgl. exemplarisch Hastedt 2010; Cox/Stokes 2008; Hook/Spanier 2007; Dobson/Marsh 2006; Cameron 2005; Papp/Johnson/Endicott 2004; Callahan 2003), existiert auf dem deut-

---

1 So der Titel der 27. Jahrestagung der Deutschen Gesellschaft für Politikwissenschaft am 27./28. November 2009 in Tutzing.

schen Markt kaum etwas Vergleichbares. Bisherige Einführungswerke auf diesem Forschungsfeld zeichnen sich entweder durch ihren historischen Zugang aus (Bierling 2007; Hacke 2005; Junker 2003) oder sind bereits veraltet (Montag 1987). Der *Länderbericht USA* (Lösche/von Loeffelholz 2008) sowie das Lehr- und Handbuch *Regierungssystem der USA* (Jäger/Haas/Welz 2007) behandeln die Außenpolitik wiederum nur als Teilkapitel. Aktuelle Neuerscheinungen zur US-amerikanischen Außenpolitik beschränken sich schließlich auf die Politik einzelner Administrationen (KFIBS 2012; Schreyer/Wilzewski 2010; Rudolf 2010; Meier-Walser 2009).

Der vorliegende Band setzt sich dagegen systematisch mit den strukturellen Faktoren und langfristigen Prozessen und Implikationen US-amerikanischer Außenpolitik auseinander. Überdies bietet das Buch Studierenden einen theoretischen und methodischen Zugang (im Sinne von Außenpolitikanalyse). Gerade letzteres kommt in vielen Lehr- und Handbüchern meist zu kurz. Allzu häufig erleben wir in unseren Seminaren und Sprechstunden daher ein eklatantes Missverhältnis zwischen dem durchaus beachtlichen empirischen Wissen und großen Interesse junger Studierender an US-amerikanischer Außenpolitik einerseits aber auch den mangelnden Kenntnissen und Fähigkeiten, dieses Wissen theoretisch zu strukturieren und methodisch umzusetzen andererseits. Der vorhandene wissenschaftliche Bedarf und das aus unserer Sicht nur begrenzt vorhandene wissenschaftliche Angebot haben uns deshalb schließlich zu diesem Lehrbuch motiviert.

Zugang zum Forschungsgebiet

Sind die USA eine Nation wie jede andere? Die einzigartige Machtstellung der USA im internationalen System nach dem Ende des Ost-West-Konflikts impliziert, dass den USA in der Welt eine besondere Rolle zu kommen muss. Für Vertreter einer (neo)realistischen Sichtweise auf die internationalen Beziehungen ist die Frage damit bereits beantwortet. Doch Macht allein sagt noch wenig über Inhalt und Entstehung US-amerikanischer Außenpolitik aus. Wie also lässt sich die Einzigartigkeit US-amerikanischer Außenpolitik erklären?

In einer Rede vor Landwirten 1963 in Minnesota sagte der damalige US-amerikanische Außenminister Dean Rusk:

> As your Secretary of State I wish to talk to you about foreign relations. Foreign policy is about you. Foreign policy is not a game played by "those people in Washington" with other players from far-off distant places. It is as close to you as the members of your family in uniform, as close as the taxes you pay to sustain the struggle for freedom, as close as the markets for what you produce (zitiert in: Hughes 1978: 1).

US-amerikanische Außenpolitik, dies verdeutlicht dieses Zitat exemplarisch, kann nur dann vollständig verstanden und erklärt werden, wenn man neben den äußeren Rahmenbedingungen auch seine innenpolitischen und gesellschaftlichen Determinanten mit einbezieht. Ernst-Otto Czempiel (1966: 2), einer der Väter jenes Perspektivenwechsels hin zu einer „Vergesellschaftung" von Außenpolitik, geht sogar noch einen Schritt weiter, wenn er schreibt: „(D)as Zentrum der außenpolitischen Entscheidung liegt bei der Gesellschaft".

Die Annäherung an US-amerikanische Außenpolitik über seine innenpolitischen Akteure und Prozesse erscheint aktuell so relevant und umstritten wie selten zuvor. Die jüngsten Kontroversen über den Irak- und Afghanistankrieg, die internationale Wirtschaft- und Finanzkrise, den Klimawandel oder auch die Menschenrechte verursachen tiefe Risse innerhalb der US-amerikanischen Gesellschaft und der außenpolitischen Elite. Gerade diese innergesellschaftlichen Auseinandersetzungen verdeutlichen jedoch, dass US-amerikanische Außenpolitik mehr ist als die Summe der Reaktionen auf internationale Entwicklungen und Ereignisse bzw. das alleinige Resultat individueller oder bürokratischer Entscheidungen. Gesellschaftsbezogene innenpolitische Faktoren bestimmen neben den institutionellen Wechselbeziehungen im politischen System der USA sowohl den interessengeleiteten, normativen als auch wertebezogenen Handlungsrahmen von Außenpolitik in den USA.

Dies birgt allerdings enorme Herausforderungen für die Wissenschaft. Es ist für den Politiker einfach, vor seinen Wählerinnen und Wählern zu behaupten: „Foreign policy is about you". Es ist jedoch für die Wissenschaftlerin weitaus schwieriger, die Kausalzusammenhänge und -prozesse einer solchen Annahme auszuleuchten. Die empirische Übersetzung dieser Annahme für den Rahmen einer aussagekräftigen Analyse stellt diese vor nicht unerhebliche theoriebezogene und methodische Herausforderungen. Welche Aspekte der Gesellschaftsstruktur bedingen welches außenpolitische Verhalten? Wie und unter welchen Bedingungen werden innenpolitische Kräfte in der US-amerikanischen Außenpolitik freigesetzt?

Es sei an dieser Stelle klargestellt, dass der vorliegende Band keineswegs die Behauptung aufstellt, dass sich US-amerikanische Außenpolitik ausschließlich mit innenpolitischen oder gesellschaftlichen Faktoren erklären lässt. Das zentrale Argument lautet vielmehr, dass innenpolitische Faktoren *eine* (wenn nicht sogar die) entscheidende Komponente für das Verständnis US-amerikanischer Außenpolitik darstellen, ohne die sich das außenpolitische Verhalten des mächtigsten Akteurs der Welt nicht verstehen geschweige denn erklären lässt. Dies belegen die Beiträge in diesem Band eindrücklich. Daraus folgt wiederum die These, dass politische Entscheidungsträger und gesellschaftliche Akteure in der US-amerikanischen Außenpolitik aufeinander reagieren und sich wechselseitig beeinflussen müssen. Es findet demnach ein ständiger Rückkopplungsprozess zwischen staatlicher und zivilgesellschaftlicher Ebene statt.

Es wird hier ebenso wenig davon ausgegangen, dass innenpolitische Faktoren zwingend – quasi per Naturgesetz – den außenpolitischen Prozess beeinflussen müssen. Der vorliegende Band stellt vielmehr die Frage, *wie* und unter welchen Bedingungen sich innenpolitische Faktoren auf die Außenpolitik der USA in bestimmten Politikfeldern und Regionen auswirken. Anhand der Beiträge in diesem Band lassen sich so vier Spannungsfelder US-amerikanischer Außenpolitik identifizieren:

Kontinuität v. Wandel

In der US-amerikanischen Außenpolitik lässt sich bisweilen ein bemerkenswerter Wandel beobachten, der sich zum einen aus der Wahl einer neuen Administration ergeben kann[2] und der zum anderen häufig die gesellschaftliche Reaktion auf kollektive traumatische Erlebnisse widerspiegelt (z.B. Vietnamkrieg). Gleichzeitig zeigen die folgenden Beiträge zur Außenpolitik der USA in einzelnen Weltregionen und Politikfeldern, dass diese über längere Zeiträume von erstaunlicher Kontinuität geprägt ist und sich außenpolitische Brüche, bedingt durch politische Umstürze und Revolutionen in den USA, im Gegensatz zu vielen anderen Staaten kaum ergeben haben.

Konflikt v. Konsens

Innerhalb der US-amerikanischen Gesellschaft und der außenpolitischen Elite herrscht ein grundlegender Konsens über die Einzigartigkeit und Überlegenheit US-amerikanischer

---

2 In der Regel kommt es in diesem Fall zu einem Komplettaustausch des außenpolitischen Personals. Die daraus entstehende Übergangsphase (transition phase) von der alten zur neuen Administration kann sich bis zu einem halben Jahr hinziehen.

Werte, des politischen Systems sowie seiner Institutionen, der die US-amerikanische Außenpolitik prägt und zum Teil determiniert. Gleichzeitig tobt im Innern ein permanenter Konflikt um die Deutungshoheit, Macht- und Ressourcenverteilung in der US-amerikanischen Außenpolitik zwischen konkurrierenden innenpolitischen Akteuren und deren individuellen Interessen, Begehrlichkeiten, Werten, Normen und Identitäten.

Macht v. Moral

Das dritte Spannungsfeld ist gekennzeichnet durch die Dichotomie zwischen Realismus und Idealismus. Einerseits sind die USA der Überzeugung, dass das Gute in der Welt über das Böse triumphieren wird und Amerika naturgemäß eine moralische Kraft für das Gute ist. Andererseits sind die USA ebenso davon überzeugt, dass die Welt um sie herum vielfältige Gefahren birgt, vor denen es sich mit dem Ausbau und der Anwendung seiner militärischen und wirtschaftlichen Macht schützen kann. Sicherheitspolitischer Realismus, gepaart mit wirtschaftlichem Opportunismus, sowie wertebezogener Idealismus sind somit wesentliche Eckpunkte US-amerikanischer Außenpolitik. Das dazwischen liegende Spannungsfeld aus Macht und Moral stellt dabei immer auch eine Wechselbeziehung dar. So ist es aus Sicht der USA nicht zwingend ein Widerspruch, einerseits die Menschenrechte weltweit zu fördern und zu verteidigen und dabei gleichzeitig eben jene Menschenrechte zu ignorieren, wenn die Sicherheit der eigenen Nation gefährdet zu sein scheint.

Innen v. Außen

Ein viertes Spannungsfeld entsteht durch die zunehmende Verwischung der Grenzen zwischen Innen und Außen im Zuge von Globalisierungsprozessen, der stärkeren Bedeutung transnationaler Akteure (z.B. Terrorismus) sowie demografischen Veränderungen (z.B. der Zuwachs der lateinamerikanischen Bevölkerung in den USA). Innen- und außenpolitische Interessen und Normen geraten dabei zunehmend in Konflikt miteinander. US-amerikanische Außenpolitik ist damit weniger das Resultat des Zusammenspiels zweier voneinander getrennter Ebenen der Innen- und Außenpolitik sondern stellt vielmehr ein System kommunizierender Röhren dar, in denen sich innen- und außenpolitische Akteure und Themen miteinander vermischen (*intermestic politics*) und so ein konstanter Druck auf den außenpolitischen Entscheidungsprozess aufgebaut wird, der sich mitunter entlädt.

Das inhaltliche Konzept des Bandes

Das vorliegende Buch ist als Lehr- und Handbuch konzipiert und richtet sich an Dozierende und Studierende, Lehrerinnen und Lehrer sowie die wissenschaftlich interessierte Öffentlichkeit. Auch für politische Entscheidungsträgerinnen und Entscheidungsträger, außeruniversitäre Forschungseinrichtungen, Medien und Verbände, die sich mit Außenpolitik und der internationalen Politik befassen, dürfte dieser Band von erheblichem Interesse sein. Er erfüllt dabei zwei wesentliche Funktionen. Erstens bietet der Band ein Nachschlagewerk, das die unterschiedlichen Aspekte US-amerikanischer Außenpolitik konzeptionell ordnet und allgemeinverständlich erklärt. Zweitens verfolgt der Band den Ansatz, die Komplexität eines ständig expandierenden Forschungsfeldes für die wissenschaftliche Lehre und das Studium systematisch zu strukturieren. Die Autorinnen und Autoren in diesem Band geben daher in kurzen und prägnanten Beiträgen politikwissenschaftliche Einblicke in die verschiedenen Ursachen und Wirkungsfelder US-amerikanischer Außenpolitik. Dabei werden unterschiedliche Sichtweisen und Perspektiven gleichberechtigt nebeneinander gestellt. Neben der Vermittlung von empirischem Wissen entwerfen diese unterschiedlichen Perspektiven dabei analytische Landkarten, mithilfe derer sich Studierende in einem für sie meist noch unerschlossenen Terrain orientieren können. Die Auswahl der ‚richtigen' Landkarte hängt freilich jeweils vom konkreten Forschungsziel und der Fragestellung ab.

Der Band ist wie folgt gegliedert: Eine theoretische Perspektive eröffnet zunächst einen allgemeinen Zugang zur Außenpolitikanalyse sowie zu den besonderen materiellen und ideellen Rahmenbedingungen US-amerikanischer Außenpolitik. Der nächste Abschnitt nimmt eine akteursspezifische Sichtweise ein und konzentriert sich somit auf den außenpolitischen Prozess (*process*). Eine weitere Perspektive richtet den Blick auf die wichtigsten Politikfelder US-amerikanischer Außenpolitik und stellt somit außenpolitisches Handeln (*policy*) in den Vordergrund der Analyse. Abschließend bietet eine regionale Perspektive Einblicke in die differenzierten Wechselwirkungen US-amerikanischer Außenpolitik in unterschiedlichen räumlichen und kulturellen Kontexten. Die analysierten Bereiche können dabei naturgemäß nicht das gesamte Spektrum US-amerikanischer Außenpolitik abdecken. Vielmehr sollen diese die Komplexität der Außenpolitik des mächtigsten globalen Akteurs exemplarisch widerspiegeln. Insgesamt verläuft der konzeptionelle rote Faden des Bandes somit von Innen nach Außen, also von den ‚Sendern' US-amerikanischer Außenpolitik, den innenpolitischen Akteuren und Prozessen, über die relevanten außenpolitischen Politikfelder zu den ‚Empfängern' in den einzelnen Regionen der Welt.[3]

Das didaktische Konzept der Beiträge

Es geht in dem vorliegenden Band in erster Linie um Wissensvermittlung, nicht um die Verbreitung eigener Forschungsergebnisse (wobei ersteres letzteres natürlich nicht zwangsläufig ausschließt). Wir haben daher die Autorinnen und Autoren gebeten, möglichst einfache und präzise Formulierungen sowie durchgängig eine eingehende und verständliche Sprache zu verwenden. Dieser didaktischen Logik folgend haben wir uns auch dazu entschlossen, möglichst sparsam mit Fußnoten und Literaturverweisen umzugehen.

Die Beiträge des vorliegenden Lehrbuches verwenden (mit Ausnahme des theoretischen Teils) eine stringente didaktische Schablone, welche die jeweiligen Inhalte für die Leserin und den Leser übersichtlich und vergleichbar gestalten soll.[4] Diese Schablone gliedert sich in fünf Teile. Zunächst wird jedem Text eine kurze Zusammenfassung vorangestellt, welche die Auswahl der Beiträge und den Einstieg in die jeweilige inhaltliche Thematik erleichtern soll. Darauf folgt zweitens neben einigen einleitenden Bemerkungen eine kurze historische Einordnung, welche in den Kapiteln ‚Politikfelder' und ‚Regionen' durch die jeweils spezifischen US-amerikanischen außenpolitischen Leitlinien und Interessen ergänzt werden. Drittens werden die zentralen Handlungsakteure und Institutionen im jeweiligen Politikfeld bzw. den einzelnen Regionen vorgestellt (im Kapitel ‚Akteure und Prozesse' werden stattdessen die Rolle, Funktion und Bedeutung des jeweiligen Akteurs im außenpolitischen Prozess der USA analysiert). Jeder Beitrag endet mit einer kurzen Bestandsaufnahme aktueller politischer Trends und möglicher künftiger Entwicklungen. Im Anhang bieten die Beiträge gemäß dem Lehrbuchcharakter des vorliegenden Bandes neben drei

---

3 Dieser konzeptionelle Aufbau ist freilich nicht als Einbahnstraße zu verstehen. Selbstverständlich beeinflussen äußere Bedingungen und Akteure die US-amerikanische Außenpolitik über Rückkoppelungs- und Feedbackschleifen (vgl. hierzu den Beitrag von Simon Koschut zur Außenpolitikanalyse).

4 Für hilfreiche Anregungen zur Erstellung dieser didaktischen Schablone danken wir Stormy Annika Mildner.

Übungsfragen eine kurze Kommentierung der drei wichtigsten Standardwerke des jeweiligen Forschungsfeldes, eine Übersicht relevanter Webseiten sowie weiterführende Literatur. Dies soll es Studierenden erleichtern, sich in das jeweilige spezifische Forschungsfeld eigenständig einzuarbeiten und dabei zu eigenen Rückschlüssen und Erkenntnissen zu gelangen.

Danksagungen der Herausgeber

Unser Dank gilt in erster Linie den Autorinnen und Autoren, die mit ihrer Expertise und Verlässlichkeit entscheidend zur Entstehung des vorliegenden Bandes beigetragen haben. Ganz besonders danken wir dem Barbara Budrich Verlag, namentlich Barbara Budrich und Sumi Jessien, für das in uns gesetzte Vertrauen und die hervorragende Zusammenarbeit. Ohne die frühzeitige und konsequente Unterstützung durch den Verlag wäre die Erarbeitung dieses Bandes nicht möglich gewesen. Danken möchten wir an dieser Stelle auch den Gesellschaftern der UTB für die Aufnahme des Bandes in diese renommierte Reihe. Simon Koschut dankt zudem der Fritz Thyssen Stiftung für ein großzügiges Forschungsstipendium an der Harvard University, welches den Entstehungsprozess des Lehrbuches erheblich beschleunigte. Magnus Kutz dankt der Graduate School Media and Communication an der Universität Hamburg für die Abschlussförderung seiner Dissertation, die erst die parallele Arbeit an beiden Projekten ermöglichte. Abschließend möchten wir denjenigen danken, die in dieser Aufzählung zwar am Ende erscheinen aber für uns dennoch an erster Stelle stehen: unseren Familien.

Berlin/Hamburg im November 2011

Verwendete Literatur

Bierling, Stephan (2007) Geschichte der amerikanischen Außenpolitik. Von 1917 bis zur Gegenwart. München: C.H. Beck.

Callahan, Patrick (2003) Logics of American Foreign Policy: Theories of America's World Role. London: Longman.

Cameron, Fraser (2005) US Foreign Policy after the Cold War. Global Hegemon or Reluctant Sheriff? Second Edition. London: Routledge.

Cox, Michael und Doug Stokes (Hrsg.) (2008) US Foreign Policy. Oxford: Oxford University Press.

Czempiel, Ernst-Otto (1966) Das amerikanische Sicherheitssystem 1945-1949. Berlin: de Gruyter.

Dobson, Alan P. und Steve Marsh (2006) US Foreign Policy Since 1945. Second Edition. London: Routledge.

German Marshall Fund of the United States (GMFUS) (2011) Transatlantic Trends 2011, http://www.gmfus.org/trends/doc/2009_English_Key.pdf (Zugriff am 19.09.2011).

Hacke, Christian (2005) Zur Weltmacht verdammt. Die amerikanische Außenpolitik von J. F. Kennedy bis G. W. Bush. Erw. Neuauflage. Berlin: Ullstein.

Hastedt, Glenn P. (2010) American Foreign Policy. Past, Present and Future. 8. Ausgabe. Upper Daddle River, NJ: Prentice Hall.

Hook, Steven W. und John Spanier (2007) American Foreign Policy Since World War II. Washington, DC: Congressional Quarterly.
Hughes, Barry (1978) The Domestic Context of US Foreign Policy. New York: W.H. Freeman.
Jäger, Wolfgang, Christoph M. Haas und Wolfgang Welz (2007) Regierungssystem der USA. München: Oldenbourg Verlag.
Junker, Detlef (2003) Power and Mission. Was Amerika antreibt. Freiburg: Herder Verlag.
Kölner Forum für Internationale Beziehungen und Sicherheitspolitik (KFIBS) e. V. (Hrsg.) (2012) Transatlantische Perspektiven für die Post-Bush-Ära: Aufbruch zu neuen Ufern oder „business as usual"? Köln: Kölner Wissenschaftsverlag.
Meier-Walser, Reinhard C. (Hrsg.) (2009) Die Außenpolitik der USA. Präsident Obamas neuer Kurs und die Zukunft der transatlantischen Beziehungen. München: Hanns-Seidel-Stiftung.
Montag, Claus (Hrsg.) (1987) USA. Außenpolitik in der Gegenwart. Köln: Pahl-Rugenstein Verlag.
Papp, Daniel S., Loch K. Johnson und John Endicott (2004) American Foreign Policy. History, Politics, and Policy. London: Longman.
Rudolf, Peter (2010) Das neue Amerika. Außenpolitik unter Barack Obama. Berlin: Suhrkamp Verlag.
Schreyer, Söhnke und Jürgen Wilzewski (Hrsg.) (2010) Weltmacht in der Krise. Die USA am Ende der Ära George W. Bush. Trier: Wissenschaftsverlag.
Lösche, Peter und Hans Dietrich von Loeffelholz (Hrsg.) (2008) Länderbericht USA. Geschichte, Politik, Wirtschaft, Gesellschaft, Kultur. Bonn: Bundeszentrale für Politische Bildung.
Statistisches Bundesamt, Pressemitteilung vom 29.10.2009, http://www.destatis.de/jetspeed/portal/cms/Sites/destatis/Internet/DE/Presse/pm/2009/10/PD09__411__213,templateId=renderPrint.psml (Zugriff am 19.08.2010).

Theorie

Theorie und Außenpolitikanalyse

Simon Koschut

Zusammenfassung

Mit diesem Beitrag möchte ich versuchen, die Bedeutung und Wesentlichkeit von Theorie für die Analyse US-amerikanischer Außenpolitik darzulegen. Aus deren Komplexität ergibt sich eine Vielzahl von Möglichkeiten, US-amerikanische Außenpolitik zu erklären und zu verstehen. Zum einen stellt sich zunächst die grundlegende Frage, ob man den außenpolitischen Entscheidungsprozess (process) oder außenpolitische Handlungen (policy) als Forschungsgegenstand auswählt. Zum anderen ergibt sich daraus wiederum die Frage, ob man bei der Analyse jeweils bestimmten akteursspezifischen oder strukturellen Einflussfaktoren den Vorzug gibt oder beide auf unterschiedlichen Analyseebenen integriert. Im Zentrum steht also immer die entscheidende Frage, welche theoretische „Landkarte" der außenpolitische Betrachter verwendet.

Einleitung

Die Suche nach Erklärungsansätzen für US-amerikanische Außenpolitik ist ungeheuer komplex, da stets eine Vielzahl unterschiedlicher Faktoren im Spiel sind. Daher müssen zur Erklärung bestimmter außenpolitischer Verhaltensweisen und Resultate zunächst einmal die unterschiedlichen Analyseebenen und -perspektiven betrachtet werden. Nehmen wir das Beispiel des Irakkrieges 2003. Auf welche Faktoren sollten wir uns bei der Erklärung der außenpolitischen Entscheidung zum Sturz Saddam Husseins konzentrieren? Sollten wir unsere Aufmerksamkeit auf das irakische Bedrohungspotential und die regionale Machtverteilung im Nahen und Mittleren Osten legen? Sollten wir den Blick eher auf die US-amerikanische Gesellschaft und die ihr zugrundeliegenden Interessen, Werte und Identitäten wie Energiebedarf, Demokratieförderung oder Menschenrechte richten? Sollten wir den Fokus auf bürokratische Prozesse und das politische System in den USA setzen und uns auf die institutionellen Interessen im Kongress, im Pentagon, im Außenministerium oder den Geheimdiensten fokussieren? Oder sollten wir uns mit der Persönlichkeit handlungsrelevanter individueller Akteure wie Präsident George W. Bush und seinem engsten Beraterzirkel auseinandersetzen?

Dieses Beispiel (angelehnt an Smith 2008: 9) verdeutlicht die Komplexität außenpolitischer Entscheidungen. Theorie wird damit zu einem zentralen Bestandteil außenpolitischer Analysen, da sie es ermöglicht, komplexe politische Zusammenhänge zu verstehen und zu erklären. Theorien zeigen unterschiedliche Perspektiven auf und entwerfen analytische

Landkarten, die uns durch das unwegsame empirische Terrain führen. Die Auswahl der „richtigen" Landkarte hängt dabei jeweils vom konkreten Forschungsziel und der Fragestellung ab. So wäre etwa ein Plan der Berliner U-Bahn wenig hilfreich für eine Besucherin, die zu Fuß vom Potsdamer Platz zum Brandenburger Tor laufen möchte (Woods 1996: 9). Anders ausgedrückt: Die Masse an Fakten und die Suche nach Erklärungen erhalten erst durch ihre theoretische Einbettung Struktur, Form und damit Relevanz. Theorien ermöglichen es die Vielzahl empirischer Daten und Informationen zu strukturieren, um daraus wiederum eine These zu entwickeln, die möglicherweise ein bestimmtes außenpolitisches Verhalten erklären kann. Dabei hat sich das Streben nach einer allumfassenden Theorie zur Erklärung außenpolitischer Verhaltensweisen in der Vergangenheit als illusorisch erwiesen. Vielmehr existiert eine Vielzahl konkurrierender Theorieansätze, die jeweils unterschiedliche Einflussfaktoren und Analyseebenen in den Vordergrund der wissenschaftlichen Betrachtung rücken. Ziel des vorliegenden Beitrages ist es, dieses theoretische Instrumentarium basierend auf dem gegenwärtigen Forschungsstand vorzustellen und zu erläutern. Dabei wird in drei Schritten vorgegangen. In einem ersten Schritt werden zunächst die Begriffe „Außenpolitik" und „Außenpolitikanalyse" definiert. In einem zweiten Schritt wird der Analyserahmen US-amerikanischer Außenpolitik anhand der möglichen abhängigen und unabhängigen Variablen abgesteckt. Schließlich werden in einem dritten Schritt konkrete Modelle für die Analyse US-amerikanischer Außenpolitik vorgestellt und erläutert.

Außenpolitik und Außenpolitikanalyse

Der US-amerikanische Politikwissenschaftler James N. Rosenau legte in den 1950er und 1960er Jahren gemeinsam mit Richard C. Snyder sowie Harold und Margaret Sprout den Grundstein für das heutige Forschungsfeld der Außenpolitikanalyse (*comparative foreign policy, CFP* oder *foreign policy analysis, FPA*). Rosenau unterscheidet zwischen fünf möglichen Einflussfaktoren (unabhängige Variablen) US-amerikanischer Außenpolitik als abhängiger Variable: das externe Umfeld in Form des internationalen Systems, das innenpolitische und gesellschaftliche Milieu der USA, das Regierungssystem mit seinen verfassungsrechtlichen Kompetenzen, die bürokratischen Verwaltungsstrukturen und schließlich die persönlichen Eigenschaften und Denkmuster individueller außenpolitischer Akteure. Diese Faktoren schließen sich keineswegs gegenseitig aus, sondern liegen häufig in Kombination miteinander vor. Rosenau begründet damit jedoch nicht den Anspruch einer abschließenden Theorie US-amerikanischer Außenpolitik. Vielmehr sieht er seinen Ansatz lediglich als analytische Vorstufe (*pretheory*) zur Erklärung außenpolitischer Verhaltensweisen: „to recognize that foreign policy is shaped by internal as well as external factors is not to comprehend how the two intermix or to indicate the conditions under which one predominates over the other (Rosenau 1966: 99)". FPA ist dabei eher an der Entwicklung von Theorien mittlerer Reichweite interessiert, d.h. Theorien, die entweder nur die Außenpolitik einer bestimmten Staatsform (z.B. Demokratien) oder in bestimmten Situationen (z.B. Krisen) erklären können. Ausgehend von diesen grundsätzlichen Erwägungen erscheint es nun hilfreich und angebracht, die Begriffe „Außenpolitik" bzw. „Außenpolitikanalyse" näher zu erläutern.

Was genau ist Außenpolitik? „In theoretischer Perspektive wird Außenpolitik verstanden als ein Interaktionsprozess, in dem ein Staat grundlegende Ziele und Werte in Konkurrenz zu den anderen Staaten zu realisieren versucht" (Haftendorn 2001: 13). Eine ähnliche Definition verwendet auch Walter Carlsnaes: „Those actions which expressed in the form of explicitly stated goals, commitments and/or directives, and pursued by governmental representatives acting on behalf of their sovereign communities, are directed towards objectives, conditions and actors – both governmental and non-governmental – which they want to affect and which lie beyond their territorial legitimacy“ (Carlnaes 2002: 335). Carlnaes Definition ist insofern weitergehend, da er auch nichtstaatliche Akteure (z.B. al Qaida) als potenzielle Adressaten von (US-amerikanischer) Außenpolitik berücksichtigt. Allerdings verwenden beide Definitionen eine nach wie vor staatszentrierte Sichtweise, die zwar für die Analyse US-amerikanischer Außenpolitik ausreichend erscheinen mag, jedoch dem gegenwärtigen Entwicklungsstand der FPA nicht gerecht wird. Im Zuge von Globalisierungs- und Integrationsprozessen werden die Nationalstaaten und ihre Souveränität durch transnationale und intergouvernementale Akteure und Netzwerke zunehmend unterlaufen und querverbunden (Beck 1997: 29; Slaughter 2005; Keck/Sikkink 1998). Somit ist die Außenpolitik längst nicht mehr die ausschließliche Domäne von Nationalstaaten. Vielmehr lässt sich der Begriff auf eine Vielzahl von Akteuren anwenden, angefangen von sozialen Bewegungen bis hin zu regionalen Akteuren wie der Europäischen Union (EU). Es ist daher auch ohne weiteres möglich, von der Außenpolitik multinationaler Unternehmen, von Nichtregierungsorganisationen, Internationalen Organisationen oder Terrornetzwerken zu sprechen. Die Nationalstaaten sind nach wie vor die maßgeblichen jedoch keineswegs die exklusiven Träger von Außenpolitik. Insofern lässt sich Außenpolitik am besten beschreiben als „the sum of official external relations conducted by an independent actor (usually a state) in international relations (Hill 2003: 3).

Auf der Grundlage dieser breiten Definition von Außenpolitik und der oben aufgezeigten einleitenden Überlegungen hat Valerie M. Hudson (2007) für die Zeit nach dem Ende des Ost-West-Konflikts fünf Kennzeichen von FPA herausgearbeitet:

1. Eine Verlagerung der außenpolitischen Analyse von der Ebene des Nationalstaats auf die gesellschaftspolitische und transnationale Ebene
2. Eine Fokussierung auf den Aufbau von Theorien mittlerer Reichweite an der Schnittstelle zwischen der innenpolitischen Ebene und der Ebene des internationalen Systems
3. Eine Integration multikausaler Erklärungsansätze auf unterschiedlichen Analyseebenen
4. Eine Einbeziehung von Theorieansätzen aus anderen geisteswissenschaftlichen Disziplinen (z.B. Soziologie, Geschichte, Psychologie)
5. Eine gleichbedeutende Gewichtung sowohl des außenpolitischen Entscheidungsprozesses als auch der außenpolitischen Handlungen

FPA und die Disziplin der Internationalen Beziehungen (IB) existieren als Forschungsfelder traditionell getrennt voneinander. Dies ist jedoch eine eher künstliche Trennung, da beide über große theoretische und methodische Schnittmengen verfügen. Erstens untersuchen beide Felder die Einflussfaktoren und Handlungen von Staaten und nichtstaatlichen Akteuren aus unterschiedlichen Perspektiven. Zweitens sind beide daran interessiert, die Verhaltensweisen staatlicher und nichtstaatlicher Akteure zu erklären, zu verstehen und möglicherweise vorherzusagen. In jüngster Zeit sind daher Versuche unternommen worden, FPA und IB miteinander zu verbinden (Smith/Hadfield/Dunne 2008). Der vorliegende Beitrag greift diesen Trend zur Reintegration von IB und FPA auf, indem bei der Vorstellung außenpolitischer Analysemodelle bewusst auf Theorien der Internationalen Beziehungen zurückgegriffen wird.

Außenpolitischer Analyserahmen

Untersuchungsgegenstand US-amerikanischer Außenpolitik (abhängige Variable)

Bei der Analyse US-amerikanischer Außenpolitik ist zunächst der konkrete Gegenstand der Untersuchung (abhängige Variable) zu klären. Soll der außenpolitische Entscheidungsprozess (*process*) oder außenpolitisches Handeln (*policy*) Gegenstand der Analyse sein? Die Auswahl der abhängigen Variable muss dabei der Analyse vorangestellt werden, denn sie bestimmt letztlich die Auswahl möglicher Einflussfaktoren (unabhängige Variablen).

Der außenpolitische Entscheidungsprozess (*process*) beinhaltet den Ablauf und die Interaktion menschlicher Entscheidungsprozesse, welche zu einem bestimmten außenpolitischen Ergebnis führen. Es handelt sich dabei jedoch nicht um eine singuläre Entscheidung sondern um eine Abfolge von Entscheidungen, die meist in verschiedenen Phasen oder Stufen bezogen auf eine konkrete Situation erfolgen. Um die *process*-Forschung von der *policy*-Forschung abzugrenzen wird für Erstere in der Literatur meist die Abkürzung FPDM (*foreign policy decision making*) verwendet. Die weitaus verbreitetere Form der Außenpolitikanalyse bezieht sich dagegen auf die jeweiligen außenpolitischen Handlungen (*policy*). Diese umfassen sämtliche zielgerichtete außenpolitische Inhalte und Aktionen eines (meist staatlichen) Akteurs. Während also FPDM sich auf die Frage konzentriert, wie eine bestimmte Außenpolitik entstanden ist bzw. welche Individuen und Gruppen dabei eine entscheidende Rolle gespielt haben, fragen *policy*-orientierte Ansätze, warum bestimmte außenpolitische Handlungen oder Handlungsmuster anstelle alternativer Szenarien eingetreten sind. Nehmen wir noch einmal zur Veranschaulichung das Beispiel des Irakkrieges 2003. Ein *policy*-orientierter Ansatz würde etwa die Frage stellen: Warum entschieden sich die USA in den Irak einzumarschieren, um Saddam Hussein zu stürzen? Demgegenüber würde eine FPDM-Analyse ergründen, wie es beispielsweise möglich war, dass die an dieser außenpolitischen Entscheidung beteiligten Akteure nicht in der Lage waren, das Scheitern ihres Handelns vorauszusehen. Diese auf den ersten Blick möglicherweise trivial erscheinende Differenzierung hat weitreichende Konsequenzen für den jeweiligen theoretischen Blickwinkel und die darauf aufbauende Analyse.

Erstens wird mit dieser Unterscheidung die außenpolitische Handlung (*action*) vom außenpolitischen Prozess (*process*) analytisch abgekoppelt. Während FPDM die außenpolitische Handlung lediglich als Resultat und damit als exogenen Faktor der Außenpolitik definiert, sehen *policy*-orientierte Ansätze umgekehrt den außenpolitischen Prozess als weitgehend gegeben und damit als exogen an. Zweitens wird die Rolle des Staates unterschiedlich bewertet. *Policy*-orientierte Ansätze sehen in der Regel den Nationalstaat (aber auch nichtstaatliche Akteure) als maßgeblich handelnden Akteur in der Außenpolitik. Demgegenüber stellt bei der Analyse des außenpolitischen Entscheidungsprozesses der Staat lediglich die institutionelle Struktur dar, innerhalb derer sowie in dessen Namen individuelle Akteure und Gruppen mit ihren jeweiligen Interessen, Ressourcen und Identitäten handeln. Drittens begegnen beide Ansätze dem in den Internationalen Beziehungen altbekannten Akteur-Struktur-Problem auf unterschiedliche Weise (Wendt 1987). Das Akteur-Struktur-Problem basiert auf der Annahme, dass handelnde Akteure und soziale sowie materielle Strukturen zusammenhängen und sich gegenseitig beeinflussen bzw. konstituieren. Während FPDM dabei beide als mögliche Erklärungsfaktoren in Betracht zieht (Inklusion), geben *policy*-orientierte Ansätze jeweils entweder Akteuren oder Strukturen den Vorzug (Exklusion).

Einflussfaktoren US-amerikanischer Außenpolitik (unabhängige Variablen)

Im vorherigen Abschnitt wurden zwei alternative Untersuchungsgegenstände US-amerikanischer Außenpolitik (*process/policy*) vorgestellt. Der folgende Abschnitt richtet nun den Fokus auf die möglichen Einflussfaktoren US-amerikanischer Außenpolitik. Anknüpfend an das oben skizzierte Akteur-Struktur-Problem wird hier zwischen akteursspezifischen und strukturellen Einflussfaktoren unterschieden.

Akteursspezifische Einflussfaktoren

Die akteursspezifischen Einflussfaktoren US-amerikanischer Außenpolitik sollen hier nur am Rande erläutert werden, da sich ein ganzes Kapitel in diesem Band diesem Themenkomplex widmet. Zu den maßgeblichen Akteuren US-amerikanischer Außenpolitik zählen zum einen die sogenannten „verantwortlichen Entscheidungsträger" (Hill 2003), welche im Unterschied zu anderen gesellschaftlichen Individuen und Gruppen über ein politisches Mandat in der einen oder anderen Form verfügen. Zu diesen Akteuren gehören in erster Linie der Präsident, die Außenministerin, der Verteidigungsminister, der Nationale Sicherheitsrat und die parlamentarischen Ausschussvorsitzenden. Darüber hinaus existiert zum anderen eine große Gruppe von Regierungsbeamten, Militärangehörigen, außenpolitischen Beratern und Experten in den einzelnen Ministerien, dem Militär, den Geheimdiensten sowie auf einer weiteren Ebene Unternehmensverbände, Gewerkschaften und Interessengruppen. Schließlich spielen auch die Medien und die Öffentlichkeit als mögliche Einflussfaktoren eine Rolle.

Strukturelle Einflussfaktoren

Die strukturellen Einflussfaktoren US-amerikanischer Außenpolitik lassen sich in äußere (das internationale Umfeld) und innere Faktoren (der innenpolitische Kontext) unterteilen, wobei zahlreiche Querverbindungen und Überschneidungen etwa in Form von transnationalen Akteuren existieren.

Das internationale Umfeld US-amerikanischer Außenpolitik lässt sich sowohl geografisch als auch funktional erfassen. Geografisch definieren die USA ihren außenpolitischen Bezugsrahmen global. Dies zeigt sich deutlich anhand der Aufteilung seiner militärischen Struktur in Regionalkommandos (vgl. hierzu den Beitrag von Thomas Rid in diesem Band) als auch im außenpolitischen Diskurs seiner Entscheidungsträger und außenpolitischen Experten. So werden die wichtigsten außenpolitischen Politikfelder und -probleme meist aus globaler Perspektive (*global frame*) dargestellt und entsprechend in den außenpolitischen Diskurs eingeordnet (*global terrorism, global economy, global environment*, etc.). Die globale Ausrichtung US-amerikanischer Außenpolitik spiegelt sich zudem auch in der Organisationsstruktur und dem Aktionsradius der außenpolitisch relevanten Ministerien, Ausschüsse und Geheimdienste wider (vgl. hierzu die Beiträge von Sascha Arnautovic und Michael Wala in diesem Band). Darüber hinaus nehmen die USA parallel zu diesem globalen Bezugsrahmen auch eine dezidiert regionale Perspektive ein. Basierend auf der Monroe-Doktrin und der Roosevelt Corollary betrachten die USA die westliche Hemisphäre traditionell als ihre Einflusszone (vgl. hierzu den Beitrag von Detlef Nolte in diesem Band). Unter diesen Panamerikanismus fallen zum einen das Prinzip der Nichteinmischung durch Akteure, die nicht zum US-amerikanischen Kontinent zählen und zum anderen das selbsterklärte Interventionsrecht der USA bei inneramerikanischen Konflikten. Dieser regionale Paternalismus (mit Ausnahme Kanadas) erzeugt in der US-amerikanischen Außenpolitik mitunter eine Sichtweise auf den lateinamerikanischen Kontinent als „Hinterhof" der USA. Unvergessen bleibt der Ausspruch von General Curtis LeMay während einer Sitzung des

ExComms zur Kubakrise 1962, als sich dieser für eine militärische Intervention auf Kuba aussprach: „The ‚big Red dog' (Sowjetunion) is diggin' in our backyard, and we are justified in shooting him!"

In funktionaler Hinsicht teilt sich die internationale Struktur für die USA in unterschiedliche Betätigungsfelder. Aus politischer Sicht befinden sich die USA im Zentrum eines multilateralen Netzwerks aus Diplomatie sowie internationalen Organisationen und Regimen, die deren außenpolitischen Handlungsspielraum je nach Situation einengen oder erweitern können. Diese intergouvernementalen Netzwerke (Slaughter 2005) sind jedoch keineswegs statisch, sondern ständiger Veränderung unterworfen und bestehen zudem aus einer Reihe nichtstaatlicher politischer Akteure auf der lokalen und transnationalen Ebene sowie aus einer im globalen Kommunikationszeitalter an Bedeutung gewinnenden und durch die Medien und das Internet kanalisierten globalen Öffentlichkeit (vgl. hierzu den Beitrag von Hans Kleinsteuber und Magnus Kutz in diesem Band). Im ökonomischen Sektor ist die Anzahl und Varianz der Akteure zum Teil noch größer, während die Einflussmöglichkeiten und Gestaltungsspielräume staatlicher Macht dagegen abnehmen. Aufgrund der hohen ökonomischen Interdependenz entwickeln sich die wirtschaftlichen Beziehungen mitunter unabhängig von politischen Konflikten. So wirkte sich etwa der politische Konflikt um den Einmarsch der USA in den Irak 2003 nicht wesentlich negativ auf die transatlantischen Wirtschaftsbeziehungen aus. Nichtsdestotrotz können Finanz- und Handelskonflikte in hohem Maße politisiert werden, wie der sogenannte „Bananen-Konflikt" zwischen den USA und der EU Ende der 1990er Jahre oder auch der andauernde Währungsstreit mit China verdeutlichen (vgl. hierzu den Beitrag von Stormy Mildner in diesem Band). Militärisch sind die USA in quantitativer wie in qualitativer Hinsicht eindeutig überlegen. Die USA gaben 2010 698 Mrd. Dollar für Rüstungsgüter aus. Der US-amerikanische Anteil an den weltweiten Militärausgaben ist mit 43 Prozent höher als die gesamten Ausgaben der nächsten zehn Staaten zusammengenommen. Allerdings lassen sich nicht alle sicherheitspolitischen Probleme und Bedrohungen mit militärischen Mitteln allein begegnen, was die Dominanz der USA auf diesem Sektor in gewisser Weise einschränkt. Neben diesen „harten" Faktoren US-amerikanischer Macht bestimmen auch kulturelle Faktoren wie Religion und Ethnizität sowie normative Faktoren wie Traditionen, Werte und Moral (*soft power*) den internationalen Handlungsrahmen US-amerikanischer Außenpolitik (vgl. hierzu auch den Beitrag von Anna Schwan in diesem Band). Joseph S. Nye (2002: 39) hat dieses Mehrebenensystem von Machtverteilung im internationalen System anhand eines auf drei Ebenen stattfindenden Schachspiels eingängig erläutert. Demnach besteht das internationale System aus einem ersten Schachbrett militärischer Machtverteilung, einem zweiten Schachbrett, das den Grad ökonomischer Machtverteilung widerspiegelt sowie einem dritten Schachbrett, auf welchem sich sämtliche transnationalen Beziehungen und Prozesse abspielen. Während die erste Ebene aufgrund des militärischen Übergewichts der USA einer unipolaren Machtverteilung entspricht, so existieren auf der zweiten Ebene neben den USA mehrere gleich bzw. annähernd gleichgroße ökonomische Akteure (Multipolarität) während die Machtverteilung auf der transnationalen Ebene äußerst diffus ist. Auf der Grundlage dieser Einteilung entspräche das internationale Umfeld der USA einer Kombination aus unipolaren und multipolaren Weltordnungssystemen oder, wie es Samuel P. Huntington (1999: 35) zusammengefasst hat, einer „uni-multipolaren Welt".

Aus innenpolitischer Sicht lassen sich wiederum zwei Erklärungsebenen unterscheiden. Auf der staatlichen Ebene stehen vor allem die verfassungsrechtlichen Institutionen wie Kongress und Exekutive sowie individuelle Entscheidungsträger im Zentrum des außenpolitischen Prozesses. Politische Institutionen sind in den USA über das System der *checks-and-balances* miteinander verschränkt. Die US-amerikanische Verfassung sieht insbesondere für den Bereich der Außenpolitik eine zum Teil äußerst unscharf definierte Kompetenzverteilung der einzelnen Institutionen vor, sodass sich in der außenpolitischen Praxis ein Kompetenzgerangel („invitation to struggle“) herausgebildet hat, welches den Zugang für gesellschaftliche Gruppen erleichtert. Die gesellschaftliche Ebene wiederum ist in den USA stark fragmentiert, heterogen und sehr regionalspezifisch und basisdemokratisch orientiert sowie durch zum Teil beharrliche ideologische Kluften geprägt. Das Fehlen ausgeprägter und einflussreicher Parteistrukturen erhöht dabei die Bedeutung von Interessengruppen, Medien und Öffentlichkeit für die Außenpolitik (vgl. hierzu den Beitrag von Josef Braml in diesem Band). Verbunden werden staatliche und gesellschaftliche Ebene durch Kommunikationskanäle gesellschaftlich dominierter Politiknetzwerke wie Verbände, Kirchen oder Bürgerinitiativen. Diese sind meist von wechselnden Koalitionen (*issue networks*) dominiert und schaffen neben der Partizipation innenpolitischer Akteure auch Andockungspunkte für transnationale Akteure und epistemische Gemeinschaften. Dabei spielen sowohl materielle Faktoren wie Machtverteilung, Interessen und Ressourcenzugang als auch immaterielle Faktoren wie Wahrnehmungen, Normen und Identitäten eine Rolle (Koschut 2012).

Zusammenfassend erzeugen diese innenpolitischen Rahmenbedingungen (*domestic structure*) in den USA einen permanenten Ausgleich zwischen gesellschaftlichen Präferenzen und staatlichem Handeln sowie den externen Anforderungen und Ereignissen des internationalen Umfelds (*international structure*). Insgesamt besteht der hier skizzierte Analyserahmen US-amerikanischer Außenpolitik somit aus zwei alternativen Untersuchungsgegenständen (abhängige Variable) sowie akteursspezifischen und strukturellen Einflussfaktoren (unabhängige Variablen).

Außenpolitische Analysemodelle

Nachdem im ersten Teil der Analyserahmen US-amerikanischer Außenpolitik abgesteckt wurde, geht es im folgenden Abschnitt nun um die Frage, wie diese abstrakten Rahmenbedingungen in ein konkretes theoretisch-methodisches Konzept integriert werden können. Dabei wird auf die bereits oben verwendete Aufteilung in außenpolitische Entscheidungsprozesse (*process*) und außenpolitisches Handeln (*policy*) zurückgegriffen.[1]

Analysemodelle für außenpolitische Entscheidungsprozesse (FPDM)

Wie bereits erläutert verwendet FPDM ein inklusives Analysemodell, das weniger zwischen Akteuren und Strukturen als vielmehr zwischen unterschiedlichen Analyseebenen (*level of analyses*) unterscheidet. In seiner einfachsten Form umfasst dieses Analysemodell eine individuelle Ebene (hierzu zählen auch Gruppen von Individuen), eine staatliche Ebene sowie eine internationale Ebene unter Einbeziehung der US-amerikanischen Geschichte, Kultur, Normen und Identitäten (Hudson 2007). Damit knüpft die Außenpolitikanalyse direkt an ähnliche Analysemodelle aus dem Forschungsfeld der Internationalen Beziehungen an wie etwa die „three images“ von Kenneth Waltz (1959) oder Robert Putnams (1988) Zwei-Ebenen-Modell. Die Kausalzusammenhänge des außenpolitischen Entscheidungsprozesses werden dabei in der Regel von einer Ebene zur nächsten unabhängig voneinander untersucht, wobei auf der unteren Ebene eher akteursspezifische und auf den oberen Ebenen meist strukturelle Einflussfaktoren dominieren. Da außenpolitisches Handeln als Resultat des außenpolitischen Entscheidungsprozesses über den internationalen Resonanzboden

---

1 Diese Aufteilung sowie die folgende Kategorisierung basieren auf der Forschungsarbeit von Walter Carlsnaes (vgl. Carlsnaes 2008).

auch selbst wiederum Auswirkungen auf diesen Entscheidungsprozess erzeugen kann, wird zudem eine sogenannte Feedbackschleife eingebaut, die genau diesen Kausalzusammenhang erfassen soll. Somit ist der außenpolitische Entscheidungsprozess kein linearer, sondern ein zyklischer Prozess aus unterschiedlichen Phasen. Aus methodischer Sicht entsteht dadurch jedoch das Problem, dass Wechselwirkungen zwischen den einzelnen Analyseebenen bzw. Phasen theoretisch nur äußerst schwer integriert werden können (Singer 1961). Daher untersuchen viele empirische FPDM-Analysen letztendlich nur eine Ebene des Entscheidungsprozesses. Ein gutes Beispiel ist hier die Studie *Presidential Judgement: Foreign Policy Decision Making in the White House* von Aaron Lobel (2001), in der dieser die individuellen außenpolitischen Entscheidungsprozesse von sechs US-amerikanischen Präsidenten miteinander vergleicht.

Analysemodelle für außenpolitisches Handeln (policy)

Da *policy*-orientierte Ansätze ein exklusives Analysemodell verwenden, das entweder Strukturen oder Akteure in den Fokus der Untersuchung rückt, erscheint im Folgenden eine Unterteilung in strukturorientierte und akteursspezifische Modelle sinnvoll.

Strukturorientierte Analysemodelle

Außenpolitikanalyse (FPA) und die Analyse der Internationalen Beziehungen (IB) sind wie oben erwähnt theoretisch eng miteinander verzahnt. Dies wird bei der Betrachtung der strukturellen Erklärungsfaktoren für außenpolitisches Handeln besonders deutlich.

Realismus

Der Realismus liefert vor allem in seiner Ausprägung als Neorealismus und Neoklassischem Realismus eine dezidiert strukturelle analytische Herangehensweise an die US-amerikanische Außenpolitik. Dabei gehen realistische Ansätze davon aus, dass die Außenpolitik eines Staates im Wesentlichen von der Machtverteilung im internationalen System abhängt (Neorealismus) oder zumindest von einer Kombination aus staatlichen Machtressourcen und der internationalen Machtverteilung gesteuert wird (Neoklassischer Realismus). Beim Neorealismus wird zudem noch zwischen seiner offensiven (Machtakkumulation als primäres außenpolitisches Ziel) und seiner defensiven (Sicherheitsmaximierung als primäres außenpolitisches Ziel) Variante unterschieden. In jedem Fall ist jedoch der Staat der zentrale Handlungsakteur, dessen außenpolitische Interessen und Aktivitäten ausschließlich von materiellen Faktoren und Machtverschiebungen auf internationaler und staatlicher Ebene determiniert sind. Als empirisches Beispiel kann hier der Beginn des Ost-West-Konflikts herangezogen werden: Warum veränderte sich das außenpolitische Verhältnis der USA zur Sowjetunion vom Bündnispartner während des Zweiten Weltkriegs zur erbitterten Feindschaft während des Ost-West-Konflikts? Ein neorealistischer Ansatz würde diesen Wandel in der Außenpolitik der USA mit der Veränderung der globalen Machtverteilung vom multipolaren zum bipolaren System erklären, in seiner offensiven neorealistischen Ausprägung noch gekoppelt mit dem Expansionsbestreben der Sowjetunion. Neoklassische Realisten würden dagegen eher argumentieren, dass sich der außenpolitische Wandel der USA aus seiner Machtfülle und hegemonialen Stellung nach dem Ende des Zweiten Weltkriegs ergab und durch innenpolitische Faktoren wie Wirtschaftsinteressen und Demokratieförderung vorangetrieben wurde. Chris Layne (2006) geht in seiner Analyse *The Peace of Illusions: American Grand Strategy from 1940 to Present* sogar so weit zu behaupten, dass die USA ihre Hegemonie über Westeuropa nach dem Ende des Zweiten Weltkriegs auch ohne die Bedrohung durch die Sowjetunion ausgebaut hätten.

Liberalismus

Der Liberalismus unterscheidet sich in vielerlei Hinsicht vom Realismus, verfügt jedoch gleichzeitig auch über einige Schnittmengen. So stellt etwa der Neoliberale Institutionalismus (oder kurz: Neoliberalismus) ebenso wie der Neorealismus ein strukturelles und systemisches außenpolitisches Analysemodell dar, das den Staat als zentralen und rationalen außenpolitischen Handlungsakteur sieht, der in erster Linie seinen eigenen Nutzen zu maximieren sucht. Im Gegensatz zum Neorealismus erklärt der Neoliberalismus außenpolitisches Verhalten allerdings nicht aufgrund von Machtverteilung oder Bedrohungspotential. Vielmehr hebt der Neoliberalismus (nicht zu verwechseln mit dem gleichnamigen wirtschaftlichen Neoliberalismus) bei der Analyse außenpolitischen Handelns die Möglichkeit zur zwischenstaatlichen Interdependenz und Kooperation durch internationale Organisationen und Regime hervor, welche den dafür notwendigen Informationsfluss, die Transparenz und das normative Regelwerk bereitstellen. Während der Realismus derartigen Institutionen wenig Beachtung schenkt, argumentiert der Neoliberalismus, dass internationale Organisationen wie die Vereinten Nationen oder Regime wie das Abrüstungsabkommen mit der Sowjetunion maßgeblich die US-amerikanische Außenpolitik beeinflusst haben.

Vertreter der liberalen Theorie des Demokratischen Friedens argumentieren wiederum, dass das jeweilige politische System Einfluss auf die Außenpolitik eines Staates ausübt. So führen demokratische Staaten zwar untereinander keine Kriege, vertreten allerdings gegenüber autoritären Regierungen eine eher feindselige Politik. Dies wird erstens damit begründet, dass demokratische Gesellschaften ihre Normen und Werte externalisieren und daher andere Demokratien als „ihresgleichen" anerkennen und respektieren. Darüber hinaus beinhaltet die Theorie des Demokratischen Friedens zweitens die kantsche Annahme, dass demokratische Regierungen per se eine friedliche Außenpolitik anstreben, da die Entscheidung über Krieg und Frieden von der Unterstützung des Wahlvolks abhängig ist. In der Tat zeigt ein Blick in die US-amerikanische Geschichte, dass die USA fast ausschließlich Kriege gegen nichtdemokratische Regime geführt haben und diese zudem in einigen Fällen sogar explizit mit der Verbreitung und Förderung von Demokratie begründet haben (z.B. Erster und Zweiter Weltkrieg, Kosovokrieg 1999, Irakkrieg 2003).

Ein weiterer liberaler Theoriezweig richtet den Blick auf die subsystemische Ebene. Organisationstheoretische Ansätze (*organizational behavior*) untersuchen die Kausalzusammenhänge zwischen staatlichem Handeln und seinen einzelnen außenpolitischen Organisationseinheiten wie Ministerien und Behörden. Dabei wird argumentiert, dass diese Organisationseinheiten in erster Linie ihr institutionelles Überleben sichern wollen und daher mit anderen Einheiten um Machtressourcen und Einfluss im politischen System konkurrieren. Ministerien und Behörden entwickeln zu diesem Zweck Standardvorgehensweisen (*standard operating procedures, SOP*), um ihre Interessen und Ressourcen (z.B. Haushaltsmittel und Personalausstattung) gegenüber innenpolitischen Wettbewerbern zu verteidigen. Der organisationstheoretische Ansatz wurde durch die wegweisende Studie *Essence of Decision: Explaining the Cuban Missile Crisis* von Graham Allison (1971) in die Außenpolitikanalyse eingeführt.

Konstruktivismus

Konstruktivistische Ansätze bieten wiederum eine völlig andere Perspektive. Ausgangspunkt ist hier die Annahme, dass die außenpolitische Realität in Form von sozialen Regeln, Normen und Identitäten sowie deren intersubjektiven Bedeutung in erster Linie sozial konstruiert ist. Außenpolitische Interessen und Handlungen werden daher nicht als exogene Konstanten betrachtet sondern konstituieren sich erst durch soziale Interaktion, Normen und Identitäten. In der Außenpolitikanalyse hat sich dabei bislang ein „moderater" bzw.

„dünner“ Konstruktivismus durchgesetzt. Dieser besteht nach Ansicht von Jeffrey T. Checkel (2008: 72) aus einer nordamerikanischen, konventionellen und einer europäischen, interpretativen Variante. Während Erstere den Einfluss sozialer Normen und Identitäten auf außenpolitisches Verhalten untersucht, erforscht Letztere vor allem die Wirkung von Sprache und Symbolen bei der Formulierung außenpolitischer Diskurse. Für die Analyse US-amerikanischer Außenpolitik erweitert der Konstruktivismus somit den Blickwinkel durch die Einbeziehung sozialer und linguistischer Einflussfaktoren – also sozialer Strukturen – für außenpolitisches Handeln. Ein interessantes empirisches Beispiel bietet hier die Studie *Constructing the National Interest: The United States and the Cuban Missile Crisis* von Jutta Weldes (1999), in der diese argumentiert, dass die US-amerikanische Bedrohungswahrnehmung durch die sowjetischen Raketen auf Kuba weniger aufgrund objektiver Fakten bestand sondern vielmehr durch den sozialen Diskurs und damit verbundene Wahrnehmungen konstruiert wurde.

Akteursspezifische Analysemodelle

Entgegen dem strukturorientierten Blickwinkel auf materielle und soziale Kontextfaktoren lenken akteursspezifische Analysemodelle den Fokus auf die außenpolitischen Einstellungen und Handlungen bestimmter Individuen und Gruppen.

Rational-Choice-Ansätze

Die klassische Theorie der rationalen Entscheidung (*rational choice*) sieht außenpolitische Entscheidungsträger als rational und strategisch handelnde Akteure, die in erster Linie ihren bzw. staatlichen Interessen und Präferenzen folgen und deren positive und negative Konsequenzen sorgsam gegeneinander abwägen. Diese Präferenzen können sich aufgrund neuer Informationen und Ereignisse verändern, was impliziert, dass rationale Akteure vorurteilsfrei und offen gegenüber neuen Argumenten und Fakten eingestellt sind. Damit werden an außenpolitische Akteure hohe Erwartungen gestellt, die jedoch in der Realität selten erfüllt werden. *Rational-Choice*-Analysemodelle behandeln außenpolitische Präferenzen und Erwartungen zudem als gegeben und damit als exogenen Bestandteil der Außenpolitikanalyse. Individuelle Überzeugungen, Werte und Persönlichkeiten werden dabei ausgeblendet und außenpolitische Entscheidungsträger zu reinen Nutzenmaximierern reduziert. Die entscheidende Frage ist dabei, ob die jeweiligen Informationsquellen durch die Akteure als glaubwürdig und vertrauenswürdig eingestuft werden. Dies liegt freilich immer im Auge des Betrachters. Die US-amerikanische Behauptung der Existenz mobiler Labore zur Herstellung biologischer und chemischer Kampfstoffe im Irak kann dabei als Beispiel herangezogen werden. Die deutsche Bundesregierung wies Washington damals mit Nachdruck darauf hin, dass es sich dabei in Wahrheit um äußerst zweifelhafte Quellen handelte. Dennoch benutzte US-Außenminister Colin Powell eben diese Information in seiner berühmten Präsentation vor dem UN-Sicherheitsrat am 5. Februar 2003. In diesem Fall verhielten sich die US-amerikanischen Entscheidungsträger gerade nicht offen gegenüber neuen Informationen. Dennoch handelte die Bush Administration aus ihrer Sicht rational, da sie die ursprünglichen Quellen als vertrauenswürdiger einstufte und somit keine Veranlassung sah, ihre Präferenzen zu verändern. *Rational-Choice*-Ansätze sind vor allem aus zweierlei Hinsicht für die Außenpolitikanalyse relevant. Erstens ermöglichen sie in Verbindung mit Spieltheorien der Internationalen Beziehungen (*game theory*) über eine konkrete außenpolitische Situation hinaus allgemeine und abstrakte Aussagen über das außenpolitische Verhalten individueller Akteure und Gruppen. Zweitens zeigen Theoriemodelle wie das sogenannte Gefangenendilemma (*prisoner's dilemma*) oder auch das Feiglingsspiel (*chicken game*) kontra-intuitive Fallstricke und Paradoxe für außenpolitisches Verhalten auf.

Kognitive und psychologische Ansätze

Die sogenannte „kognitive Revolution" der 1970er Jahre stellte die bis dahin vorherrschende rationale Sichtweise auf außenpolitische Akteure infrage. Dabei wird mithilfe psychologischer und neurologischer Ansätze argumentiert, dass persönliche Überzeugungen und Erwartungen bei der individuellen Informationsverarbeitung zu berücksichtigen seien und somit für die außenpolitische Analyse endogenisiert werden müssten. Menschliche Verhaltensweisen seien mit den Annahmen und Erwartungen der Theorie der rationalen Entscheidung aus unterschiedlichen Gründen nicht zu vereinbaren. Erstens bevorzugen außenpolitische Entscheidungsträger Simplizität, was zur Vereinfachung komplexer außenpolitischer Prozesse führen kann. Die Verkürzung und Reduzierung der komplexen transnationalen und internationalen Bedrohungslage nach dem 11. September 2001 auf die „Achse des Bösen" und den „Globalen Krieg gegen den Terror" verdeutlicht diese Tendenz. Zweitens neigen außenpolitische Entscheidungsträger aufgrund ihrer relativ festen Überzeugungen und Denkmuster auch bei neuer Informationslage zu außenpolitischer Kontinuität. So verhielten sich US-amerikanische Regierungsvertreter trotz der offensichtlichen Reformbemühungen Gorbatschows Ende der 1980er Jahre weiterhin skeptisch gegenüber der Sowjetunion und passten ihre außenpolitischen Verhaltensweisen der offensichtlich veränderten internationalen Lage nur äußerst zögerlich an. Außenpolitischer Wandel als Folge einer Veränderung individueller außenpolitischer Einstellungen und Denkmuster erfolgt daher meist nur bei schockartigen externen Ereignissen wie dem Berliner Mauerfall oder den Anschlägen vom 11. September. Drittens können außenpolitische Handlungsakteure die Folgen ihrer Entscheidungen nur schwer abschätzen. Aufgrund dieser Unabwägbarkeit neigen viele von ihnen zu einer eher pessimistischen Sichtweise auf die Welt, in der etwa die Wahrscheinlichkeit von Kriegen oder terroristischer Anschläge eher über- als unterbewertet wird. Schließlich sind außenpolitische Entscheidungsträger in hohem Maße risikoavers und darauf bedacht, ihre Position zu wahren, anstatt den eigenen Nutzen zu maximieren. Diese individuelle Präferenz für den Status quo schlägt erst dann ins Gegenteil um, wenn die Akteure nichts mehr zu verlieren haben oder einen schweren Verlust wettzumachen versuchen. Im Gegensatz zu *Rational-Choice*-Modellen untersuchen kognitive und psychologische Ansätze, wie sich individuelle Persönlichkeiten, Denkmuster und Entscheidungsstile auf außenpolitische Handlungen auswirken. Eine hilfreiche Studie bietet hierzu der Aufsatz von Margaret G. Hermann (1970) *Explaining Foreign Policy Behavior Using the Personal Characteristics of Political Leaders*. Ein weiteres Standardwerk ist *Groupthink: Psychological Studies of Policy Decisions and Fiascos* von Irving Janis (1982), der mit seiner Untersuchung der Dynamik und Prozesse innerhalb kleiner außenpolitischer Entscheidungszirkel eine gruppenspezifische Abwandlung des kognitiven Analysemodells (*groupthink*) eingebracht hat. Janis kommt dabei zu dem Schluss, dass innerhalb kleiner formeller, informeller oder auch ad hoc zusammengesetzter außenpolitischer Zirkel häufig aufgrund von Zeitdruck und mangelnder externer Rückkopplung außenpolitische Fehlentscheidungen getroffen werden.

Bürokratietheoretische Ansätze

Der bürokratietheoretische Ansatz, den Allison in seiner oben zitierten Untersuchung der Kubakrise in die Außenpolitikanalyse eingebracht hat, wird häufig mit dem organisationstheoretischen Modell gleichgesetzt. Trotz vieler Gemeinsamkeiten beinhaltet der bürokratietheoretische Ansatz jedoch im Gegensatz zum organisationstheoretischen Ansatz eine dezidiert akteursspezifische Herangehensweise. Beide Modelle konzentrieren sich zunächst auf das Zusammenspiel unterschiedlicher Organisationseinheiten auf der staatlichen Ebene in Form von interinstitutionellen Verhandlungen (*bargaining*) und konkurrierenden Präferenzen (*preferences*). Während allerdings der organisationstheoretische Ansatz eine strukturorientierte institutionelle Perspektive einnimmt, konzentriert sich der bürokratietheoretische Ansatz auf die an diesen Prozessen beteiligten individuellen Akteure sowie deren spezifische Eigenschaften und Verhaltensweisen. Dabei werden die individuellen Akteure als Angehörige bestimmter institutioneller Sektionen und Fraktionen (auch innerhalb von Behörden) verstanden, die nicht individuelle, sondern kollektive Interessen vertreten (*bureaucratic infighting*). Diese Individuen nehmen also aufgrund ihrer beruflichen Sozialisation bestimmte bürokratische Rollen ein, was in dem bekannten Satz „where you stand depends on where you sit" am prägnantesten formuliert wurde. Zusammengefasst beschäftigen sich bürokratietheoretische Analysemodelle demnach mit der Untersuchung individueller außenpolitischer Interaktionen innerhalb eines spezifischen innerstaatlichen institutionellen Kontexts.

Pluralistische Ansätze

Pluralistische Ansätze nehmen eine gesellschaftspolitische Perspektive in der Außenpolitikanalyse ein und bilden damit eine Schnittmenge mit strukturorientierten liberalen Analysemodellen. Pluralistische Modelle stellen jedoch im Gegensatz zu strukturorientierten liberalen Ansätzen gesellschaftspolitische Akteure der Außenpolitikanalyse voran. Individuelle Akteure und soziale Gruppen wie Lobbyverbände, Medien, Interessengruppen und Bürgerinitiativen verfolgen danach ihre außenpolitischen Interessen zwar unabhängig *von* der Politik aber *durch* politische Kanäle und kollektives politisches Handeln. Das sogenannte nationale außenpolitische Interesse der USA repräsentiert demnach nur die Interessen einer oder mehrerer spezifischer gesellschaftlicher Gruppen und Individuen. Dieser Ansatz unterscheidet sich von den bisher vorgestellten akteursspezifischen Modellen vor allem darin, dass er den Schwerpunkt der Außenpolitikanalyse von den politisch legitimierten außenpolitischen Akteuren auf die gesellschaftliche Ebene verlagert und Außenpolitik somit in einen breiteren soziopolitischen Kontext einbettet. Eine bekannte wenn auch äußerst kontroverse empirische Studie hierzu bietet das, ausgerechnet von zwei Vertretern des Realismus (!), John J. Mearsheimer und Stephen M. Walt (2007), veröffentlichte Buch *The Israel Lobby and U.S. Foreign* Policy. Darin vertreten beide Autoren die These, dass die USA im Nahen und Mittleren Osten aufgrund eines „losen Zusammenschlusses von proisraelischen Einzelpersonen und Organisationen" eine Politik vertreten, die ihren nationalen Interessen widerspricht.

Interpretative Ansätze

Interpretative Ansätze verstehen ähnlich wie strukturorientierte konstruktivistische Modelle außenpolitische Akteure als reflexive Einheiten in einem intersubjektiven Kontext. Damit unterscheiden sich interpretative Ansätze in ihrer epistemologischen Herangehensweise deutlich von anderen akteursspezifischen Ansätzen wie *Rational-Choice*-Modellen und kognitiven Ansätzen. Während Letztere der Handlungslogik der instrumentellen Rationalität (*logic of consequentialism*) folgen, nach welcher Akteure ausschließlich auf der Basis von Kosten-Nutzen-Kalkülen handeln, verwenden Erstere die Logik der Angemessenheit (*logic of appropriateness*), welche akteursspezifische Handlungen im Kontext intersubjektiver Erfahrungen und Interaktionen sieht. Der akteursspezifische, interpretative Ansatz unterscheidet sich jedoch von strukturorientierten, konstruktivistischen Ansätzen. Während der strukturorientierte Ansatz individuelle außenpolitische Handlungen als Ergebnis struktureller Prozesse wie kollektiv geteilte Regeln, Identitäten, Normen oder Diskurse sieht, versteht der akteursspezifische Ansatz umgekehrt kollektive außenpolitische Handlungen als durch individuelle Faktoren wie Wahrnehmungen und Einstellungen determiniert: „The foreign policy behavior of states depends on how individuals with power perceive and analyse situations. Collective action is a sum or combination of individual actions" (Hollis/Smith 1990: 74). Ein anschauliches Beispiel hierfür bietet die Studie von Philip Zelikow und Condoleezza Rice (1995), *Germany Unified and Europe Transformed*, welche den deutschen Vereinigungsprozess als Ergebnis des individuellen Erfahrungshintergrunds und der sozialen Interaktionen politischer Eliten sieht.

Fazit

Das hier vorgestellte Spektrum der Außenpolitikanalyse bietet ein reichhaltiges Forschungsprogramm für die theoriegeleitete und empirische Untersuchung US-amerikanischer Außenpolitik, das sich bewusst nicht vom Forschungsfeld der Internationalen Beziehungen abgrenzt, sondern vielmehr Anknüpfungspunkte sucht und Schnittmengen bildet. Dabei kommt der Theorie insgesamt entscheidende Bedeutung zu, da diese den jeweiligen Blickwinkel und die entsprechende Forschungsperspektive festlegt und damit unterschiedliche Einflussfaktoren in den Fokus der Analyse nimmt. Theorie ist dabei sicher nicht alles, aber ohne Theorie ist alles nichts.

Übungsfragen

1. Was versteht man unter Außenpolitikanalyse und was genau beinhaltet dieser Begriff?
2. Was versteht man unter dem außenpolitischen Entscheidungsprozess (process) und außenpolitischen Handlungen (*policy*). Wie unterscheiden sich die beiden Konzepte?
3. Erklären Sie das Akteur-Struktur-Problem in den Internationalen Beziehungen. Legen Sie dar, wie sich dieses Problem auf die Außenpolitikanalyse auswirkt.

Weiterführende Literatur

Cox, Michael und Doug Stokes (2008) US Foreign Policy. Oxford: Oxford University Press.
Eines der besten neueren Standardwerke zur US-amerikanischen Außenpolitik.

Smith, Steve, Amelia Hadfield und Tim Dunne (2008) Foreign Policy. Theories, Actors, Cases. Oxford: Oxford University Press.
Ein hervorragender Überblick über das Forschungsfeld der Außenpolitikanalyse.

Wilhelm, Andreas (2006) Außenpolitik. Grundlagen, Strukturen und Prozesse. München: Oldenbourg Wissenschaftsverlag.
Eine sehr gute deutschsprachige Einführung zum demselben Forschungsfeld.

Verwendete Literatur

Allison, Graham (1971) Essence of Decision: Explaining the Cuban Missile Crisis. Boston: Little, Brown.

Beck, Ulrich (1997) Was ist Globalisierung? Frankfurt am Main: Suhrkamp Verlag.

Carlsnaes, Walter (2002) Foreign Policy, in: Walter Carlnaes, Thomas Risse und Beth A. Simmons (Hrsg.) Handbook of International Relations. London: Sage, S. 331-349.

Carlsnaes, Walter (2008) Actors, Structures, and Foreign Policy Analysis, in: Steve Smith, Amelia Hadfield und Tim Dunne (Hrsg.) Foreign Policy. Theories, Actors, Cases. Oxford: Oxford University Press, S. 85-100.

Checkel, Jeffrey T. (2008) Constructivism and Foreign Policy, in: Steve Smith, Amelia Hadfield und Tim Dunne (Hrsg.) Foreign Policy. Theories, Actors, Cases. Oxford: Oxford University Press, S. 71-82.

Haftendorn, Helga (2001) Deutsche Außenpolitik zwischen Selbstbehauptung und Selbstbeschränkung. Stuttgart/München: Deutsche Verlags-Anstalt.

Hermann, Margaret G. (1970) Explaining Foreign Policy Behavior Using the Personal Characteristics of Political Leaders, in: International Studies Quarterly 24(1), S. 7-46.

Hill, Christopher (2003) The Changing Politics of Foreign Policy. Basingstoke: Palgrave Macmillan.

Hollis, Martin und Steve Smith (1990) Explaining and Understanding International Relations. Oxford: Oxford University Press.

Hudson, Valerie M. (2007) Foreign Policy Analysis: Classic and Contemporary Theory. New York: Rowman & Littlefield.

Huntington, Samuel P. (1999) The Lonely Superpower, in: Foreign Affairs 78(2), S. 35-49.

Janis, Irving L. (1982) Groupthink: Psychological Studies of Policy Decisions and Fiascos. Boston: Houghton Mifflin.

Keck, Margaret E. und Kathryn Sikkink (1998) Activists Beyond Borders. Advocacy Networks in International Politics. Ithaca, NY: Cornell University Press.

Koschut, Simon (2012) Multilaterales Amerika? Innenpolitische Grundlagen und außenpolitische Handlungsperspektiven unter Barack Obama, in: Kölner Forum für Internationale Beziehungen und Sicherheitspolitik (KFIBS) (Hrsg.) Transatlantische Perspektiven für die Post-Bush-Ära: Aufbruch zu neuen Ufern oder „business as usual"? Köln: Kölner Wissenschaftsverlag.

Layne, Christopher (2006) The Peace of Illusions: American Grand Strategy from 1940 to Present. Ithaca, NY: Cornell University Press.

Lobel, Aaron (Hrsg.) (2001) Presidential Judgement: Foreign Policy Decision Making in the White House. Hollis, NH: Hollis Publishing Company.

Mearsheimer, John J. und Stephen M. Walt (2007) The Israel Lobby and U.S. Foreign Policy, London: Allen Lane.

Nye, Joseph S. (1999) The Paradox of American Power. New York: Oxford University Press.

Putnam, Robert (1988) Diplomacy and Domestic Politics: The Logic of Two-Level Games, in: International Organization 43(3), S. 427-460.

Rosenau, James N. (1966) Pre-theories and Theories of Foreign Policy, in: R.B. Farrell (Hrsg.) Approaches to Comparative and International Politics. Evanston: Northwestern University Press, S. 27-92.

Singer, J. David (1961) The Level-of-Analysis Problem in International Relations, in: World Politics 14(1), S. 77-92.

Slaughter, Anne-Marie (2005) A New World Order. Princeton: Princeton University Press.

Smith, Brian (2008) Theories of US Foreign Policy, in: Michael Cox und Doug Stokes (Hrsg.) US Foreign Policy. Oxford: Oxford University Press, S. 7-23.

Snyder, Richard C., H.W. Bruck und Burton Sapin (1963) Foreign Policy Decision-Making as an Approach to the Study of International Politics. Glencoe, IL: Free Press.

Sprout, Margaret und Harold Sprout (1956) Man-Milieu Relationship Hypotheses in the Context of International Politics. Princeton: Princeton University Press.

Waltz, Kenneth (1959) Man, the State, and War. New York: Columbia University Press.

Weldes, Jutta (1999) Constructing the National Interest: The United States and the Cuban Missile Crisis. Minneapolis: University of Minnesota Press.

Wendt, Alexander (1987) The Agent-Structure Problem in International Relations Theory, in: International Organization 41(3), S. 335-370.

Woods, Ngaire (1996) The Uses of Theory in the Study of International Relations, in: Woods, Ngaire (Hrsg.) Explaining International Relations Since 1945. Oxford: Oxford University Press, S. 9-31.

Zelikow, Philip und Condoleezza Rice (1995) Germany Unified and Europe Transformed. Cambridge, MA: Harvard University Press.

Exzeptionalismus, Interventionismus und Isolationismus

Simon Koschut

Zusammenfassung

In der US-amerikanischen Außenpolitik stehen sich Interventionismus und Isolationismus als gegensätzliche Pole eines US-amerikanischen Exzeptionalismus gegenüber. Der introvertierte Isolationismus will sich vom Rest der Welt abschotten, während der extrovertierte Interventionismus versucht, die Welt in Amerikas Ebenbild zu verändern. Isolationismus und Interventionismus sind dabei letztendlich zwei Seiten derselben Medaille. Der vorliegende Beitrag stellt das Konzept des Exzeptionalismus vor und unterscheidet dabei zwischen Interventionismus und Isolationismus als idealtypischen Handlungsnormen US-amerikanischer Außenpolitik. Abschließend bietet der Beitrag einen Kurzüberblick über die gegenwärtigen außenpolitischen Orientierungen in den USA.

Einleitung

Das gesellschaftspolitische Selbstverständnis der US-amerikanischen Nation spielt eine große Rolle bei der Formulierung US-amerikanischer Außenpolitik, da die USA seit ihrer Gründung die eigenen Prinzipen und Werte als universell gültig ansehen und so eine klare Trennung zwischen innenpolitischem Selbstverständnis und außenpolitischem Handeln kaum möglich ist. Der Exzeptionalismus bildet dabei die Grundlage für die Selbstwahrnehmung der USA als einzigartige Nation in der Geschichte der Menschheit und der daraus resultierenden Erkenntnis, dass US-amerikanische Werte und Prinzipien prägend für das internationale System sein sollten und nicht umgekehrt. Alexis de Tocqueville war dabei einer der ersten, der diesen Begriff für die Beschreibung US-amerikanischer Demokratie und Gesellschaft verwendete: „The position of the Americans is therefore quite exceptional, and it may be believed that no democratic people will be placed in a similar one“ (de Tocqueville 1835: 548). Die Ursprünge dieses Selbstverständnisses lassen sich bis in die Kolonialzeit zurückverfolgen, angefangen mit John Winthrops Predigt von der „city upon a hill“. Dieses puritanische Sendungsbewusstsein zieht sich wie ein roter Faden durch die US-amerikanische Geschichte. So sprach Präsident Thomas Jefferson von der „auserwählten Nation“ (*chosen country*) und dem „Reich für die Freiheit“ (*empire for liberty*). Zusammenfassend beinhaltet der US-amerikanische Exzeptionalismus den Glauben an die historische Einzigartigkeit der US-amerikanischen Nation und Gesellschaft als Vorbild für den Rest der Welt. Dieser Glaube (*American Creed*) und das damit verbundene Sendungsbewusstsein ist eng verknüpft mit den liberalen Idealen der US-amerikanischen Demokratie, welche sich durch Freiheit, Egalitarismus, Individualismus, Menschenrechte, Rechtsstaatlichkeit und dem Vorrang von Privateigentum auszeichnet

(Lipset 1996; Huntington 2004). Diese idealtypische Gesellschaftsvorstellung – „a universal foundation open in principle to everyone" (Strong 1980: 50) – bildet das Wesen der US-amerikanischen Zivilreligion und beinhaltet im Kern das, was Benedict Anderson (1983) als *Imagined Community* beschreibt (vgl. hierzu den Beitrag von Magnus Kutz in diesem Band). Die Bedeutung des Exzeptionalismus für die US-amerikanische Außenpolitik verdeutlicht wiederum der US-amerikanische Historiker Michael H. Hunt: „It has performed for generations of Americans that essential function of giving order to their vision of the world and defining their place in it". Der Glaube an die US-amerikanische Einzigartigkeit spiegelt sich konkret neben der immateriellen Anziehungskraft US-amerikanischer Kultur und Werte auch in materieller Hinsicht anhand seiner militärischen Dominanz und ökonomischen Dynamik wider. Letztendlich bildet der US-amerikanische Exzeptionalismus so den grundlegenden außenpolitischen Bezugsrahmen (*frame*) und fungiert damit als eine Art Kompass, mit dessen Hilfe die US-amerikanische Nation durch die Untiefen, die Unübersichtlichkeit und die Unwägbarkeiten des internationalen Umfelds steuert.

Der US-amerikanische Exzeptionalismus

Der US-amerikanische Exzeptionalismus ist kein statisches und in sich geschlossenes Konzept, sondern besteht aus zahlreichen Facetten. Zudem ist er ständiger Veränderung und Anpassung unterworfen. Pluralität und Dynamik als Wesensmerkmale des US-amerikanischen Exzeptionalismus erzeugen so eine Vielzahl von Selbst- und Umweltbildern, von Meinungen und vermeintlichen Wahrheiten, die sich letztendlich auch in einer Vielzahl und Veränderung von Interessen widerspiegeln. Es herrscht demnach, um es mit Friedrich Nietzsche (1958: 1078) auszudrücken, ein permanenter „Krieg der Interpretationen" um die Deutungshoheit der US-amerikanischen Nation, der sich von der Innen- auf die Außenpolitik überträgt. Insofern sind und waren die historisch herausragenden außenpolitischen Debatten in den USA, etwa nach dem Ende des Ersten Weltkrieges oder dem Ende des Ost-West-Konflikts, immer auch Ausdruck einer veränderten innenpolitischen Denkweise.

Aufgrund dieser außenpolitischen Debatten lassen sich im Wesentlichen zwei Hauptinterpretationsstränge des US-amerikanischen Exzeptionalismus voneinander abgrenzen. Dies ist zum einen die introvertierte Sichtweise auf die USA als Vorbildnation (*exemplar nation*), die direkt an die „city upon a hill" anknüpft und häufig auch als „Leuchtturmnation" oder „Festung Amerika" bezeichnet wird. Zum anderen existiert eine extrovertierte Sichtweise auf die USA als „Kreuzfahrernation" (*missionary nation, crusader state*) (McDougall 1997).

Für die Befürworter der Vorbildnation ist der Rest der Welt hoffnungslos korrumpiert und ein Moloch moralischer Rückständigkeit. Amerika steht demgegenüber für Vollkommenheit und moralische Erneuerung. Aus dieser Perspektive heraus muss sich die US-amerikanische Gesellschaft zum einen so weit wie möglich von den verderblichen Einflüssen der Außenwelt abschotten, um das eigene gesellschaftliche Projekt nicht zu gefährden. Zum anderen gilt es alle verfügbaren innenpolitischen Ressourcen zu nutzen, um die US-amerikanische Nation zu einem Vorbild für den Rest der Welt auszubauen. Dieses Bedürfnis nach „Amerika den Amerikanern" (*America First*) hat jedoch in der Vergangenheit nicht nur zur Festigung US-amerikanischer Demokratie beigetragen, sondern auch zur Stärkung von Nativismus und Xenophobie geführt, wie die Eindämmung der Einwanderungswellen gegen Mitte und Ende des 19. Jahrhunderts sowie die aufkommende Islamophobie nach dem 11. September 2001 exemplarisch verdeutlichen.

Das Selbstverständnis der „Kreuzfahrernation“ teilt zunächst die pessimistische Sichtweise der „Leuchtturmnation“ auf den Rest der Welt. Allerdings betont die extrovertierte Sichtweise der USA als „Missionierungsnation“, dass diese als „Nummer eins“ in der Welt (*America Number One*) eine moralische Verantwortung innehaben, der sich die US-amerikanische Nation nicht so einfach entziehen kann. Demnach ist es zugleich im Interesse der USA aber auch moralische Erwartung an Amerika, „das „Licht der Freiheit“ im Sinne US-amerikanischer Werte nach außen zu tragen. Dieses Selbstverständnis bildete unter anderem die Grundlage für die kontinentale Expansion und Erschließung des US-amerikanischen Westens (*manifest destiny*) und der territorialen Erweiterung im Zuge des kurzweiligen US-amerikanischen Imperialismus, beinhaltete jedoch zugleich auch die Vertreibung der US-amerikanischen Ureinwohner und die mitunter rücksichtslose militärische Absicherung der Wirtschaftsinteressen US-amerikanischer Unternehmen im Ausland.

Manifest Destiny

Ursprünglich 1845 eingebracht von John O'Sullivan als Ausdruck kontinentaler, westlicher Expansion spiegelt der Begriff heute das Selbstverständnis der USA als grenzenloses, zivilreligiöses, kapitalistisches Gesellschaftsprojekt in der Welt wider. Als wichtiger Bestandteil US-amerikanischer Identität und tief verwurzelt in der politischen Kultur sowie eingebettet in den institutionellen gesellschaftspolitischen Rahmen stellt das Konzept zugleich Handlungsauftrag und Legitimation US-amerikanischer Außenpolitik in unterschiedlichen räumlichen und zeitlichen Kontexten dar. So lässt sich beispielsweise die Geschichte der US-amerikanischen Außenpolitik auch als kontinuierlichen und dynamischen Prozess verstehen, die physischen Grenzen US-amerikanischer Macht und Einfluss zu überwinden: von der kontinentalen Expansion zur Pazifikküste (*national manifest destiny*, 1840er Jahre), über die regionale Ausdehnung in der Westlichen Hemisphäre und Asien (*regional manifest destiny*, 1890er Jahre) bis hin zur globalen Expansion nach dem Ende des Zweiten Weltkrieges (*global manifest destiny*).

Interventionismus und Isolationismus

Der oben skizzierte US-amerikanische Exzeptionalismus bildet die Grundlage für außenpolitisches Handeln in den USA. Dabei erzeugen die beiden Grundorientierungen der „Vorbildnation“ und der „Kreuzfahrernation“ divergierende Handlungsnormen in der Außenpolitik: den Isolationismus und den Interventionismus.

Isolationismus

Der US-amerikanische Isolationismus versucht im Sinne der Vorbildnation, die US-amerikanische Gesellschaft vor schädlichen Einflüssen der Außenwelt abzuschotten, um Demokratie und Freiheit im Innern zu festigen. Konkret fürchten die Befürworter dieser Tradition einen unkontrollierbaren Machtzuwachs der Zentralregierung gegenüber den Bundesstaaten, die Entstehung eines ausufernden militärischen Apparats und die Einschränkung von Bürgerrechten. Der außenpolitische Isolationismus beruht dabei auf zwei Prinzipien: zum einen auf dem Prinzip der Nichtintervention und zum anderen auf dem Prinzip des Protektionismus. Nichtintervention beinhaltet die Vermeidung internationaler Abkommen und Verträge sowie die Nichtteilnahme an Kriegen, die nicht ausschließlich der Verteidigung des eigenen Territoriums dienen. Dabei beziehen sich die Befürworter eines Isolationismus meist auf die Warnung des ersten US-amerikanischen Präsidenten George Washington vor „permanent alliances" (welche sich in erster Linie gegen ein Bündnis mit Frankreich richtete) sowie deren Ergänzung durch den berühmten Ausspruch von Thomas Jefferson: „peace, commerce, and honest friendship with all nations, entangling alliances with none". Diese Bündnisfreiheit soll den USA größtmögliche Entscheidungs- und Handlungsfreiheit in der Außenpolitik sichern und betont gleichzeitig die Unantastbarkeit nationaler Souveränität.

Das zweite Prinzip des Isolationismus ist der Protektionismus. Dieser versucht, durch die Errichtung gesetzlicher Barrieren den wirtschaftlichen und kulturellen Austausch mit anderen Gesellschaften und Staaten zu minimieren. Konkret äußert sich dies etwa in Form von Handelszöllen und Einwanderungsquoten. In der Literatur ist es umstritten, ob die USA jemals eine rein isolationistische Außenpolitik verfolgt haben. Typischerweise werden dazu in der Regel das 19. Jahrhundert sowie die Zwischenkriegszeit (1919-1938) als Höhepunkte des Isolationismus ins Felde geführt. In der Tat war US-amerikanische Außenpolitik zu dieser Zeit in erster Linie auf den amerikanischen Kontinent und die innenpolitische Entwicklung der USA fokussiert. Allerdings waren die USA bereits während des Quasi-Krieges mit Frankreich (1798-1800), dem Abschluss des Jay-Vertrages mit Großbritannien (1794) und über die Handelsbeziehungen mit Europa und den europäischen Kolonien bereits seit Gründung der US-amerikanischen Nation eng in das europäische Sicherheits- und Wirtschaftssystem eingebunden. Zudem unternahmen die USA unter Präsident Jefferson von 1801-1805 sogar eine militärische Intervention gegen die Berberstaaten in Nordafrika. In der Zwischenkriegszeit kam es wiederum zum Abschluss zahlreicher völkerrechtlicher Verträge mit anderen Staaten wie den Abrüstungsabkommen auf der *Washington Naval Conference* (1921/22) und dem *Kellog-Briand-Pact* (1928). Der US-amerikanische Isolationismus ist deshalb keineswegs mit Isolation gleichzusetzen, wie es einer seiner Protagonisten, Senator William E. Borah, 1919 erläutert hat: „In matters of trade we have never been an isolationist nation nor will we ever be one (...) whenever there is human suffering, we have not been isolationist nor will we ever be. But in terms of political commitments that may constrain the free decisions of the American people, we will remain free, independent, and isolationist".

Interventionismus

Der US-amerikanische Interventionismus, bisweilen auch neutraler als Internationalismus bezeichnet, befürwortet dagegen eine aktive Rolle der USA in der Welt, dessen Beginn meist mit dem Spanisch-Amerikanischen Krieg 1898 und der darauffolgenden kurzen Phase des US-amerikanischen Imperialismus auf den Philippinen und der Annektierung Hawaiis unter Präsident Theodore Roosevelt sowie dem Eintritt der USA in den Ersten Weltkrieg und dem darauffolgenden Versuch der Gründung des Völkerbunds 1919 unter Präsident Woodrow Wilson datiert wird. Beide Präsidenten verkörpern dabei jeweils unterschiedliche Varianten des US-amerikanischen Internationalismus: der von realistischen Interessen geprägte konservative oder unabhängige Internationalismus Theodore Roosevelts („carry a big stick") und der von idealistischen Werten getriebene progressive oder liberale Internationalismus Wilsons („to make the world safe for democracy").

Der US-amerikanische Progressivismus beinhaltet vor allem soziale Reformen, die Zügelung exzessiver Auswüchse des Kapitalismus sowie den Schutz und Erhalt von Umwelt und Natur. Progressiver Internationalismus dehnt diese Inhalte auf den Bereich der internationalen Beziehungen aus, der traditionell eher mit Machtpolitik und der Abwesenheit von Ethik und Moral in Verbindung gebracht wird. Der progressive Internationalismus bzw. Interventionismus sieht die progressive Agenda als universell gültig an und schafft so eine *new frontier* US-amerikanischen Sendungsbewusstseins: „The same exploitation and injustice within our borders applies to international questions. (...) How are we going to do justice to other nations if we don't know justice?" (Wilson, zitiert in: Knock 1992: 19) Dadurch verwischen die Grenzen zwischen Innen- und Außenpolitik, weil gesellschaftspolitischer Fortschritt und friedliche Zusammenarbeit sowohl innerhalb der USA als auch auf internationaler Ebene einander bedingen. Diese Transzendenz drückt sich in verschiedenen Formen – internationale Organisationen, multilaterale Verträge, transnationale Netzwerke – in der US-amerikanischen Außenpolitik aus. Der progressive Internationalismus sieht die USA dabei in der Führungsrolle, die Zone demokratischer Staaten zu erweitern und die bestehende „demokratische Staatengemeinschaft" zu bewahren. Dieser Sichtweise liegt das liberale Theorieverständnis zugrunde, dass Demokratien untereinander keine Kriege führen. Zugleich beinhaltet dies jedoch auch eine zunehmende Bereitschaft, militärische Interventionen zur Verteidigung und Förderung von Demokratie und Menschenrechten in der Welt durchzuführen. Dies verdeutlichen etwa die zahlreichen militärischen Interventionen unter Wilson in Lateinamerika.

Diesem, heute noch in der Demokratischen Partei tief verwurzelten progressiven Internationalismus (Asmus et al. 2003), steht ein unabhängiger oder konservativer Internationalismus gegenüber, wie er sich etwa als Antwort auf den progressiven *Wilsonianism* in der US-amerikanischen Außenpolitik der Zwischenkriegszeit widerspiegelt (Hoff 2008: 69). Dieser beinhaltet zwar ähnlich wie der progressive Internationalismus die grundsätzliche Bereitschaft zu multilateralem Engagement der USA in der Welt. Internationale Organisationen und Verträge sieht dieser jedoch nur dann als hilfreich an, wenn diese die Handlungsfreiheit der USA im Sinne des nationalen Interesses nicht allzu sehr einschränken. Der konservative Internationalismus bzw. Interventionismus will in erster Linie die US-amerikanische Führungsposition in der Welt bewahren und ausbauen. US-amerikanische Hegemonie wird dabei als Garant für eine friedliche und stabile internationale Ordnung gesehen. Die USA sollen aus dieser Sicht verhindern, dass ein anderer Akteur die Kontrolle über eine andere Region erlangt und dabei über ausreichend Ressourcen und eine feindliche Intention verfügt, die hegemoniale Rolle der USA auf politischem, militärischem oder wirtschaftlichem Gebiet herauszufordern. Dies wird zum einen über die Einbindung von Verbündeten im Sinne eines „wohlwollenden Hegemons" (*benevolent hegemon*) erreicht. Zum anderen versuchen die USA durch den Ausbau überlegener außenpolitischer Kapazitäten und Instrumente, potenzielle und tatsächliche Konkurrenten abzuschrecken. Aus Furcht vor einer Überlastung US-amerikanischer Ressourcen und dem Verlust der innenpolitischen Unterstützung für Amerikas Führungsrolle (*imperial overstretch*) ist der konservative Internationalismus militärischen Interventionen gegenüber grundsätzlich skeptisch eingestellt. Diese sieht er nur dann als nützlich und angemessen an, wenn die grundlegenden Interessen der USA oder ihrer Verbündeten bedroht sind und befürwortet für diesen Fall ein rasches und entschlossenes Vorgehen.

Zwischen diesen beiden Polen entsteht ein permanentes Spannungsfeld aus progressivem und unabhängigem Internationalismus, das in der US-amerikanischen Außenpolitik in selektiver und pragmatischer Form jeweils multilateralem oder unilateralem Handeln den Vorzug gibt, jedoch keine grundsätzliche Präferenz für oder gegen eine der beiden Handlungsnormen erkennen lässt.

Die außenpolitische Debatte seit dem Ende des Ost-West-Konflikts

Mit dem Ende des Ost-West-Konflikts entstand in den USA ein konzeptionelles Vakuum in der Außenpolitik. Die Auseinandersetzung mit der Sowjetunion und ihrer kommunistischen Ideologie hatte bis zu diesem Zeitpunkt einen sicherheitspolitischen und parteiübergreifenden Konsens hergestellt, der sich auf alle Ebenen der Politik und der Gesellschaft – militärisch, ökonomisch und kulturell – erstreckt und als außenpolitischer Kompass die Leitlinien US-amerikanischer Außenpolitik bestimmt hatte. Der *War on Terror* nach dem 11. September 2001 konnte dieses Vakuum nur kurzzeitig füllen. Vor diesem Hintergrund stellt sich nach wie vor die Frage nach dem außenpolitischen Rollenverständnis der USA auf der Suche nach neuen Handlungsnormen für US-amerikanische Außenpolitik in einer sich verändernden Welt. In dieser Debatte stehen sich seit Beginn der 1990er Jahre Interventionisten und Isolationisten in drei Varianten dieser beiden klassischen, außenpolitischen Grundorientierungen gegenüber, die in idealtypischer Weise jede für sich die Deutungshoheit über Amerikas zukünftige Rolle in der Welt beanspruchen[1] (eine vierte Variante, der Neokonservatismus, wird im Beitrag von Patrick Keller ausführlich dargestellt).

Aus Sicht der hegemonialen Internationalisten sollen die Vereinigten Staaten ihren Machtstatus bewahren und durch den notfalls auch unilateralen Ausbau US-amerikanischer Macht im militärischen und wirtschaftlichen Bereich das Aufstreben potentieller Konkurrenten verhindern. Dies beinhaltet eine Stärkung bestehender multilateraler Organisationen, sofern sie von den USA dominiert werden können. Von den Verbündeten soll eine größere Übernahme militärischer Verpflichtungen (*burden sharing*) eingefordert werden. Die Legitimation dieser außenpolitischen Orientierung leitet sich aus dem Primat nationaler Interessen ab. Der von einigen ausgerufene „unipolare Moment" nach dem Ende des Ost-West-Konflikts soll auf unbestimmte Zeit ausgedehnt werden, da sich durch die daraus hervorgehende dominante Stellung der USA im internationalen System ein größtmögliches Maß an Handlungsfreiheit, Souveränität und Stabilität garantieren lasse.

Auch die liberalen Internationalisten betrachten eine Führungsrolle der USA als unabdingbar für internationale Stabilität und Frieden. Im Gegensatz zum hegemonialen Internationalismus soll sich US-amerikanische Führung jedoch auf den Ausbau multilateraler Strukturen und Institutionen konzentrieren. Dies beinhaltet auch die Stärkung von internationalen Organisationen wie den Vereinten Nationen, in denen die USA über keine dominierende Stellung verfügen. Von der Förderung internationaler Kooperation versprechen sich die liberalen Internationalisten angesichts der zahlreichen innenpolitischen Probleme wie etwa dem wachsenden Handelsbilanzdefizit eine Kostensenkung für Amerikas außenpolitische Führungsrolle. Die Legitimation dieser sicherheitspolitischen Rolle basiert auf der liberalen Annahme, dass die Förderung von Demokratie und Freihandel grundlegendes Ziel US-amerikanischer Außenpolitik sei. So formulierte Präsident Bill Clinton in seiner Ansprache zur Lage der Nation 1994: „The best strategy to ensure our security and to build a durable peace is to support the advance of democracy elsewhere. Democracies don't attack each other". Dieses Ziel lässt sich durch einen internationalen Lastenausgleich wesentlich günstiger und nachhaltiger verfolgen.

Für die Neo-Isolationisten bedeutet das Ende der Ost-West-Konfrontation auch das Ende der herausgehobenen Stellung Amerikas in den internationalen Beziehungen. Dabei geht es dem Neo-Isolationismus weniger um einen Rückzug der USA aus der Weltpolitik, wohl aber um einen Rückzug Amerikas aus seinen internationalen Verpflichtungen. Multilaterale Einbindung in internationale Organisationen erscheint den Neo-Isolationisten angesichts der drängenden sozialen und wirtschaftlichen Probleme im Inland als zu kostspielig und ineffektiv, da das Stimmengewicht in den meisten internationalen Gremien nicht die Machtposition und Werte der USA widerspiegelt.

Von diesen drei idealtypischen Rollen sind gegenwärtig nur die ersten beiden in der US-amerikanischen Bevölkerung und den politischen Eliten mehrheitsfähig (Koschut 2010: 86). Gleichzeitig lässt sich der Einfluss neo-isolationistischer Tendenzen auf die außenpolitische Debatte in der US-amerikanischen Öffentlichkeit und bei den außenpolitischen Eliten

1 Für eine detaillierte Darstellung vgl. Rudolf/Wilzewski 1994.

nicht verleugnen, wie Senator John McCain angesichts der Erfolge der *Tea Party*-Bewegung bei den Kongresswahlen 2010 bemerkte: „I admire [their] victory, but (...) already [they have] talked about withdrawals (and) cuts in defense. (...) I worry a lot about the rise of protectionism and isolationism in the Republican Party.“

Fazit

In der US-amerikanischen Außenpolitik stehen sich Interventionismus und Isolationismus als idealtypische gegensätzliche Pole des US-amerikanischen Exzeptionalismus gegenüber. Der introvertierte Isolationismus will sich vom Rest der Welt abschotten während der extrovertierte Interventionismus versucht, die Welt in Amerikas Ebenbild zu verändern. In der außenpolitischen Praxis liegt jedoch kaum einer der beiden Idealtypen vor. Vielmehr entpuppt sich US-amerikanische Außenpolitik bei genauerem Hinsehen als eine, von außen betrachtet, meist sonderbare Mischung aus beiden Handlungsnormen (Deudney/Meiser 2008: 35). In der US-amerikanischen Außenpolitik sind Isolationismus und Interventionismus daher letztendlich zwei Seiten derselben Medaille. Beide stellen unterschiedliche außenpolitische Strategien dar, verfolgen dabei jedoch dasselbe Ziel: die Einzigartigkeit der US-amerikanischen Nation zu bewahren und auszubauen. US-amerikanische Außenpolitik unternimmt so seit jeher die Quadratur des Kreises, indem sie sich der widersprüchlichen Herausforderung stellt, die USA als Führungsnation in der Welt zu etablieren und dabei gleichzeitig moralische Reinheit und Distanz zu wahren.

Übungsfragen

1. Was genau beinhaltet der US-amerikanische Exzeptionalismus?
2. Wie unterscheiden sich progressiver und unabhängiger Internationalismus voneinander?
3. Sind die USA eine einzigartige Nation oder ein Staat wie jeder andere? Begründen Sie ihre Antwort.

Weiterführende Literatur

Lipset, S. M. (1996) American Exceptionalism: A Double-Edged Sword. New York: W. W. Norton.
Das Standardwerk zu diesem Thema.

McDougall, Walter A. (1997) Promised Land, Crusader State. The American Encounter with the World Since 1776. New York: Houghton.
Ein hervorragender historischer Überblick über die Rolle des Exzeptionalismus in der US-amerikanischen Außenpolitik.

Hunt, Michael H. (2009/Erstausgabe: 1987) Ideology and US Foreign Policy. New Haven: Yale University Press.
Hunt stellt die provokante These auf, dass Revolution, Rasse und Freiheit Bestandteile einer außenpolitischen Ideologie in den USA seien.

Stephanson, Anders (1995) Manifest Destiny. American Expansionism and the Empire of Right. New York: Hill and Wang.
Das Standardwerk zu Manifest Destiny.

Verwendete Literatur

Anderson, Benedict (1983) Imagined Communities. Reflections on the Origins and Spread of Nationalism. London/New York: Verso.

Asmus, Ronald D. (Hrsg.) (2003) Progressive Internationalism. A Democratic National Security Strategy. Washington, D.C.: Progressive Policy Institute.

Deudney, Daniel und Jeffrey Meiser (2008) American Exceptionalism, in: Michael Cox and Doug Stokes (Hrsg.) US Foreign Policy. Oxford: Oxford University Press, S. 24-42.

Hoff, Joan H. (2008) A Faustian Foreign Policy from Woodrow Wilson to George W. Bush: Dreams of Perfectibility. Cambridge: Cambridge University Press.

Huntington, Samuel P. (2004) Who Are We? The Challenges to America's National Identity. New York: Simon & Schuster.

Knock, Thomas J. (1992) To End All Wars. Woodrow Wilson and the Quest for a New World Order. Princeton, NJ: Princeton University Press.

Koschut, Simon (2010) Die Grenzen der Zusammenarbeit. Sicherheit und transatlantische Identität nach dem Ende des Ost-West-Konflikts. Baden-Baden: Nomos Verlag.

Nietzsche, Friedrich (1958) Ecce Homo, in: Karl Schlechta (Hrsg.) Friedrich Nietzsche: Werke in drei Bänden, Bd. II. München: Hanser.

Rudolf, Peter und Jürgen Wilzewski (1994) Weltpolitik als Weltordnungspolitik? Amerikanische Außenpolitik zwischen Prinzip und Pragmatismus, in: Matthias Dembinski, Peter Rudolf und Jürgen Wilzewski (Hrsg.) Amerikanische Weltpolitik nach dem Ost-West-Konflikt, Baden-Baden: Nomos Verlag, S. 431-442.

Strong, Tracy (1980) Taking Rank of What is Ours: American Foreign Policy and the Question of Human Rights, in: Paula Newberg (Hrsg.) The Politics of Human Rights. New York, NY: New York University Press, S. 33-64.

Tocqueville, Alexis de (2004/Erstausgabe: 1835) Democracy in America. Volumes I and II. New York: Bantam Dell.

Zivilreligion und politische Kultur

Magnus-Sebastian Kutz

„America has never been united by blood or birth or soil. We are bound by ideals that move us beyond our backgrounds, lift us above our interests and teach us what it means to be citizens. Every child must be taught these principles. Every citizen must uphold them. And every immigrant, by embracing these ideals, makes our country more, not less, American." (Bush 2001)

Zusammenfassung

Die USA sind als Einwanderungsland in hohem Maße von einem gemeinsamen Wertekonsens geprägt, der sowohl gesellschaftlichen Zusammenhalt stiftet als auch bedeutsam für die politische Kultur ist. Werte wie Freiheit und Chancengleichheit werden von fast allen US-Amerikanern befürwortet. Hinzu kommt eine spezielle Metaphorik, die durch den Begriff der Zivilreligion beschrieben wird: säkularisierte biblische Motive vermischen sich mit historischen Ereignissen, Orten und Personen zu einem Komplex alttestamentarisch anmutender Symbolik, die für die politische Kultur und Rhetorik der USA bestimmend sind. Das außenpolitisch bedeutendste Motiv ist die „shining city upon a hill", das die USA in Analogie zum biblischen gelobten Land als leuchtendes Vorbild für den Rest der Welt versteht und dabei Sinnbild des US-amerikanischen außenpolitischen Sendungsbewusstseins ist.

Nation und politische Kultur

Selbstbild und Selbstverständnis der US-amerikanischen Gesellschaft spielen eine zentrale Rolle für das Verständnis und die Entwicklung US-amerikanischer Außenpolitik. Im Mittelpunkt steht dabei die Idee des US-amerikanischen Exzeptionalismus (vergleiche hierzu den Beitrag von Simon Koschut in diesem Band), die eine wesentliche Grundlage außenpolitischen Handelns ist.

Grundlegend ist dabei das Verständnis der Nation als solche. Geht man vom Ansatz Benedict Andersons aus, den er in *Imagined Communities* entwickelt hat, lassen sich Nationen (und Nationalismus) als kulturelle Artefakte verstehen: Die Einwohner eines Landes können einander nicht persönlich kennen, sie können im Gegensatz zu lokalen Dorfgemeinschaften keine praktische Gemeinschaft eingehen, vielmehr basiert das Zusammengehörigkeitsgefühl auf einer vermeintlichen Einheit, einer „erfundenen Nation".

Geht man von einer solchen Einheit aus, einer nationalen Zusammengehörigkeit, die sich aus gemeinsamen Ideen speist, braucht man eine Eingrenzung und Definition dieser Ideen. Dieses Problem lässt sich vor allem über das Konzept der politischen Kultur lösen. Politische Kultur ist allerdings ein Forschungsfeld, das großen Interpretationsspielräumen unterliegt. Max Kaase veranlasste das 1983 sogar dazu, einen Aufsatz mit dem Ausspruch zu überschreiben, der Versuch, politische Kultur zu analysieren, gleiche dem Versuch, „einen Pudding gegen die Wand zu nageln". Während mit klassischen Ansätzen in diesem

Forschungsfeld – so bei Gabriel Almond und Sidney Verba (1963) – versucht wurde, das Entstehen und Überleben von Demokratien zu erklären und grundsätzliche Einstellungen gegenüber dem Regierungssystem zu untersuchen, wählten andere Autoren einen breiteren Ansatz.

Im Mittelpunkt stand nun die Frage nach politischen Symbolen und Artefakten, beispielsweise „Flaggen, Hymnen, Gebäude, politische Ereignisse und die Inhalte politischer Kommunikation" (Gabriel 2009: 27). Es ging also darum, politische Kultur als „Weltbild" im Weber'schen Sinne zu verstehen, das den Mitgliedern einer Gemeinschaft als solches gar nicht bewusst ist, sondern als selbstverständlich empfunden wird. Es handelt sich dabei nach Schwab-Trapp (2001: 236-238) um eine „symbolische Ordnung", eine Basiserzählung der Gesellschaft:

> „Wie ein Mythos organisiert die Basiserzählung einer Gesellschaft die Vergangenheit dieser Gesellschaft, hält diese Vergangenheit lebendig und setzt sie in Beziehung zur Gegenwart. Deshalb ist jede Basiserzählung (…) eine spezifische Erzählung, in der die Beziehung einer spezifischen Gesellschaft zu ihrer Vergangenheit organisiert und kollektiv verbindlich festgeschrieben ist (…). Die Konflikte, die um ihre korrekte Auslegung entbrennen, sind aufs Engste mit aktuellen politischen Auseinandersetzungen verflochten, finden unter Beteiligung politisch-kultureller Eliten statt und ‚begründen' die Legitimität der politischen Ordnung durch die Entstehungsgeschichte dieser Ordnung."

Politische Kultur soll in Anlehnung an Rohe (1990: 333) als ein

> „mit Sinnbezügen gefüllter Rahmen (verstanden werden), innerhalb dessen sich die (…) politische Lebenspraxis (…) politisch handelnder Akteure vollzieht. Sie ist (…) so etwas wie ein politischer Code, eine politische Programmiersprache, die das Denken und Fühlen politischer Akteure steuert und konditioniert, freilich nicht determiniert."

Grundwerte und Nationenbegriff im Kontext der US-amerikanischen Geschichte

Die so verstandene politische Kultur hat in den USA einen besonderen Charakter, der durch die gesellschaftliche und territoriale Entstehungsgeschichte der USA bestimmt ist. Bis weit ins 20. Jahrhundert hinein haben sich die USA auch territorial verändert. Seit der Staatsgründung dehnte sich das Staatsgebiet immer weiter nach Westen aus, neue Einzelstaaten entstanden und erweiterten den Kreis der 13 Gründungsstaaten. Erst 14 Jahre nach dem Zweiten Weltkrieg werden Alaska und Hawaii Bundesstaat. Gleichzeitig waren die USA auch von Beginn an ein Einwanderungsland und von einer großen ethnischen Heterogenität geprägt. Menschen aus allen europäischen Staaten kamen ebenso hinzu wie Menschen aus Afrika, die als Sklaven verschleppt wurden. Seit dem 19. Jahrhundert folgten auch große Zahlen von Einwanderern aus Asien sowie aus Lateinamerika.

Die US-amerikanische Gesellschaft ist also weder durch ein festes Territorium, noch durch einen einheitlichen Sprachraum oder eine gemeinsame kulturelle Herkunft geprägt. Es gab keine identitätsstiftenden Nationalismen europäischer Prägung, also weder ein festes Staatsgebiet, eine gemeinsame Sprache oder eine (vermeintliche) gemeinsame Abstammung[1], die als Grundlage eines gemeinsamen nationalen Selbstbildes dienen konnten. Vielmehr entstand ein gemeinsamer Wertekanon, wurden gemeinsame Ideale und politische Glaubensbekenntnisse zur Grundlage der US-amerikanischen Demokratie.

---

1 Die auch in Deutschland angesichts der vielfältigen Einwanderungsgeschichte oft eher konstruiert ist.

Grundwerte und Nationalstolz sind für die US-amerikanische Gesellschaft selbstverständlich. 1994 gaben 98,5 Prozent der befragten US-Amerikaner an, stolz auf ihr Land zu sein. Werte wie persönliche Freiheit (81 Prozent) und Meinungsfreiheit (97 Prozent) finden hohe Zustimmung. 64 Prozent der Bevölkerung kennen den vollen Text der Nationalhymne. Zudem stehen Werte wie harte Arbeit, Ausbildung, Pflichtbewusstsein und individuelle Fähigkeiten im Vordergrund. 86,5 Prozent der Amerikaner (die Zahlen schwanken deutlich je nach gesellschaftlicher Schicht) geben einer „Equality of Opportunity" Vorrang vor einer „Equality of Results". 98 Prozent gehen davon aus, dass jeder in der US-amerikanischen Gesellschaft die gleichen Chancen hat. 88,5 Prozent stimmen dem Satz „people get ahead by hard work" zu.[2]

Prägend für diese Einstellungen war die Rolle protestantischer, calvinistischer und presbyterianischer Ideen in der ersten Einwanderergeneration in den USA, die den von Max Weber beschriebenen Zusammenhang von asketischem Protestantismus und kapitalistischem Geist zeigen. Diese Ideen bilden einen Wertekanon, auf den die unterschiedlichen politischen Lager immer wieder Rekurs nehmen und ihre unterschiedlichen Ansichten so mit einem gemeinsamen Gefüge von Werten und Normen verbinden.

Zivilreligion als Schlüsselmotiv US-amerikanischer politischer Kultur

Eine Schlüsselrolle für die politische Rhetorik hat hier die Zivilreligion, die im Sinne Schwab-Trapps die Basiserzählung der US-amerikanischen Gesellschaft ist. Es handelt sich dabei um einen „Motivkomplex religiöser Anspielungen und Metaphorik" (Fischer/Vorländer 1993: 218). Den Begriff der Zivilreligion, der eigentlich von Jean-Jacques Rousseau stammt, hat Robert N. Bellah in seinem 1967 erschienenen Aufsatz „Civil Religion in America" auf diesen Motivkomplex übertragen.

> „Although matters of personal religious belief, worship, and association are considered to be strictly private affairs, there are, at the same time, certain common elements of religious orientation that the great majority of Americans share. These have played a crucial role in the development of American institutions and still provide a religious dimension for the whole fabric of American life, including the political sphere. This public religious dimension is expressed in a set of beliefs, symbols, and rituals that I am calling the American civil religion." (1967: 3-4)

Die Zivilreligion knüpft an säkularisierte Motive der christlich-alttestamentarischen Kultur an, ist aber keineswegs auf inhaltlicher oder funktioneller Ebene mit christlichen Glaubensvorstellungen gleichzusetzen. Sie ist von Religionsgemeinschaften unabhängig und hat keine christlich-konfessionellen Bindungen. So findet sich zwar in vielen Reden und Ansprachen eine Bezugnahme auf „Gott", die die grundsätzliche Bedeutung religiöser Werte hervorheben soll, gleichzeitig jedoch unabhängig von den tatsächlichen Glaubensvorstellungen des Redners ist. Deshalb findet sich nur äußerst selten der Begriff „Christ" in politischen Reden.

Die frühen Einwanderer und Gründerväter waren der Überzeugung, religiöse Werte seien für die moralische Integrität einer Gesellschaft unabdingbar. Daher basiert der Gottesbegriff der Zivilreligion auf calvinistisch-alttestamentarischer Tradition und hat einen starken Bezug auf Ordnung, Recht und Gesetz. Gott hat hier nicht nur eine Schöpferrolle, er ist vielmehr interessiert und eingebunden in den Lauf der Geschichte. Dagegen spielen neutestamentarische Bezüge auf Liebe und Erlösung nur eine marginale Rolle.

---

2 Zahlen nach General Global Survey 1994, zitiert nach Vorländer (2008: 294).

Die Zivilregion bildet einen Bezugsrahmen von übergreifenden, allgemein akzeptierten und gleichermaßen bekannten Bildern und Metaphern, der es möglich macht, ein nationales Selbstverständnis der USA durch die Verwendung einer religiösen Symbol- und Begriffswelt zu entwickeln. So entsteht ein säkularisierter, weltlicher Motivkomplex, der religiöse Begrifflichkeiten auf den politischen Diskurs überträgt. Nach Bellah (1967: 19) hat die Zivilreligion „its own Prophets and its own martyrs, its own sacred events and sacred places, its own solemn rituals and symbols. It is concerned that America be a society as perfectly in accord with the will of God as men can make it, and a light to all the nations."

In der historischen Entwicklung haben sich verschiedene Elemente mit diesem Phänomen verbunden. Politische Traditionen, die Geschichte der USA und symbolträchtige historische Momente sind zu Bestandteilen der Zivilreligion geworden und haben die Rolle religiöser Elemente übernommen (vgl. Tabelle 1).

Tabelle 1: Typologie und Beispiele für US-amerikanische Zivilreligion

Typus des Bestandteils	Beispiele
Heilige Ereignisse	Inauguration (Amtseinführung des Präsidenten), Feiertage (Independence Day, Thanksgiving, Memorial)
Propheten	Thomas Jefferson, George Washington, „Founding Fathers", Abraham Lincoln
Märtyrer	Abraham Lincoln, John F. Kennedy, Martin Luther King
Kultstätten	Memorials, Friedhöfe (Arlington Cemetery), Washington Monument
Heilige Schriften	Verfassung, Unabhängigkeitserklärung, Gettysburg Address
Rituale	Pledge of Allegiance

So wird beispielsweise die Amtseinführung des Präsidenten zu einem „heiligen" Ereignis, die Gründerväter übernehmen die Rolle von Propheten und der ermordete Präsident Abraham Lincoln die des Märtyrers, während der Arlington Cemetery oder die Memorials in Washington D.C. zu Kultstätten werden und zentrale Dokumente der US-amerikanischen Geschichte, wie die Verfassung, die Unabhängigkeitserklärung und die Gettysburg Address den Charakter heiliger Schriften der Zivilreligion erhalten. Eine herausgehobene Rolle in diesem Kontext hat der US-amerikanische Präsident, der in Anlehnung an seine Rolle als „commander-in-chief" auch als „interpreter-in-chief" (Stuckey 1991) gesehen wird und die Funktion als „zivilreligiöser Hohepriester" (Fischer/Vorländer 1993: 222) übernimmt – eine Rolle die aus der intensiven Nutzung zivilreligiöser Metaphorik in Inaugurationsreden der Präsidenten entstanden ist.

Die besondere Rolle erhalten diese Motive aber erst durch die Kombination mit säkularisierten biblischen Motiven: „Behind the civil religion at every point lie Biblical archetypes: Exodus, Chosen People, Promised Land, New Jerusalem, Sacrificial Death and Rebirth. But it is also genuinely American and genuinely new" (Bellah 1967: 19). Diese Motive sind weitgehend alttestamentarischen Ursprungs, lediglich die Elemente von Opfertod und Wiedergeburt bilden eine Ausnahme, da Abraham Lincoln sie als rhetorisches Element in einer Schlüsselsituation des Bürgerkrieges nutzte und seine Ermordung kurze Zeit später für eine symbolische Verbindung mit dem Opfertod Christi sorgte.

Von dieser Ausnahme abgesehen, handelt es sich bei der Zivilreligion weitestgehend um einen „alttestamentarisch anmutende[n] Komplex religiöser Anspielungen" (Vorländer 2008: 200). Insbesondere das Motiv des auserwählten Volkes hat dabei eine herausragende Bedeutung. Die ersten puritanischen Einwanderer hatten die Auswanderung aus Europa und die Besiedelung Nordamerikas mit dem Auszug der Israeliten aus Ägypten und der Flucht ins biblische Palästina gleichgesetzt. Vor diesem Hintergrund und den Erfahrungen in Europa wurde der amerikanische Kontinent als ein Land im Naturzustand gesehen, welches die Möglichkeit eines Neubeginns bot und von den streng gläubigen Einwanderern mit der Zeit vor dem biblischen Sündenfall verglichen wurde. Schlüsselmotiv war dabei die Idee des *convenant*, eines neuen Bundes mit Gott, der die Einwanderer zu einem auserwählten Volk Gottes mache und die Bilder des „Chosen people", des „Promised land" und des „New Jerusalem" entstehen ließ.

Hier zeigt sich auch die Doppelrolle des US-amerikanischen Selbstbildes, das nicht nur in seiner Binnenwirkung und für den innergesellschaftlichen Zusammenhalt eine wesentliche Rolle spielt, sondern vielmehr auch eine bedeutende Außenwirkung entfaltet. Amerika sollte nicht nur einen Neubeginn ermöglichen, es sollte auch ein Vorbild für den Rest der Welt und insbesondere das in den Augen der Siedler dekadente und gottlose Europa sein. Dieses Selbstbild findet seinen Ausdruck in dem Motiv der „shining city upon a hill", der leuchtenden Stadt auf einem Hügel, das seinen Ursprung in einer 1630 von John Winthrop gehaltenen Predigt an Bord des Schiffes Arabella hat. Die biblische Grundlage ist hier vermutlich Matthäus 5: 14-16 („You are the light of the world, a city set on a hill cannot be hid").

Zivilreligiöse Motive in der Begründung außenpolitischer Entscheidungen

Die in den USA weit verbreitete Vorstellung, Gesellschaft und politisches System hätten eine internationale Vorbildfunktion geht auf dieses Motiv der „shining city upon a hill" zurück. Dieses Motiv und das damit verbundene Selbstverständnis sind heute ein bestimmender Faktor in außenpolitischen Entscheidungen und vor allem ein zentrales Motiv in deren Begründung. Ein solches Selbstbild impliziert auch Antipoden: ein leuchtendes moralisches Vorbild verlangt nach Orten des Lasters, ohne Moral in Politik und Gesellschaft. So entstehen die zur Orientierung notwendigen Landmarken der Weltpolitik: Internationale Politik wird zu einem dauerhaften Konflikt zwischen Gut und Böse, zwischen Vollkommenheit und Verkommenheit. Eine solche Schematisierung bringt schon von sich aus große Hürden gegenüber einem Eindämmungspolitik (*containment*) und Verhandlungen mit Gegnern mit sich. So entsteht eine moralische Rechtfertigung zum Einsatz militärischer Mittel, die sich schnell zur Verpflichtung wandeln kann (Gerhard 1999: 47-48). Hier zeigt sich auch das „enorme Gewaltpotential" (Schmidt 2009: 434), das in der calvinistischen und alttestamentarischen Theologie und Religiosität versteckt ist: „Bundestheologie, Prädestination, Providenz und Apokalypse bilden ein Arsenal an Leitmotiven, das jederzeit für einen heiligen Krieg aktiviert werden konnte. Und dieses Material lag nicht am Rande, sondern in der Mitte der reformierten Lehre" (a.a.O.).

Gerade aufgrund der herausgehobenen Stellung des US-amerikanischen Präsidenten und seiner kommunikativen Rolle (vergleiche den Beitrag von Hans Kleinsteuber und Magnus Kutz in diesem Band) in der Politikvermittlung wird dieses Selbstverständnis zu einem bestimmenden Faktor, da politische Entscheidungen oft durch moralische Zuspitzung vermittelt werden. Dies wird in deutschen Debatten oft als gezielte Täuschung interpretiert und in Enthüllungsliteratur immer wieder genutzt, um politische Entscheidungsträger vermeintlich zu demaskieren. So wurde Ronald Reagan in den USA für seine Fähigkeit, Realpolitik mit eindringlichen idealistischen Anschlussstellen zu versehen, besonders geschätzt, während seine Dämonisierung der UdSSR als „empire of evil“ in der deutschen Wahrnehmung zu einer ebenso realitätsfernen wie bedrohlichen Konstruktion wurde.

Während die „city upon a hill“ klassisch mit der „introvertierten Sichtweise“ (vgl. hierzu den Beitrag von Simon Koschut in diesem Band) auf die USA und mit isolationistischen Tendenzen von US-amerikanischer Außenpolitik verknüpft war, hat sich das Motiv gerade bei US-amerikanischen Konservativen seit Ronald Reagan als Schlüsselmotiv außenpolitischer Kommunikation durchgesetzt. Reagan nutzte das Motiv intensiv und für George W. Bush wurde es zum Kernelement seiner Interpretation der Terroranschläge vom 11. September 2001: „America was targeted for attack because we're the brightest beacon for freedom and opportunity in the world. And no one will keep that light from shining.“

Die Intensität der Nutzung zivilreligiöser Motive unterscheidet sich von Präsident zu Präsident. Während William J. Clinton oft auf historische Analogien zurück griff und George W. Bush intensiv zivilreligiöse Motive nutzte, finden sich auch bei Barack H. Obama immer wieder Anknüpfungen an klassische Motive US-amerikanischer politischer Kultur, die insbesondere seinen Wahlkampf des Jahres 2008 prägten. Das Bild der „city upon a hill“ ist jedoch seit der intensiven Nutzung durch Ronald Reagan weitgehend ein durch Konservative besetztes Motiv.

Übungsfragen

1. Warum sind die USA als Nation stärker von gemeinsamen Ideen und Grundwerten für ihren Zusammenhalt abhängig als die europäischen Staaten?
2. Welche Elemente kennzeichnen die „Zivilreligion“ und was unterscheidet sie von einer konfessionellen Religion?
3. Woher kommt das Bild der „city upon a hill“ und welche Rolle spielt es für die US-amerikanische Außenpolitik?

Weiterführende Literatur

Bellah, Robert N. (1967) Civil Religion in America, in: Daedalus 96, S. 1-21.
Der Aufsatz von Robert N. Bellah ist der klassische Schlüsseltext zur US-amerikanischen Zivilreligion.

Vorländer, Hans (2008) Politische Kultur, in: Peter Lösche (Hrsg.) Länderbericht USA. Bonn: Bundeszentrale für politische Bildung, S. 196-236.
Ein guter und detaillierter Überblick zur politischen Kultur der USA.

Anderson, Benedict (2006) Imagined communities: Reflections on the Origin and Spread of Nationalism. London: Verso.
Eine zentrale Arbeit zur Idee der Nation und des Nationalismus, die gerade im Kontext von Zivilreligion und US-amerikanischen Selbstbild höchst aufschlussreich ist. (Deutsch: Die Erfindung der Nation, im Campus Verlag)

Verwendete Literatur

Almond, Gabriel A. und Sidney Verba (1963) The Civic Culture. Princeton, NJ: Princeton University Press.

Bush, George W. (2001) President George W. Bush's Inaugural Address, 20.01.2001, http://georgewbush-whitehouse.archives.gov/news/inaugural-address.html (Zugriff am 27.12.2010).

Fischer, Ulrike und Hans Vorländer (1993) Zivilreligion und politisches Selbstverständnis – Religiöse Metaphorik in den Antrittsreden der Präsidenten Ford, Carter, Reagan und Bush, in: Paul Goetsch und Gerd Hurm (Hrsg.) Die Rhetorik amerikanischer Präsidenten seit F.D. Roosevelt. Tübingen: Gunter Narr Verlag, S. 217-232.

Gabriel, Oscar W. (2009) Politische Kultur, in: Viktoria Kaina und Andrea Römmele (Hrsg.) Politische Soziologie. Wiesbaden: Verlag für Sozialwissenschaften, S. 17-51.

Gerhard, Wilfried (1999) Amerika in Europa, in: Martin Kutz und Petra Weiland (Hrsg.) Europäische Identität? – Versuch, kulturelle Aspekte eines Phantoms zu beschreiben. Bremen: Edition Temmen, S. 45-68.

Kaase, Max (1983) Sinn oder Unsinn des Konzepts Politische Kultur für die vergleichende Politikforschung, oder auch: der Versuch, einen Pudding an die Wand zu nageln, in: Max Kaase und Hans Dieter Klingemann (Hrsg.) Wahlen und Politisches System. Analysen aus Anlass der Bundestagswahl 1980. Opladen: Westdeutscher Verlag, S. 144-172.

Rohe, Karl (1990) Politische Kultur und ihre Analyse: Probleme und Perspektiven der politischen Kulturforschung, in: Historische Zeitschrift 250(2), S. 321-346.

Schmidt, Heinrich Richard (2009) Religion und Krieg im Reformierertum, in: Andreas Holzem (Hrsg.) Krieg und Christentum. Religiöse Gewalttheorien in der Kriegserfahrung des Westens. Paderborn: Schönigh, S. 415-438.

Schwab-Trapp, Michael (2001) Der Kosovokrieg und die deutsche politische Kultur des Krieges, in: Sozialer Sinn 2, S. 233-258.

Stuckey, Mary E. (1991) The President as Interpreter-in-Chief. Chatham, NJ: Chatham House Publishers.

Neokonservatismus als außenpolitische Denkschule?

Patrick Keller

Zusammenfassung

Der Neokonservatismus wird nicht als eigenständige außenpolitische Denkschule verstanden, aber Neokonservative haben seit den 1970er Jahren immer wieder erheblichen Einfluss auf die praktische Gestaltung US-amerikanischer Politik genommen. War zunächst der militante Antikommunismus ihr bestimmender Charakterzug, etablierte sich nach dem Ende des Kalten Krieges die Agenda der (gegebenenfalls gewaltsamen) globalen Demokratisierung zur Förderung US-amerikanischer Sicherheits- und Wohlstandsinteressen als Leitmotiv. Kennzeichnend sind die Vermischung liberaler und realistischer Theorieelemente (vgl. hierzu den Beitrag von Simon Koschut in diesem Band) sowie die fortdauernde publizistische Wirkungsmacht des Neokonservatismus, gleichwohl seine Vertreter seit jeher nur eine kleine Minderheit im außenpolitischen Establishment der USA bilden.

Neokonservatismus als außenpolitische Denkschule?

In fast allen Lehrbüchern zur Theorie der Internationalen Beziehungen wird der Neokonservatismus unterschlagen. Das liegt daran, dass der Neokonservatismus keine außenpolitische Denkschule darstellt – jedenfalls nicht, wenn man „Denkschule“ als systematische, theoretisch-modellhafte Gesamterklärung zwischenstaatlichen Verhaltens definiert, die ein Instrumentarium von überzeitlichen Begriffen und Konzeptionen hervorbringt. Die Vordenker des Neokonservatismus waren nie an theoretischen Aspekten interessiert. Für sie zählte die praktische Relevanz ihres Denkens. In diesem Sinne haben sie tatsächlich Schule gemacht und die US-amerikanische Außenpolitik insbesondere unter den Präsidentschaften Ronald Reagans (1981-1989) und George W. Bushs (2001-2009) erheblich beeinflusst.

Drei Spannungen

Welche Annahmen und Schlussfolgerungen das neokonservative Denken charakterisieren, wie es sich entwickelt hat und welche Bedeutung ihm zukommt, lässt sich anhand der „Drei Spannungen“ des Neokonservatismus anschaulich machen.

Interne Spannung: Innen v. Außen

Der Begriff „Neokonservative" wurde 1973 vom sozialistischen Publizisten Michael Harrington in das politische Lexikon eingeführt. Gemeint war er als Beschimpfung jener Weggefährten, die sich während der letzten zwei Jahrzehnte vom linksintellektuellen Mainstream entfremdet hatten und neuerdings eine konservativere Haltung einnahmen. Die so gebrandmarkten – wie der Publizist Irving Kristol oder der Soziologe Nathan Glazer – sahen sich jedoch keineswegs als Konservative, sondern als Verteidiger des ursprünglichen Liberalismus, der in der Neuen Linken der Gegenkultur der 1960er Jahre keine Heimstatt mehr fand. Die „Neokonservativen" waren überzeugte Antikommunisten, während die Neue Linke mit marxistischen Ideen sympathisierte und in der Kommunistenjagd eines Joseph McCarthy die wahre Bedrohung für die US-amerikanische Gesellschaft sah. Analog dazu sahen „Neokonservative" im Vietnamkrieg zwar einen politischen Fehler, aber nicht den Ausdruck eines menschenverachtenden kapitalistischen Systems. Auch in der Sozial- und Gesellschaftspolitik ging die Neue Linke den „Neokonservativen" zu weit. So unterstützten sie zwar die schwarze Bürgerrechtsbewegung, lehnten aber das progressive *affirmative action*-Programm, das Minderheiten über Quotenregelungen Vorteile auf dem Beschäftigungsmarkt verschaffen sollte, als umgekehrte Diskriminierung ab. Mit der Nominierung George McGoverns zum Präsidentschaftskandidaten der Demokratischen Partei 1972 war der Bruch des US-amerikanischen Linksliberalismus vollzogen – gemäßigte Liberale in der Tradition Trumans, Kennedys und Humphreys entfremdeten sich der Partei. Irving Kristol war der erste, der das neue Etikett akzeptierte, allerdings gemäß seiner eigenen Definition: „A neoconservative is a liberal who has been mugged by reality."

Diese unsanfte Begegnung mit der Wirklichkeit machte die Neokonservativen skeptisch gegenüber linksliberalen Utopien. Aber die Republikanische Partei jener Jahre bot ihnen keine Alternative – dafür waren die „Neocons" mehrheitlich zu jüdisch, zu intellektuell, zu liberal, zu arbeitnehmerfreundlich und zu anti-isolationistisch. Sie saßen zwischen allen Stühlen; als liberale Konservative bzw. konservative Liberale waren sie auf keiner Seite wirklich akzeptiert.

So ist der Neokonservatismus in seiner Entstehung durch eine doppelte Innen/Außen-Spannung gekennzeichnet. Zum einen waren seine Vertreter nie Teil des Establishments, sondern stets eine kleine Gruppe von intellektuellen Renegaten, die in keiner Partei beheimatet waren. Zum anderen ist der Neokonservatismus aus Kulturkämpfen gegen die Utopien der extremen Linken hervorgegangen, also gar keine genuin außenpolitische Haltung. Zur Zeit des Kalten Krieges ließ sich dieser ideologische Zwist nicht auf die US-amerikanische Innenpolitik beschränken, sondern griff auf die Weltbühne über. Dort führten die Neokonservativen die Auseinandersetzung im Stil der alten Glaubenskämpfe innerhalb der linken Bewegung: als polemisch-publizistischen Krieg der wohl formulierten Ideen, betrieben mit missionarischem Gestus.

Ideologische Spannung: Liberalismus v. Realismus

Der außenpolitische Neokonservatismus bildete sich erst im Laufe der 1970er Jahre und zwar wieder in Abgrenzung zur jeweils dominanten Haltung in beiden Parteien. Neokonservative Meinungsmacher in Universitäten, Think Tanks und den Medien wandten sich sowohl gegen den Realismus eines Henry Kissinger, der im kühl kalkulierten Interesse der Vereinigten Staaten sogar bereit war, mit dem ideologischen Gegner Sowjetunion Kompromisse einzugehen, als auch gegen den idealistischen Liberalismus eines Jimmy Carter, der die Angst vieler US-Amerikaner vor dem Kommunismus für übertrieben hielt und auf die friedenschaffende Wirkung multilateraler Kooperation im Rahmen internationaler Institutionen setzte. Neokonservative wie die Politikwissenschaftlerin Jeane Kirkpatrick und der

Herausgeber der einflussreichen Zeitschrift *Commentary*, Norman Podhoretz, plädierten stattdessen für eine Politik der Stärke gegenüber dem kommunistischen Feind. Im Kern lässt sich ihr außenpolitischer Neokonservatismus auf sechs Prinzipien reduzieren:

1) Nationalismus
2) Antikommunismus
3) Vermischung Idealismus und Realismus
4) Militärische Konfrontationsbereitschaft
5) Skepsis gegenüber internationalen Organisationen/Vereinbarungen
6) Optimismus, Fortschrittsglaube, aggressiver Durchhaltewillen

Erstes Element ist die Überzeugung, dass Amerika eine Kraft für das Gute in der Welt ist und dass die überragende Stärke der Vereinigten Staaten – militärisch, ökonomisch, kulturell – die Grundvoraussetzung aller Außenpolitik sein muss. In der Tradition des *Manifest Destiny* sehen die Neokonservativen in Amerika die Speerspitze der Moderne, der Aufklärung und der Freiheit. Demnach sind die USA eine Nation gewordene Idee, und in diesem Sinne verstehen sich die Neokonservativen als Nationalisten. Zugleich verdeutlicht diese Haltung, dass die Neokonservativen – auch das macht sie „typisch amerikanisch" – einer liberalen, aufklärerischen Philosophie viel näher stehen als klassischem Konservatismus. Daraus ergibt sich zweitens der Antikommunismus, weil der Kommunismus als größte Bedrohung der Freiheit gilt. Für Neokonservative war der Kalte Krieg in erster Linie ein Wettstreit der Ideologien, nicht eine Konkurrenz großer Mächte, deren Interessen unabhängig von ihrer inneren Verfasstheit sind. Das unterscheidet sie von Realisten, ihre Handlungsempfehlungen sind im Kern wertebasiert. Zugleich bedienen sie sich aber eines realpolitischen Instrumentariums, was drittens die Vermischung von Idealismus und Realismus ausmacht. Dazu gehören die bellizistische Grundhaltung gegenüber dem ideologischen Gegner (viertens) und die Skepsis gegenüber dem Mittel der Verhandlungs- und Vertragsdiplomatie (fünftens). Denn wer internationale Politik in Kategorien von „Gut" und „Böse" versteht, wird den Argumenten für Kompromiss und Koexistenz gegenüber taub und muss dem Gegner Glaubwürdigkeit und Verlässlichkeit absprechen. Daraus ergibt sich, dass Neokonservative internationale Organisationen wie die VN, die nicht mehrheitlich aus demokratisch-liberalen Staaten bestehen bzw. nicht von den USA bestimmt werden, nicht anerkennen. Das sechste und letzte Prinzip ist eine besonders optimistische Einschätzung der US-amerikanischen Zukunft, die mit einem aggressiv betonten Durchhaltewillen einhergeht. Während seit Vietnam das Gespenst des US-amerikanischen Abstiegs die politische Diskussion prägte, forderten die Neokonservativen größeren Kampfgeist und ein größeres Vertrauen in das US-amerikanische Machtpotential.

In der praktischen Politik fand diese Mischung aus liberaler Ideologie und realpolitischen Mitteln nur vereinzelt Widerhall, zum Beispiel beim demokratischen Senator Henry „Scoop" Jackson oder dem VN-Botschafter Daniel Patrick Moynihan. Erst mit der Wahl Ronald Reagans zum Präsidenten erhielten neokonservative Intellektuelle wie Kirkpatrick und Richard Perle politische Ämter und prägten US-amerikanische Außenpolitik. Reagan rüstete massiv auf, betonte den ideologischen Charakter des Konfliktes – zum Beispiel, indem er die Sowjetunion ein „Reich des Bösen" nannte – und gab den Vereinigten Staaten den Glauben an ihre Stärke zurück. Zwar änderte Reagan seinen Stil, sobald er in Michail Gorbatschow einen Partner für ein friedliches Ende des Kalten Krieges gefunden hatte, aber aus neokonservativer Sicht war es allein der Kurswechsel der frühen 1980er Jahre, zurück zum harten Antikommunismus und zu militärischer Überlegenheit, der diese glückliche Situation hatte entstehen lassen.

Externe Spannung: Wandelnder Weltordnung v. Statische Theorie

Im Kalten Krieg hatten Neokonservative als Korrektiv gewirkt, sobald realpolitischer Pragmatismus oder linksliberaler Utopismus den scharfen ideologischen Unterschied zwischen West und Ost zu verwischen drohten. Der Zusammenbruch des Sowjetkommunismus bedeutete daher auch das (vorläufige) Ende der neokonservativen Bewegung. Die Führungsfiguren des Neokonservatismus verstummten oder wandten sich wieder innenpolitischen Themen zu; in den Administrationen George H. W. Bushs (1989-1993) und Bill Clintons (1993-2001) waren sie so gut wie nicht vertreten.

Aber das Ende des Kalten Krieges läutete auch eine neue Phase der internationalen Politik ein: den „unipolaren Moment“ (Charles Krauthammer) der konkurrenzlosen US-amerikanischen Machtfülle. Für eine neue Generation neokonservativer Publizisten wie William Kristol (Sohn Irvings), Robert Kagan und Max Boot bedeutete diese Entwicklung Möglichkeit und Verpflichtung. Ihrer Vorstellung nach sollten die USA die Gelegenheit nutzen, die Welt gemäß liberaler Ideale neu zu ordnen – zum Wohle Amerikas und der Menschheit insgesamt. Ihre Texte und Reden passten den klassischen Neokonservatismus den neuen Gegebenheiten an, indem die ideologische Komponente gestärkt wurde:

1) Nationalismus plus *primacy*
2) Antiautoritarismus statt Antikommunismus
3) Vermischung Idealismus und Realismus
4) Militärische Konfrontationsbereitschaft plus *regime change*
5) Skepsis gegenüber internationalen Organisationen/Vereinbarungen wird durch *primacy* verschärft
6) Optimismus, Fortschrittsglaube, aggressiver Durchhaltewillen plus missionarischer Impuls

Die Überzeugung, dass Amerika eine Kraft für das Gute ist, wird durch die neue machtpolitische Situation zu einem Streben nach Vorherrschaft (*primacy*) erweitert. Neokonservative sind Advokaten einer „wohlwollenden weltweiten Hegemonie“ (Kristol/Kagan 1996) der USA. Als Gegner dieser Hegemonie wird jetzt nicht mehr nur der Kommunismus gesehen, sondern jeder Staat, der nicht nach liberalen Prinzipien funktioniert. Die Zeit der realpolitischen Zweckbündnisse mit antikommunistischen Diktatoren ist vorbei, weil sie nicht mehr durch die gesamtstrategische Lage gerechtfertigt sind. Daraus folgt, dass die USA sich das Recht vorbehalten, Regierungen zu stürzen, die sich der liberalen Ordnung widersetzen. Mit dieser Politik des *regime change* steht das neokonservative Denken im Widerspruch zu einer Grundlage des Völkerrechts: Ein neokonservatives Amerika erhebt sich über das für alle Staaten geltende Souveränitätsprinzip. Die Kategorie der *American primacy* steht der Idee internationaler Organisationen, insbesondere der Vereinten Nationen, entgegen. So sehen die Neokonservativen im VN-Sicherheitsrat keine legitime Instanz, weil er von machtpolitischen Interessen undemokratischer Vetomächte wie China unterminiert wird. Mit der Sowjetunion ist das Gegengewicht der zweiten Supermacht weggefallen; der nationalistisch-ideologische Liberalismus, der schon im klassischen Neokonservatismus angelegt war, greift nun ungehemmt aus. Er speist sich aus dem unbedingten Glauben an die universelle Gültigkeit liberaler Grundsätze, wie sie in der US-amerikanischen Unabhängigkeitserklärung und Verfassung formuliert sind. Nimmt man diesen Liberalismus ernst, ist er zwangsläufig kompromisslos und missionarisch.

Dieser transformierte Neokonservatismus blieb auch in den 1990er Jahren und zu Beginn der Präsidentschaft George W. Bushs eine radikale Minderheitenmeinung. Als die Terrorangriffe vom 11. September 2001 jedoch das US-amerikanische Sicherheitsgefühl erschütterten, bot das neokonservative Denken eine attraktive – weil unverbrauchte – Alternative zu bekannten Strategien. Bushs Rhetorik vom Krieg gegen den Terrorismus und die „Achse des Bösen", seine Nationale Sicherheitsstrategie von 2002 sowie seine Politik des *regime change* gegenüber Afghanistan und dem Irak sind Ausdruck neokonservativer Ideen. Insbesondere die Vorstellung, dass nur eine – notfalls mit Gewalt zu erzwingende – Demokratisierung des Nahen und Mittleren Ostens dem internationalen islamistischen Terrorismus dauerhaft die Grundlage entziehen könne, geht auf neokonservatives Denken zurück.

Der Idealismus der Neokonservativen war mit dem sicherheits- und machtpolitischen Pragmatismus der außenpolitischen Eliten aber nicht lange kompatibel. Denn die Überschätzung der US-amerikanischen Macht, die ideologische Arroganz gegenüber Mahnern und die utopische Naivität, mit der die Neokonservativen die Umsetzung ihrer Ideen angingen, wurden nach der Eroberung Bagdads 2003 rasch offenkundig. Im Krisenmanagement der Folgejahre spielten sie praktisch keine Rolle mehr.

Ausblick

Zu Beginn des Jahres 2012 ist der Neokonservatismus diskreditiert. Die missratenen Kriege in Afghanistan und im Irak werden ihm ebenso angekreidet wie der rapide Ansehens- und Machtverlust der USA unter George W. Bush. Es ist eine bittere Ironie, dass die Implementierung neokonservativer Vorstellungen der Grundlage neokonservativen Denkens – Überlegenheit des US-amerikanischen Systems – schwer zugesetzt, sie vielleicht sogar zerstört hat. Die Vordenker des Neokonservatismus, immer noch prominent vertreten in Kommentarspalten großer Zeitungen, im nationalen Fernsehen und in Think Tanks wie dem *American Enterprise Institute*, rücken jedoch von der grundsätzlichen Gültigkeit ihrer Prämissen nicht ab und sehen die Verantwortung für die Misserfolge der letzten Jahre nicht in ihren Empfehlungen, sondern in der handwerklich schlechten Umsetzung beispielsweise des irakischen Wiederaufbaus.

In der Tat repräsentieren Neokonservative einen dauerhaften Teil des US-amerikanischen Selbstverständnisses. Die Überzeugung, dass Werte und Interessen in der US-amerikanischen Außenpolitik zusammengehören, dass Amerika in der Welt für Freiheit, Demokratie und Menschenrechte eintreten soll und dass dies ein starkes Amerika erfordert, das auch vor dem (militärischen) Kampf nicht zurückscheut, ist tief in der politischen Kultur des Landes verwurzelt. Deshalb wird der Neokonservatismus auch in Zukunft als Korrektiv gegenüber einem unmoralischen Realismus und einem zahnlosen Linksliberalismus wirken. Ihre Verbündeten, Kritiker und Gegner sollten sich darauf einstellen, dass die US-amerikanische Weltordnungsmacht ohne einen merklichen neokonservativen Impuls nicht zu haben ist.

Übungsfragen

1. Wie unterscheidet sich der moderne Neokonservatismus vom Neokonservatismus der Zeit des Kalten Krieges?
2. Der Neokonservatismus sollte als eigenständige außenpolitische Denkschule verstanden werden. Nennen Sie jeweils drei Gründe für und gegen diese These!
3. Welche konzeptionell-theoretische Kritik üben Realisten am Neokonservatismus? Welche Kritik üben liberale Internationalisten?

Weiterführende Literatur

Dorrien, Gary (2004) Imperial Designs. Neoconservatism and the New Pax Americana. New York: Routledge.
Der beste Erforscher des Neokonservatismus; noch stärker ist seine Analyse des vorwiegend innenpolitischen Neokonservatismus von 1993, The Neoconservative Mind.
Keller, Patrick (2008) Neokonservatismus und amerikanische Außenpolitik. Ideen, Krieg und Strategie von Ronald Reagan bis George W. Bush. Paderborn: Schöningh.
Die umfassendste deutschsprachige Darstellung des Neokonservatismus.
Podhoretz, Norman (2007) World War IV. The Long Struggle Against Islamofascism. New York: Doubleday.
Der Godfather des außenpolitischen Neokonservatismus, klassisch wie modern.

Webseiten

www.weeklystandard.com
www.commentarymagazine.com
Homepages der einflussreichsten neokonservativen Magazine.

Verwendete Literatur

Fukuyama, Francis (2006) America at the Crossroads. Democracy, Power, and the Neoconservative Legacy. New Haven: Yale University Press.
Kirkpatrick, Jeane (1979) Dictatorships and Double Standards, in: Commentary 68(5), S. 34-45.
Krauthammer, Charles (1991) The Unipolar Moment, in: Foreign Affairs 70(1), S. 23-33.
Kristol, Irving (1995) Neoconservatism. The Autobiography of an Idea. New York: Free Press.
Kristol, William und Robert Kagan (1996) Toward a Neo-Reaganite Foreign Policy, in: Foreign Affairs 75(4), S. 18-31.
Stelzer, Irwin (Hrsg.) (2004) The Neocon Reader. New York: Grove Press.

Akteure und Prozesse

Kongress

Christian Lammert

Zusammenfassung

Die Rolle des US-amerikanischen Kongresses in der Außenpolitik lässt sich nur aus dem Zusammenspiel Kooperation mit dem Präsidenten und in Abhängigkeit vom historischen Kontext verstehen. Die US-amerikanische Verfassung weist dem Kongress zwar in Artikel 1 eindeutige Kompetenzen zu, diese werden aber in der Auseinandersetzung mit dem Präsidenten nicht immer voll ausgeschöpft. Der Einfluss des Kongresses in der Außenpolitik ist dabei abhängig von den außenpolitischen Herausforderungen selbst, von der Motivation einzelner Abgeordneter sich aktiv in der Außenpolitik zu engagieren und dem Amtsverständnis und der Popularität des regierenden Präsidenten.

Macht und Ohnmacht des Kongresses in der Außenpolitik

Der Verfassungsexperte Edwin Cronin liest die Verfassung der USA als eine Einladung an den Präsidenten und den Kongress, um das Privileg zu kämpfen, die Richtung der US-amerikanischen Außenpolitik zu bestimmen (*invitation to struggle*) In Artikel 1 und 2 der US-amerikanischen Verfassung werden die außenpolitischen Kompetenzen des Präsidenten (siehe hierzu den Beitrag von David Sirakov in diesem Band) und des Kongresses aufgelistet. Und trotzdem ist es schwierig und sowohl in der Politikwissenschaft umstritten, den Einfluss des Kongresses auf die Außenpolitik der USA genau zu bestimmen. Dies ist zum einen die intendierte Folge der funktionalen Gewaltenverschränkung, die die Verfassungsväter in den USA implementiert haben. In der Außenpolitik werden die Kompetenzen nicht deutlich voneinander getrennt. Vielmehr teilen sich Kongress und Präsident hier wichtige Kompetenzen bzw. sind in ihrem Handeln aufeinander angewiesen. Zum anderen wird es zunehmend schwierig zu bestimmen, was eigentlich alles unter Außenpolitik zu fassen ist. Gerade im Zuge der Globalisierung, aber auch schon in einer längeren historischen Perspektive, sind innen- und außenpolitische Entscheidungen eng miteinander verzahnt und beeinflussen sich wechselseitig. Jüngstes Beispiel in diesem Bereich ist die Klimaerwärmung, die einerseits globale Folgen hat, die aber anderseits auch auf lokaler Ebene die einzelnen Wahlkreise der Senatoren und Abgeordneten betrifft und somit Einfluss auf die Einstellungen und das Verhalten der Kongressmitglieder hat. Zudem werden die außenpolitischen Kompetenzen des Kongresses zumeist nur dann deutlich, wenn sie in der Auseinandersetzung mit dem Präsidenten Konturen annehmen. In der Mehrzahl der Fälle stützte aber der Kongress die Position des Präsidenten, was aber nicht als Machtlosigkeit missverstanden werden darf. Kein Wunder also, dass die unscharf definierten Zuständigkeiten und das hohe Maß an geforderter Kooperation zwischen Präsident und dem Kongress immer wieder zu unterschiedlichen Bewertungen und Konjunkturen in der Kompetenzverteilung zwischen dem Präsidenten und dem Kongress in der Außenpolitik führen.

Verfassungspolitischer Rahmen

Aber auch wenngleich die außenpolitischen Kompetenzen des Kongresses stark vom jeweiligen Kontext und der Machtkonstellation zum Präsidenten bestimmt sind, so lassen sich aus der Verfassung doch wichtige Punkte herauslesen, die die Rolle des Kongresses in der Außenpolitik besser fassbar machen. Der erste Artikel der US-amerikanischen Verfassung weist dem Kongress zentrale außenpolitische Kompetenzen zu, die der Kongress alleine innehat. Im Bereich der Handelspolitik hat der Kongress laut Artikel 1, Abschnitt 8 das Recht „Zölle (...) aufzuerlegen und einzuziehen" und „den Handel mit fremden Ländern (...) zu regeln". Im sicherheitspolitischen Bereich obliegt dem Kongress das Recht „Krieg zu erklären", „Armeen aufzustellen und zu unterhalten" sowie „eine Flotte zu bauen und zu unterhalten." Aber auch in Artikel 2, Abschnitt 2, der die Kompetenzen des Präsidenten konkretisiert, wird der Kongress bzw. der Senat an einigen zentralen Stellen genannt. So kann der Präsident internationale Verträge „nur auf Anraten und mit Zustimmung des Senats" abschließen. Hierfür ist eine Zwei-Drittel-Mehrheit der Senatoren notwendig. Zudem nominiert und bestimmt der Präsident auf Anraten und mit Zustimmung des Kongresses Botschafter sowie Gesandte und Konsuln. Der Präsident muss zudem dem Kongress „von Zeit zu Zeit" über die Lage der Nation Bericht erstatten. Gerade anhand der letzten Befugnisse wird deutlich, wie eng die Kompetenzen von Präsident und Kongress miteinander verwoben und offen für Interpretation und Auslegung sind und so verwundert es nicht, dass in der Geschichte der USA sich die Interpretation darüber, wer die Außenpolitik gestaltet von Zeit zu Zeit verschiebt.

Konjunkturen der Machtverteilung zwischen Präsident und Kongress

Die gegenseitige Abhängigkeit von Kongress und Präsident ist natürlich vom jeweiligen gesellschaftspolitischen Kontext abhängig. Handelt der Präsident im Einklang mit der ausdrücklichen oder stillschweigenden Zustimmung des Kongresses, werden Kompetenzstreitigkeiten kaum sichtbar und der Präsident kann seine eigenen außenpolitischen Kompetenzen, aber auch die ihm vom Kongress übertragenen weitgehend ungehindert nutzen. Muss der Präsident gegen den Kongress handeln, kann er sich in erster Linie auf die in der Verfassung verbrieften Rechte beziehen. Der Konflikt, bzw. die Kooperation zwischen Kongress und Präsident ist aber stark abhängig von den jeweiligen konkreten Herausforderungen und aktuellen Stimmungen und weniger von abstrakten Verfassungstheorien. Das Ausmaß des Einflusses des Kongresses in der Außenpolitik wird demnach nicht nur durch die Verfassung festgeschrieben, sondern ist von kontextuellen Faktoren abhängig. Das ist zum einen die Persönlichkeit des jeweiligen Präsidenten aber auch die Art der internationalen Herausforderung. Kaum verwunderlich, dass in der Forschung zwischen Phasen unterschieden wird, in denen der Präsident die Außenpolitik dominiert und in solche, in denen der Kongress eine wichtigere Rolle spielt. Bis ins 20. Jahrhundert hinein hat der Kongress eine eher reaktive und passive Rolle gespielt. Dadurch zeigte der Kongress, dass er die institutionellen Vorteile des Präsidenten respektierte, in der Außenpolitik schneller reagieren zu können, weil er besser informiert sei und seine Handlungspalette weiter reiche als die des Kongresses. Allerdings wurde der Kongress in dieser Zeit nicht gänzlich von der Außenpolitik ausgeschlossen. In einigen Fällen hat der Präsident die Zustimmung des Kongresses gesucht, wenn auch zumeist im Nachhinein wie Präsident Washington bei seiner Neutralitätserklärung im britisch-französischen Krieg.

Auch bei den zahlreichen militärischen Konflikten bis zum Ersten Weltkrieg (Kuba, Panama, Santo Domingo) beriefen sich die Präsidenten auf ihre exekutiven Vorrechte und übergingen Forderungen des Kongresses nach Mitsprache. Erst mit der Ablehnung des Vertrages von Versailles durch den Senat 1920 holte sich der Kongress verlorenen Handlungsspielraum in der Außenpolitik zurück. Die Neutralitätsgesetzgebung des Kongresses in den 1920er und 1930er Jahren prägte dann die Phase einer international eher defensiv ausgerichteten Außenpolitik in den USA. Der Kongress war in dieser Zeit nicht mehr willens, dem Präsidenten die Außenpolitik als Handlungsfeld zu überlassen. Das änderte sich dann erst mit dem japanischen Angriff auf Pearl Harbor 1941, mit dem Franklin D. Roosevelt den Einfluss des Kongresses in der Außenpolitik wieder zurückdrängte. Nach dem Zweiten Weltkrieg und im Kontext des sich formierenden Kalten Krieges zog sich der Kongress noch weiter aus der Außenpolitik zurück und überließ dem Präsidenten weitgehend freien Handlungsspielraum. Die militärische Bedrohung veranlasste die USA, erstmals eine Weltmachtrolle einzunehmen und zugleich weitreichende Bündnisverpflichtungen einzugehen. Das spiegelt sich auch im extremen Wachstum einer außen- und sicherheitspolitischen Bürokratie in den USA wider. In dieser Zeit vertraute der Kongress weitgehend dem Urteilsvermögen der jeweiligen Präsidenten und folgte der Politik des Weißen Hauses fast immer ohne Widerstand. Der Präsident erlangte so eine weitgehend unbestrittene Führungsrolle in der Außenpolitik, weil der Kongress sich bewusst zurückhaltend und kooperativ zeigte. Insgesamt herrschte aber auch ein breiter überparteilicher Konsens im Kongress und auch in der Öffentlichkeit hinsichtlich der Eindämmungspolitik gegenüber dem Kommunismus, der auch verantwortlich ist für die Kompetenzfülle des Präsidenten in dieser Zeit. In einigen Konfliktfällen und Krisensituationen, wie Formosa (Taiwan) 1955, der Kubakrise 1962 und im Golf von Tonking (Vietnam) 1964 übertrug der Kongress durch Resolutionen dem Präsidenten weitereichende Vollmachten.

Die passive Politik des Kongresses in der Außenpolitik wurde erst durch den Vietnam-Krieg und die in dessen Kontext unkontrollierte Ausweitung präsidentieller Macht (*imperial presidency*) beendet. Diese Wende wurde bereits Mitte der 1960er Jahre eingeleitet, als Präsident Lyndon B. Johnson ohne den Kongress einzubeziehen, den Einsatz US-amerikanischer Truppen im Bürgerkrieg in der Dominikanischen Republik anordnete. Nach einer Reihe von Anhörungen, die maßgeblich vom demokratischen Senator William Fulbright initiiert wurden, verabschiedete der Kongress 1969 die *National Commitment Resolution*, die feststellte, dass internationale Verpflichtungen nur aufgrund von Verträgen, Gesetzen oder Resolutionen eingegangen werden können und somit der Zustimmung des Kongresses bedürfen. Verstärkt durch den Watergate-Skandal hat sich der Kongress seit den 1970er Jahren seine außenpolitischen Kompetenzen zurückerkämpft. Die aktive Rolle des Kongresses ist zumindest bis zu den Terroranschlägen im September 2001 fester Bestandteil des außenpolitischen Prozesses in Washington geworden. Ohne Unterstützung des Kongresses blieben dem Präsidenten die Hände gebunden. Verstärkt wurde dies noch durch das Ende des Ost-West-Konflikts zu Beginn der 1990er Jahre. Die Perzeption einer grundlegenden außenpolitischen Bedrohung fiel damit weg und der Kongress konnte sich so noch selbstbewusster in die Außenpolitik einmischen, ohne dabei der Gefahr ausgesetzt zu sein, einen grundlegenden außenpolitischen Konsens in Frage stellen zu müssen. Infolge der Terroranschläge auf das World Trade Center und das Pentagon im September 2001 hat sich die Kompetenzverteilung wieder zugunsten des Präsidenten verschoben, bzw. der Kongress hat sich in den meisten Fällen deutlich hinter die Position des Präsidenten gestellt, auch um so symbolisch die Einigkeit der USA nach außen und nach innen zu demonstrieren. Präsident Bush hat diesen freiwilligen Rückzug des Kongresses genutzt, um die Kontrolle des Weißen Hauses auf die Außenpolitik massiv auszuweiten.

Einfluss des Kongresses durch Kooperation

Die unterschiedlichen Konjunkturen in der Vormachtstellung des Kongresses oder des Präsidenten in der Außenpolitik werden insbesondere in den Bereichen deutlich, für die die Verfassungsväter die gegenseitige Abhängigkeit beider Institutionen am deutlichsten festgeschrieben haben: in der Frage von Krieg und Frieden, dem Abschluss internationaler Verträge und in der Berufung außenpolitischen Personals. Obwohl die Verfassung dem Kongress die Aufgabe zuweist, Krieg zu erklären, hat der Kongress in den über 200 Fällen, in denen US-amerikanische Streitkräfte eingesetzt wurden, nur fünfmal eine Kriegserklärung ausgesprochen: im Krieg gegen England (1812), im mexikanisch-amerikanischen Krieg (1846), im spanisch-amerikanischen Krieg (1898) und in den beiden Weltkriegen. Nach den terroristischen Anschlägen im September 2001 und – zur Vorbereitung des Irakkrieges – im September 2002 erließ der Kongress eine gemeinsame Resolution, die den Präsidenten zum Einsatz militärischer Gewalt gegen die Verursacher ermächtigte, was der Kongress in der Geschichte der USA zuvor nur zehnmal getan hat.

In zahlreichen anderen Fällen hat der Kongress die militärischen Initiativen des Präsidenten stillschweigend gebilligt. Die große Ausnahme hier ist der Vietnam-Krieg, die den Kongress veranlasste aktiv zu werden und seine verfassungsmäßige Rolle in der Frage von Krieg und Frieden auf rechtlichem Wege wieder herzustellen. Das Ergebnis war die *War Powers Resolution*, die gegen Nixons Veto 1973 verabschiedet wurde. Darin wird festgeschrieben, dass der Präsident den Kongress vor einem Einsatz der Streitkräfte konsultieren muss und auch im Laufe des Einsatzes den Kongress über den Stand des militärischen Einsatzes informieren muss. Darüber hinaus wird der Präsident verpflichtet innerhalb von 48 Stunden nach Entsendung der Truppen den Sprechern beider Kammern des Kongresses einen Bericht zuzuleiten, sofern der Kongress keine Kriegserklärung ausspricht. Innerhalb von 60 Tagen nach diesem Bericht müssen die Kampfhandlungen eingestellt werden, wenn eine Kriegserklärung oder eine andere Autorisierung durch den Kongress nicht erfolgte. Diese Frist kann um 30 Tage verlängert werden, um den Rückzug der Truppen ausreichend zu sichern. Darüber hinaus legt die *War Powers Resolution* fest, dass der Kongress durch eine gemeinsame Entschließung (*concurrent resolution*) jederzeit das militärische Engagement beenden kann. Der Kongress hat von seinem Recht zu einer gemeinsamen Entschließung zum ersten Mal während der Libanon-Krise 1983 Gebrauch gemacht und dem Präsidenten mit der *Multilateral Force in Libanon Resolution* außenpolitisch freie Hand erteilt. Präsidenten umgehen den *War Powers Act*, indem sie sich auf eine andere Art, nämlich durch eine zustimmende Resolution des Kongresses anstatt durch formelle Kriegserklärung, das Recht verschaffen, Truppen einzusetzen – so unter George W. Bush beim Krieg gegen den Irak. Das Oberste Verfassungsgericht der USA entschied im Jahr 1983, dass das Vetorecht des Kongresses, das ihm bei einer fehlenden Kriegserklärung das Recht zusprach, die Streitkräfte zurück zu beordern, nicht verfassungskonform sei. Allerdings betraf diese Entscheidung nicht direkt die *War Powers Resolution*, sondern vielmehr alle Eingriffe des Kongresses in die Aufgaben des Präsidenten, die ihm verfassungsgemäß übertragen wurden.

In den folgenden militärischen Interventionen hat der Kongress meistens die Linie des Präsidenten unterstützt oder billigend in Kauf genommen. Im Zweiten Golfkrieg zu Beginn der 1990er Jahre bat der Präsident den Kongress um eine Resolution, die den Einsatz aller notwendigen Mittel zur Durchsetzung der VN-Resolution 678 unterstützen sollte. Der Kongress verabschiedete nur wenige Tage später die *Authorization for Use of Military Forces Against Iraq Resolution*, die den Präsidenten ermächtigte, die von den Vereinten Nationen verabschiedeten Forderungen an den Irak durchzusetzen. Auch unter Präsident Clinton agierte der Kongress trotz *War Power Resolution* eher defensiv. Bei der Stationierung von US-amerikanischen Streitkräften im Rahmen der humanitären Mission der VN in Somalia gelangte der Kongress zunächst zu keiner gemeinsamen Position in der Frage. Erst nach der Ermordung von 18 US-amerikanischen Soldaten in der somalischen Hauptstadt Mogadischu im Jahr 1993 entschied der Kongress, die Finanzierung des Einsatzes im Jahr 1994 auslaufen zu lassen, eine Position, die zu diesem Zeitpunkt allerdings auch von Präsident Clinton unterstützt wurde. Auch bei der Stationierung und dem Einsatz von US-amerikanischen Truppen in Bosnien und Serbien im Rahmen der VN-Mission *Implementation Force* (IFOR) in den 1990er Jahre agierte der Kongress reaktiv. Der Präsident konnte seine jeweilige Politik gegenüber einem skeptischen Kongress durchsetzen. Insbesondere die Republikaner in beiden Kammern des Kongresses waren gegen den Einsatz, wagten allerdings nicht, den Präsidenten in dieser Frage herauszufordern. Wie schon bei vorherigen Präsidenten stellte Clinton den Kongress vor vollendete Tatsachen. Clinton argumentierte dabei, dass der Kongress in diesen Fällen nicht zustimmen müsse, da die militärischen Operationen im völkerrechtlichen Rahmen der Vereinten Nationen geschehen seien. Allerdings hinderte die negative Stimmung im Kongress Clinton daran, Bodentruppen in die Krisenregion zu verlegen. Unter den demokratischen Abgeordneten im Kongress herrschte lange Zeit keine Einigkeit über eine Strategie im Kosovo-Konflikt. Letztlich gelang es Präsident Clinton die Demokraten im Kongress für seine Politik der „Luftangriffe" zu gewinnen. Auch während des Krieges unterstützte der größte Teil der Demokraten die Politik Clintons. Schwieriger stellte sich die Situation bei den Republikanern da. Noch am 11. März 1999 erklärten Führer der Republikaner im Repräsentantenhaus, dass ein militärisches Eingriffen der USA im Kosovo nicht unterstützt würde. Nachdem alle friedlichen Lösungsbemühungen gescheitert waren, stimmten dennoch zahlreiche republikanische Abgeordnete des Repräsentantenhauses mit den Demokraten. Damit wurde ein US-amerikanischer Militäreinsatz im Kosovo ermöglicht. Im Senat die gleiche Situation: Nach anfänglicher Opposition gegen eine Intervention stimmten am 23. März 1999 zwar noch immer eine Mehrheit der republikanischen Senatoren (38 zu 16) gegen ein militärisches Eingreifen, doch zusammen mit den demokratischen Senatoren, die fast geschlossen für eine Intervention stimmten, kam eine Mehrheit für die Luftangriffe zusammen (58 zu 43 Stimmen).

Nach den Terroranschlägen im Jahr 2001 übertrug der Kongress freiwillig und nur bei einer Gegenstimme eine *Joint Resolution*, die den Präsidenten ermächtigte, militärische Gewalt gegen andere Staaten, Organisationen und Personen einzusetzen, die für die Anschläge verantwortlich gemacht werden. Und auch im Jahr 2002 verabschiedeten beide Kammern die *Use of Force Resolution*, die Präsident Bush ermächtigte, die Bestimmungen der VN-Resolution gegenüber dem Irak mit militärischer Gewalt durchzusetzen. Damit ermächtigte der Kongress erstmals einen Präsidenten einen Krieg zu führen, bevor überhaupt feststand, dass es zu einem Krieg kommen würde. Damit hat der Kongress in diesem militärischen Konflikt seine Kompetenzen weitgehend freiwillig an die Exekutive übertragen.

Bei der Unterzeichnung internationaler Verträge und Abkommen sind Präsident und Kongress aufeinander angewiesen. Ohne eine Zwei-Drittel Mehrheit des Senats kann der Präsident keine internationalen Verträge unterzeichnen. Umgekehrt hat der Kongress wenige Möglichkeiten, wenn der Präsident internationale Abkommen wieder annulliert. Bei der überwiegenden Mehrheit internationaler Verträge stimmte der Kongress mit der notwendigen Zwei-Drittel Mehrheit zu. Nur wenige, aber dennoch wichtige Verträge scheiterten im Senat. In einigen Fällen, wenn deutlich ist, dass es keine Mehrheit im Senat gibt, legt der Präsident den entsprechenden Vertrag erst gar nicht dem Kongress zur Ratifizierung vor. So geschehen beispielsweise mit dem SALT II-Vertrag nach der Invasion der Sowjetunion in Afghanistan. Der Senat hat aber auch die Möglichkeit, Einfluss auf den Inhalt der Verträge zu nehmen. So kann der Bericht des Auswärtigen Ausschusses im Kongress (*Foreign Relations Committee)* bei eventuellen Auslegungskontroversen eine wichtige Rolle spielen. Außerdem kann der Senat Interpretationen (*understandings* oder *interpretations*) in die Zustimmungsresolution einfügen, die Einfluss haben auf die Verpflichtungen, die sich aus dem Vertrag für die USA ergeben. Zugleich kann der Senat aber auch Einschränkungen (*reservations*) in die Zustimmungsresolution schreiben, die die Verpflichtung des Vertrages für beide Seiten berühren. Am stärksten kann der Senat durch Zusätze (*amendments*) in die Vertragsbestimmungen eingreifen, die zumeist eine Neuverhandlung des Vertrages notwendig machen. Mit solchen Zusätzen kann der Senat Einfluss nehmen auf den zukünftigen Inhalt des Vertrages.

Lange Zeit genoss der Präsident bei der Ernennung von Botschaftern und außenpolitischen Beamten große Freiheiten. Das änderte sich aber mit der aktiveren Rolle des Kongresses seit den 1970er Jahren. Immer häufiger prüft der Kongress die persönlichen und fachlichen Qualitäten der vom Präsidenten nominierten Personen. Den Zustimmungsentscheidungen im Kongress gehen Anhörungen in den thematisch zuständigen Ausschüssen voraus. Bei der Ernennung von Botschaftern beispielsweise ist das *Foreign Relations Committee* zuständig und für militärisches Personal das *Armed Services Committee*. Eine einfache Mehrheit des Senats genügt für die Ernennung. Mit knappen Mehrheiten bei der Nominierung wichtiger Positionen durch den Präsidenten kann der Kongress signalisieren, dass die Politik des Präsidenten auf Widerstand im Kongress stoßen wird. Allerdings blieb und bleibt die Ablehnung hochrangiger Mitglieder einer Administration durch den Senat eher der Einzelfall, da der Kongress eine neue Präsidentschaft im Sinne des nationalen Interesses nicht unnötig verzögern und behindern will.

Weiteres außenpolitisches Instrumentarium des Kongresses

Beim Kongress liegen eine Vielzahl von Kompetenzen und Möglichkeiten, um seinen Einfluss in der Außenpolitik gegenüber dem Präsidenten zur Geltung zu bringen. Nutzt er diese Kompetenzen, so ist sein Einfluss in der Außenpolitik sehr hoch. Das außenpolitische Instrumentarium des Kongresses ist dabei sehr vielschichtig. So kann er beispielsweise in der Außenpolitik die Initiative ergreifen, er kann aber auch eher reaktiv die jeweilige Außenpolitik kontrollieren (*oversight*). Zudem kann der Kongress durch einfache oder gemeinsame Resolutionen (*simple* und *concurrent resolutions*), die jedoch keine Gesetzeskraft haben, seine Auffassung zu außenpolitischen Themen artikulieren und so Einfluss auf die öffentliche Meinung nehmen.

Im Kongress sind es zentrale Ausschüsse, die die außenpolitischen Leitlinien festlegen und damit auch die Kompetenzen des Kongresses in diesem Politikfeld maßgeblich bestimmen. Im Senat sind dies die *Foreign Relations-*, *Armed Services-* und *Select Intelligence* Ausschüsse und im Repräsentantenhaus die folgenden Ausschüsse: *International Relations* (zuvor *Foreign Affairs*), *Armed Services* und *Permanent Select Intelligence*. Darüber hinaus haben noch die jeweiligen Budget- und Bewilligungsausschüsse durch die Ausgabengesetze Einfluss auf die Außenpolitik. Zudem sind in den beiden Kammern des Kongresses jeweils noch über 30 Unterausschüsse direkt oder indirekt mit außen- und sicherheitspolitischen Fragen beschäftigt, was den fragmentierten und dezentralen politischen Entscheidungsfindungsprozess im Kongress verdeutlicht. Dies schwächt die außenpolitische Kompetenz des Kongresses in der Gesetzgebung und in der -initiative als auch in der notwendigen Zusammenarbeit mit dem Weißen Haus. Die Stärke des Kongresses in den 1960er Jahren lässt sich auch mit der Machtfülle und dem Einfluss der Ausschussvorsitzenden im Kongress erklären. Mit den Kongressreformen der 1970er Jahre ist die Position dieser Ausschussvorsitzenden geschwächt und die Rolle der Parteien im Kongress gestärkt worden.

Die Bearbeitung außenpolitischer Themen erfordert ein hohes Maß an Kompetenz und Wissen. Die Mitglieder des Kongresses können auf verschiedene Hilfsdienste (*Congressional Research Service*) und ihre eigenen Mitarbeiterstäbe zurückgreifen. Die Ausschussmitglieder mit außenpolitischen Themen haben zusätzlich noch mehrere politische Mitarbeiter. Neben diesen institutionalisierten Informationsdiensten haben sich über die Zeit zunehmend informelle Zusammenschlüsse (*caucuses*) im Kongress zur Koordinierung und dem Informationsaustausch in außenpolitischen Fragen gebildet. Sie sind nach bestimmten Themen orientiert, entweder parteilich oder überparteilich ausgerichtet und haben jeweils weitere Mitarbeiterstäbe. Spezielle Arbeits- und Beobachtergruppen in unterschiedlichen Bereichen wie beispielsweise der internationalen Flüchtlingsproblematik und der Rüstungskontrolle innerhalb des Kongresses sind zusätzliche Einrichtungen zur Informationsbeschaffung und zur Konsultation mit der Exekutive. Mit diesen vielfältigen Informationsbereichen sind die Abgeordneten im Kongress gegenüber der Exekutive aber auch gegenüber der eigenen Parteiführung besser informiert und somit unabhängiger geworden.

Neben der Informationsbeschaffung verfügt der Kongress aber auch über eine Reihe von parlamentarischen Instrumentarien zur Kontrolle der Außenpolitik der jeweiligen Administration. Anhörungen (*hearings*) sind das gebräuchlichste Mittel in diesem Bereich, um Informationen über die Außenpolitik der Administration zu erhalten. Unter gewissen Umständen können auch Untersuchungsausschüsse (*select committees*) eingesetzt werden, wie z.B. im Jahr 2003 im Repräsentantenhaus das *Select Committee on Homeland Security* oder jüngst im 110. Kongress der Untersuchungsausschuss zur Energieunabhängigkeit und der globalen Klimaerwärmung. Die Bedeutung dieses Kontrollinstrumentariums wird daran deutlich, dass eine Missachtung einer Ladung zur Zeugenaussage oder der Vorlage angeforderter Informationen und Dokumente (*contempt of congress*) unter Strafandrohung steht (*subpoena*). Des Weiteren kann der Kongress eine Behörde zur schriftlichen Berichterstattung verpflichten (*reporting requirement*), um eine bestimmte Gesetzgebung besser kontrollieren zu können.

Eines der wirksamsten Mittel des Kongresses zur Einflussnahme in der Außenpolitik ist die Budgethoheit (*power of the purse*). Durch die Festsetzung des Budgets für militärische Auslandseinsätze, für Verteidigung, für internationale Organisationen und durch Handelsgesetze kann der Kongress in einem hohen Maße die Außenpolitik der USA in allen relevanten Aspekten beeinflussen. Auch hier werden die zentralen Gesetze und Entscheidungen im Ausschusssystem getroffen. In vielen außenpolitischen Bereichen hat sich der Kongress so durch Autorisierungsgesetze großen außenpolitischen Handlungsspielraum geschaffen. Einige der wichtigsten Gesetze sind hier das Auslandshilfegesetz von 1961, das das Auslandshilfeprogramm (USAID) etablierte, sowie der *Foreign Military Sales Act* von 1968, der durch den *Export Control Act* von 1976 ergänzt wurde und die rechtlichen Grundlagen für Waffenlieferungen in andere Länder schuf. Mit solchen Gesetzen sind die Grundlagen für die jährlichen Haushaltsberatungen über die finanzielle Ausstattung der entsprechenden Programme geschaffen worden. So hat der Kongress die Möglichkeit die Gelder bestimmten Programmen und Ländern zuzuordnen (*earmarking*). Durch Ergänzungen (*amendments*) können bestimmte Auflagen im Gesetz festgeschrieben werden.

Einige der wichtigsten Institutionen im Kongress in diesem Bereich sind die Bewilligungsausschüsse und ihre 13 Unterausschüsse, die über die Ausgabengesetze (*appropriations*) beraten und ohne deren Zustimmung der Präsident über keine Gelder verfügen kann. Hier hat der Kongress erneut die Möglichkeit, einzelne Haushaltspläne so zu beschränken, dass die Ausgabe von bestimmten Geldern für bestimmte Zwecke untersagt wird (*limitation riders*). Gelingt es nicht im Kongress rechtzeitig ein Bewilligungsgesetz zu verabschieden, so bewilligt dieser zwischenzeitlich Mittel in so genannten fortschreibenden Resolutionen (*continuing resolutions*). Wenn zusätzliche Mittel benötigt werden, kann der Kongress diese durch Ergänzungsbewilligungen (*supplemental appropriations*) verabschieden.

Durch die extensive Nutzung dieser Instrumentarien in den letzten Jahren haben die Bewilligungssauschüsse in der Außenpolitik an Bedeutung hinzugewonnen, weil die Not- und Ergänzungshaushalte nicht in den Zuständigkeitsbereich der sachlich zuständigen Ausschüsse fallen. Auch durch die Einnahmegesetze, hier insbesondere die Zoll- und Außenhandelsgesetze, kann der Kongress Einfluss auf die Außenpolitik nehmen (vgl. hierzu auch den Beitrag von Stormy Mildner in diesem Band). Das prominenteste Beispiel ist hier wohl das *Jackson-Vanik Amendment* zum Handelsgesetz im Jahre 1974. Durch diese Ergänzung wurde die Gewährung von Handelsvorteilen an die Sowjetunion von einer freizügigen Einwanderungspolitik gegenüber sowjetischen Juden abhängig gemacht. Als Reaktion lehnte die Sowjetunion ein bereits verhandeltes Handelsabkommen mit den USA ab.

Fazit und aktuelle Trends

Der Einfluss des Kongresses in der Außenpolitik verändert sich über die Zeit hinweg und ist abhängig vom außen- und sicherheitspolitischen Kontext und auch maßgeblich mitbestimmt durch den jeweiligen Präsidenten. Aus verfassungspolitischer Sicht und insbesondere durch die Budgethoheit könnte der Kongress maßgeblich die außenpolitischen Leitlinien der USA mitbestimmen. Oftmals verhält er sich aber passiv und überlässt dem Präsidenten das Feld. Einerseits, weil der Präsidenten gerade in Krisensituationen schneller reagieren kann und als Symbolfigur besser für die Interessen der USA stehen kann. In solchen Fällen stellt sich der Kongress zumeist hinter den Präsidenten und überträgt ihm weitreichenden Gestaltungsspielraum. Krisenpolitik ist auch die sichtbarste Politik und wenn der Kongress sich hier stark zurücknimmt, so hat das auch Einfluss auf die Wahrnehmung seiner Kompetenzen in der Öffentlichkeit. Größer ist der Einfluss des Kongresses demgegenüber in den eher strategischen und insbesondere in strukturellen Bereichen der Außenpolitik, etwa wenn die Ziele und die Strategien der Außen- und Sicherheitspolitik bestimmt werden oder über die Verteilung und Verwendung von Ressourcen in der Außenpolitik entschieden wird.

Es stellt sich die Frage, warum der Kongress, bzw. die Mitglieder des Kongresses nicht den Gestaltungsspielraum ausschöpfen, den die Verfassung der Legislative in der Außenpolitik zugeschrieben hat. Hier wird in der Forschung immer wieder darauf verwiesen, dass die Außenpolitik für den einzelnen Kongressabgeordneten nur begrenzt Anreize bietet, die für seine Wiederwahl von Bedeutung sind. Die Abgeordneten konzentrieren sich in erster Linie auf die Interessen in ihren Wahlkreisen und Außenpolitik gehört zumeist nicht zu den obersten Prioritäten der US-amerikanischen Wählerschaft. Kurz gesagt: Mit Außenpolitik sind die Kongresswahlen nur schwer zu gewinnen. Eingangs wurde schon erwähnt, dass sich dies im Zuge der Globalisierung mehr und mehr verschiebt. Ein internationales Klimaabkommen ist auch daran gescheitert, dass der Senat ein solches internationales Abkommen nicht mit der notwendigen Zwei-Drittel Mehrheit ratifiziert hätte. Zu viele Senatoren mussten hier auf die wirtschaftlichen Interessen in ihren Wahlkreisen achten und wehrten sich gegen eine Verringerung von Emissionen. Hier wird deutlich, wie die Wahlkreisinteressen auch einen außenpolitischen Einfluss haben können. Generell gilt aber in der Außenpolitik das Prinzip der Gewaltenverschränkung zwischen Exekutive und Legislative: Keine der Institutionen kann Außenpolitik ohne die andere betreiben, die Kompetenzen müssen zwischen den beiden Gewalten ausgehandelt werden und unterliegen ständigen Neuausrichtungen.

Die Zwischenwahlen zum Kongress 2010 haben die Mehrheitsverhältnisse im Kongress deutlich verändert, die Republikaner stellen eine klare Mehrheit im Repräsentantenhaus, während die Demokraten nur noch eine dünne Mehrheit im Senat sichern konnten. Unter den aktuellen Bedingungen einer starken parteipolitischen Polarisierung stellt diese neue Konstellation die ambitionierte außenpolitische Agenda der Obama-Administration zum Teil in Frage. Allerdings zeigte sich bislang in einigen Bereichen, wie etwa bei der Verlängerung des START-Vertrages mit Russland, eine überparteilicher Mehrheit im Kongress für die Position und die Politik des Präsidenten. Auch in anderen Fragen, wie den Kriegen in Afghanistan und im Irak kann sich das Weiße Haus einer breiten Unterstützung seitens des Kongresses sicher sein. In außenpolitischen Fragen scheint die parteipolitische Polarisierung des Kongress momentan weit weniger gravierenden Folgen zu haben als in innenpolitischen Bereichen.

Übungsfragen

1. Welche verfassungspolitischen Kompetenzen hat der Kongress in der Außenpolitik?
2. Was erklärt die Verschiebungen der außenpolitischen Kompetenzen zwischen Kongress und Präsident?
3. Was besagt die *War Powers Resolution* und wie wirkt sie sich auf die außenpolitischen Kompetenzen des Kongresses aus?

Weiterführende Literatur

Crabb, Cecil V., Jr., Glenn J. Antizzo und Leila E. Sarieddine (2000) Congress and the Foreign Policy Process. Baton Rouge: Louisiana State University Press.
Dieses Buch bietet einen guten Überblick über die Rolle und Funktion des Kongresses in der US-amerikanischen Außenpolitik und ist auch verständlich zu lesen, wenn nur rudimentäre Kenntnisse zum politischen System der USA vorliegen.

Henehan, Marie T. (2000) Foreign Policy and Congress. An International Relations Perspective. Ann Arbor: University of Michigan Press.
Hier wird die US-amerikanische Außenpolitik und insbesondere die Rolle des Kongresses in der Außenpolitik aus der externen Perspektive des internationalen Systems skizziert und analysiert.

Lindsay, James M. (1994) Congress and the Politics of U.S. Foreign Policy. Baltimore: Johns Hopkins University Press.
Dieses Werk bietet eine zeitlose und umfassende Einführung in die Rolle des modernen Kongresse in der US-amerikanischen Außenpolitik. Im Zentrum stehen dabei die außenpolitischen Einflussmöglichkeiten des einzelnen Kongressabgeordneten.

Webseiten

United States House of Representatives, Committee on Foreign Affairs, Committee Documents, Legislations on Foreign Relations, 1999-2005: www.internationalrelations.house.gov/about.asp?sec=documents

U.S. Senate Committee in Foreign Affairs: http://foreign.senate.gov
U.S. Senate Armed Services Committee: http://armed-services.senate.gov
House Armed Services Committee: http://armedservices.house.gov
House Committee on Foreign Affairs: http://foreignaffairs.house.gov

Präsident

David Sirakov

Zusammenfassung

Die Rolle des Präsidenten im politischen System der Vereinigten Staaten von Amerika im Allgemeinen und in der US-amerikanischen Außenpolitik im Besonderen ist über die vergangenen 225 Jahre ein herausragendes Beispiel für die Evolution eines Amtes und der Machtmöglichkeiten, die sich in ihm vereinigen. Neben seinen verfassungsrechtlichen Kompetenzen, die jedoch entlang des Systems der Checks and Balances ihre Begrenzung in den Kontrollrechten des Kongresses finden, bauten die Amtsinhaber ihre Befugnisse in Form der Administrative Government und unter wiederholter Umgehung der Legislative nach und nach aus. Somit verfügt der US-amerikanische Präsident heute über umfangreiche Handlungsmöglichkeiten in der Außenpolitik.

Der Präsident in historischer Perspektive

Die Verfassungsväter implementierten in der US-amerikanischen Verfassung ein System der *checks and balances*: ein System der gegenseitigen Kontrolle und Begrenzung sowie der Herstellung eines partiellen Gleichgewichts zwischen den drei Gewalten Exekutive, Legislative und Judikative. Im Zentrum stand dabei die Verhinderung von Machtkonzentration in einer der drei Gewalten. Einer der Verfassungsväter und *Federalist*, James Madison, sah in der Gegenmachtbildung die Lösung für dieses Problem. Im viel zitierten 51. Artikel der *Federalist Papers*, einer Serie von Beiträgen in unterschiedlichen New Yorker Zeitungen, welche die Bevölkerung 1787/88 von der neuen Verfassung überzeugen sollten, formulierte er prägnant: „Ambition must be made to counteract ambition" (Hamilton et al. 2005: 281). Diese Forderung mündete dann letztlich nachvollziehbarerweise auch in die verfassungsrechtliche Konstruktion eines starken Kongresses (siehe hierfür den Beitrag von Christian Lammert in diesem Band) und einer durch Kontrollen und geteilten Kompetenzen limitierten Präsidentschaft.

Allerdings kam es im Laufe der Jahrhunderte zu einer machtpolitischen Emanzipation des Präsidenten und einer damit einhergehenden Stärkung seiner Position. Der einstige „Chief Clerk" (Oberster Beamten) des Staates entwickelte sich zusehends zum „Chief Executive" (Regierungschef) und schließlich zum nationalen Führer der Vereinigten Staaten von Amerika (Neustadt 1991). Insgesamt ist diese Entwicklung insbesondere auf drei miteinander zusammenhängende Aspekte zurückzuführen. Erstens hatte Madison in seiner Einschätzung sicherlich recht, wenn er den Personen, die das Präsidentenamt innehaben, einen Hang zum Machtstreben unterstellte. Die bisherigen Präsidenten der USA bauten dementsprechend über lange Sicht gesehen die Machtfülle des Amtes aus. Die direkte Legitimation des Präsidenten unterstützt zweitens diese Tendenz, da ihm gerade in schwierigen Momenten die größte Kompetenz zugewiesen wird, rasch und effektiv im Sinne des nationalen Interesses handeln zu können. Drittens zeigte sich der Zugewinn an Macht im Amt des Präsidenten nicht primär nach innen, also in Form des Erweiterns innenpolitischer Macht, sondern vor allem nach außen und damit in der Stellung der Vereinigten Staaten im internationalen System und ihren Beziehungen zu anderen internationalen Akteuren wie Staaten und internationalen Organisationen. Mit Blick darauf formulierte Aaron Wildavsky (1966) die „Zwei-Präsidenten-These", der zufolge sich die Durchsetzungsfähigkeit des Präsidenten gegenüber dem Kongress zwischen Innen- und Außenpolitik deutlich unterscheide. In seiner Untersuchung stellte er fest, dass die US-amerikanische Legislative zwischen 1948 und 1965 66 Prozent der präsidentiellen Vorschläge im Bereich Außen- und Verteidigungspolitik zustimmte, während die Erfolgsrate in der Innenpolitik nur etwa 40 Prozent erreichte (Wildavsky 1966: 8). Eine spätere Untersuchung des Zeitraums von 1965 bis 1975 bestätigte diesen Befund. Auch wenn der Abstand etwas kleiner wurde, fanden noch etwa 56 Prozent der präsidentiellen Initiativen in der Außen- und Verteidigungspolitik eine Zustimmung im Kongress während sich der Wert für die Innenpolitik auf 46 Prozent belief (LeLoup/Shull 1979: 707).

Mit einem stärkeren außenpolitischen Engagement der USA zu Beginn des 20. Jahrhunderts und im Zuge der Mitte der 1940er Jahren erfolgten Beendigung des „realistischen Isolationismus", in dessen Verlauf sich die Vereinigten Staaten weitgehend als „Festung" verstanden und in erster Linie auf sich selbst konzentrierten (Schweigler 2008: 352-360), stieg auch die Notwendigkeit eines handlungsfähigen nationalen Führers, der auf außenpolitische Herausforderungen entsprechend zu reagieren weiß. Diese Entwicklung lässt sich dann auch an den Präsidenten und ihren Impulsen ablesen. Während der fünfte Präsident der USA, James Monroe (1817-1825), mit der so genannten Monroe-Doktrin 1823 den Grundstein eines kontinental verstandenen Isolationismus legte, stieg die weltpolitische Rolle und Verantwortung der USA mit Präsidenten wie Woodrow Wilson (1913-1921) und dessen 14-Punkte-Plan, Harry S. Truman (1945-1953) und der Entwicklung des *National Security State* zu Beginn des Kalten Krieges und nicht zuletzt auch George W. Bush (2001-2009) und dem *War on Terror*.

Der Präsident in der Außenpolitik

Ebenso wie in der Innenpolitik ist auch im außenpolitischen Entscheidungsprozess der Vereinigten Staaten von Amerika das System der *checks and balances* ein grundlegendes Prinzip. Nicht zuletzt der Blick auf die verfassungsrechtlichen Möglichkeiten und Grenzen des US-amerikanischen Präsidenten in der Außenpolitik macht dies deutlich. Die in der Innenpolitik allgegenwärtigen geteilten Kompetenzen und wechselseitigen Kontrollen zwischen Exekutive und Legislative wie beispielsweise in der Gesetzgebung finden mithin ihre Fortsetzung in der außenpolitischen Entscheidungsfindung.

Allerdings zeigen sich hierbei durchaus Unterschiede zu Staaten wie der Bundesrepublik Deutschland oder Frankreich. Sie sind auf die verfassungsrechtliche Konstruktion des präsidentiellen Regierungssystems in den Vereinigten Staaten zurückzuführen. Während sich parlamentarische wie semipräsidentielle Regierungssysteme durch eine geteilte Exekutive, d.h. die Aufteilung der Exekutive in die Ämter des Regierungschefs und des Staatsoberhaupts, auszeichnen, findet sich in den USA eine geschlossene Exekutive (u.a. Steffani 1983: 394). Diese Konzentration beider Positionen in der Person des Präsidenten geht einher mit einer größeren Bandbreite an Möglichkeiten, in der Außenpolitik entscheidend zu wirken. Dabei scheint eine getrennte Betrachtung der verfassungsrechtlichen und administrativen außenpolitischen Kompetenzen des US-amerikanischen Präsidenten sinnvoll, da erstere zwar primär mit dem Präsidentenamt in Verbindung gebracht werden, aber letztere an Bedeutung hinzugewinnen.

Daher werden im Folgenden zunächst die verfassungsrechtlichen Kompetenzen des US-amerikanischen Präsidenten aufgezeigt. In einem zweiten Schritt stehen dann die außenpolitischen Kompetenzen des Präsidenten in seiner Eigenschaft als Regierungschef, die gemeinhin auch unter dem Begriff *administrative presidency* zusammengefasst werden, im Mittelpunkt.

Macht und Beschränkung: Verfassungsrechtliche Grundlagen

Der Blick in die Verfassung der Vereinigten Staaten von Amerika zeigt recht deutlich die geteilten Kompetenzen, aber auch die verfassungsrechtliche Dominanz der Legislative. So finden sich die Kompetenzen des Präsidenten erst in Artikel 2, während der Kongress die *first branch of government* ist. Die Außenpolitik betreffend sind dabei für den Präsidenten vor allem die Abschnitte 2 und 3 des Artikels 2 von Bedeutung. Demnach ist der Präsident der Oberste Befehlshaber der Streitkräfte. Zudem verhandelt und paraphiert er als „Chief Diplomat" internationale Verträge mit anderen Staaten oder internationalen Organisationen und nominiert Botschafter, Gesandte, Konsuln und oberste Beamte, zu denen auch die mit Außenpolitik befassten Minister (*secretaries*) zählen.

Entlang des Systems der *checks and balances* erfahren diese weitreichenden außenpolitischen Befugnisse legislative Einschränkungen. Zunächst sind die aus der Anwendung dieser Kompetenzen erwachsenen politischen Handlungsmöglichkeiten von der finanziellen Mittelzuweisung durch den Kongress abhängig, da das Budgetrecht (*power of the purse*) auch für die Finanzierung der Außen-, Sicherheits- und Verteidigungspolitik beim Kongress, also dem Repräsentantenhaus und dem Senat gleichermaßen, liegt. Außerdem bedürfen das nominierte außenpolitische Personal sowie die unterzeichneten internationalen Verträge der Zustimmung von zwei Drittel der anwesenden Senatoren, um rechtskräftig zu werden.

Während sich der Bundeskanzler in Deutschland zumindest im Bundestag aufgrund der in parlamentarischen Regierungssystemen üblichen hohen Fraktionsdisziplin sicher sein kann, dass ein zuvor unterzeichneter internationaler Vertrag die notwendige Mehrheit findet, ist dies in den Vereinigten Staaten nicht so. Der Präsident ist vielmehr auf einer ständigen Suche nach Mehrheiten im Kongress. Hierbei kommt ihm zugute, wenn die Mehrheit im Repräsentantenhaus und Senat der gleichen Partei angehört, also ein sogenanntes *unified government* gegeben ist. Eine Garantie für die legislative Zustimmung ist dies allerdings nicht, da im Gegensatz zu parlamentarischen Regierungssystemen in präsidentiellen keinerlei Gewaltenverschränkung zwischen Exekutive und Legislative und damit keine direkte Abhängigkeit beider existiert. Noch problematischer wird es für die außenpolitischen Vorhaben des Präsidenten, wenn ihm im Kongress eine Mehrheit der gegnerischen Partei gegenübersteht. Dieses *divided government* erschwert dem Präsidenten das Regieren deutlich und schränkt seinen Handlungsspielraum merklich ein. Er ist gezwungen, viel stärker auf Forderungen aus dem Kongress einzugehen und Kompromisse zu erreichen.

Um eine entsprechende Zustimmung ungeachtet dieser Schwierigkeiten zu erlangen, ist der Präsident der Vereinigten Staaten in der nicht immer ganz einfachen Situation, mittels guter Argumente und Verhandlungsgeschick die Kongressabgeordneten von seinen Vorstellungen zu überzeugen. Diese von Richard Neustadt (1991) identifizierte „Power to Persuade“ findet sich nicht in der Verfassung. Vielmehr sind es das Amt und die Person selbst, die eine solche Überzeugungskraft ausstrahlen oder zumindest die Möglichkeit geben, die Öffentlichkeit zu erreichen. Der 26. Präsident Theodore Roosevelt (1901-1909) bezeichnete die Präsidentschaft als „Bully Pulpit“, also als eine ‚wirkmächtige Bühne‘, um die politische Agenda zu setzen.

Allerdings gibt Artikel 2, Abschnitt 3, mit der Rede zur Lage der Nation (*State of the Union Address,* SotUA) dem Präsidenten ein mächtiges Instrument an die Hand, dem bei dieser Ansprache anwesenden Kongress, Obersten Gerichtshof, dem *Joint Chief of Staff* und – was oftmals noch viel wichtiger ist – der medialen Öffentlichkeit und damit den Wählern die Notwendigkeit bestimmter politischer Vorhaben und Entscheidungen vorzutragen und verständlich zu machen. Dass die Rede zur Lage der Nation auch in der Außenpolitik ein bedeutendes Mittel ist, zeigt ein Blick in die US-amerikanische Geschichte. So formulierte Präsident Monroe die gleichnamige Doktrin in der SotUA vom 23. Dezember 1823. Franklin D. Roosevelt (1933-1945) verkündete in der SotUA im Januar 1941 vier weltweit geltende Freiheiten,[1] welche als Grundlage der im August 1941 zwischen dem britischen Premierminister Winston Churchill und Roosevelt verabschiedeten Atlantik-Charta dienten und auf die Zerstörung der nationalsozialistischen Tyrannei zielten. Getragen von der Überzeugung, dass die Vereinigten Staaten von Amerika eine zentrale Rolle im Kampf gegen den Kommunismus einnehmen sollten, entwickelte Ronald Reagan (1981-1989) in seiner SotUA von 1981 die Reagan-Doktrin, die eine Ausweitung der wirtschaftlichen und militärischen Hilfe für befreundete Regierungen in der Dritten Welt und hier insbesondere in Lateinamerika zur Folge hatte. Und schließlich zeichnete George W. Bush in seiner SotUA des Jahres 2002 eine „Achse des Bösen“ und schwor die US-amerikanische Öffentlichkeit in der SotUA von 2003 auf den Krieg gegen den Irak ein.

Ausdruck der Machtfülle des Präsidenten ist in erster Linie der Oberbefehl über „Armee und Flotte der Vereinigten Staaten“ (Art. 2, Abschnitt 2). Doch steht auch dieser Kompetenz ein Recht des Kongresses gegenüber, nämlich jenes, den Krieg zu erklären. Daraus resultiert die verfassungsrechtlich schwierige Situation, dass der Präsident die US-amerikanischen Truppen einsetzen, eine offizielle Kriegserklärung aber nur durch den Kongress ausgesprochen werden kann. Die Folge war, dass die Vereinigten Staaten in Korea (1950-1953), der Dominikanischen Republik (1965) und Kambodscha (1970) vollständig sowie in Vietnam über einige Monate hinweg ohne formelle Kriegserklärung mit eigenen Truppen in militärische Auseinandersetzungen verwickelt waren. Dies veranlasste den Kongress, im November 1973 mit der *War Powers Resolution* den Versuch zu unternehmen, dieser exekutiven Praxis Einhalt zu gebieten. Diese Resolution beinhaltet eine Informationspflicht des Präsidenten gegenüber dem Kongress, die vor einem Einsatz US-amerikanischer Truppen erfolgen muss, und erlaubt einen solchen Einsatz ohne formelle Kriegserklärung oder andere legislative Ermächtigung bis zu 60 Tagen, der unter bestimmten Umständen um weitere 30 Tage verlängert werden kann (vgl. hierzu den Beitrag von Christian Lammert in diesem Band). Ob die *War Powers Resolution* wirklich eine Stärkung der Kompetenzen des Kongresses gegenüber dem Präsidenten darstellt, ist allerdings fraglich, stellt sie doch in erster Linie eine gesetzliche Erlaubnis zum zeitlich begrenzten Einsatz US-amerikanischer Streitkräfte außerhalb der USA ohne legislative Zustimmung dar. Präsidenten wie Ronald Reagan und William Jefferson „Bill“ Clinton (1993-2001) nutzten diese Regelung dann auch in militärischen Auseinandersetzungen mit Grenada, Libyen und dem ehemaligen Jugoslawien (Kosovo).

---

1 Dazu gehörte das Recht auf Redefreiheit und freie Meinungsäußerung, Religionsfreiheit und die Freiheit von Not und Angst.

Administrative Presidency

Das System der gegenseitigen Kontrollen und des partiellen Gleichgewichts in der US-amerikanischen Außenpolitik erfährt durch die so genannte *administrative presidency* weitere Einschränkungen und gibt dem Präsidenten wichtige außenpolitische Instrumente an die Hand. Hierzu zählt zunächst der administrative Apparat, über den der Präsident mit Einrichtungen wie den jeweiligen Ministerien, dem *National Security Advisor* (Nationaler Sicherheitsberater), dem *National Security Council* (Nationaler Sicherheitsrat) und den Geheimdiensten verfügt (vgl. hierzu die Beiträge von Sascha Arnautovic, Thomas Horlohe sowie Michael Wala in diesem Band).

Besonderes Augenmerk im Zusammenhang mit der Rolle des Präsidenten in der amerikanischen Außenpolitik sollte hier indes auf die sogenannten *Executive Orders* (EOs), *National Security Directives* und *Executive Agreements* (EAs) gerichtet werden, da es sich dabei um Möglichkeiten der Exekutiven handelt, unter Umgehung des Kongresses Außenpolitik zu betreiben. Damit einher geht der Informationsvorteil des Präsidenten, den er vor allem im außenpolitischen Bereich genießt. Bei den EOs handelt es sich um Präsidentenerlasse oder präsidiale Verordnungen, die Gesetzeskraft besitzen, den Verfassungsgrundsätzen jedoch nicht zuwiderlaufen sollten. Eine genauere verfassungsrechtliche Regelung existiert hierzu allerdings nicht, was dem Präsidenten einen durchaus großen Spielraum überlässt. Zudem war bis zum *Federal Register Act* von 1935 die Veröffentlichung von EOs auch nicht vorgeschrieben, was der Kontrollfunktion des Kongresses ebenfalls zuwiderlief. In seiner Eigenschaft als „Chief Executive“ kann der Präsident mit der EO eine administrative Regelungsfunktion übernehmen, die zumeist innenpolitische Konsequenzen hat. Mit Blick auf die Außenpolitik der Vereinigten Staaten haben EOs einen überwiegend unterstützenden Charakter. Franklin D. Roosevelt nutzte die EO 9066 um nach dem japanischen Angriff auf Pearl Harbor vom 7. Dezember 1941 japanisch-stämmige US-Amerikaner zeitweise zu internieren. Mittels einer EO hob Harry S. Truman die Rassentrennung in der US-amerikanischen Armee auf und die Präsidenten Reagan, George H.W. Bush (1989-1993) und Clinton versetzten die US-amerikanische Küstenwache in die Lage, haitianische Flüchtlinge auf offener See aufzugreifen und zurückzuschicken. Auch im Kampf gegen den internationalen Terrorismus bedienten sich die Präsidenten George W. Bush und Barack H. Obama der Präsidentenerlasse, indem sie damit Geldmittel mutmaßlicher terroristischer Vereinigungen auf Konten in den USA sperren ließen.

Als Untergruppe der EOs können die *National Security Directives* bezeichnet werden, die jedoch auch unter anderen Bezeichnungen firmieren.[2] Sie sind weitgehend als geheim eingestuft und können daher weder von der Öffentlichkeit noch vom Kongress eingesehen werden. Bereits veröffentlichte Direktiven zeigen, dass sie dazu genutzt wurden, den Krieg in Vietnam voranzutreiben, Unterstützung für die Contra-Rebellen in Nicaragua sowie das Raketenabwehrsystem *Strategic Defense Initiative* (SDI) zu initiieren und die Beziehungen zur Sowjetunion zu definieren (Howell 2005: 425).

Das wohl mächtigste und wirkungsvollste Instrument der *administrative presidency* sind die *Executive Agreements*. Dabei handelt es sich um Vereinbarungen der Regierung der Vereinigten Staaten mit anderen Staaten oder internationalen Organisationen, die nach der Rechtsprechung des Obersten Gerichtshofs der USA im Fall *U.S. v. Belmont* völkerrechtlich als internationalen Verträgen gleichgestellt gelten. Im Gegensatz zu internationalen Verträgen bedürfen EAs jedoch nicht der Zustimmung des Senats und verleihen dem Präsidenten größtmögliche außenpolitische Flexibilität. Dies zeigt überaus

2 Hierzu zählen National Security Decision Directives, Presidential Directives, National Security Decision Memorandums, National Security Action Memorandums, National Security Presidential Directives, Presidential Decision Directives, National Security Presidential Directive sowie Presidential Policy Directives.

deutlich der Blick auf das Verhältnis von internationalen Verträgen und EAs an der Gesamtzahl internationaler Übereinkommen der USA (siehe Abbildung 1). Während sich in den 1930er Jahren ähnlich viele internationale Verträge wie *Executive Agreements* geschlossen wurden, stieg der Anteil der EAs ab den 1950er Jahren auf über 90 Prozent. In den 1980er Jahren erreichten die EAs dann in relativen wie absoluten Zahlen ihren Höchststand. Von den insgesamt 3.690 geschlossenen internationalen Übereinkommen in dieser Zeit fielen 3.524 und somit 95,5 Prozent auf EAs. Allerdings verfügt der Kongress bezüglich der finanziellen Auswirkungen von EAs auf den US-amerikanischen Haushalt über die *power of the purse* und kann über diesen Weg solche Vereinbarungen beeinflussen. Hinzu kommt die Übermittlungspflicht der EAs an den Senat binnen 60 Tagen im Zuge des *Case Act* von 1972. In weiteren Gesetzen aus den Jahren 1977 und 1979 wurde diese Frist auf 20 Tage reduziert.

Abbildung 1: Internationale Verträge und *Executive Agreements*

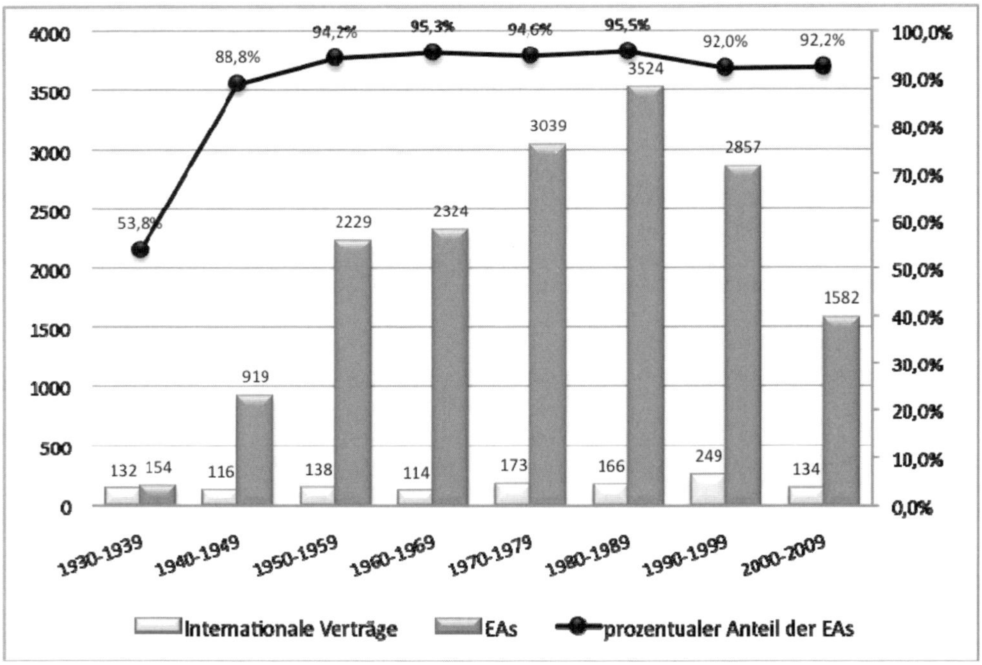

Quelle: Eigene Darstellung nach Daten des *Congressional Research Service*

Doch nicht nur die Quantität, sondern auch die Qualität zeigt die Bedeutung der EAs in der US-amerikanischen Außenpolitik. So unterzeichnete Truman im Juli 1944 in Form einer EA das Bretton-Woods-Abkommen, welches die Gründung des Internationalen Währungsfonds sowie der *International Bank for Reconstruction and Development*, besser bekannt als Weltbank, zur Folge hatte. Beide Häuser des Kongresses stimmten in einem so genannten *Congressional-Executive Agreement* (hier ist lediglich die einfache Mehrheit im Repräsentantenhaus und im Senat erforderlich) dieser Vereinbarung 1945 im Nachgang zu. Im Zuge einer weiteren EA unterzeichnete Präsident Truman das *General Agreement on Tariffs and Trade* (GATT), welches den Vorläufer der *World Trade Orga-*

nization (WTO)[3] darstellt. Eine Zustimmung zur GATT durch den Kongress wie im Fall von Bretton Woods blieb jedoch aus, was an der Verbindlichkeit der Vereinbarung aber nichts änderte. Zu den bedeutenden Beispielen zählt zudem die Anerkennung der Sowjetunion, welche Franklin D. Roosevelt 1933 in der als *Litvinov Assignment* bekannten EA vornahm, die Zustimmung zu den Abkommen von Jalta und Potsdam 1945 sowie verschiedene Vereinbarungen im Bereich der Rüstungskontrollpolitik wie dem *Accidents Measures Agreement* (1971) und dem *Agreement on the Prevention of Nuclear War* (1973) mit der Sowjetunion.

Insgesamt zeigt sich, dass die Befugnisse des Präsidenten im Bereich der *administrative presidency* seine verfassungsrechtlichen Kompetenzen übersteigen. Dies liegt in erster Linie an der interpretatorischen Offenheit des Systems der *checks and balances*. Im Gegensatz zu den in der US-amerikanischen Verfassung niedergeschriebenen Kontrollrechten bleibt dem Kongress im Zusammenhang mit der *administrative presidency* oftmals nur das Haushaltsrecht als Einfallstor in die US-amerikanische Außenpolitik.

Imperiale Präsidentschaft

Die Wirkmächtigkeit des Kongresses ist auch davon abhängig, inwiefern er überhaupt von seinen Kontrollmöglichkeiten Gebrauch macht oder machen kann, und inwieweit sich der Präsident Kompetenzen insbesondere mit dem Hinweis auf eine konkrete nationale Bedrohung aneignet. Diese besondere und gewiss verfassungsferne Form des US-amerikanischen Präsidentialismus wurde vom Historiker Arthur M. Schlesinger (1973) unter dem Eindruck der Präsidentschaften Lyndon B. Johnsons (1963-1969) und Richard Nixons (1969-1974) sowie der Niederlage in Vietnam als „Imperiale Präsidentschaft" bezeichnet. Im Kern drückt sie sich nach Schlesinger durch die Usurpation, also widerrechtliche Aneignung, von verfassungsrechtlich dem Kongress zugewiesenen Kompetenzen aus. Sie ist gegeben, wenn ein umfassendes „Muster an Praktiken" (Schreyer 2006: 114) zu beobachten ist: Neben dem Verweis auf die nationale Sicherheit spielen dabei die Anwendung von Kriegsvollmachten durch eine Erweiterung des exekutiven Geheimhaltungssystems, fehlende Informationsweitergabe an den Kongress und die Verwendung von Sondervollmachten gegen die eigene Bevölkerung und im Besonderen gegen die Opposition eine zentrale Rolle. Somit beschreibt die imperiale Präsidentschaft den Zustand einer aus dem Gleichgewicht geratenen Gewaltenteilung im Regierungssystem der Vereinigten Staaten.

Während diese Kriterien für die Johnson- und Nixon-Administrationen als erfüllt angesehen werden, besteht keine Einigkeit in Bezug auf die Amtszeit des sogenannten „War President" George W. Bush. Autoren wie Donald R. Wolfensberger (2002) und Söhnke Schreyer (2006) argumentieren, dass nicht alle Kriterien Schlesingers erfüllt seien. Dem gegenüber sieht mit Schlesinger (2004: xvii) der analytische Vater selbst die imperiale Präsidentschaft in der zweiten Bush-Administration nach den verheerenden Anschlägen von New York und Washington, D.C. vom 11. September 2011 durchaus als erfüllt an.[4] Hinzu kommt das Verhalten des Kongresses, welcher am 14. September 2001 in einer *Joint Resolution* den Präsidenten autorisierte, „jede notwendige und angemessene Gewalt" gegen die Verantwortlichen vorzunehmen. Bemerkenswert dabei ist, dass in dieser Resolution kein konkretes Ziel (hier Afghanistan) benannt wurde. Und auch im Fall des Waffengangs gegen den Irak schien sich der Kongress seiner verfassungsrechtlichen Kontrollfunktion entziehen zu wollen, als er in einer weiteren *Joint Resolution* bereits am 16. Oktober 2002 und damit über fünf Monate vor dem Kriegsbeginn vom 19. März 2003 dem Präsidenten erneut einen

---

3 Der Gründung der WTO sowie der North American Free Trade Agreement (NAFTA) selbst wurde von Seiten der Vereinigten Staaten ebenfalls durch eine EA zugestimmt, welche wiederum durch den Kongress bestätigt wurde.

4 Ausführlich dazu siehe Sirakov (2010: 136-140).

Blankoscheck ausstellte (Sirakov 2010: 217-220). Nicht zuletzt hat der sogenannte *rally-around-the-flag*-Effekt, der das Zusammenstehen der gesamten Nation in Krisenzeiten beschreibt und mit einem „immensen Vertrauensvorsprung und Machtgewinn für den Präsidenten und die Exekutive“ (Braml 2006: 196) einhergeht, beim Kongress einen Hang zur Unterordnung unter die Führung des Präsidenten bewirkt (Wilzewski 2006: 426).

Aktuelle politische Trends

Mit Blick auf die Rolle des Präsidenten der Vereinigten Staaten von Amerika in der Außenpolitik wird deutlich, dass die Amtsinhaber angesichts der Beschränkungen durch das System der *checks and balances* die Außenpolitikformulierung immer stärker in den Bereich der *administrative presidency* verlagern. Ausweis dessen ist der überaus starke Gebrauch von EAs anstelle von internationalen Verträgen. Die weitestgehende Umgehung des Kongresses – vor allem in Zeiten einer *divided government* – gehört mittlerweile zur normalen Praxis aller Präsidenten. Und dieser Trend wird sich aller Voraussicht nach zumindest nicht umkehren, solange ein immer schneller werdender Daten- und Informationsstrom zeitnahe und effektive Entscheidungsfindung erfordert.

Die Ausweitung des exekutiven Geheimhaltungssystems, welche in der Administration George W. Bushs besonders augenscheinlich wurde, ist ein weiterer zu beobachtender Trend. Die Folgen der Veröffentlichungen von Botschaftsdepeschen durch die Internetplattform *Wikileaks* zeigen dies in zweierlei Hinsicht. Zum einen ist in der Außenpolitik Vertraulichkeit von überragender Bedeutung, zum anderen werden die zukünftigen US-amerikanischen Präsidenten und ihre Administrationen die Geheimhaltung weiter verschärfen, was auch Auswirkungen auf die Informationsweitergabe an den Kongress haben wird.

Insgesamt zeigt sich, dass der US-amerikanische Präsident in der Außenpolitik heute mächtiger denn je ist. Mithilfe der verfassungsrechtlichen wie administrativen Instrumente prägt er maßgeblich das Verhalten und mithin das Erscheinungsbild der Vereinigten Staaten von Amerika in der Welt.

Übungsfragen

1. Welche verfassungsrechtlichen Kompetenzen besitzt der Präsident in der Außenpolitik?
2. Über welche administrativen Instrumente verfügt der Präsident in der Außenpolitik?
3. Beschreiben Sie, was Arthur M. Schlesinger unter dem Begriff der „imperialen Präsidentschaft“ versteht!

Weiterführende Literatur

Genovese, Michael A. (2010) Encyclopedia of the American Presidency. Revised Edition. New York: Facts on File.
Umfangreiches Nachschlagewerk zur Geschichte und den zentralen Begriffen, Theorien und Zusammenhängen der US-amerikanischen Präsidentschaft.

Neustadt, Richard E. (1991) Presidential Power and the modern Presidents. The Politics of Leadership from Roosevelt to Reagan. New York: Free Press.
Standardwerk über die US-amerikanische Präsidentschaft, in dem die zentrale Bedeutung der Persönlichkeit der Präsidenten bei der Umsetzung ihrer Kompetenzen in tatsächliche Macht betont und von Franklin D. Roosevelt bis Ronald Reagan analysiert wird.

Schlesinger, Arthur M. (2004) The Imperial Presidency. Reprint. Boston: Houghton Mifflin.
In der Neuauflage seines 1973 erschienenen brillanten Buches zeichnet Arthur M. Schlesinger die wachsende Macht der US-amerikanischen Präsidenten von George Washington bis George W. Bush nach und analysiert sie entlang des von ihm geprägten Begriffes der „Imperialen Präsidentschaft".

Webseiten

Website des Weißen Hauses: www.whitehouse.gov

Website der National Archives zu Executive Orders: www.archives.gov/federal-register/executive-orders/disposition.html

Website des US-amerikanischen Außenministeriums zu Executive Agreements: www.state.gov/s/l/treaty/tias/index.htm

Website der Federation of American Scientists zu National Security Directives: www.fas.org/irp/offdocs/direct.htm

Verwendete Literatur

Braml, Josef (2006) Tyranny of the Majority? Die Einschränkung persönlicher Freiheitsrechte nach den Terroranschlägen von New York und Washington, in: Jochen Hils und Jürgen Wilzewski (Hrsg.) Defekte Demokratie – Crusader State. Die Weltpolitik der USA in der Ära Bush. Trier: Wissenschaftsverlag, S. 190-233.

Hamilton, Alexander, James Madison und John Jay (2005) The Federalist. Edited by Jack Richon Pole. Indianapolis, IN: Hackett.

Howell, W. G. (2005) Unilateral Powers: A Brief Overview, in: Presidential Studies Quarterly 35(3), S. 417-439.

LeLoup, Lance T. und Steven A. Shull (1979) Congress versus the Executive: The „Two Presidencies" Reconsidered, in: Social Science Quarterly 59(4), S. 704-719.

Neustadt, Richard E. (1991) Presidential Power and the Modern Presidents. The Politics of Leadership from Roosevelt to Reagan. New York: Free Press.

Schlesinger, Arthur M. (1973) The Imperial Presidency. Boston: Houghton Mifflin.

Schreyer, Söhnke (2006) Imperial Presidency Redux? Die institutionelle Machtbalance zwischen Terrorbekämpfung und Präventivkrieg, in: Jochen Hils und Jürgen Wilzewski (Hrsg.) Crusader State – Defekte Demokratie? Export und Zustand der US-Demokratie in der Ära George W. Bush. Trier: Wissenschaftsverlag, S. 107-134.

Schweigler, Gebhard (2008) Außenpolitik, in: Peter Lösche und Hans Dietrich von Loeffelholz (Hrsg.) Länderbericht USA. Geschichte, Politik, Wirtschaft, Gesellschaft, Kultur, 5. aktualisierte und neu bearbeitete Auflage. Bonn: Bundeszentrale für politische Bildung, S. 341-470.

Sirakov, David (2010) Die russisch-amerikanischen Beziehungen von 2001 bis 2008. Innergesellschaftliche Präferenzbildung und exekutive Handlungsautonomie. Wiesbaden: Nomos Verlag.

Steffani, Winfried (1983) Zur Unterscheidung parlamentarischer und präsidentieller Regierungssysteme, in: Zeitschrift für Parlamentsfragen 14(3), S. 390-396.

Wildavsky, Aaron (1966) The Two Presidencies, in: Society 4(2), S. 7-14.

Wilzewski, Jürgen (2006): A Preset Crusade. Die Bush-Administration und der Präventivkrieg gegen den Irak, in: Jochen Hils und Jürgen Wilzewski (Hrsg.) Defekte Demokratie – Crusader State. Die Weltpolitik der USA in der Ära Bush. Trier: Wissenschaftsverlag, S. 425-460.

Wolfensberger, Donald R. (2002) The Return of the Imperial Presidency?, in: Wilson Quarterly 26(2), S. 36-41.

Ministerien und Behörden

Sascha Arnautović

Zusammenfassung

Zum erweiterten Kreis der außenpolitischen Exekutive in den USA zählen neben dem die auswärtige Politik dominierenden Präsidenten und seinen außen- und sicherheitspolitischen Beratern auch in einem engeren Sinn die (Bundes-)Ministerien und in einem weiteren Sinn die (Bundes-)Behörden sowie die sogenannten regulatory commissions bzw. regulatory boards, die mit speziellen Abteilungen (departments) für Auswärtiges ausgestattet sind. Bei den US-amerikanischen Ministerien liegt der Schwerpunkt der Darstellung auf dem Außen- und dem Verteidigungsministerium, deren wechselseitiges Verhältnis als außenpolitisch relevante Akteure seit jeher von Konkurrenz und Wettbewerb um Macht und Einfluss geprägt ist. Mit Blick auf die US-amerikanischen Behörden und den Bereich domestic bureaucracies mit außenpolitischer Kompetenz gilt das Hauptaugenmerk ausgewählten, aus den Ministerien ausgelagerten Behörden, ferner dem Department of the Treasury, dem Department of Commerce und dem Department of Agriculture sowie der sogenannten Heimatschutzbehörde (Department of Homeland Security). Die Vermischung der Bereiche „Inneres" und „Äußeres" in der außenpolitischen Bürokratie (foreign affairs bureaucracy) der USA führt dabei nicht selten zu Friktionen beim „richtigen" Ausbalancieren zwischen innen- und außenpolitischen Partikularinteressen der jeweiligen Interessenlager. Dieser Spannungsbogen wird in dem vorliegenden Beitrag ebenfalls aufgezeigt.

Historische Einordnung der Ministerien und Behörden der USA

Die US-amerikanischen (Bundes-)Ministerien

Außenministerium (*U.S. Department of State*)

Das US-amerikanische Außenministerium, auch kurz *State Department* genannt, zählt aufgrund seiner Gründung im Jahre 1789 zu den ältesten Bundesministerien der Vereinigten Staaten von Amerika. Ihm obliegt neben gewissen innenpolitischen Zuständigkeiten, wie z.B. seine Empfängerfunktion beim Rücktrittsgesuch eines Präsidenten, auch – selbstredend – die Aufgabe der Wahrnehmung der Außenbeziehungen der USA. Die Anfänge des Ministeriums mit Blick auf seine personelle Ausstattung dürften als vergleichsweise bescheiden bewertet werden (zunächst waren nur einige Botschafter in Europa, einige wenige Sekretäre und gerade einmal ein Übersetzer sowie ein Bote in der Hauptstadt Washington im Einsatz für ihr Land), stellt man in Rechnung, dass heute die außenpolitische Bürokratie Amerikas allein im *State Department* ein Personal von etwa 25.000 Berufsdiplomaten (*career diplomats*) aufweist – weitere Ortskräfte in der ganzen Welt kommen hinzu. Der ursprüngliche Standort des Außenministeriums befand sich in unmittelbarer Nachbarschaft des Weißen Hauses, wurde aber nach dem Zweiten Weltkrieg im Jahr 1947 nochmals neu verortet. Das Gebäude des *State Department* wird aufgrund seiner örtlichen Lage – wenig schmeichelhaft – als *Foggy Bottom* (frei übersetzt: „nebelige Talsohle“) bezeichnet, was von Kritikern der Arbeit des Außenministeriums gelegentlich zum Anlass für Häme und Spott genommen wird (vgl. Schweigler 2004: 476). Schließlich zählen die Mitarbeiter dieses Ministeriums nicht gerade zum beliebtesten Personal innerhalb der US-amerikanischen Administration, gelten diese doch gemeinhin als überheblich und distanziert (vgl. Gellner/Kleiber 2007: 98).

Verteidigungsministerium (*U.S. Department of Defense*, DOD)

Das US-amerikanische Verteidigungsministerium, wegen seines fünfeckigen Grundrisses kurz *The Pentagon* genannt, hieß zunächst *War Department* (gegründet 1789), also „Kriegsministerium“, bevor es nach dem Zweiten Weltkrieg in *Department of Defense* umbenannt wurde. Die Geschichte des Verteidigungsministeriums nach seiner Gründung als *War Department* vollzog sich in folgenden Entwicklungsschritten: Zunächst wurde 1790 die US-amerikanische „Küstenwache“ bzw. „Küstenwacht“ (*Coast Guard*) als Teil des späteren „Heimatschutzes“ (*Homeland Security*) in Friedenszeiten etabliert. Daran schloss sich die Gründung eines „Marineamts“ bzw. „Marineministeriums“ (*Department of the Navy*) im Jahre 1798 an. Überlegungen hinsichtlich der Vereinigung der verschiedenen Dienste unter einem Dach, sprich einem Ministerium, führten im Jahr 1947 im Zuge des *National Security Act* schließlich zur Schaffung des sogenannten *National Military Establishment* unter der Leitung von einem *Secretary of Defense* (= Verteidigungsminister) und zur Abschaffung des bisherigen *War Department*, das wiederum in ein „Heeresministerium“ (*Department of the Army*) umgewandelt wurde. Gleichzeitig wurde in demselben Jahr die *U.S. Air Force*, sprich die US-amerikanische Luftwaffe, gegründet mit einem wenig später aufgebauten „Luftwaffenministerium“ (*Department of the Air Force*). Schlussendlich wurden die *drei* Teilstreitkräfte Heer (*Army*), Marine (*Navy*) und Luftwaffe (*Air Force*) unter die direkte Kontrolle des neu geschaffenen Hauptverantwortlichen für den militärischen Bereich (sprich: *Secretary of Defense*) gestellt, der zugleich als militärpolitischer Hauptberater des Präsidenten fungiert. Dieser ist stets durch den Senat in seinem Amt als Verteidigungsminister zu bestätigen. Im Zuge des *National Security Act* wurde mittels eines Zusatzartikels aus dem Jahr 1949, der die nationale Verteidigungsstruktur weiter vereinte, das *National Military Establishment* sodann in *Department of Defense* umbenannt. Seitdem existiert das Verteidigungsministerium in seiner bis heute gültigen Form. Seine wesentlichen Aufgaben bestehen „in der Umsetzung des militärischen Anteils der amerikanischen Außenpolitik und in der Führung der Streitkräfte“ (Gellner/Kleiber 2007: 99).

Finanzministerium (*U.S. Department of the Treasury*)

Die Geschichte des US-amerikanischen Finanzministeriums nahm ihren Anfang im Jahre 1777. In jenem Jahr im Mai wurde Michael Hillegas zum ersten *Treasurer* (= Schatzmeister) der Vereinigten Staaten von Amerika berufen. Das mit ihm verbundene sogenannte *Treasury Office* durchlief zwischen den Jahren 1778 und 1781 dreimal eine institutionelle Umstrukturierung. Erst im September 1789 reagierte der Kongress auf den vorhandenen Bedarf nach einer permanenten Einrichtung zwecks Regelung der Regierungsfinanzen, indem er seine Einwilligung für den Aufbau eines *Department of the Treasury* gab. Das neue Ministerium der Finanzen sollte von nun an folgende – operativ wichtige – Beamte unter seinem Dach vereinen (s. hierzu u. im Folgenden: Department of the Treasury 2006: 4): den Finanzminister (*Secretary of the Treasury*) als höchster Beamter und Leiter des Ministeriums; den Controller (*Comptroller*) als Fachmann für die Kostenrechnung und -planung; den Rechnungs- bzw. Buchprüfer (*Auditor*), den Schatzmeister (*Treasurer*), den Registerführer (*Register*) sowie den Assistenten des Finanzministers (*Assistant to the Secretary of the Treasury*), welchen der Letztgenannte selbst ernennt. Im September 1789 wurde Alexander Hamilton erster Finanzminister Amerikas unter Präsident George Washington (1789-1797). Er bekleidete dieses Amt bis zum Jahre 1795. In der aktuellen Administration unter Präsident Barack H. Obama nimmt diese Funktion seit dem Jahr 2009 Timothy F. Geithner wahr.

Das US-amerikanische Finanzministerium setzt sich aus *zwei* Hauptkomponenten zusammen, als da sind: die sogenannten *Departmental Offices* (zuständig für die Politikformulierung und das Management des Ministeriums als Ganzes) und die *Operating Bureaus* (als verantwortliche Instanzen für die Durchführung der speziellen Vorgänge, die an das Ministerium bzw. dessen Abteilungen herangetragen werden). Kernaufgabe des Ministeriums ist es, die Rolle als „the steward of U.S. economic and financial systems, and as an influential participant in the world economy“ (Treasury Department 2011) auszufüllen.

Handelsministerium (*U.S. Department of Commerce*)

Das US-amerikanische Handelsministerium ist ein noch verhältnismäßig junges Ministerium. Es wurde im Jahre 1903 gegründet. Zunächst fungierte es als Ministerium für Handel *und* Arbeit, bevor der Bereich „Arbeit“ 1913 ausgegliedert und in das neu gegründete – eigenständige – Arbeitsministerium (*U.S. Department of Labor*, DOL) überführt wurde. Hauptaufgabe des Handelsministeriums ist sein Einsatz für die Belange der US-amerikanischen Wirtschaft und die Förderung des wirtschaftlichen Wachstums des Landes. Eine Vielzahl an Mitarbeitern ist für diese Bundesbehörde tätig, die vom *Secretary of Commerce* (= Handelsminister) geleitet wird. Das Handelsministerium hat seinen Sitz im *Herbert C. Hoover Building*, einem Gebäudekomplex im sogenannten *Federal Triangle* („Bundesdreieck“), das sich vom Weißen Haus (*The White House*) bis zum Kapitolgebäude (*Capitol Building*) in der Innenstadt von Washington, D.C. erstreckt. Das Ministerium gliedert sich wiederum in folgende zwölf Ämter und Behörden auf:

- *Bureau of Industry and Security* (BIS)
- *Economics and Statistics Administration* (ESA)
- *Bureau of Economic Analysis* (BEA)
- *Census Bureau*
- *Economic Development Administration* (EDA)
- *International Trade Administration* (ITA)
- *Minority Business Development Administration* (MBDA)
- *National Oceanic and Atmospheric Administration* (NOAA)
- *National Telecommunications and Information Administration* (NTIA)
- *Patent and Trademark Office* (PTO)
- *National Institute of Standards and Technology* (NIST)
- *National Technical Information Service* (NTIS)

Agrarministerium bzw. Landwirtschaftsministerium (*U.S. Department of Agriculture*, USDA)

Die Geschichte des US-amerikanischen Landwirtschaftsministeriums ist älter als die des Handelsministeriums. Sie reicht bis in das Jahr 1889 bzw. sogar bis 1862 zurück. Im Jahre 1862 gründete der damalige Präsident Abraham Lincoln (1861-1865) das *Bureau of Agriculture* (er selbst nannte es schlicht: „The People's Department"), das später 1889 aufgrund des vorhandenen Bedarfs nach einem neuen, eigenen Ministerium in *Department of Agriculture* umbenannt und zudem weiter ausgebaut wurde. Das Landwirtschaftsministerium hat bis dato in erster Linie für die Agrar- und Landwirtschaft des Landes Sorge zu tragen, insbesondere arbeitet es im Dienste für die US-amerikanischen Bauern und Farmer sowie deren Anliegen und Interessen. Das Ministerium hat seinen Sitz in der Hauptstadt Washington, D.C. und erstreckt sich mit seinem Hauptgebäude entlang der Nordseite im Stadtzentrum an der *Independence Avenue* vis-à-vis dem sogenannten *South Building* (ehem. *Extensible Building*). Das USDA, das vom *Secretary of Agriculture* (= Agrar- bzw. Landwirtschaftsminister) verantwortet und geleitet wird, umfasst insgesamt 32 Ämter und Behörden. Im Folgenden sind einige davon exemplarisch aufgeführt.

USDA Agencies
- *Agricultural Marketing Service* (AMS)
- *Agricultural Research Service* (ARS)
- *Animal and Plant Health Inspection Service* (APHIS)
- *Center for Nutrition Policy and Promotion* (CNPP)
- *Economic Research Service* (ERS)

USDA Offices
- *Departmental Management* (DM)
- *National Appeals Division* (NAD)
- *Office of Advocacy and Outreach* (OAO)
- *Office of the Assistant Secretary for Civil Rights* (OASCR)
- *Office of Budget and Program Analysis* (OBPA)

Heimatschutzbehörde bzw. Heimatschutzministerium (*U.S. Department of Homeland Security*, DHS)

Das jüngste der bislang genannten US-amerikanischen Ministerien ist das *Department of Homeland Security*, welches in unmittelbarem Zusammenhang mit den Terroranschlägen vom 11. September 2001 und als institutionelle Antwort darauf zu betrachten ist. Verankert sind der Aufbau und die Gründung dieses neuen Ministeriums im sogenannten *Homeland Security Act* von 2002. Der erste Heimatschutzminister (*Homeland Security Secretary/Secretary of the Department of Homeland Security*) unter Präsident George W. Bush (2001-2009) war Thomas J. Ridge (2003-2005). Seit Januar 2009 übt dieses Amt Janet A. Napolitano im Kabinett (*The Cabinet*) der Obama-Administration aus. Das Heimatschutzministerium zählt mit seinen mittlerweile weltweit mehr als 230.000 Mitarbeitern zu den größten Bundesbehörden Amerikas. Seine wesentliche Aufgabe besteht in der Gewährleistung des Schutzes der US-amerikanischen Bevölkerung und des US-amerikanischen Staatsgebietes vor terroristischen Angriffen und sonstigen Bedrohungen – hierfür ist das Innenministerium (*U.S. Department of the Interior*, DOI) im Gegensatz zu anderen Ländern *nicht* zuständig. Das DHS hat seinen Hauptsitz in Washington, D.C. im *Nebraska Avenue Complex* an der

Nebraska Avenue und unterhält zusätzlich weitere Zweigstellen: u.a. eine im *Ronald Reagan Building and International Trade Center* an der *Pennsylvania Avenue* (im sog. *Federal Triangle*) sowie eine weitere im Weißen Haus in Form des im Oktober 2001 von der Bush-Administration gegründeten *Homeland Security Council* (HSC), der jedoch *kein* offizieller Bestandteil der Geheimdienste (*Intelligence Community*) ist. Ähnlich wie der *National Security Council* (NSC) versteht sich der HSC als Forum, in welchem der Präsident diskutiert und sich Rat von Fachleuten einholen kann (vgl. Munn 2011). Im Unterschied zum NSC (vgl. hierzu den Beitrag von Thomas Horlohe in diesem Band), der das Staatsoberhaupt und den Regierungschef der USA in Personalunion in Fragen nationaler Sicherheit und außenpolitischen Angelegenheiten berät, bemüht sich der HSC um kompetente präsidiale Beratung in puncto Heimatschutzpolitik.

Durch die Gründung des Heimatschutzministeriums konnten im Jahr 2003 diverse Ämter und Behörden in dieses eingegliedert werden. Gegenwärtig umfasst das DHS u.a. die folgenden:

- *U.S. Customs and Border Protection*
- *U.S. Immigration and Customs Enforcement*
- *U.S. Citizenship and Immigration Services* (USCIS)
- *Transportation Security Administration* (TSA)
- *Federal Law Enforcement Training Center* (FLETC)
- *Federal Emergency Management Agency* (FEMA)
- *Science and Technology (S&T) Directorate*
- *U.S. Coast Guard*
- *U.S. Secret Service*

Energieministerium (*U.S. Department of Energy*, DOE)

Abschließend sei in diesem Abschnitt noch kurz das US-amerikanische Energieministerium vorgestellt. Dessen Entstehung geht auf mehrere staatliche Dienststellen der 1940er-Jahre zurück, die seinerzeit verschiedene Teilbereiche der Energiepolitik abdeckten und verantworteten. Erst mit den anhaltenden Ölkrisen der 1970er-Jahre wurde der „Leidensdruck" zur Schaffung eines diese Bereiche vereinenden (Bundes-)Ministeriums so groß, dass sich Präsident Jimmy Carter (1977-1981) zum politischen Handeln entschloss. Der Kongress verabschiedete daraufhin im August des Jahres 1977 ein entsprechendes Gesetz zur Gründung eines Energieministeriums. Anfang Oktober 1977 folgte schließlich die offizielle Aufnahme der Ministeriumsarbeit. Dem DOE obliegt die Verantwortung für die Energieversorgung und Nuklearsicherheit der USA. Zusätzlich ist es neben dem nationalen Nuklearwaffenprogramm u.a. für die Energiesicherheit sowie für die Energieeffizienz und Energieforschung des Landes zuständig. Das DOE unterhält zur Erfüllung seiner Aufgaben ein beachtliches Spektrum an modernen Forschungseinrichtungen. Diese sollen die Führung Amerikas im Bereich „Wissenschaft und Technologie" durch ein umfangreiches Forschungsprogramm sichern helfen. Seinen Sitz hat das Energieministerium in Washington, D.C. Es wird von einem *Secretary of Energy* (= Energieminister) geleitet, dem wiederum ein 13-köpfiger Beraterstab (*Secretary of Energy Advisory Board*) für seine politische Tätigkeit zur Verfügung steht.

Die US-amerikanischen (Bundes-)Behörden sowie die *regulatory commissions* und *regulatory boards* in den USA

Die US-amerikanischen *federal agencies*: eine Auswahl

Aufgrund der Vielzahl an existierenden Bundesbehörden in den Vereinigten Staaten von Amerika beschränkt sich der vorliegende Beitrag auf eine Auswahl an *agencies*, die ausschließlich im Zusammenhang mit dem *State Department* und dem DOD (gelegentlich auch „DoD" abgekürzt) als die klassischen, für die Außen- und Sicherheitspolitik der USA wichtigsten Ministerien stehen. An dieser Stelle soll noch kurz angemerkt werden, dass die Behörden auf Bundesebene größtenteils als unabhängig zu bezeichnen sind. „Unabhängig" hier in dem Sinne, dass sie *nicht* dem Kabinett bzw. dem jeweiligen Ministerium untergeordnet sind und insofern als neutrale Akteure agieren. Innerhalb des *State Department* sind die *agencies* und die *bureaus* nochmals in ihrer beratenden und berichtenden Funktion den verschiedenen Verantwortungsbereichen des Ministeriums zugeordnet. Die Beschränkung liegt in diesem Beitrag daher auf den *drei* Behörden, die dem/der Außenminister(in) Bericht erstatten: *Bureau of Intelligence and Research* (INR), *Bureau of Legislative Affairs* (H) sowie *Office of the Legal Adviser*.

Das INR wurde im Jahre 1946 gegründet. Das Amt fungiert als Quasinachrichtendienst des *State Department*, da es mit den Methoden eines Nachrichtendienstes Informationen sammelt und diese dann anschließend im Hinblick auf ihren politischen Gehalt auswertet. Die Mitarbeiter des INR entstammen zumeist US-amerikanischen Universitäten und verfügen aufgrund dessen über entsprechende Expertise und das nötige Know-how in ihrem jeweiligen Fachgebiet. Das INR wird von einem sogenannten *Assistant Secretary* geleitet (Amtsinhaber seit Februar 2010: Philip S. Goldberg). Die Hauptaufgabe des INR besteht in der Nutzbarmachung des US-amerikanischen Geheimdienstes und dessen Informationsgewinnung für die Zwecke der US-amerikanischen Diplomatie. Das Amt ist seiner Funktion nach somit Teil der *U.S. Intelligence Community* (vgl. hierzu den Beitrag von Michael Wala in diesem Band), die wiederum der politischen Verantwortung des Präsidenten obliegt (vgl. Gellner/Kleiber 2007: 102).

Das *Bureau of Legislative Affairs* arbeitet im Sinne einer Koordinierungsstelle im und für das *State Department* in Bezug auf legislative Aktivitäten und fungiert in diesem Kontext auch als ein strategisches Beratungsgremium für die verschiedenen politisch Verantwortlichen im Außenministerium, als da u.a. sind: Außenminister, stellvertretender Außenminister bzw. Vizeaußenminister und die (Unter-)Staatssekretäre. Das Amt gewährleistet eine möglichst effektive und ertragreiche Kommunikation zwischen den Mitarbeitern des Außenministeriums und den Mitgliedern des Kongresses. Es ist somit von grundlegender Bedeutung für das stimmige Zusammenspiel zwischen dem *State Department* und dem Kongress in gesetzgeberischer Hinsicht.

Das *Office of the Legal Adviser* (übersetzt: „Büro des Rechtsberaters") ist funktional ähnlich angelegt und ausgerichtet wie das *Bureau of Legislative Affairs*, nämlich als Rechtsberatungsstelle innerhalb des *State Department*. Im Unterschied zum *Bureau of Legislative Affairs* berät das *Office of the Legal Adviser* jedoch Abteilungsauftraggeber und Politikbeamte des Außenministeriums in allen nur erdenklichen Rechtsfragen, die sowohl von nationaler als auch von internationaler Tragweite sind.

Das Pentagon verfügt ebenfalls über eine große Anzahl von *agencies*, die dem Verteidigungsministerium unterstützend und beratend zur Seite stehen. An dieser Stelle sei das Augenmerk exemplarisch lediglich auf folgende relevante Militärbehörden gerichtet: *Defense Intelligence Agency* (DIA) und *National Security Agency* (NSA)/*Central Security Service* (CSS).

Die DIA wurde im Oktober 1961 vom damaligen US-amerikanischen Verteidigungsminister Robert S. McNamara (1961-1968) per Direktive ins Leben gerufen. Der militärische Nachrichtendienst (mit einer Personalstärke von weltweit über 16.500 teils militärischen, teils zivilen Mitarbeitern) sammelt, analysiert und gibt wichtige Informationen an das Pentagon weiter, die ihm wiederum von den Geheimdiensten der Teilstreitkräfte zugehen. Beheimatet ist die Behörde im Verteidigungsministerium mit Hauptbetriebsaktivitäten am *Defense Intelligence Analysis Center* (DIAC), Washington, D.C., am *National Center for Medical Intelligence* (NCMI), Frederick, Maryland sowie am *Missile and Space Intelligence Center* (MSIC), Huntsville, Alabama. Sie ist ein bedeutendes Mitglied der U.S. *Intelligence Community* (IC) und wird von einem Direktor, einem Dreisterneoffizier, geleitet, der zugleich Hauptberater des *Secretary of Defense* und des *Chairman of the Joint Chiefs of Staff* (CJCS) in Angelegenheiten des Militärgeheimdienstes ist. Die DIA besteht aus folgenden Zentren und Direktoraten:

- DA: *Directorate for Mission Services*
- DI: *Directorate for Analysis*
- DJ: *Defense Intelligence Operations Coordination Center*
- DS: *Directorate for Information Management and Chief Information Officer*
- DT: *Directorate for MASINT and Technical Collection*
- DX: *Defense Counterintelligence and HUMINT Center*
- HC: *Directorate for Human Capital*
- J2: *Directorate for Intelligence, Joint Staff*

Überdies verfügt die Behörde über eine eigene Hochschulsektion, dem *National Defense Intelligence College* (NDIC), mit über 700 Studierenden aus dem Bereich der Bundesbehörden sowie aus dem Militärsektor. Alle NDIC Studierenden müssen *zwingend* in der Bundesregierung angestellt sein und über entsprechende Unbedenklichkeitsbescheinigungen verfügen.

Die NSA gilt als der größte und finanziell potenteste Militärgeheimdienst der USA mit Hauptquartier in Fort George G. Meade, Maryland. Die im November 1952 auf Weisung von Präsident Harry S. Truman (1945-1953) gegründete nationale Sicherheitsbehörde ist verantwortlich für die Überwachung elektronischer Kommunikation, die Verschlüsselung und Entschlüsselung von Informationen weltweit. Gemäß dieser Funktion ist sie ein Teil sowie ein „key member“[1] der US-amerikanischen *Intelligence Community* (IC), welche die Dachorganisation aller existierender US-amerikanischen Nachrichtendienste darstellt. An der Spitze der NSA steht stets ein Militärangehöriger, der wenigstens ein Dreisterneoffizier sein muss, in der Funktion als Direktor, der gleichzeitig Chef des CSS und Befehlshaber des *U.S. Cyber Command* (abgekürzt: „USCYBERCOM“ oder „CYBERCOM“) ist. Er ist dem Verteidigungsminister und dem „Direktor der Nationalen Nachrichtendienste“ (*Director of National Intelligence,* (DNI) gegenüber verantwortlich, der die IC überwacht und dem Präsidenten als Hauptgeheimdienstberater dient.

Der CSS wurde auf Betreiben von Präsident Richard M. Nixon (1969-1974) per Direktive im Jahr 1972 als ein Verbindungsdienst der NSA zu den US-amerikanischen Streitkräften (*U.S. Armed Forces*) eingerichtet. Er umfasst daher auch deren Elemente, sprich *Army*, *Navy*, *Air Force*, *Marine Corps* und *Coast Guard*. Die Leitung des CSS entspricht derjenigen der NSA, sodass es nicht verwundern kann, dass deren Mitarbeiter tagtäglich Seite an Seite an den verschiedensten Orten der Welt in gemeinsamer Mission arbeiten, um auf diese Weise Führer bzw. Leiter und (politische) Entscheidungsträger, gleichwohl ob militärisch oder zivil,

1 Hier zitiert nach der Rubrik „FAQs“ (= *Frequently Asked Questions*), http://www.nsa.gov/about/faqs/index.shtml (Zugriff am 9.6.2011)

nachhaltig zu unterstützen[2] – egal ob in der US-amerikanischen Heimat oder an vorderster Front auf allen Kriegsschauplätzen dieser Welt. Die Behörde findet ihre Abnehmer u.a. im Weißen Haus, bei Exekutivbehörden wie der Geheimdienst CIA (*Central Intelligence Agency*) und das *State Department* sowie bei den Streitkräften und den Verbündeten Amerikas.

Die *regulatory commissions* und *regulatory boards* in den USA: eine Auswahl

Exemplarisch werden im folgenden Abschnitt zwei US-amerikanische Regulierungs- und Aufsichtsbehörden (*regulatory commissions/boards*) vorgestellt: die *Federal Energy Regulatory Commission* (FERC) für den Energiesektor und die *U.S. Nuclear Regulatory Commission* (NRC) für den Nuklearsektor. Unter dem Begriff „Aufsichtsbehörde" versteht man definitorisch eine Behörde, welche die staatliche Aufsicht durchführt. In Abgrenzung dazu versteht man unter dem Begriff „Regulierungsbehörde" per definitionem eine Behörde mit der ihr übertragenen Aufgabe, die Chancengleichheit von Wettbewerbern im Vergleich mit einem vormals staatlichen Monopolunternehmen zu gewährleisten.

Die FERC wurde im Zuge des sogenannten *Department of Energy Organization Act* von 1977 als eine unabhängige (Regulierungs-)Behörde innerhalb des DOE eingerichtet. Sie reguliert und verantwortet die zwischenstaatliche Übertragung von Elektrizität bzw. elektrischem Strom, Erdgas und Öl. Darüber hinaus besitzt die FERC als Regulierungsbehörde die Befugnis, Preise, Laufzeiten und die Bedingungen des Verkaufs von Großhandelsstrom sowie die Konditionen für Übertragungsdienste zu bestimmen und festzulegen. Die FERC-Führungsspitze besteht aus bis zu fünf Kommissionsmitgliedern (einer davon hat stets den Kommissionsvorsitz inne), die vom US-amerikanischen Präsidenten – mit Zustimmung des Senats – ernannt werden. Die Kommissionsmitglieder üben ihre Ämter für die Dauer von fünf Jahren aus und verfügen über ein gleiches Stimmrecht bei Abstimmungen in Aufsichtsangelegenheiten.

Die NRC wurde im Jahr 1974 vom Kongress als eine unabhängige (Aufsichts-)Behörde geschaffen, die eine sichere Verwendung von radioaktivem Material für nützliche zivile Zwecke garantieren soll, sodass die US-amerikanische Bevölkerung und die Umwelt – gemäß dem Grundsatz: „Protecting People and the Environment" – gleichermaßen geschützt sind. An der Spitze der NRC steht eine fünfköpfige Kommission, deren Vorsitzender und offizieller Sprecher vom Präsidenten ernannt wird. Die Kommission als Ganzes formuliert die Politik und betreibt die Regulierung hinsichtlich des US-amerikanischen Nuklearsektors und dessen Sicherheit.

Rolle, Funktion und Bedeutung von Ministerien und Behörden im außenpolitischen Prozess der USA

Zu den klassischen, „tonangebende(n) Ministerien" im Bereich der Außen- und Sicherheitspolitik zählen naturgemäß das Außen- und das Verteidigungsministerium (Gellner/Kleiber 2007: 97). Im Folgenden wird versucht, diese Ministerien in den USA einer kritischen Überprüfung zu unterziehen: inwiefern sie im Sinne eines Wettstreits um Einfluss und Macht in der innenpolitischen Arena miteinander konkurrieren sowie welche Rolle, Funktion und Bedeutung sie de facto für den außenpolitischen Entscheidungsprozess Ame-

2 Vgl. http://www.nsa.gov/about/faqs/index.shtml (Zugriff am 9.6.2011)

rikas einnehmen. Auch die US-amerikanischen Behörden werden in diesem Kontext thematisiert und in ihrer außenpolitischen Relevanz gewürdigt.

Die Ministerien im außenpolitischen Prozess: *State Department* und *Pentagon* als relevante Player

Gemäß seiner Funktion fällt dem *State Department* als Exekutivbehörde die Aufgabe zu, sich der Formulierung sowie der konkreten Ausführung der US-amerikanischen Außenpolitik anzunehmen (Gellner/Kleiber 2007: 97). Die erstgenannte Aufgabe wird jedoch in Form einer Arbeitsteilung zusammen mit anderen Bundes- bzw. Regierungsbehörden wahrgenommen. Lediglich für den zweiten Aufgabenbereich zeichnet sich das Außenministerium nahezu vollständig alleine verantwortlich. Um mit den Worten von Gellner/Kleiber (2007: 97) zu sprechen: „Der Hauptteil der Arbeit (des Außenministeriums, Anm. des Verf., S.A.) umfasst folgerichtig Konsular- und Repräsentationsaufgaben und Informationsgewinnung."

Allerdings ist seit geraumer Zeit zu beobachten, dass die innovativen und wesentlichen gestalterischen Anstöße und Anregungen im Bereich der Außenbeziehungen verstärkt vonseiten anderer Exekutivorgane kommen. Insbesondere der Präsident und dessen *Executive Office*[3] (vollständig: *Executive Office of the President*, kurz: EOP) betätigen sich in diesem Politikfeld zusehends und beschneiden damit die Gestaltungskraft des Außenministeriums bisweilen recht empfindlich. Noch dramatischer und nachhaltiger zeigt sich der schleichende Machtverlust des *State Department* im Politikfeld „Sicherheitspolitik/Nationale Sicherheit": hier haben Pentagon bzw. das DOD und das DHS dem Außenministerium seit Längerem Einflusssphären streitig gemacht und an Gestaltungskraft und politischer Macht hinzugewonnen (vgl. hierzu auch Gellner/Kleiber 2007: 97). Seit den 1990er-Jahren übernimmt das Weiße Haus bzw. der Präsident zunehmend die Aufgabe der außenpolitischen Richtlinienformulierung, sodass das *State Department* immer mehr zu einem reinen Ausführungsorgan der außenpolitischen Exekutive bzw. der Außenpolitik der USA herabgestuft wird. Diese Erosion der Macht des Außenministeriums (vgl. dazu u. zur kritischen Bewertung Hastedt 2010: 210-11) bleibt nicht ohne Folgen für das Verhältnis der Akteure der außenpolitischen Exekutive Amerikas. Friktionen dürften das Arbeitsverhältnis untereinander auch in Zukunft prägen und den zähen Kampf um Einfluss und Macht noch weiter verschärfen. Alle diese Faktoren der Kompetenzbeschneidung bringen das *State Department* in eine schwierige Lage, da es den Spagat zwischen den eigenen (diplomatischen) Interessen, denjenigen des Präsidenten und seines Beraterstabes hinbekommen sowie zusätzlich seiner Rechenschaftspflicht in der Außenpolitik gegenüber dem Kongress gerecht werden muss. Die Abhängigkeit von den Präferenzen anderer politischer Akteure stellt somit für das US-amerikanische Außenministerium eine nicht zu unterschätzende Herausforderung in seinem Arbeitsbereich dar (vgl. Gellner/Kleiber 2007: 99).

Im Gegensatz zum vergleichsweise machtbeschränkten Außenministerium nimmt das Verteidigungsministerium eine zentrale Rolle im Bereich der außenpolitischen Exekutive ein. Die stetigen Machtzuwächse des *Pentagons* resultieren mitunter aus der relativen Schwäche des *State Department*, sind aber auch auf die Bedeutung des sicherheitspolitischen Establishments, des Militärs und der Rüstungsindustrie sowie deren Lobbyisten in den USA zurückzuführen. Als der „natürliche Widersacher" (Gellner/Kleiber 2007: 99) und „einflussreiche (…) Gegenspieler" (Schweigler 2004: 480) des *State Department* hat das *Pentagon* seit der Zeit seiner Umbenennung von *War Department* in *Department of Defense* nach dem Zweiten Weltkrieg seine Einflusssphären in der Außenpolitik systematisch ausgebaut. Dabei kam ihm die Tatsache entgegen, dass nach 1945 die Ära des sogenannten

---

3 Vgl. dazu im Einzelnen: http://www.whitehouse.gov/administration/eop (Zugriff am 9.6.2011).

National Security State auf Grundlage des sogenannten *National Security Act* von 1947 ihren Anfang nahm, wodurch Institutionen mit Aufgaben nationaler Sicherheit in ihrer politischen Relevanz gegenüber den etablierten Einrichtungen nachhaltig gestärkt wurden (vgl. Schweigler 2004: 480). Kritische Beobachter der verstärkten Militarisierungstendenz US-amerikanischer Außenpolitik sehen diesen – aus ihrer Sicht – problematischen Prozess als noch nicht beendet an (vgl. Gellner/Kleiber 2007: 97 u. Schweigler 2004: 483). Die Kritiker lassen dabei aber geflissentlich außer Acht, dass die bisherige Geschichte lehrt, dass „zumindest die Gefahr einer zu unmittelbaren Einflussnahme der Militärs eher gering einzuschätzen ist" (Schweigler 2004: 483). Wie Schweigler weiter feststellt, haben sich vor allem die Militärs in Zurückhaltung geübt und sich etwaigen Forderungen widersetzt, wenn es um den Einsatz militärischer Macht in der US-amerikanischen Außen- und Sicherheitspolitik ging. Daran dürften die Lehren des Vietnamkrieges (1965-1973) gewiss ihren Anteil haben, die einen klaren militärischen Auftrag mit einer klaren Legitimation der US-amerikanischen Öffentlichkeit für ein militärisches Eingreifen der USA geboten erscheinen lassen.

Die Hauptaufgabe des DOD findet sich in dessen *mission statement* wie folgt zusammengefasst wieder: „The mission of the Department of Defense is to provide the military forces needed to deter war and to protect the security of our country." Der eigentliche politische Einfluss des Verteidigungsministeriums auf den außenpolitischen Entscheidungsprozess in den USA resultiert eher aus einer indirekten Form der Einflussnahme (vgl. Hastedt 2010: 216), die sich darin äußert, dass das *Pentagon* den jeweiligen Entscheidungszusammenhang aufgrund seines Informationsvorsprunges gegenüber anderen Ministerien und Behörden des Bundes für sich schneller erschließen kann und wegen seines stärkeren Zuganges zur Macht (in Bezug auf den in der Außenpolitik exponierten und mächtigen Präsidenten) über eine bessere Entscheidungsagilität als andere Exekutivorgane der Außenpolitik verfügt.

Die Behörden im außenpolitischen Prozess: keine dominanten Akteure, wohl aber relevante „Zuarbeiter"

Zweifelsohne zählen auch die Behörden der USA zu den „wesentliche(n) Schalt- und Ausführungsstellen staatlicher Außenpolitik" (Wilhelm 2006: 87). Sie müssen sich ebenfalls dem „Kampf der außenpolitischen Akteure gegen Bürokratie und Routine" (Schweigler 2004: 469) stellen und sich in den vorhandenen Kompetenzkonflikten der Akteure untereinander behaupten. Dieser permanente Spannungszustand zwischen den Akteuren der Außenpolitik in den USA ist systemisch bedingt, da in der US-amerikanischen Verfassung eine klare und eindeutige Kompetenzregelung in Fragen außenpolitischer Zuständigkeiten fehlt (vgl. hierzu die Beiträge von David Sirakov und Christian Lammert in diesem Band). Die US-amerikanischen Verfassungsväter hatten sich seinerzeit bewusst dafür entschieden, das Prinzip der *checks and balances* („Hemmnisse und Gegenkräfte")[4] zu etablieren, welches die wechselseitige Kontrolle der Verfassungsorgane vorsieht. Dieses lässt jedoch offen, wie die Kompetenzen im Bereich der Außenpolitik zwischen Exekutive (= vollziehende, vollstreckende Staatsgewalt) und Legislative (= gesetzgebende Staatsgewalt) genau verteilt sind – mit der Folge einer Verschärfung der „Auseinandersetzungen um das Privileg der Gestaltung der Außenpolitik" (Schweigler 2004: 469). Diese Kompetenzkonflikte sind besonders augenfällig bei den zähen Kontroversen zwischen Präsident und Kongress. Das Ringen um die Kompetenzhoheit in der Außenpolitik der USA ist somit keineswegs ein

---

4 So die Übersetzung bei Schmidt 2004: 134.

neuerliches Phänomen, sondern von Gründungstagen an ein Wesensmerkmal des außenpolitischen Entscheidungsprozesses des Landes.

Die US-amerikanischen Behörden nehmen als aus den einzelnen Ministerien ausgegliederte und selbstständige Dienststellen im Prozess der außenpolitischen Entscheidungsfindung letztlich keine dominierende Rolle ein, wohl aber üben sie die Funktion eines wichtigen Zuarbeiters aus, sodass ein reibungsloser Ablauf bei der Koordinierung und beim Vollzug der routinemäßigen Arbeit in der Außenpolitik gewährleistet und eine effiziente Arbeitsteilung sichergestellt ist. Nur durch das Ineinandergreifen der einzelnen außenpolitischen Kompetenzbereiche ist eine optimale und erfolgreiche diplomatische Arbeit der Weltmacht USA möglich.

Rückblick auf die Ära George W. Bush sowie aktuelle politische Trends unter Obama hinsichtlich der Entwicklung von Ministerien und Behörden

Die erste Amtszeit (2001-2005) von Präsident George W. Bush war geprägt vom traditionellen Machtkampf im außenpolitischen Entscheidungsprozess der USA zwischen *Pentagon* bzw. im konkreten Fall Verteidigungsminister Donald H. Rumsfeld und *State Department* bzw. im konkreten Fall Außenminister Colin L. Powell. Letztgenannter vertrat als ehemaliger Militär im Vergleich zu anderen Kabinettsmitgliedern eher gemäßigte außenpolitische Positionen innerhalb der Bush-Administration, konnte sich letztendlich aber gegenüber dem übrigen – geschlossenen – exekutiven Machtzirkel (bestehend aus Donald Rumsfeld, Sicherheitsberaterin Condoleezza Rice, Vizepräsident Richard B. Cheney und Präsident George W. Bush und deren unnachgiebige Haltung in Bezug auf den Antiterrorkrieg und die Regimewechselpolitik) nicht durchsetzen, geriet aufgrund seiner differenzierten und ausgewogenen Meinung zeitweise sogar vollständig ins politische Abseits (vgl. Bierling 2010: 49). Erst als Condoleezza Rice die Nachfolge von Colin Powell im Amt als *Secretary of State* am 26. Januar 2005 zu Beginn der zweiten Amtszeit (2005-2009) von George W. Bush antrat, konnten die Wogen zwischen den beiden Ministerien zumindest einigermaßen wieder geglättet werden. Rice bemühte sich während ihrer Amtszeit als Außenministerin um die Vermeidung von offenen (Macht-)Konflikten und jeglichem sichtbaren Kräftemessen mit dem Pentagon, was jedoch innerhalb des *State Department* nicht dazu führte, dass dadurch ihre Beliebtheit bei den Mitarbeitern stieg. Im Gegenteil, dort empfand man sie als eher zurückhaltend bis reserviert und sah sie als isoliert an im Vergleich zu ihrem Amtsvorgänger Powell, der es verstand, seinen Untergebenen das Gefühl zu vermitteln, dass er vollends involviert ist und den direkten Kontakt zu ihnen sucht (vgl. Hastedt 2010: 207). Anlässlich der traumatischen Ereignisse vom 11. September 2001, die jedoch „die politische Chance für eine strategische Neuausrichtung der amerikanischen Weltpolitik und der internationalen Beziehungen weit über die Bekämpfung des Terrorismus hinaus" (Rudolf 2007: 7) boten, kam es unter George W. Bush 2002/2003 zum Aufbau und zur Gründung eines eigenen Heimatschutzministeriums – eine politische Maßnahme, die das ohnehin schon recht imposante Spektrum an Ministerien des Bundes nochmals erweiterte.

Bushs Nachfolger Barack H. Obama setzte vor allem im ersten Jahr seiner Präsidentschaft deutliche Akzente in puncto mehr politischer Transparenz in der Arbeit der ihm unterstellten Ministerien und Behörden gegenüber dem US-amerikanischen Bürger. Vor dem Hintergrund seines (innenpolitischen) Wahlversprechens, mit der in Washington herrschenden Korruption und Vetternwirtschaft gründlich aufzuräumen, unterstrich er mit dem am 21. Januar 2009 veröffentlichten Memorandum *Transparency and Open Government*[5] die Notwendigkeit, dass die Glaubwürdigkeit der US-amerikanischen Regierungspolitik auf innenpolitischer Ebene auf Grundlage der drei zentralen Prinzipien „transparency, participation, (…) collaboration" gestärkt werden müsse. Obamas Plädoyer für mehr Transparenz in der Politik, mehr Bürgernähe und -teilhabe fand seine konkrete Fortsetzung schließlich in der *Open Government Directive* vom 8. Dezember 2009, die unter dem Titel *Memorandum for the Heads of Executive Departments and Agencies*[6] erschien und für die nötige Klarheit in der internen Umsetzung bei den Mitarbeiterstäben der Bundesministerien und -behörden sorgen sollte. Die verschiedenen Exekutivorgane sind seither dazu angehalten, das Prinzip „Offenheit" in ihrer administrativen Arbeit zu praktizieren, sprich viele Dokumente, die bislang hausintern als vermeintlich geheim eingestuft worden sind, der US-amerikanischen Öffentlichkeit vermehrt zugänglich zu machen. Entsprechende Weisungen finden sich in Ergänzung zum sogenannten *Freedom of Information Act* (FOIA)[7] etwa in den vom amtierenden Justizminister (*Attorney General*) Eric H. Holder, Jr. ausgearbeiteten neuen Richtlinien[8] vom 19. März 2009 wieder, welche die Ministerien und Behörden vom Grundsatz her dazu auffordern, das Offenheitsprinzip als Standardposition der Bundesregierung in FOIA-Angelegenheiten zu verwenden.

Mit Blick auf die Entwicklung der Bundesministerien in den USA fällt besonders das Außenministerium ins Auge. Hier macht sich der Wandel vor allem in zweierlei Hinsicht bemerkbar: erstens bei der Reduzierung von Personal und Schließung von Dienststellen im Ausland sowie zweitens bei der organisatorischen Zusammenlegung und Integration von semiautonomen Bundesbehörden (*U.S. Information Agency*, USIA; *U.S. Arms Control and Disarmament Agency*, ACDA) in das *State Department* (vgl. Hastedt 2010: 206). Eine vollständige und abschließende Würdigung der Entwicklungen im Exekutivbereich unter Obama kann erst im Laufe (oder gar erst am Ende) einer möglichen zweiten Amtszeit des 44. US-Präsidenten vorgenommen werden.

Übungsfragen

1. Worin bestehen die Unterschiede der außenpolitischen Ministerien und Behörden in den USA im Vergleich zu ihren deutschen Pendants? Gibt es auch Gemeinsamkeiten? Und wenn ja, welche?
2. Welche Bedeutung haben Ministerien und Behörden für den außenpolitischen Entscheidungsprozess in den Vereinigten Staaten von Amerika?
3. Welches Ministerium dominiert im Bereich der Außenpolitik der USA – und warum? Welche Rolle spielen die Behörden für Amerikas außenpolitische Performance? Lässt sich darüber überhaupt eine Aussage treffen? Begründen Sie Ihren Standpunkt.

---

5 Vgl. http://www.eda.gov/PDF/Memo_PresidentObama_FOIA.pdf (Zugriff am 16.6.2011). Dieses Memorandum wurde auf Weisung von Präsident Obama am 26. Januar 2009 im Federal Register 74(15) veröffentlicht.

6 Vgl. http://www.whitehouse.gov/sites/default/files/omb/assets/memoranda_2010/m10-06.pdf (Zugriff am 16.6.2011). Dieses EOP-Memorandum hatte Signalwirkung nicht nur für die USA, sondern auch für Deutschland und die EU, was sich mittlerweile in verschiedenen Deklarationen und konkreten Strategiedokumenten (Stichwort: „E-Government") niederschlägt.

7 Vgl. http://www.justice.gov/oip/amended-foia-redlined.pdf, http://www.justice.gov/oip/amended-foia-redlined-2010.pdf (Zugriff am 17.6.2011).

8 Vgl. http://www.justice.gov/ag/foia-memo-march2009.pdf (Zugriff am 17.6.2011).

Weiterführende Literatur

Gellner, Winand und Martin Kleiber (2007) Das Regierungssystem der USA. Eine Einführung. Baden-Baden: Nomos Verlag.
Dieses einführende Lehrbuch in das Regierungssystem der Vereinigten Staaten von Amerika ist hervorragend geeignet, um sich u.a. einen ersten Überblick über die außenpolitische Exekutive (z.B. Außen- und Verteidigungsministerium) in den USA zu verschaffen.

Hastedt, Glenn P. (2010) American Foreign Policy. 8th Edition. Boston u.a.: Longman.
Das inzwischen in 8. Auflage vorliegende Lehrbuch zur US-amerikanischen Außenpolitik stellt eine für Studierende hilfreiche und verständliche Einführung in das Thema „Außenpolitische Bürokratie" dar. Es liefert aber gleichzeitig auch einen sehr guten Einblick in den außenpolitischen Entscheidungsprozess der USA und dessen Ergebnisse (sog. policy outcomes) sowie in die historischen und gegenwärtigen Probleme US-amerikanischer Außenpolitik.

Schweigler, Gebhard (2004) Außenpolitik, in: Peter Lösche und Hans Dietrich von Loeffelholz (Hrsg.) Länderbericht USA. Geschichte – Politik – Wirtschaft – Gesellschaft – Kultur. 4. Aufl. Bonn: Bundeszentrale für politische Bildung, S. 410-506.
Dieser Sammelbandbeitrag gewährt einen vorzüglichen Einblick in das Thema „Außenpolitische Entscheidungen", nimmt dabei insbesondere die Exekutive (Präsident, Außen- und Verteidigungsministerium usw.) in den Blick, geht aber noch darüber hinaus. Ein Muss für jeden an US-amerikanischer Außenpolitik interessierten Leser.

Webseiten

Department of State: www.state.gov
Department of Defense: www.defense.gov
Department of the Treasury: www.treasury.gov
Department of Commerce: www.commerce.gov
Department of Agriculture: www.usda.gov
Department of Homeland Security: www.dhs.gov
Department of Energy: www.energy.gov

Verwendete Literatur

Bierling, Stephan (2010) Geschichte des Irakkriegs. Der Sturz Saddams und Amerikas Albtraum im Mittleren Osten. München: Verlag C.H. Beck.

Gellner, Winand und Martin Kleiber (2007) Das Regierungssystem der USA. Eine Einführung. Baden-Baden: Nomos Verlagsgesellschaft.

Hastedt, Glenn P. (2010) American Foreign Policy. 8th Edition. Boston u.a.: Longman.

Munn, Patrick (2011) Homeland Security Council (HSC), http://www.suite101.com/content/homeland-security-council-hsc-a348329 (Zugriff am 20.6.2011).

National Security Agency/Central Security Service (2009) Frequently Asked Questions, http://www.nsa.gov/about/faqs/index.shtml (Zugriff am 20.6.2011).

Rudolf, Peter (2007) Imperiale Illusionen. Amerikanische Außenpolitik unter Präsident George W. Bush. Baden-Baden: Nomos Verlag.

Schmidt, Manfred G. (2004) Wörterbuch zur Politik. Stuttgart: Alfred Kröner Verlag.

Schweigler, Gebhard (2004) Außenpolitik, in: Peter Lösche und Hans Dietrich von Loeffelholz (Hrsg.) Länderbericht USA. Geschichte – Politik – Wirtschaft – Gesellschaft – Kultur. 4. Aufl. Bonn: Bundeszentrale für politische Bildung, S. 410-506.

The White House/Executive Office of the President, Office of Management and Budget (2009) Open Government Directive. Memorandum for the Heads of Executive Departments and Agencies, http://www.whitehouse.gov/sites/default/files/omb/assets/memoranda_2010/m10-06.pdf (Zugriff am 16.6.2011).

U.S. Department of Justice (o.J.) The Freedom of Information Act, 5 U.S.C. § 552, As Amended By Public Law No. 110-175, 121 Stat. 2524, http://www.justice.gov/oip/amended-foia-redlined.pdf (Zugriff am 17.6.2011).

U.S. Department of Justice (2010) The Freedom of Information Act, 5 U.S.C. § 552, As Amended By Public Law No. 110-175, 121 Stat. 2524, and Public Law No. 111-83, § 564, 123 Stat. 2142, 2184, http://www.justice.gov/oip/amended-foia-redlined-2010.pdf (Zugriff: 17.6.2011).

U.S. Department of Justice, Office of the Attorney General (2009) The Freedom of Information Act (FOIA). Memorandum for Heads of Executive Departments and Agencies, http://www.justice.gov/ag/foia-memo-march2009.pdf (Zugriff am 17.6.2011).

U.S. Department of the Treasury (2006) Treasury History Overview, http://www.treasury.gov/about/education/Documents/brochure%20(1).pdf (Zugriff am 2.6.2011).

U.S. Economic Development Administration (2009) Transparency and Open Government. Memorandum for the Heads of Executive Departments and Agencies, http://www.eda.gov/PDF/Memo_PresidentObama_FOIA.pdf (Zugriff am 16.6.2011).

Wilhelm, Andreas (2006) Außenpolitik. Grundlagen, Strukturen und Prozesse. München: Oldenbourg Wissenschaftsverlag.

Nationaler Sicherheitsrat

Thomas Horlohe

Zusammenfassung

Der NSC ist dreierlei. Er ist, zum Ersten, entstanden als Sicherheitskabinett für Fragen der Außenpolitik, Sicherheitspolitik und Geheimdienstoperationen. Er ist, zum Zweiten, das zentrale Nervensystem des außen- und sicherheitspolitischen Regierungssystems der USA. Das NSC-System dient der interministeriellen Koordinierung. Hier werden neue Politiken erarbeitet und abgestimmt. Der NSC ist, zum Dritten, der Stab des Präsidenten, der diesen in Fragen der Außen- und Sicherheitspolitik informiert, berät und unterstützt. Der Sicherheitsberater an seiner Spitze ist zeitweise der einflussreichste außenpolitische Berater des Präsidenten. Die erste Funktion des NSC ist verblasst. In der zweiten und dritten Funktion ist der NSC weiterhin zentral für den außen- und sicherheitspolitischen Regierungsapparat.

Einleitung

Es gibt mindestens drei gute Gründe für Studierende der US-amerikanischen Außen- und Sicherheitspolitik, sich intensiver mit dem *National Security Council* (NSC) zu beschäftigen. Erstens ist diese Einrichtung als Instrument des Präsidenten grundlegend für die Abläufe und den Wettbewerb zwischen den Bürokratien, welche die US-amerikanische Außen- und Sicherheitspolitik produzieren. Buchstäblich jede außenpolitische Initiative der USA geht durch das NSC-System. Deshalb kann, zweitens, am NSC in Fallstudien beobachtet und untersucht werden, welche Kräfte wie und mit welchem Ergebnis auf die Formulierung von US-amerikanischer Außenpolitik wirken. Reißerischer formuliert: Hier ist der bürokratiepolitische Ort, wo die „action" ist. Und, drittens, lehrt die wechselvolle Geschichte des NSC in eindrucksvoller Weise, was bzw. wer der maßgebliche Bestimmungsfaktor für die Außen- und Sicherheitspolitik der USA ist: der Präsident (vgl. hierzu auch den Beitrag von David Sirakov in diesem Band).

Die Entstehung des NSC

Der NSC ist ein frühes Produkt des Kalten Krieges. Er entstand als Reaktion auf Defizite in der Organisation der US-amerikanischen Außen- und Militärpolitik während des Zweiten Weltkrieges. Minister und Senatoren waren wegen des Führungsstils von Präsident Roosevelt frustriert. Er neigte zu intransparenten und häufig auch einsamen Entscheidungen, denen keine gründliche Abstimmung zwischen den beteiligten Ministerien vorausging. Wichtiger als die Einbindung des Präsidenten in konsultative Strukturen war nach dem Weltkrieg jedoch, den außen- und sicherheitspolitischen Regierungsapparat insgesamt effizienter und leistungsfähiger zu machen, um den neuen Herausforderungen als Weltmacht gerecht werden zu können. Bedeutendstes Teilprojekt der Reformbemühungen war die Integration der Teilstreitkräfte in ein gemeinsames Verteidigungsministerium, ein Vorhaben, gegen das sich die Kriegsmarine und das Marineministerium sträubten, während die zum Heer gehörige Luftwaffe nach Selbständigkeit strebte (vgl. hierzu auch den Beitrag von Thomas Rid in disem Band). Auf diese Konflikte wurde die meiste innenpolitische Energie verwandt. Die Etablierung des Auslandsgeheimdienstes CIA und die Einrichtung des NSC als Sicherheitskabinett erfolgten im Schatten dieser Konflikte.

Das Ergebnis eines 18 Monate dauernden Tauziehens und Taktierens verschiedener Akteure in Legislative und Exekutive war schließlich das Gesetz über die Nationale Sicherheit (*National Security Act*) vom 26. Juni 1947. Danach ist die Funktion des NSC die „Beratung des Präsidenten bei der Integration von Innenpolitik, Außenpolitik und Militärpolitik (...) , um die Teilstreitkräfte und die anderen Ministerien und Behörden in die Lage zu versetzen, in Fragen der Nationalen Sicherheit wirksamer zusammenzuarbeiten". Als Mitglieder des NSC benannte das Gesetz den Präsidenten, den Vizepräsidenten, den Außenminister, den Verteidigungsminister und andere Minister oder Vizeminister, deren Teilnahme der Präsident für erforderlich hält. Als gesetzmäßigen Berater sollte der Generalstabschef an den NSC-Sitzungen teilnehmen. Später wurde auch der Direktor des Auslandsgeheimdienstes CIA ständiger Berater des NSC. Für die Beratungspraxis im Sicherheitskabinett ist die Unterscheidung zwischen gesetzmäßigen Mitgliedern und Beratern unbedeutend. Letztlich bestimmt der jeweilige Präsident und nicht das Gesetz, wer an den Sitzungen des NSC teilnimmt.

Die Funktionen des NSC

Unter dem Begriff National Security Council (NSC) verbirgt sich dreierlei. Um diese Institution, ihre Rolle im Regierungssystem der USA und ihre Ansprache in der Medienberichterstattung zu verstehen, gilt es diese drei Funktionen auseinanderzuhalten. Der NSC ist als Kabinettsausschuss, erstens, ein Sicherheitskabinett. In dieser Funktion wird der NSC in den Medien gelegentlich als „full NSC", als vollständiges Sicherheitskabinett, angesprochen. Zusammen mit dem NSC-Stab und dem Sicherheitsberater an der Spitze bildet das Sicherheitskabinett mit zahlreichen Unterausschüssen und Arbeitsgruppen, zweitens, das NSC-System, das Nervenzentrum des außen- und sicherheitspolitischen Regierungsapparats. Im NSC-System werden neue Außen- und Sicherheitspolitiken erarbeitet, entscheidungsreif gemacht und ihre Durchsetzung in den Ministerien gesteuert. Der Begriff NSC wird, drittens, häufig synonym mit dem sicherheitspolitischen Stab des Präsidenten gebraucht, mit dem *Special Assistant to the President for National Security Affairs* an der Spitze, meist kurz Sicherheitsberater (*National Security Adviser*) genannt.

Der NSC als Sicherheitskabinett

Das Ziel des Gesetzes über die Nationale Sicherheit von 1947, den Präsidenten mittels eines Sicherheitskabinetts in einen Beratungsprozess einzubinden, hat der NSC nur ausnahmsweise erreicht. Diese Ausnahmen sind allerdings lehrreich. Bereits der Umgang des ersten Präsidenten mit der Institution, die ihm der Kongress beschert hatte, war bezeichnend. Zwei Monate nach Unterzeichnung des Gesetzes über die Nationale Sicherheit rief Präsident Truman sein Sicherheitskabinett am 26. September 1947 zum ersten Mal zusammen, um es anschließend zwei Jahre lang mit Missachtung zu strafen. Truman dachte überhaupt nicht daran, seine verfassungsmäßige Stellung als Oberbefehlshaber und Chefdiplomat durch ein Kollegialorgan einschränken zu lassen.

Präsident Truman änderte seine Praxis der missmutigen Nichtbeachtung gegenüber dem Sicherheitskabinett erst mit Ausbruch des Korea-Krieges, dann aber radikal. Zwischen Juni 1950 und dem Ende seiner Amtszeit leitete Truman 62 der insgesamt 71 NSC-Sitzungen. Dieses Muster hat sich unter anderen Präsidenten wiederholt: Krisen und Kriege sind die Sternstunden des NSC. In diesen Phasen ist der Informations- und Abstimmungsbedarf, aber auch das Bedürfnis des Präsidenten nach Legitimation seiner Entscheidungen durch seine Kabinettsmitglieder am größten. Das bekannteste Beispiel dafür ist das *Executive Comittee* (ExComm), der Exekutivausschuss des NSC, den Präsident Kennedy während der Kuba-Krise 1962 zum Zentrum seiner Entscheidungsfindung machte. Formell nur ein Unterausschuss des NSC, war das ExComm ein Kriegskabinett, das der Präsident nach seinen Bedürfnissen mit jenen Persönlichkeiten besetzte, deren Rat er schätzte und/oder deren Unterstützung er sich vergewissern wollte. Bis heute hat der NSC als Sicherheitskabinett nur dann eine Rolle gespielt, wenn Krisen und Kriege ein höchstrangiges Beratungsorgan erzwangen oder wenn der Präsident alle wichtigen Akteure seiner Regierung auf einen Konsens einschwören wollte, wie beispielsweise Präsident Obama bei der Formulierung seiner Sicherheitspolitik für Afghanistan und Pakistan 2009 (Woodward 2010).

Für den Normalbetrieb der US-amerikanischen Außen- und Sicherheitspolitik ist der NSC als Sicherheitskabinett aus ganz praktischen Gründen wenig geeignet: Die Zahl seiner Mitglieder und Berater ist zu groß. Addiert man zu den gesetzesmäßigen Vollmitgliedern und Beratern die je nach Tagesordnung hinzu geladenen Ressort- und Behördenchefs, zählt deren Stellvertreter oder engsten Berater und ggf. einige Mitglieder des Stabes des Präsidialamtes noch hinzu, so kommt man schnell auf eine zweistellige Teilnehmerzahl. In der politischen Kultur des US-amerikanischen Regierungssystems, in der auf nichts so sicher Verlass ist, wie auf das *leak* – die gezielte Indiskretion –, werden die Inhalte von NSC-Sitzungen immer wieder öffentlich (ebd.). Vor einer so großen Zuhörerschaft sehen sich Minister in ihrer Rolle als Ressortchef gefordert. Sie vertreten die Interessen der Bürokratie, an deren Spitze sie stehen. Dem Präsidenten ist aber daran gelegen, dass seine Berater miteinander nach gemeinsamen Problemlösungen suchen, statt gegeneinander Interessenpolitik zu betreiben. Alle Präsidenten haben deshalb kleine informelle Abstimmungsrunden mit ihren Außen- und Verteidigungsministern, meist zusammen mit dem Sicherheitsberater gesucht, um die wichtigsten Fragen im kleinsten Kreis vertraulich zu besprechen.

Das NSC-System als interministerieller Abstimmungsmechanismus

Entwickelt wurde das NSC-System von Präsident Eisenhower, um seinen Arbeitsgewohnheiten gerecht zu werden. Als ehemaliger Oberbefehlshaber der Alliierten Streitkräfte in Europa während des Zweiten Weltkrieges war er es gewohnt, Aufgaben an gut ausgestattete Stäbe zu delegieren und von ihnen sorgfältig ausgearbeitete Entscheidungsvorschläge zu erhalten. Eisenhower hatte feste Vorstellungen von klar strukturierter, arbeitsteiliger, aber integrierter Stabsarbeit. Diese übertrug er auf sein Sicherheitskabinett und auf seinen Mitarbeiterstab im Weißen Haus. Unterhalb des NSC als Kabinettsausschuss schuf er Unterausschüsse. Die beiden wichtigsten waren der Planungsrat (*NSC Planning Board*) und der Operationsrat (*Operations Coordinating Board*). Die organisatorische Trennung planerischer Vorbereitung von Durchführung, Überwachung und Nachsteuerung ist charakteristisch für die Arbeitsweise von Generalstäben. Dem Regierungssystem war sie fremd und ist es geblieben. Außerhalb des

Weißen Hauses wurde Eisenhowers NSC-System nicht verstanden sondern belächelt.[1] Erst Jahrzehnte später haben Greenstein und Immerman (2000) es rehabilitiert.

Um sein ausdifferenziertes NSC-System betreiben zu können, erhöhte Eisenhower die Zahl der Mitarbeiter in seinem NSC-Stab deutlich. Als historisch nachhaltig erwies sich eine zweite Innovation. An der Spitze des NSC-Stabs schuf er die neue Position des Sicherheitsberaters, des *Special Assistant to the President for National Security Affairs*, die dem militärischen Vorbild des Chef des Generalstabes nachempfunden war.

Seine mit Abstand größte Bedeutung erreichte das NSC-System unter Präsident Nixon und seinem Sicherheitsberater, dem deutschstämmigen Harvard-Professor Henry A. Kissinger. Kissinger trat seine neue Position mit einem fertigen Organisationsplan für ein NSC-System an, das noch differenzierter war als das Eisenhowers. Sofort nach der Amtseinführung von Präsident Nixon und ausgestattet mit dessen voller Unterstützung, begann Kissinger seinen Plan in die Tat umzusetzen. Während sich ihre Mit- bzw. Gegenspieler im Außen- und Verteidigungsministerium noch in ihren neuen Ämtern zurechtfinden mussten, waren der Sicherheitsberater und sein NSC-Stab bereits arbeitsfähig (Crocker 1975: 85). Sie nutzten diesen Startvorteil[2], um im außen- und sicherheitspolitischen Regierungssystem die Initiative an sich zu reißen und die Kontrolle zu übernehmen. Zu allen Fragen, die den Präsidenten und seinen Sicherheitsberater interessierten, wurden Positionspapiere (*National Security Study Memorandum*, NSSM) beauftragt, 85 allein im ersten Amtsjahr Nixons 1969. Die „Nissums", wie sie im Jargon der Mitarbeiter genannt wurden, deckten eine beeindruckende Themenspanne ab (vgl. Leacacos 1971: 25ff.). In Unterausschüssen und Arbeitsgruppen des NSC-Systems wurden sie erörtert, nachgebessert und verdichtet, stets unter maßgeblichem Einfluss des NSC-Stabes und seines Chefs, bevor sie in Entscheidungsvorlagen für den Präsidenten mündeten, die ihm von Kissinger vorgelegt und erläutert wurden. Eine wichtige Prozessinnovation bestand darin, dass die Papiere nicht eine Handlungsempfehlung aussprachen, sondern mehrere Handlungsmöglichkeiten („Optionen") aufzeigten. Am Ende dieses aufwändigen Verfahrens stand jeweils eine – wiederum von Kissinger und seinem Stab ausformulierte – Entscheidung des Präsidenten (*National Security Decision Memorandum*, NSDD, genannt „Nisdum"), die die Ministerien und Behörden umsetzen sollten.

Allen wichtigen Ausschüssen und Arbeitsgruppen seines NSC-Systems saß Kissinger vor. Mithilfe „seines" NSC-Stabes kontrollierte er die Entscheidungsvorlagen und Direktiven des Präsidenten. Der Sicherheitsberater dominierte innerhalb kurzer Zeit die Aufbau- und Ablauforganisation des außen- und sicherheitspolitischen Regierungsapparats und wurde so zum einflussreichsten außenpolitischen Berater des Präsidenten. Dieses bürokratiepolitische Meisterstück gelang Kissinger vor allem auf Kosten des Außenministers und zu Lasten kollegialer Beratung und Entscheidungsvorbereitung im Sicherheitskabinett. Der Außenminister wurde zum Statisten herabgewürdigt. Der vollständige NSC trat im ersten Amtsjahr Nixons 37 Mal zusammen, im zweiten Amtsjahr noch 21 Mal und im dritten Amtsjahr wenig mehr als zehn Mal. Kissingers „wunderbare Maschine", sein „Apparat", wie das NSC-System in einer Mischung aus Bewunderung, Respekt und Misstrauen genannt wurde, verwirklichte das Ziel Nixons, die Außen- und Sicherheitspolitik zentral aus dem Weißen Haus zu lenken. Das NSC-System war gleichzeitig Ausdruck wie Instrument der „imperialen Präsidentschaft" Nixons (vgl. hierzu den Beitrag von David Sirakov in die-

1 Seine innenpolitischen Kritiker und Gegner warfen dem NSC-System vor, zu formalistisch, bürokratisch, umständlich und wenig innovativ zu sein. Mit der Kritik an seinem System sollte allerdings vor allem der Präsident selbst getroffen werden.

2 Mit Brzezinski (1985: 58) könnte man auch von einem bürokratiepolitischen „Präventivschlag" sprechen. Zbigniew Brzezinski, Sicherheitsberater von Präsident Carter, und Alexander Haig, stellvertretender Sicherheitsberater unter Kissinger und Außenminister von Präsident Reagan, haben versucht, dieses Manöver zu kopieren, mit unterschiedlichem Erfolg.

sem Band). Es war nur folgerichtig, dass der Sicherheitsberater vom Koordinator und Berater schließlich auch zum wichtigsten außenpolitischen Akteur aufstieg, der vorbei an Außen- und Verteidigungsministerium den Frieden mit Nordvietnam, Rüstungskontrolle mit der Sowjetunion und die Öffnung zur Volksrepublik China verhandelte.

Nixon und Kissinger brachten das NSC-System zur Höchstform, aber auch an seine Leistungsgrenze – und darüber hinaus. Nachfolgenden Präsidenten und ihren Sicherheitsberatern diente es als Beispiel, entweder als nachahmenswertes oder als abschreckendes. Die Merkmale, die „Kissingers Apparat" so brillant erscheinen ließen, waren zugleich die Ursachen seines Niedergangs. An erster Stelle stand die zentrale Rolle des Sicherheitsberaters, seine Mehrfachbelastung in Verbindung mit seiner Delegationsunfähigkeit: „Ohne Kissinger ging nichts mehr, und da Kissinger immer häufiger abwesend war, ging eben nichts mehr. Kissinger war zum ‚Flaschenhals' in seinem eigenen System geworden" (Schweigler 1977: 149). Außerdem verstopften zu viele „Nissums" die Dienstwege. Anfangs wurde im Außenministerium noch gelästert, der Harvard-Professor im Büro des Sicherheitsberaters könne nicht mit der Gewohnheit brechen, Referate zu verteilen. Dann wurde vermutet, die „Nissums" dienten Kissinger dazu, Impulse zu geben und sich Wissen und gute Ideen anzueignen, die in den Ressorts verborgen waren. Doch schließlich nährte die Flut von Arbeitsaufträgen den Verdacht, Nixon und Kissinger wollten die Ministerien beschäftigen, um sich ungestört eigenen außenpolitischen Initiativen widmen zu können. Jedenfalls nahm die Zahl der unerledigten NSSD beständig zu, ein Zeichen dafür, dass das NSC-System hoffungslos überlastet war (Crocker 1975: 95). Die Einführung der *Study Memoranda* und der *Decision Memoranda*, mit ihrem Zwang, Optionen zu entwickeln, statt auf Grundlage von Kompromissen alternativlose Empfehlungen auszusprechen, erwies sich als äußerst erfolgreiche Neuerung. Unter wechselnden Bezeichnungen wird dieses Verfahren bis heute praktiziert.

Der NSC als außen- und sicherheitspolitischer Stab des Präsidenten

Präsident Kennedy legte seinen Regierungsstil als bewussten Gegenentwurf zur als altmodisch kritisierten Eisenhower-Administration an. Markenzeichen des jungen Präsidenten und seines tatendurstigen Teams sollten Innovation, Intelligenz und Initiative sein. Es dauerte nicht lange, bis ihnen das Außenministerium als zu behäbig und insgesamt als hoffnungsloser Fall erschien. Nachdem die von der CIA unterstützte Landung von Exil-Kubanern auf Castros Insel in demütigender Weise scheiterte (Schweinebucht-Fiasko), trat zur Enttäuschung noch Misstrauen gegenüber den Ministerien hinzu. Deshalb versammelte der Präsident außen- und sicherheitspolitischen Sachverstand im Weißen Haus selbst. Der NSC-Stab wurde aufgestockt und vom Stab des Sicherheitskabinetts zum persönlichen Stab des Präsidenten aufgewertet. An seine Spitze berief Kennedy McGeorge Bundy, mit 41 Jahren jüngster Dekan an der Elite-Universität Harvard, dem der Ruf eines „Superhirns" vorausging. Bundy umgab sich mit einer Mischung aus Akademikern und durchsetzungsfähigen Verwaltungsprofis. Außerdem sorgte er dafür, dass der NSC-Stab den wichtigsten Fernschreibverkehr zwischen dem Außenministerium und den Botschaften und Konsulaten im Ausland mitlesen konnte, die Keimzelle des später eingerichteten Lagezentrums (*Situation Room*) und eine technische Vorkehrung mit weitreichenden politischen Folgen (Daalder/Destler 2009).

Von der Presse wurde der NSC-Stab „Das kleine Außenministerium" getauft. Seither ist das Konkurrenzverhältnis zum Außenministerium für den NSC-Stab konstitutiv. Diese institutionelle Rivalität ist das bestimmende Element des außen- und sicherheitspolitischen Regierungsapparats, häufig zugespitzt zur persönlichen Rivalität zwischen Sicherheitsberater und Außenminister, die von den Medien in Washington genüsslich zelebriert wird. Je einflussreicher der Sicherheitsberater beim Präsidenten und je leistungsfähiger der NSC-Stab, desto bedeutungsloser der Außenminister und sein Ressort.

Mit achtzehn Mitarbeitern war Bundys Stab im historischen Vergleich noch klein. Für Kissinger arbeiteten 1972 fast 50 Experten. Unter Clinton und Bush dem Jüngeren zählte der NSC-Stab zeitweise mehr als 100 Mitarbeiter. Bei der Bewertung der Mitarbeiterzahlen muss zwischen *senior staff*, *policy staff* oder *professionals* einerseits, also Expertinnen und Experten mit Universitätsabschluss, häufig promoviert und nicht selten auch beurlaubte Hochschullehrer, sowie dem technischen und Hilfspersonal andererseits unterschieden werden. Zusammen mit diesem Personal erreicht der NSC-Stab die Stärke von bis zu 200 Mitarbeitern (Rothkopf 2005: 7), gleicht also eher einer kleinen Behörde, als einem Stab.

Von größerer Bedeutung als die Quantität seiner Mitarbeiter ist deren Qualität. In seiner mehr als sechzigjährigen Geschichte hat sich der NSC-Stab als Talentschmiede erwiesen. Zahlreiche spätere Botschafter, Generäle, Staatssekretäre und Minister haben sich hier ihre „Sporen" verdient. Zu den wichtigsten Eigenschaften seiner Mitarbeiter darf man Ehrgeiz, Gestaltungswillen, Belastbarkeit und eine gewisse Adrenalinsucht zählen. Robert Gates (1996: 54), als Sowjetexperte im NSC-Stab unter Präsident Carters Sicherheitsberater Brzezinski tätig und später stellvertretender Sicherheitsberater von Präsident Bush dem Älteren sowie Verteidigungsminister unter George W. Bush und Barack Obama, beschreibt die Arbeitsatmosphäre anschaulich:

> „Es gibt nichts, was sich mit der Arbeit im Weißen Haus vergleichen ließe. Das Arbeitstempo ist unglaublich hektisch. Die Arbeitszeiten sind unmöglich. Dann die Intrigen, die Indiskretionen, die Spione (die von anderen Ministerien ins Weiße Haus eingeschleust werden). Menschen mit einem Selbstbewusstsein, so riesig wie die umliegenden Gebäude. Titanenkämpfe. Kabinettsmitglieder, die sich benehmen wie Kleinkinder. Tobsuchtsanfälle auf allerhöchstem Niveau."

Gates erklärt (1996: 55), weswegen die Arbeit im NSC-Stab dennoch so attraktiv ist:

> „Der wirkliche Nervenkitzel bei der Arbeit im Weißen Haus ist nicht die Nähe zur Macht. (…) Es ist die Chance, im Mittelpunkt des Geschehens zu sein, unmittelbar an den Ereignissen teilhaben zu können und sie vielleicht sogar selbst ein wenig zum Besseren beeinflussen zu können."

Dem von Kennedys Sicherheitsberater Bundy vorgezeichneten Rekrutierungsmuster ist der NSC-Stab bis heute treu geblieben. In ihm mischen sich hochqualifizierte Akademiker, die aus den Fakultäten der Eliteuniversitäten oder aus Denkfabriken abgeworben werden, mit Verwaltungspraktikern aus der CIA, dem Außen- und dem Verteidigungsministerium, meist aus den Planungsstäben oder den Grundsatzabteilungen.[3] Gelegentlich platzieren einflussreiche Senatoren ihre Mitarbeiter im NSC-Stab. Und regelmäßig werden talentierte Militärs zum Dienst in den NSC-Stab abkommandiert.

Der innere Aufbau des NSC-Stabes ist zwar stark von den Interessen- und Arbeitsschwerpunkten des jeweiligen Präsidenten und dessen Sicherheitsberaters geprägt. Doch in seinen Grundzügen weist er über die Jahrzehnte eine bemerkenswerte Kontinuität auf. Gebietsreferaten (für Europa, Asien, den Nahen und Mittleren Osten bzw. Südwestasien, Lateinamerika usf.) stehen funktionale Referate gegenüber (z.B. für Rüstungskontrolle und Verteidigungspolitik, Proliferation und Exportkontrolle, die Vereinten Nationen, Menschenrechte und Humanitäre Fragen, „Globale Probleme", d.h. AIDS, Klimawandel u.ä.). Unter Präsident Clinton wurde das Experiment unternommen, Teile des NSC-Stabes und den Stab des neu gegründeten Wirtschaftsrates (*National Economic Council*) personalidentisch zu besetzen, um internationale Wirtschaftsfragen und Sicherheitsfragen besser zu integrieren. Ebenfalls unter Clinton und seinem Sicherheitsberater Samuel Berger wurde als Reaktion auf den fundamentalistisch-islamistischen Terrorismus ein Antiterror-Referat auf-

3 Es ist nicht ungewöhnlich, dass Mitarbeiter des NSC-Stabes zuvor entweder im Policy Planning Staff des Außenministeriums oder der Abteilung für International Security Affairs im zivilen Führungsstab des Verteidigungsministers tätig waren bzw. aus dem NSC-Stab dorthin wechseln.

gebaut, in erster Linie deshalb, weil kein Ministerium bereit war, diese neue Querschnittsaufgabe zu übernehmen. Außerdem befassen sich kleinere Arbeitseinheiten im NSC-Stab mit Rechtsangelegenheiten, Redenschreiben, Presse- und Öffentlichkeitsarbeit und der Verbindung zu beiden Häusern des Kongresses.

Der Sicherheitsberater

Seit Nixons und Kissingers Doppelherrschaft über den außen- und sicherheitspolitischen Regierungsapparat der USA Anfang der 1970er Jahre sind der Sicherheitsberater und seine Funktionen in den Mittelpunkt des politikwissenschaftlichen und des Medieninteresses am NSC gerückt. Die politikwissenschaftliche Debatte über die richtige Rolle des Sicherheitsberaters hat mit der umfassenden Studie von Daalder und Destler (2009) ihr vorläufiges Ende gefunden. Sie weisen nach, dass Kennedys Sicherheitsberater McGeorge Bundy der erste „moderne" Sicherheitsberater war, nicht nur Verwalter und Koordinator präsidialer Außenpolitik, sondern auch erster außenpolitischer Berater des Präsidenten. Die empirisch-normative Literatur differenziert vier Rollen des Sicherheitsberaters: Verwalter des NSC-Systems, Koordinator der Behörden und Ministerien im außen- und sicherheitspolitischen Regierungssystem, persönlicher außenpolitischer Berater des Präsidenten in sowie neben und erforderlichenfalls auch über dem Sicherheitskabinett, und in besonderen Fällen auch außenpolitischer Akteur (vgl. Inderfurth/Johnson 2004: 131-140, hier: 139).

Als Idealbesetzung auf dieser Position gilt Brent Scowcroft. Er verkörpert das Gegenmodell zu Kissinger. Als dessen Stellvertreter unter Präsident Nixon rückte der ehemalige Luftwaffengeneral zum Sicherheitsberater von Präsident Ford auf, als Kissinger an die Spitze des Außenministeriums wechselte. Präsident Bush der Ältere berief Scowcroft ein zweites Mal in dieses Amt und verhalf ihm so zu einem Alleinstehungsmerkmal in der Reihe der Sicherheitsberater. Scowcroft wird hoch angerechnet, dass er als „ehrlicher Makler" die Auffassungen der Mitglieder des Sicherheitskabinetts gegenüber dem Präsidenten fair und authentisch vertrat, ohne seine Nähe und sein Vertrauensverhältnis zum Präsidenten dafür zu nutzen, seiner eigenen Beurteilung einen Vorteil zu verschaffen. Der „ehrliche Makler" gilt seither als Rollenmodell für den Sicherheitsberater. In einer weiteren Frage sind sich alle Betrachtungen der Sicherheitsberater und ihrer Wirkungsgeschichte einig: Maßgeblich für Erfolg oder Misserfolg des Sicherheitsberaters ist sein Verhältnis zum Präsidenten.

Bei der distanzierten ex post-Betrachtung der Sicherheitsberater und ihrer Leistungsbilanzen sollte nicht vergessen werden, welchem Erwartungs- und Problemdruck die vielen Männer und eine Frau (Condoleeza Rice) auf diesem Arbeitsplatz ausgesetzt waren. Colin Powell (zit. nach Inderfurth/Johnson 1994: 133), letzter von fünf Sicherheitsberatern Präsident Reagans und später Außenminister von Präsident Bush dem Jüngeren, gibt folgende Arbeitsplatzbeschreibung: „Ich sollte gleichzeitig als Richter, Verkehrspolizist, Sozialarbeiter, Schlichter, Feuerwehrmann, Kaplan und Psychiater arbeiten – und gelegentlich auch als Auftragskiller." Fürwahr ein außergewöhnlicher „Job".

Fazit und Ausblick

In seinen mehr als sechzig Jahren hat der NSC Erfolge, Höhenflüge, Krisen, einen tiefen Fall (die Iran-Contra-Affäre unter Präsident Reagan) und seinen Wiederaufstieg erlebt. Heute ist er als Instrument der Außen- und Sicherheitspolitik des Präsidenten ausgereift und unentbehrlich. Wie gut er funktioniert, bestimmt maßgeblich die handwerkliche Qualität der US-amerikanischen Außen- und Sicherheitspolitik. Mittlerweile sind Aufbau und Abläufe des NSC-Systems etabliert. Wie das NSC-System funktioniert, darauf übt niemand mehr Einfluss aus als der Präsident. Der NSC ist sein Instrument. Er entscheidet, ob und wie er es nutzt. Damit entscheidet er allerdings auch über seine Erfolgsaussichten auf dem Politikfeld, das seine verfassungsmäßige Domäne ist, die Außenpolitik.

Als Produkt des Kalten Krieges war der NSC von Anbeginn der „Nationalen Sicherheit“ verpflichtet, einem unilateral und stark militärisch geprägten Sicherheitsbegriff. Ein Selbstverständnis, demzufolge die Aufgabe des NSC in „running the world“ (Rothkopf 2005) besteht, passt zur Selbsteinschätzung der USA als „einziger Supermacht“ nach dem Ende des Kalten Krieges. Der Weltgesellschaft von heute, mit ihrer „Neuen Weltunordnung“, wird sie jedoch nicht mehr gerecht. Unter Präsident Clinton und seinen Sicherheitsberatern Lake und Berger wurde der NSC an neue Herausforderungen angepasst. Unter Präsident Bush dem Jüngeren und seiner Sicherheitsberaterin Rice wurden diese Teile des NSC-Stabes wieder abgeschmolzen. Man kehrte zu traditioneller Außenpolitik mit den Instrumenten „harter“ Macht zurück. Nach zehn Jahren „Krieg gegen den Terror“, kräftezehrenden Konflikten im Irak und in Afghanistan und tief in der folgenschwersten Wirtschaftskrise seit den 1930er Jahren, erscheint eine Neubestimmung der Rolle der USA in der Welt nötig. Die USA müssen sich erst noch in die Rolle des primus inter pares hineinfinden. Diesen Prozess muss der NSC nicht nur in seiner Struktur abbilden, er muss ihn gleichzeitig auch programmatisch gestalten. Darin besteht die doppelte Herausforderung an das Nervenzentrum des außen- und sicherheitspolitischen Regierungsapparats, sich selbst und die US-amerikanische Außenpolitik aktiv an die neuen Anforderungen der Weltgesellschaft anzupassen. Das Pflichtprogramm für den NSC lautet derweil „keeping the world running“.

Übungsfragen

1. Welches sind im Regierungssystem der Bundesrepublik Deutschland die jeweiligen Funktionsäquivalente zum NSC als Sicherheitskabinett, als NSC-System, als NSC-Stab und zum Sicherheitsberater?
2. Es wurde mehrfach vorgeschlagen, auch im Regierungssystem der Bundesrepublik einen Nationalen Sicherheitsrat nach Vorbild der USA einzurichten. Welches Schicksal haben diese Vorschläge genommen und warum? Wie beurteilen Sie diese Vorschläge? Begründen Sie Ihre Auffassung.
3. Recherchieren Sie die berufliche Sozialisation der Sicherheitsberater. Was fällt Ihnen daran auf und wie interpretieren Sie es?

Weiterführende Literatur

Inderfurth, Karl F. und Loch K. Johnson (Hrsg.) (2004) Fateful Decisions. Inside the National Security Council. New York/Oxford: Oxford University Press.
Der Sammelband von Inderfurth und Johnson gibt den besten Überblick. In neun Kapiteln beleuchtet er anhand sorgfältig ausgewählter Quellen, die kenntnisreich eingeführt sind, alle bedeutsamen Gesichtspunkte des Nationalen Sicherheitsrats. Der Band enthält eine umfassende Bibliographie.

Daalder, Ivo H. und Destler, I.M. (2009) In the Shadow of the Oval Office. New York: Simon & Schuster.
Die Monographie von Daalder und Destler ist das Standardwerk zu Rolle und Wirken der Sicherheitsberater und der Sicherheitsberaterin und ihrem Verhältnis zum jeweiligen Präsidenten, sehr gründlich recherchiert, abgewogen im Urteil und auf hohem Niveau. Das

Buch ist Ergebnis des gemeinsamen Forschungsprojekts „National Security Council Project" von Brookings Institution und Center for International and Security Studies der Universität von Maryland.

Webseiten

Materialien des abgeschlossenen Forschungsprojektes „National Security Council Project" sind auf der Internet-Plattform der Brookings Institution zugänglich: www.brookings.edu/projects/archive/usc/overview.aspx. Dort finden sich auch weitere Links.

Tabelle 1: Die Sicherheitsberater der Präsidenten (1953-2009)

Zif.	Name	Dienstzeit	Präsident	Berufliche Sozialisation	Vorherige Tätigkeit im NSC-Stab?
1	Robert Cutler	23.03.1953-02.04.1955	Eisenhower	Bankier, Offizier (Brigadegeneral)	
2	Dillon Anderson	02.04.1955-01.09.1956	Eisenhower	Rechtsanwalt, Offizier (Oberst)	Ja, unter Cutler
3	Robert Cutler	07.01.1957-24.06.1958	Eisenhower	s.o.	
4	Gordon Gray	24.06.1958-13.01.1961	Eisenhower	Rechtsanwalt, Dekan (University of North Carolina)	Nein
5	McGeorge Bundy	20.01.1961-28.02.1966	Kennedy, Johnson	Hochschullehrer, Dekan (Harvard)	Nein
6	Walt W. Rostow	01.04.1966-20.01.1969	Johnson	Hochschullehrer (Columbia, Massachusetts Institute of Technology)	Ja, Stellv. Sicherheitsberater (Bundy)
7	Henry A. Kissinger	20.01.1969-02.11.1975	Nixon, Ford	Hochschullehrer (Harvard)	Ja, kurz unter Bundy
8	Brent Scowcroft	03.11.1975-20.01.1977	Ford	Offizier (Generalleutnant a.D. der Luftwaffe)	Ja, Stellv. Sicherheitsberater (Kissinger)
9	Zbigniew Brzezinski	20.01.1977-20.01.1981	Carter	Hochschullehrer (Columbia)	Nein
10	Richard V. Allen	20.01.1981-04.01.1982	Reagan	Hochschullehrer (Georgia Tech)	Ja, kurz unter Kissinger
11	William P. Clark	04.01.1982-17.10.1983	Reagan	Richter (Kalifornien)	Nein
12	Robert C. McFarlane	17.10.1983-04.12.1985	Reagan	Offizier (Oberstleutnant im Marinekorps)	Ja, Stellv. Sicherheitsberater (Clark) und Mitarbeiter im NSC –Stab unter Kissinger und Scowcroft
13	John M. Poindexter	04.12.1985-25.11.1986	Reagan	Offizier (Vizeadmiral, degradiert zum Konteradmiral)	Ja, Stellv. Sicherheitsberater (McFarlane)
14	Frank C. Carlucci	02.01.1987-23.11.1987	Reagan	Berufsdiplomat	Nein
15	Colin L. Powell	23.11.1987-20.01.1989	Reagan	Offizier (Generalleutnant des Heeres)	Ja, Stellv. Sicherheitsberater (Carlucci)

16	Brent Scowcroft	20.01.1989-20.01.1993	Bush I	Offizier (Generalleutnant a.D. der Luftwaffe)	Ja, s.o. Zeile 8
17	W. Anthony Lake	02.01.1993-14.03.1997	Clinton	Berufsdiplomat, Hochschullehrer	Ja, unter Kissinger
18	Samuel R. Berger	14.03.1997-20.01.2001	Clinton	Rechtsanwalt	Ja, Stellv. Sicherheitsberater (Lake)
19	Condoleeza Rice	20.01.2001-26.01.2005	Bush II	Hochschullehrerin, Dekanin (Stanford)	Ja, unter Scowcroft
20	Steven Hadley	26.01.2005-20.01.2009	Bush II	Rechtsanwalt	Ja, Stellv. Sicherheitsberater (Rice) und Mitarbeiter im NSC-Stab unter Kissinger und Scowcroft
21	James L. Jones	20.01.2009-08.10.2010	Obama	Offizier (General a.D. Marinekorps)	Nein
22	Thomas E. Donilon	08.10.2010-	Obama	Rechtsanwalt	Ja, Stellv. Sicherheitsberater (Jones)

Verwendete Literatur

Brzezinski, Zbigniew (1985) Power and Principle. Memoirs of the National Security Adviser 1977-1981. New York: Farrar, Straus, Giroux

Crocker, Chester A. (1975) The Nixon-Kissinger National Security Council System, 1969-1972: A Study in Foreign Policy Management, in: Commission on the Organization of the Government for the Conduct of Foreign Policy, Band 6, Anhang O. Washington, D.C., S. 79-99.

Daalder, Ivo H. und I.M. Destler (2009) In the Shadow of the Oval Office. New York: Simon & Schuster.

Gates, Robert M. (1996) From the Shadows. New York: Simon & Schuster.

Greenstein, Fred I. und Richard H. Immerman (2000) Effective National Security Advising: Recovering the Eisenhower Legacy, in: Political Science Quarterly 115(3), S. 335-345.

Leacacos, John P. (1971) Kissinger's Apparat, in: Foreign Policy 5, S. 3-27.

Rothkopf, David J. (2005) Running the World. The Inside Story of the National Security Council and the Architects of American Power. New York: Public Affairs.

Schweigler, Gebhardt (1977) Politikwissenschaft und Außenpolitik in den USA. München/ Wien: R. Oldenbourg

Woodward, Bob (2010) Obama's Wars. New York: Simon & Schuster

Geheimdienste

Michael Wala

Zusammenfassung

Wenn man sich von dem Bild der Nachrichtendienste als eine geheimnisumwitterte Elitetruppe mit der „Lizenz zum Töten" löst, kann man schnell feststellen, dass es bei diesen Organisationen im Kern zuvörderst um die Beschaffung, Auswertung und Analyse von Informationen geht. Ihre Aufgabe ist es, die Unsicherheit von Entscheidungsträgern über Gegebenheiten und Optionen zu verringern. In den Grundzügen gleichen die Aufgaben aller Nachrichtendienste einander, unabhängig von politischer Struktur, Gesellschaftssystem, geographischer Lage und globaler politischer Großwetterlage. Dennoch zeigen sich gewisse Besonderheiten hinsichtlich der Qualität und vor allem Quantität US-amerikanischer Geheimdienste.

Einleitung

Jede Regierung braucht Informationen, um Entscheidungen treffen zu können, die die Interessen des Landes stützen. Nicht alle Informationen, die für notwendig gehalten werden, sind jedoch frei verfügbar, und verschiedene Methoden, die sich verdeckter Mittel bedienen und geheim gehalten werden, werden eingesetzt, um solche Daten zu erhalten. Nachrichtendienste liefern insbesondere für Entscheidungen in den internationalen Beziehungen eines Landes wichtige Grundlagen. Dafür sammeln sie Informationen, werten die Rohdaten aus und lassen diese durch analytische Deutung zu einem Produkt (*intelligence*) gerinnen, das, an die jeweils vorgesehenen Stellen verteilt, Entscheidungsträger unterstützt. So erhält beispielsweise der Präsident der Vereinigten Staaten jeden Morgen den *President's Daily Brief*, eine Zusammenfassung der jüngsten nachrichtendienstlichen Erkenntnisse und Analysen wichtiger internationaler Ereignisse und Prozesse, aus der Hand des *Director of National Intelligence* (DNI).

Bei einer unendlich erscheinenden Fülle von potentiell wichtigen Informationen müssen Nachrichtendiensten Aufgabenfelder zugewiesen werden, die von den Entscheidungsträgern für relevant erachtet werden. Gleichzeitig sollten die Dienste auch in der Lage sein, unabhängig von konkreten Aufgaben tätig zu werden, um zuvor nicht wahrgenommene aber gleichwohl relevante Entwicklungen zu erkennen. Insbesondere wird es um Kenntnis, Beobachtung und Gewichtung von Bedrohungspotenzialen gehen. Hierbei muss darauf geachtet werden, dass die Tätigkeit von Nachrichtendiensten nicht politisiert wird. Nur eine ausgewogene und politisch neutrale Herstellung von *Intelligence* kann eine von nationalen

Interessen geleitete Politik unterstützen. Eine Einflussnahme der Nachrichtendienste auf die politischen Entscheidungsträger sollte gleichfalls ausgeschlossen sein.

Bei der Gewichtung und Analyse der gesammelten Daten gehen die beteiligten Geheimdienstexperten häufig unbewusst davon aus, dass Entscheidungsträger anderer Nationen klare Ziele haben und mögliche Hemmnisse kennen, sich also der ihnen zur Verfügung stehenden Handlungsoptionen bewusst sind und in diesem Rahmen rational handeln. Diese Entscheidungsträger schätzen die Ergebnisse ihrer Handlungen jedoch möglicherweise anders ein, als es die Geheimdienstexperten tun, da sie Informationen anders interpretieren und gewichten. Sie nehmen zudem möglicherweise einen gewissen Grad von Unsicherheit in Kauf und sind eventuell nur eingeschränkt für relevante Informationen sensibilisiert. Von besonderer Gefahr ist zudem die unreflektierte Übertragung eigener Denk- und Analysemuster der Geheimdienstexperten auf andere politische und wirtschaftliche Systeme bzw. auf andere politische Kulturen, was zu Fehlinterpretationen führt. Die von Nachrichtendiensten gelieferten Entscheidungshilfen und Vorhersagen über das Verhalten von ausländischen Entscheidungsträgern basieren dann auf einer irreführenden Annahme rationalen und kohärenten Handelns, die, im Fall der US-amerikanischen Dienste, eher das Verhalten US-amerikanischer Entscheidungsträger simulieren, als dass sie die Realität in anderen Nationen abbilden.

Nachrichtendienste der USA nach dem Zweiten Weltkrieg

In den Vereinigten Staaten war das während des Zweiten Weltkrieges ab 1941 operierende *Office of Strategic Services*, ähnlich wie andere Vorgängerorganisationen, nicht dauerhaft aufrechterhalten worden und stellte 1945 die Arbeit ein. Mit der Verabschiedung des *National Security Act* im Jahr 1947 wurde erstmals ein kontinuierlich arbeitender Nachrichtendienst eingerichtet. Es gibt seit dieser Zeit in den USA eine zunehmende Anzahl von Nachrichtendienstorganisationen, die jeweils verschiedenen Behörden angeschlossen sind und für diese spezifisch relevante Informationen sammeln und auswerten. Es ist aber insbesondere die *Central Intelligence Agency* (CIA), der seit 1947 die Aufgabe zukommt, solche nachrichtendienstlichen Aktivitäten, die die nationale Sicherheit der USA betreffen, zu koordinieren und zu korrelieren. Durch den *National Security Act* wurde die Position eines *Director of Central Intelligence* (DCI) geschaffen, der der CIA vorstand, hauptverantwortlich für die Beratung des Präsidenten der USA in nachrichtendienstlichen Angelegenheiten war und zudem über Quellen und Methoden der CIA wachte. Durch das Gesetz wurde der *Agency* die Beteiligung an Polizeiaufgaben untersagt und die Aktivitäten im Landesinneren eingeschränkt. Die konkrete Aufgabenzuweisung erfolgte jeweils direkt durch den Präsidenten oder durch den mit dem Gesetz von 1947 gleichfalls geschaffen *National Security Council* (NSC) (vgl. hierzu den Beitrag von Thomas Horlohe in diesem Band).

Nur zwei Jahre später wurde der CIA durch den *Central Intelligence Agency Act* ermächtigt, einen geheimen Haushalt aufzustellen. Mittel flossen über andere Behörden an die CIA, ohne dass dies offen gelegt wurde. Dadurch waren nun auch die in der öffentlichen Wahrnehmung überbewerteten verdeckten Operationen (*covert operations*) leichter möglich. 1953 wurde die Stelle eines Stellvertreters des DCI geschaffen und, um die Trennung von Militär und Nachrichtendienst zu gewährleisten, festgelegt, dass aktive und ehemalige Offiziere der US-amerikanischen Streitkräfte diese Stellen nicht bekleiden dürfen.

9/11 und die Neuausrichtung der Nachrichtendienste

Der terroristische Angriff auf die USA am 11. September 2001 hatte gravierende Nachwirkungen auf die US-amerikanischen Nachrichtendienste, die auch zu einer Umstrukturierung und neuen Verantwortlichkeiten führten. Das Weiße Haus reagierte im Jahr 2002 mit einer neuen *National Security Strategy*, die 2006 in ihren Kernpunkten bestätigt wurde. Nachrichtendienste werden hier als „erste Verteidigungslinie" gegen terroristische Angriffe und Bedrohungen feindlicher Staaten genannt. Die CIA sollte gestärkt, neue Methoden und Möglichkeiten entwickelt und geschützt werden, um eine Bedrohungsanalyse durch alle verfügbaren Daten zu ermöglichen. In der Folge wurde das *Department of Homeland Security* (DHS) gegründet, das seither die Aufgaben des Grenzschutzes (*Customs Service*), der Einwanderungsbehörde der USA (*Immigration and Naturalization Service*) sowie einiger anderer Behörden in sich vereinigt und die USA vor terroristischen Angriffen schützen und bei Naturkatastrophen eingreifen soll. Das DHS bedient sich zwar verdeckter Methoden wie Abhörung von Telefonaten, Kontrolle von Email-Nachrichten, des Internets und des internationalen Zahlungsverkehrs mit den USA, ist aber kein Nachrichtendienst im klassischen Sinne. Eine der Lehren, die man in den USA aus 9/11 zog, war, dass die Trennung zwischen Auslandsnachrichtendiensten und dem Schutz des eigenen Territoriums durch Einwanderungsbehörde, Grenzschutz etc. dazu geführt hätte, dass Informationen nicht oder nicht rechzeitig allen relevanten Stellen zugänglich waren. Die Position eines *Director of National Intelligence* (DNI) wurde geschaffen, der dem DHS und der CIA vorsteht, ohne direkt mit ihnen verbunden zu sein aber so Zugang zu Informationen beider Organisationen hat. Diese Neuausrichtung wird deutlich durch die Abteilungen, die dem DNI direkt unterstehen: die neu geschaffenen *National Counterterrorism Center* (NCTC) und *National Counterproliferation Center* (NCPC), der *National Intelligence Council* (NIC) und die *National Counterintelligence Executive* (ONCIX). Der *Intelligence Reform and Terrorism Prevention Act* von 2004 ersetzte zudem sowohl DCI wie auch dessen Stellvertreter durch einen *Director of the Central Intelligence Agency* (D/CIA).

Der DNI dient nun als Hauptberater des Präsidenten, des *National Security Council* und des *Homeland Security Council* (HSC), das bereits Ende 2001 geschaffene Gegenstück zum NSC. Er steht zudem der aus 16 Mitgliedern bestehenden *Intelligence Community* vor, ein Verbund der US-amerikanischen Nachrichtendienste, der in den Grundzügen bereits 1981 von Präsident Ronald Reagan geschaffen wurde. Bis auf die CIA, die eine eigenständige Behörde geblieben ist, sind dies folgende Abteilungen im *Department of Defense*: *Air Force Intelligence, Surveillance and Reconnaissance Agency* (AFISRA), *Army Military Intelligence* (MI), *Defense Intelligence Agency* (DIA), *Marine Corps Intelligence Activity* (MCIA), *National Geospatial-Intelligence Agency* (NGA), *National Reconnaissance Office* (NRO), *National Security Agency* (NSA), *Office of Naval Intelligence* (ONI); im *Department of Energy*: *Office of Intelligence and Counterintelligence* (OICI); im *Department of Homeland Security*: *Office of Intelligence and Analysis* (I&A), *Coast Guard Intelligence* (CGI); im *Department of Justice*: *Federal Bureau of Investigation* (FBI), *Drug Enforcement Administration* (DEA); im *Department of State*: *Bureau of Intelligence and Research* (INR); und im *Department of the Treasury*: *Office of Terrorism and Financial Intelligence* (TFI). Deutlich wird in dieser Aufstellung, dass das US-amerikanische Verteidigungsministerium die größte Anzahl von Nachrichtendiensten unterhält, die im Vergleich zur CIA auch besser ausgestattet aber vornehmlich für militärische Aufgaben optimiert sind. Im Mai 2009 integrierte Präsident Barack Obama zudem die Büros des Weißen Hauses, die für HSC und NSC zuständig waren, in einen *National Security Staff* (NSS).

Abbildung 1: Die US-amerikanische *Intelligence Community*

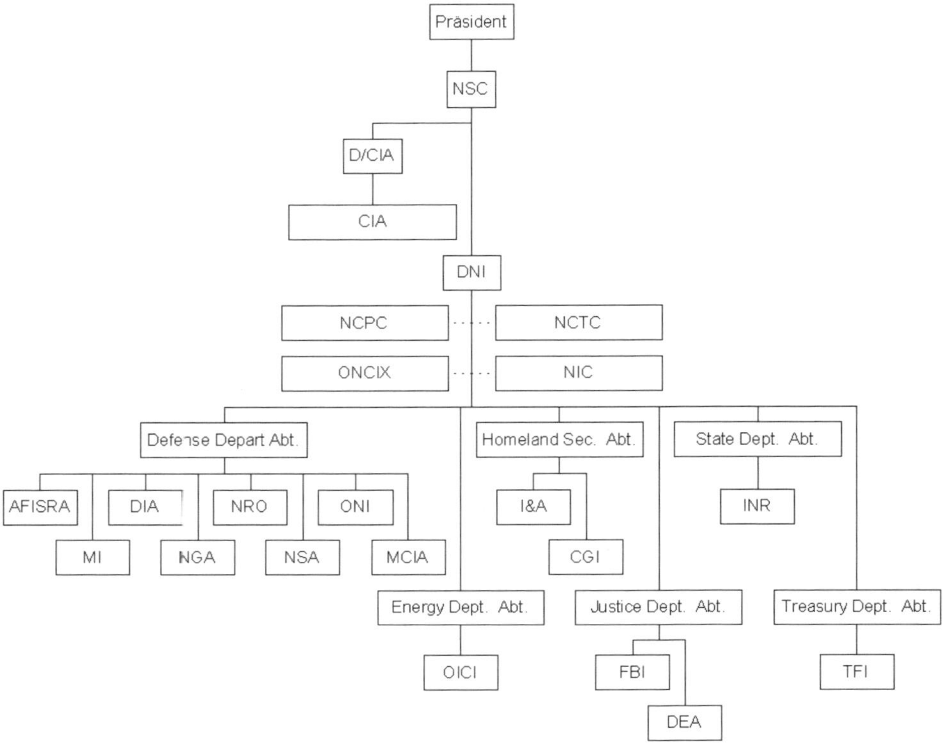

Quelle: eigene Darstellung

Die Komplexität dieser Struktur wird noch deutlicher, wenn bedacht wird, dass alle *Departments* nachrichtendienstliche Erkenntnisse verwerten. Einige von ihnen verfügen über eigene Dienste, die alle in das System eingebunden sind. Gleichzeitig achten die *Departments* darauf, dass die eigenen Abteilungen unter ihrer Kontrolle bleiben. In einem Umfeld knapper Mittel sind sie zudem gehalten, ihre Effektivität auch in Konkurrenz zu anderen Abteilungen und Diensten immer wieder nachweisen zu müssen, um Geld- und Personalzuweisungen zu legitimieren. Verglichen mit den Diensten anderer Länder, bestand in den USA historisch eine starke Trennung von Inlands- und Auslandsgeheimdiensten. Indem die Bush-Administration infolge von 9/11 die Position des DNI schuf, wurde diese Trennung zugunsten einer vermeintlich größeren Transparenz von nachrichtendienstlich relevanten Informationen für alle wichtigen Entscheidungsträger zunehmend aufgehoben.

Die Vereinigten Staaten haben durch die Stärkung ihrer Geheimdienste nicht nur der Notwendigkeit der Abwehr von größeren Gefahren durch Terroristen im Inneren Rechnung getragen, sondern auch eine notwendige Voraussetzung geschaffen, um Gefahren für die nationale Sicherheit der USA von außen effektiver begegnen zu können. Internationaler Waffenhandel, Verbreitung von Massenvernichtungswaffen, internationaler Drogenhandel, international organisiertes Verbrechen und die Sicherheit der Informationsinfrastruktur des Landes – insbesondere der militärischen, öffentlichen und privaten Computernetzwerke – vor Angriffen stehen weiterhin im Zentrum der nachrichtendienstlichen Bemühungen.

Dabei wurde der vorausschauenden Identifizierung von Bedrohungen, also noch nicht bestehenden aber sich potenziell entwickelnden Gefahren, Raum eingeräumt. Deren Entstehung soll, wenn möglich, mit friedlichen Mitteln verhindert werden. Hier greifen so unterschiedliche Methoden wie verdeckte Operationen zur Diskreditierung von vermeintlich politisch gefährlichen Personen oder Gruppen aber auch Wirtschaftshilfe oder verbesserte Handelbeziehungen, die die „terms of trade" eines Landes verbessern, um Arbeitplätze, Einkommen und Zukunftschancen für einen desillusionierten und potentiell leicht zu radikalisierenden Teil einer Bevölkerung zu schaffen.

Die Nachrichtendienste der USA unterstützen die Außenpolitik des Landes, indem sie durch Auswertung und Analyse der vorhandenen Quellen Einschätzungen über die Intentionen anderer Nationen abgeben. Gesicherte Informationen über die innenpolitische Lage in anderen Nationen, wirtschaftliche Entwicklung und Engpässe, Umweltveränderungen, Maximal- und Minimalziele bei außenpolitischen Verhandlungen, die Einhaltung von Verträgen, etc. haben ganz offensichtlich einen hohen Wert für Entscheidungsträger im Bereich der Außenpolitik. Dies ist auch im Bereich der internationalen Handelsbeziehungen von Bedeutung. Obwohl die US-amerikanischen Nachrichtendienste nicht beauftragt sind, US-amerikanische Firmen im Ausland zu unterstützen, werden z.B. Erkenntnisse über Markteintrittsbarrieren ermittelt und können in die Außenpolitik gegenüber anderen Nationen eingehen.

Die USA behalten sich zudem vor, gegen Gruppen von Terroristen und gegen Nationalstaaten mit militärischer Gewalt vorzugehen, wenn sich eine ernsthafte Bedrohung andeutet, die im Laufe der Zeit anwachsen könnte. Völlig unabhängig von den bedenklichen völkerrechtlichen Implikationen eines so legitimierten Angriffs auf einen anderen Staat, ist die wachsende Bedeutung der Nachrichtendienste in diesem Szenario offensichtlich: Sie müssten in die Lage versetzt werden, eine solche vorausschauende Identifizierung einer möglicherweise heraufziehenden Bedrohung so gut zu belegen, dass die dann eingesetzten militärischen Mittel im Inneren gegenüber der eigenen Bevölkerung wie auch nach außen gegenüber der Weltgemeinschaft gerechtfertigt werden können. Der Einsatz von Spionen (*Human Intelligence* oder HUMINT), von abgehörten elektronischen oder Funksignalen (*Signals Intelligence* oder SIGINT), Bildanalyse (*Image Intelligence* oder IMINT), der Auswertung und Analyse öffentlich zugänglicher Informationen (*Open Source Intelligence* oder OSINT) und aller weiteren relevanten Informationen, müsste zu gesicherten und belastbaren Einschätzungen über potenzielle Bedrohungen und deren zukünftiger Entwicklung führen, die den Einsatz militärischer Mittel legitimieren.

Wie problematisch es ist, solch belastbare *intelligence* zu generieren, hat das Fiasko der Fehlinterpretation über die Massenvernichtungswaffen im Irak durch die US-amerikanischen Geheimdienste deutlich belegt. Die vor 2003 mit Verve aufgrund zweifelhafter Quellen, Fehlinformationen und Fehlinterpretation vertretene scheinbare „Gewissheit", dass solche Waffen existieren, hat nicht nur die Nachrichtendienste, sondern auch die USA international diskreditiert. Das Beispiel der Suche nach Massenvernichtungswaffen (WMD) im Irak, die problematische Gewichtung von unsicheren Quellen, das Fehlen von Quellen vor Ort, die Fehlinterpretation der regionalpolitisch motivierten Reaktionen Saddam Husseins auf die Forderungen der USA und der UN nach Aufklärung über die Existenz von WMD und die offensichtliche Politisierung von nachrichtendienstlichen Erkenntnissen zur Durchsetzung eines ideologisch motivierten Demokratisierungsversuches einer ganzen Region durch militärische Mittel, zeigt die riesigen Probleme, denen sich die Nachrichtendienste gegenübersehen.

Im Informationszeitalter mit exponentiell zunehmenden Datenmengen ist das Hauptgewicht gegenüber den Anstrengungen der Informationsgewinnung notwendigerweise in Richtung Gewichtung und Analyse von Informationen verschoben worden. Deutlich wird dies, wenn man bedenkt, in welchem Umfang die Kommunikation zwischen Personen, Gruppen, Organisationen etc. zugenommen hat, die auf Email und SMS basiert und digitale

Netzwerke wie beispielsweise *Facebook* und *Twitter* nutzt. Hier die notwendigerweise begrenzten Ressourcen richtig einzusetzen, effiziente Methoden zu entwickeln, die Spreu vom Weizen zu trennen, um Entscheidungsträger rechtzeitig und effizient zu unterstützen, ist eine Aufgabe, der sich die Nachrichtendienste zu stellen haben.

Fazit: Geheimdienste in der Wissenschaft

Während die Arbeit von Nachrichtendiensten verständlicherweise in wichtigen Teilen geheim bleiben muss, um Methoden und Quellen zu schützen und zu gewährleisten, dass die Qualität von *intelligence* nicht durch Desinformationen leidet oder dass *intelligence* gar von den Gruppen oder Nationen instrumentalisiert wird, über die es eine Aussage treffen soll, ist in moderne Demokratien wie den USA die Glaubwürdigkeit und Akzeptanz durch die Bevölkerung notwendig. Eine wissenschaftliche Untersuchung dieser komplexen, ineinander verzahnten Strukturen ist daher für die USA einfacher als für die meisten anderen Nationen. Akten werden, sofern sie nicht z.B. die nationale Sicherheit der USA betreffen oder Persönlichkeitsrechte verletzen, generell nach 30 Jahren freigegeben, und der *Freedom of Information Act* bietet weitere Möglichkeiten für die Akteneinsicht. Die CIA hat zudem ein *Center for the Study of Intelligence* eingerichtet, in dem Historiker der CIA daran arbeiten, klassifizierte Dokumente freizugeben und selbst Studien erstellen. In den *National Archives* der Vereinigten Staaten, den *Presidential Libraries* und in vielen anderen Archiven stehen Dokumente zur Verfügung, die nicht nur die Fehlschläge der Dienste für eine wissenschaftliche Untersuchung öffnen, sondern auch Möglichkeiten bieten, die institutionellen Verzahnungen und das Gewicht der Nachrichtendienste für die Außenpolitik zu untersuchen.

Übungsfragen

1. Stellen Sie die Veränderungen der Struktur der US-amerikanischen *Intelligence Community* nach 9/11 dar und analysieren Sie die möglichen Auswirkungen auf die Außenpolitik der USA.
2. Diskutieren Sie die möglichen Probleme bei der Bewertung von politischen Prozessen in einem anderen Land durch Nachrichtendienstexperten anhand eines Beispiels.
3. Umreißen Sie die Aufgaben von Nachrichtendiensten im Kontext der veränderten Kommunikationsstrukturen einer digitalisierten Welt und problematisieren Sie hierbei die Frage der Bürgerrechte.

Weiterführende Literatur

Lowenthal, Mark M. (2008) Intelligence: From Secrets to Policy. 4th edition. Washington, DC: CQ Press.

Lowenthal ist ein ehemaliger Nachrichtendienstmitarbeiter. Sein Buch ist eine ausgezeichnete Einstiegslektüre in die Rolle der Nachrichtendienste in der US-amerikanischen Außenpolitik.

Jeffreys-Jones, Rhodri (1989) The CIA and American Democracy. New Haven: Yale University Press.
Eine sehr gute und faktenreiche wenn auch etwas unkritische Geschichte der CIA.
Treverton, Gregory F. und Wilhelm Agrell (Hrsg.) (2009) National Intelligence Systems: Current Research and Future Prospects. Cambridge: Cambridge University Press.
Weiterführende Literatur, die theoretische Fragestellungen aufgreift sowie Forschungsstand und Forschungsfragen aus einer internationalen Perspektive diskutiert.

Webseiten

Studien und Publikationen des Center for the Study of Intelligence: https://www.cia.gov/library/center-for-the-study-of-intelligence/index.html
Offizielle Webseite der US-amerikanischen Geheimdienste: www.intelligence.gov
Offizielle Webseite des Department of Homeland Security: www.dhs.gov
International Intelligence History Association: www.intelligence-history.org
Allgemeine Informationen zu den US-amerikanischen Geheimdiensten: www.columbia.edu/cu/lweb/indiv/lehman/guides/intell.html

Militär

Thomas Rid

Zusammenfassung

Die USA unterscheiden sich in sicherheitspolitischen und militärischen Angelegenheiten maßgeblich von den wichtigsten europäischen Ländern. Erstens ist die vorübergehende Hinwendung zur Aufstandsbekämpfung (etwa im Irak und in Afghanistan) hervorzuheben. Zweitens hat sich der politische Gestaltungsspielraum des Militärs in der Außenpolitik vergrößert. Diese Betrachtungen müssen jedoch nicht unbedingt Grund zur Sorge über die zivil-militärischen Beziehungen in den Vereinigten Staaten sein. Gerade die US-amerikanischen Streitkräfte sind eine fest von demokratischen Grundwerten durchzogene Organisation, die in vielerlei Hinsicht die US-amerikanische Gesellschaft widerspiegelt.

Einleitung

Das *Pentagon* ist Sitz und Kommandozentrale der mächtigsten Streitkräfte der Welt. Das fünfeckige Bürogebäude ist zum Spitznamen und Synonym des US-amerikanischen Verteidigungsministeriums geworden, des *Department of Defense*, in Washington üblicherweise zu DoD abgekürzt. Das „DoD" liegt auf der anderen Seite des Potomac, jenes mächtigen Stromes, der die Staatsgrenze zwischen Washington DC und Virginia markiert. Das Verteidigungsressort – zusammen mit der CIA in Langley und vielen Rüstungsunternehmen, die sich in Nordvirginia angesiedelt haben – ist damit durch einen breiten Fluss abgetrennt von der eigentlichen Hauptstadt Amerikas, entrückt von den Orten, an denen eigentlich Politik gemacht wird: von Weißem Haus und Kongress. Dem Potomac wird daher in der politischen Folklore von Washington oft große symbolische Bedeutung beigemessen. Doch wie wichtig ist dieser trennende Fluss wirklich? Welche Geschichte, welche Institutionen, und welche Personen stehen hinter US-amerikanischer Militär- und Verteidigungspolitik? Und wie stark ist deren Einfluss auf Washingtons Diplomatie und Außenbeziehungen?

Historischer Rückblick: Das Vietnam-Syndrom

Als Ausgangspunkt, um diesen Fragen auf den Grund zu gehen, sei jener längste mit heißen Waffen ausgetragene militärische Konflikt Amerikas gewählt: Vietnam. Symbolisch für den Raum, den Soldaten und bewaffneter Kampf im kollektiven Gedächtnis der US-Amerikaner einnehmen, stehen die vielen Kriegsdenkmäler auf der *National Mall*, dem zentralen Stadtpark der Hauptstadt. Das Denkmal der Vietnamveteranen ist das schlichteste. Eine schwarze Marmorwand schneidet sich metertief in Washingtons Stadtpark ein und erinnert narbengleich an jene schmerzliche Niederlage im fernöstlichen Dschungel. Das von der jungen Architektin Maya Lin entworfene Denkmal ist zugleich das emotional ergreifendste Monument.

Der Vietnamkrieg hatte wichtige Konsequenzen für die Streitkräfte und zivil-militärischen Beziehungen in den USA. Drei dieser Folgen seien hier herausgegriffen. Erstens war der verlorene Krieg ein tiefes nationales Trauma. Die Wehrpflicht transportierte die oft traumatische Kriegserfahrung vieler junger Soldaten wie ein Förderband zurück in die USA. Rund 60.000 US-Amerikaner verloren ihr Leben. Viele mehr kamen verstümmelt zurück. Insgesamt dienten etwa 3,5 Millionen Männer und Frauen in Vietnam. Hollywood-Filme wie *Rambo* oder TV-Serien wie *Magnum* oder das *A-Team* können als kollektive Aufarbeitung des Vietnamtraumas gedeutet werden, ist doch ihr Strickmuster ähnlich: im Krieg gescheiterte Veteranen kommen zurück nach Hause, finden sich schlecht zurecht, aber setzen ihr kampferprobtes Handgeschick erfolgreich gegen Bösewichte oder sogar gegen den auf Irrwegen geratenen Staat ein. Die Wehrpflicht wurde zwar 1973 abgeschafft. Die Streitkräfte wurden zur Freiwilligenarmee, zur *all volunteer force*. Jahrzehnte verstrichen. Doch das Trauma blieb. Innerhalb der Streitkräfte war die Lesart klar: Vietnam wurde zur demütigenden Niederlage, weil das Militär „mit einer Hand auf dem Rücken" kämpfen musste, weil es von der zivilen Führung an der kurzen Leine gehalten wurde. Diese Interpretation war zwar Humbug aus historischer Perspektive. Doch setzte sie sich in breiten Kreisen in Gesellschaft und Politik durch – eine direkte Folge von Vietnam, die fast vierzig Jahre später noch politisch einflussreich bleibt. Bis heute gibt es Debatten darüber, was eine für Vietnam siegreiche Strategie gewesen wäre. Insbesondere im Zusammenhang mit einer erneuten Beschäftigung mit Aufstandsbekämpfung in Afghanistan und Irak gewinnen solche Betrachtungen wieder an Brisanz.

Zweitens ist als Nachspiel zum gescheiteren Dschungelkrieg die doktrinäre Neuausrichtung der Streitkräfte zu erwähnen. Das Militär, insbesondere das Heer, war von Drogenmissbrauch und Demoralisierung gezeichnet. Die *Army* richtete den Blick nach innen und suchte nach Orientierung in einer neuen Einsatzdoktrin. Ausdruck dieser institutionellen Sinnsuche war 1973 die Gründung des *US Army Training and Doctrine Commands*, im Jargon nur TRADOC genannt, unter der Führung von General William DePuy. Bereits Mitte der 1970er Jahre wendete sich die US-amerikanische Armee zunehmend ab von der „schmutzigen" Aufstandsbekämpfung gegen einen unsichtbaren Gegner. Stattdessen besann sich die Armee zurück zur methodischen verbundenen Gefechtsführung mit modernsten Waffen gegen einen klar sichtbaren Gegner, der UdSSR. Die Wende war auch beeindruckt vom letztlich erfolgreichen Einsatz verbundener konventioneller Waffen im Yom-Kippur Krieg zwischen Israel und seinen arabischen Nachbarn. Jene neue Doktrin wurde unter dem Schlagwort *AirLand Battle* bekannt. Ein neuer bewaffneter Konflikt, der dann wahrscheinlich im Herzen Europas stattgefunden hätte, wäre mit konventionellen Waffen und deren gesteigerter Feuerkraft zu gewinnen gewesen, so DePuy. Angesichts höherer Zerstörungskraft und schnelleren Manövergeschwindigkeiten legte die neue Doktrin besonderen Wert auf die „erste Schlacht", wie das neue Feldhandbuch 100-5 *Operations* im Jahr 1976 deutlich machte. Wie bereits im Taufnamen der neuen Denkweise verankert, war jedoch insbesondere die Fähigkeit entscheidend, verschiedene Teilstreitkräfte (Heer, Marine, Luftwaffe) im engen Verbund einzusetzen. Auch diese Einsicht sollte die Streitkräfte für die kommenden Jahrzehnte formen.

Der Vietnamkrieg, wie auch die damit verbundenen organisatorisch-doktrinären Nachwirkungen, fanden im Kontext des Kalten Krieges statt. Die nukleare Blockkonfrontation war, militärhistorisch betrachtet, eine kuriose Situation. Einerseits war das US-amerikanische Verteidigungsbudget großzügig ausgestattet, was den Streitkräften und insbesondere der Luftwaffe großen Spielraum gab. Andererseits machte eine nie zuvor dagewesene Zerstörungskraft moderner Nuklearwaffen deren eigentlichen Einsatz nahezu undenkbar, zumindest politisch. Der direkte Konflikt mit der Sowjetunion blieb für die US-amerikanischen Streitkräfte glücklicherweise eine Abstraktion. Aussagen über doktrinäre Leistungsfähigkeit waren daher oftmals mehr theoretische Übung als praktische Lernerfahrungen.

Dieses Problem leitet bereits zur dritten Konsequenz über: einer tiefgreifenden Reorganisation des Militärs. Diese organisatorische Neustrukturierung konnte nicht auf operativ-taktischer Ebene haltmachen, sondern musste, um die beabsichtigte Wirkung zu entfalten, bis in die Politik und in die zivil-militärischen Beziehungen in Washington „hinaufgreifen." Das maßgebliche Gesetz wurde 1986 erlassen, der sogenannte *Goldwater-Nichols Department of Defense Reorganization Act*, die größte Neujustierung US-amerikanischer Verteidigungsstrukturen seit dem *National Security Act* von 1947. Das Gesetzespaket sollte Konkurrenzen und Rivalitäten zwischen den Teilstreitkräften und damit Reibungsverluste verringern. Die jüngste Vergangenheit war an Warnsignalen nicht arm: Im Vietnamkrieg, während der Geiselkrise im Iran 1980 unter Jimmy Carter, sowie bei Ronald Reagans Invasion von Grenada 1983 wurde deutlich, dass Luftwaffe sowie Marine im eigentlichen Einsatz nicht ausreichend mit den Landstreitkräften kommunizieren konnten. DePuys hehre doktrinäre Vorstellungen, das war nun klar, waren nicht mit der institutionellen Realität im Einsatz vereinbar. Vor 1986 war die Beschaffung, Rüstung, Doktrinentwicklung sowie die Planung, Durchführung und Evaluation von Einsätzen entlang der Teilstreitkräfte organisiert: Heer, Marine und Luftwaffe handelten mehr im eigenen als im gemeinsamen Interesse. Vielleicht das größte Problem jedoch war, dass die Kommandostruktur an der Spitze des Pentagons und an der Schnittstelle zum Weißen Haus nicht leistungsfähig genug war. Der Potomac machte sich bemerkbar.

Struktur und Organisation

Ab 1986 liefen die operativen Fäden beim Vorsitzenden der Stabschefs zusammenlaufen, beim *Chairman of the Joint Chiefs of Staff*. Damit wurde die Macht der Stabschefs der Teilstreitkräfte herabgestuft, also dem Äquivalent der Inspekteure bei der Bundeswehr. Jener den Stabschefs vorsitzende Vier-Sterne Offizier war nun der höchste militärische Berater des Präsidenten. Zudem verfügte der nun über einen beträchtlichen und mächtigen Stab, den *Joint Staff*. Zwar verblieb die Verantwortung für Organisation, Ausrüstung, Modernisierung und Training weiterhin bei den Stabschefs des Heers, der Marine und der Luftwaffe. Die Verantwortung für die Einsatzplanung und Durchführung wurde jedoch neu strukturiert. Die Einsatzverantwortung lag nun bei den sogenannten *unified combatant commands*, also bei funktional oder regional orientierten, teilstreitkraftübergreifenden Kommandozentralen. Sechs dieser Hauptquartiere sind für bestimmte Erdteile zuständig. Die USA teilen also gewissermaßen die Welt in militärische Verantwortungsbereiche auf: *Northern Command* (NORTHCOM) ist für Nordamerika zuständig; *Southern Command* (SOUTHCOM) mit Sitz in Miami für Lateinamerika; *Pacific Command* (PACOM), stationiert in Hawaii, für Asien; *European Command* (EUCOM) sitzt in Stuttgart-Vaihingen; das 2007 eingerichtete und noch im Aufbau befindliche *Africa Command* (AFRICOM) wird derzeit ebenso aus der Hauptstadt Baden-Württembergs geführt, aber aus einer anderen Militärbasis in Stuttgart-Möhringen. Das weitaus bekannteste Regionalkommando, aufgrund seines konfliktträchtigen Verantwortungsbereichs im Mittleren Osten sowie Zentralasien fast permanent im Einsatz befindlich, ist *Central Command* (CENTCOM) mit Sitz in der MacDill Air Force Base in Tampa, Florida. Kein anderes Land der Erde verfügt über ein derart anspruchsvolles weltumspannendes System von Regionalkommandos.

Dieses System ist eigentlich ein Erbe des Zweiten Weltkrieges, wurde aber in der Reform Ende der 1980er entscheidend aufgewertet. Die Hauptquartiere verfügen über eigene Stäbe und werden jeweils von einem Vier-Sterne-General geleitet. Seit 2002 werden diese nicht mehr CINCs genannt, was „sink" ausgesprochen wurde und *commander-in-chief* bedeutete, sondern *combatant commanders* – der damalige Verteidigungsminister Donald Rumsfeld meinte, die Sprachregelung sei nicht verfassungskonform, da der einzige „Sink" der Präsident sei. Im militärischen Ernstfall, so zumindest in der Theorie, ist der zuständige *combatant commander* für die Operationsführung im bzw. am Gefechtsfeld zuständig. Neben der organisatorischen Dimension gab es zweitens noch eine personelle Komponente: eine weitere Neuerung war die verstärkt teilstreitkraftübergreifende Ausbildung für Stabsoffiziere. So gab es immer weniger Offiziere mit Stern auf der Schulter, die noch nie in einer gemeinsamen (*joint*) Verwendung gedient hatten. Drittens war schließlich eine technische Lücke zwischen den verschiedenen *services* zu schließen, um Interoperabilität herzustellen, also die Fähigkeit, Einsätze im engen und reibungslosen Waffenverbund durchzuführen. Diverse Waffen- und Kommunikationstechnologien mussten fortan in der Lage sein, „miteinander zu sprechen". Insofern hat *Goldwater-Nichols* die konzeptuelle und organisatorische Grundlage gelegt für den nächsten Trend der 1990er Jahre: für *Network Centric Warfare*. Jener Trend wurde auch unter dem Schlagwort der „Revolution in militärischen Angelegenheiten" diskutiert, was aus militärhistorischer Sicht aus zwei Gründen problematisch war: die Geschichte kennt erstens vieler solcher „Revolutionen" und zweitens wurde die „RMA" der Jahrtausendwende nie in einem größeren Einsatz dem Realitätstest unterzogen.

Schließlich waren jedoch politische Dynamiken tonangebend, nicht administrative, doktrinäre oder operative Überlegungen. 1984 artikulierte der damalige Verteidigungsminister Caspar Weinberger einige politische Leitlinien (Weinberger-Doktrin), die in der Zukunft jedem Einsatz militärischer Gewalt vorangestellt werden sollten. Die Spuren Vietnams sind in diesen Überlegungen leicht erkennbar: Das Militär solle nur eingesetzt werden, wenn es um grundlegende nationale Interessen geht; die Intention solle sein, zu gewinnen; das politische Ziel müsse von vornherein klar sein; die Unterstützung des US-amerikanischen Volkes müsse gegeben sein; und der Gewalteinsatz müsse stets das letzte Mittel bleiben. Diese einfachen, wenn auch wahrscheinlich in ihrem puristischen Anspruch überzogenen Grundsätze bestimmten das Denken einer ganzen Generation von Entscheidungsträgern in Militär und – etwas eingeschränkter – auch in der sicherheitspolitischen Elite. Weinbergers Grundsätze wurden in Führungsakademien gelehrt, oft wiederholt und verbreitet und weithin gelobt. Die erste Neubesetzung als Vorsitzender der Stabschefs nach der Aufwertung des Amtes war General Colin Powell, ein charismatischer und politisch ungewöhnlich begabter Offizier mit einem bemerkenswerten Talent, die Pentagonbürokratie zu seinem Vorteil zu nutzen. Unmittelbar nach Ende des Kalten Krieges fügte Powell den Weinbergerschen Grundsätzen ein weiteres schlagwortartiges Kriterium hinzu und gab ihnen noch dazu einen neuen Namen: Laut „Powell Doktrin" würde die USA ihr Militär in Zukunft nur einsetzen, wenn Amerika den Vorteil von „overwhelming force" habe, wenn die Streitkräfte also über überwältigende Machtüberlegenheit verfügten. Nicht um ausreichende Schlagkraft ging es, nicht um angemessene Stärke, sondern um „überwältigende" Macht.

Das Ende des Ost-West-Konflikts

Ein Schlüsselereignis war schließlich der Golfkrieg von 1991. Jener Konflikt war zugleich der erste große Test von *Goldwater-Nichols* und der Powell Doktrin. Gemeinhin wird dieser Test als sehr erfolgreich bewertet. Nach mehrwöchigem intensiven Bombardement aus der Luft und nach einer nur 100 Stunden dauernden Bodenoffensive hatten die USA ihr Ziel erreicht: Die irakische Armee war unter ausgesprochen geringen Verlusten für die multinationale Militärkoalition aus Kuwait vertrieben. Die Operationsführung lag in der Hand von Norman Schwarzkopf, dem Chef von *Central Command*, und Colin Powell, dem Vorsitzenden der Stabschefs. Der Präsident hatte der militärischen Führung erstaunlich viel Freiraum gelassen, auch bei Entscheidungen, die von grundlegend politischer Natur waren, wie etwa wann die militärischen Operationen eingestellt werden sollten. Die seit Vietnam entwickelte Einsatzdoktrin sowie die neuen Führungsstrukturen erwiesen sich als leistungsfähig. Dabei wurde von vielen übersehen, dass der Konflikt ganz und gar nicht dem zukunftsweisenden Trend entsprach, der sich bereits abzeichnete: Nicht zwischenstaatliche Kriege zwischen hochgerüsteten Streitkräften waren zu erwarten, sondern asymmetrische Konflikte gegen nicht-staatliche Gewaltakteure.

Insbesondere mit Blick auf die zivil-militärischen Beziehungen war der Zweite Golfkrieg jedoch zukunftsweisend. Nach Vietnam hatte sich nicht nur unter Offizieren, sondern vor allem unter Politikern der Eindruck festgesetzt, zu viel politische Einmischung in taktische Fragen habe den Krieg verloren. Diese Sicht war falsch: Bereits in Vietnam war es in erster Linie die zivile Führung, die versagt hatte. Allerdings nicht dadurch, dass das Weiße Haus *zu viel* gesteuert und kontrolliert hatte, sondern dadurch, dass Zivilisten *zu wenig* steuernd und probend eingegriffen hatten, wie Eliot Cohen in seinem Buch *Supreme Command* herausgearbeitet hat. Dies war jedoch nicht die Sicht des damaligen Präsidenten, George H.W. Bush. Der sagte nach dem Krieg: „Ich wollte die Probleme von Vietnam (...) auf keinen Fall wiederholen, in denen sich die politische Führung in militärische Angelegenheiten einmischte. Ich würde es vermeiden, Mikromanagement des Militärs zu betreiben.“ Es besteht wenig Zweifel, dass die Regierung unter Bush den Streitkräften noch mehr Gestaltungsspielraum gab, als Präsident Johnson dies bereits in Vietnam getan hatte. Als US-amerikanische Truppen schließlich im Irak triumphierten, frohlockte Bush geradezu, „bei Gott, jetzt haben wir das Vietnamsyndrom ein für alle Mal los.“ Im gleichen Jahr wurden die USA noch ein weiteres Problem los: die Sowjetunion als langjährigen nuklearen und konventionellen Gegner.

Die 1990er Jahre waren von einer im Nachhinein bemerkenswerten Euphorie und Hoffnung gekennzeichnet, insbesondere in der Sicherheits- und Verteidigungspolitik. Der Kosovokrieg am Ende des Jahrzehnts könnte in diesem Zusammenhang als historische Zuspitzung in einem doppelten Sinne gedeutet werden. Einerseits politisch: Die NATO griff unter US-amerikanischer Führung nicht aus eng definiertem nationalem Eigeninteresse in einen Konflikt ein, sondern aus humanitären Gründen und aus moralischer Überzeugung. Es ist ein unwahrscheinliches Szenario, dass US-amerikanische oder allgemein westliche Streitkräfte in der nahen Zukunft erneut in einer humanitären Intervention eingesetzt werden. Andererseits operativ-militärischer Art: zurückgekehrt aus den moskitoverseuchten Sümpfen Vietnams hatte sich Amerikas Militär konventioneller Kriegführung zugewendet und seine Ausbildung, Einsatzdoktrinen und Waffensysteme immer weiter modernisiert, über *AirLand Battle* hin zu netzwerkzentrierter Kriegführung und schließlich „Transformation,“ jener von Donald Rumsfeld angetriebenen Begeisterung für modernste Aufklärungstechnik, präzise Luftschläge und schlanke, mobile Bodeneinheiten, welche die träge Powellsche Orientierung auf Menge und Masse am Boden überflüssig machen sollte. Die

Kriege gegen Saddam Hussein 1991 und Slobodan Milosevic 1999 hatten diese operative Denk- und Vorgehensweise in beeindruckender Form bestätigt. So kann der Kosovo-Krieg als erfolgreiches Paradebeispiel für eine Art von technikgläubiger Operationsführung gelten, die allenfalls während der Invasionsphasen zu Beginn des Afghanistan- und Irakkriegs in den folgenden Jahren noch gesteigert wurde. Doch gilt ein solcher Ansatz heute als von der Realität überholt.

Dennoch: Eine große politische Einsicht wurde aus US-amerikanischer Sicht nochmals bestätigt, als sich das blutige Zwanzigste Jahrhundert mit einer erfolgreichen Intervention im Kosovo zum Ende neigte: der Einsatz militärischer Mittel könne erfolgreich ein politisches Ziel erreichen und zudem eine positive Kraft entfalten. Erst Amerikas entschlossenes militärisches Eingreifen an den Kriegsherden auf der anderen Seite der Ozeane war entscheidend, brachte den Sieg und schuf die Grundlage für eine freie und bessere Welt. Diese Lesart scheint sich auch auf den Ersten Weltkrieg, den Zweiten Weltkrieg, sowie auf den Kalten Krieg anwenden zu lassen. Zwar widersprach der Vietnamkrieg dieser optimistischen Lesart. Doch Saddam, Milosevic und in gewisser Form Gorbatschow restaurierten Amerikas Glaube an seine militärische Macht.

Dann kam 9-11. Die terroristischen Anschläge vom 11. September 2001 waren ein politischer Schock für Amerika, der ungeahnte Auswirkungen insbesondere auf die Streitkräfte haben würde. Als direkte Folge der Anschläge griffen die USA innerhalb der nächsten 18 Monate erst Afghanistan und schließlich den Irak an. Beide Offensiven waren Versuche, die klaren politischen sowie operativen Leitlinien der vergangenen Jahrzehnte umzusetzen: Agile Streitkräfte sollten – um im Pentagon gerne benutzte Adjektive zu verwenden – „tödlich“, „schnell“ und „präzise“ ihren Gegner „vernichten“. So sollte möglichst kosteneffizient die politische Grundlage gelegt werden, um – so die damalige Theorie – mit Afghanistan und dem Irak, durch Demokratisierung bisher instabile Staaten dauerhaft davon abzuhalten, die Region zu verunsichern und Terrorismus zu exportieren.

Doch es kam anders. Im Irak sowie später in Afghanistan sahen sie die US-amerikanischen Streitkräfte immer mehr mit einem Szenario konfrontiert, dass sie nicht an den Kosovo, sondern zunehmend an Vietnam erinnerte: Aufständische verwendeten klassische Guerillataktiken, griffen aus dem Hinterhalt an und nutzten das kulturell sowie religiös begründete Misstrauen der Bevölkerung gegen fremde Besatzer aus. Nach nahezu zehn Jahren war jedoch klar, dass der Irak- und Afghanistankrieg die US-amerikanischen Streitkräfte überdehnt hatten, dass körperliche sowie psychologische Verletzungen der Truppe schwer zusetzten, dass die lange Einsatzdauer hohen Materialverschleiß verursachte – und schließlich dass US-amerikanische Steuerzahler in wirtschaftlich schwierigen Zeiten immer skeptischer wurden, einen astronomisch teuren Krieg mit fragwürdigen Erfolgsaussichten zu finanzieren (im Frühjahr 2011 verursachte der Afghanistaneinsatz Kosten von ca. 2 Milliarden Dollar *pro Woche*).

Fazit und aktuelle Trends

Die Reaktion der Streitkräfte auf diese doppelte Herausforderung – internationaler Terrorismus sowie Aufstandsbekämpfung im Irak und dann in Afghanistan – ist ein andauernder Prozess, der selbst nach dem Rückzug aus diesen Konfliktzonen noch lange nicht abgeschlossen sein wird. Es lassen sich jedoch bereits seit einigen Jahren Trends erkennen, die die USA in militärischen und sicherheitspolitischen Angelegenheiten deutlich von Europa unterscheiden und sogar entfernen. Der fortschreitende Rückzug aus Afghanistan wird diese Lücke eher größer als kleiner werden lassen. Diese Trends beginnen auf taktisch-operativer Ebene und setzen sich über die zivil-militärischen Beziehungen bis hin zu politischen Gesichtspunkten fort. Diese Entwicklungen werfen folgenreiche Fragen auf, die erst die Zukunft beantworten vermag.

Erstens ist die bisherige Hinwendung zur Aufstandsbekämpfung hervorzuheben. Insbesondere die US-amerikanischen Landstreitkräfte, also das Heer und die Marineinfanterie, stellten sich mit den neuen Herausforderungen in Bagdad und Kabul mit beeindruckendem Tatendrang und Optimismus. Diese Anpassung fand unter den widrigsten Umständen statt, während sich im Irak ein blutiger und bitterer Bürgerkrieg entfaltete. Eine genauere Betrachtung dieser Lernleistung von *Army* und *Marines* muss auch neutrale Beobachter beeindrucken und Respekt einflössen. Bis Ende 2006 war ein neuer doktrinärer Ansatz entwickelt, der unter dem Stichwort *counterinsurgency* auch innerhalb alliierter NATO Streitkräfte die Runde machte, auch wenn in Europa oft die Nuancen und Konsequenzen nur unzureichend verstanden wurden. Grundgedanke des neuen Ansatzes war, auf den ersten Blick zumindest, eine radikale Abkehr von den Annahmen, die den bis dahin dominierenden militärischen Zeitgeist – die „Transformation“ – bestimmten. Einer der wichtigsten Ideengeber dieser konzeptuellen und operativen Neuausrichtung war David Galula, ein historisch eigentlich unwichtiger französischer Kolonialoffizier, der in den 1960er Jahren seine Erfahrungen aus dem Algerienkrieg niederschrieb. Bei Galula, und im Gefolge bei den US-amerikanischen Landstreitkräften, war die zivile Bevölkerung „der Preis“, den es zu „gewinnen“ galt. Der Einsatz des Militärs wurde zu „bewaffneter Sozialarbeit“. Gefechtsführung im Verbund blieb ein wichtiges Ideal, trat aber gegenüber den Anforderungen der Aufstandsbekämpfung vor allem bei den Landstreitkräften in den Hintergrund. In modernste Waffentechnik wurde weiter investiert, aber kulturelle Herausforderungen sowie einfache, improvisierte Minensprengsätze traten in den Vordergrund. Der Idealtypus eines erfolgreichen Kommandeurs – hier sei General David Petraeus genannt – war nicht mehr ein oberster Waffentechniker hinter einer Wand aus Plasmabildschirmen in der abgedunkelten und abgeschirmten Kommandozentrale, sondern ein gewiefter Lokalpolitiker, der feilschen kann, Basare besucht, arabisch grüßt und Tee trinkt mit Bürgermeistern und Gouverneuren der irakischen und afghanischen Provinz. Insbesondere im militärischen Bereich wird also zunehmend deutlich, wie wichtig kompetente Persönlichkeiten sind und wie wichtig damit Führungsqualität geworden sind, nicht nur Technik und Ausrüstung. Und kompetent meint hier nicht nur militärisch kompetent, sondern ebenso politisch gewieft.

Es ist bereits abzusehen, dass US-amerikanische Truppen aus dem Irak und aus Afghanistan abziehen. Mitte der 2010er Jahre wird nur noch eine vergleichsweise kleine Zahl von Soldaten in diesen Ländern verbleiben. Es ist derzeit offen, wie diese beiden Konflikte rückblickend bewertet werden. Sicher ist jedoch bereits, dass einerseits die übertrieben optimistischen Nutzenerwartungen enttäuscht wurden. Andererseits wurden die politischen, militärischen sowie die finanziellen Kosten der beiden Einsätze weit unterschätzt. Es ist also unwahrscheinlich, dass sich diese oder die nächste politische Führung in Washington in der nahen bis mittelfristigen Zukunft erneut auf ein vergleichbares Abenteuer einlassen wird. Für die Streitkräfte stellt sich also die Frage, wie sie sich doktrinär und strukturell auf die Zukunft nach Afghanistan ausrichten sollen. Die Aufstandsbekämpfung als doktrinärer Trend scheint jedenfalls eng an die aktuellen Einsätze geknüpft zu sein. Ob sie sie überdauern wird ist fraglich.

Zweitens hat sich der politische Gestaltungsspielraum des Militärs vergrößert. Das US-amerikanische System, wie viele andere politische Systeme, wird von den jeweils konkreten Persönlichkeiten in Machtpositionen ausgeformt. Ämter, die mit starken Generälen wie Petraeus und starken Verteidigungsministern wie Gates besetzt sind, können durch Neubesetzungen an Einfluss verlieren. Zwei Trends scheinen jedoch dauerhafter zu sein. Einerseits gilt die Meinung und der Rat von Spitzenoffizieren im politischen Washington oft mehr als der Rat von Politikern. Die ihrem Land bis zur persönlichen Aufopferung dienenden Soldaten gelten gemeinhin als objektiver, sachkompetenter und loyaler als Parteipolitiker – und einige Generäle, wie etwa Powell, vermögen aus dieser Tatsache politische Karrieren zu schmieden. Andererseits ist hier die Natur moderner Konflikte zu berücksichtigen. Die Kriege im Irak und in Afghanistan wurden oft als „Mosaikkriege" bezeichnet, weil sie aus der Nähe betrachtet ein stark differenziertes Bild ergeben, das sich zudem in seiner hohen Auflösung aufgrund lokaler Geschehnisse schnell ändern kann. Dies hat politische Folgen. Offiziere vor Ort, sogar oftmals relativ rangniedere Offiziere wie Kompanieführer, haben den besten und direktesten Eindruck der aktuellen Operationen. Oder andersherum ausgedrückt: je weiter vom politisierten Gefechtsfeld in Afghanistan entfernt, desto problematischer scheint es zu sein, Erfordernisse zu erkennen und Entwicklungen abzuschätzen. Das ist die Situation, in der sich das Weiße Haus wiederfindet. Es ist nicht nur auf den Rat, sondern in hohem Maß auch auf die Informationen des Militärs angewiesen. Dies bedeutet aber, dass die Streitkräfte aufgrund der Art dieser Konflikte einen beträchtlichen interpretativen und politischen Spielraum entfalten können.

Zudem sind regionale Dynamiken wichtig. Der Mittlere Osten und Zentralasien ist für die US-amerikanische Diplomatie und Außenpolitik eine Schlüsselregion. Die Region ist jedoch gleichzeitig der Verantwortungsbereich von *Central Command.* Da Amerika ein hohes Maß an militärischer Präsenz in dieser Region pflegt, und zudem in einigen Ländern Spezialeinheiten einsetzt, haben Generäle und Admiräle ein politisches Gewicht in der Region, das jenes von Botschaften und selbst das von Spitzendiplomaten aus Washington übersteigen kann. Die Instabilität der gesamten Region bleibt für absehbare Zeit eine gegebene Größe. Damit wird auch mit einem beträchtlichen politischen Einfluss des US-amerikanischen Militärs im Verantwortungsbereich von *Central Command* zu rechnen sein, auch über Afghanistan hinaus.

Drittens ist die politische Führung in Washington zu erwähnen. Demokratische Politiker haben weiterhin die Anrüchigkeit, in militärischen Fragen schwach auf der Brust zu sein. Die Präsidenten Clinton sowie Obama haben diesem Eindruck möglicherweise weiter verstärkt, indem sie republikanische Verteidigungsminister eingesetzt haben, William Cohen (1997-2001) sowie vor allem der als ausgesprochen kompetent geltende Robert Gates (2006-2011). Republikanische Spitzenpolitiker scheinen dazu zu neigen, ihren militärischen Beratern größeren Freiraum zu geben. Beide Zusammenhänge haben aus militärischer Sicht den gleichen Effekt: Es entsteht möglicherweise ein politisches Vakuum. Dies nicht beratend zu füllen wäre ein zusätzliches Risiko und nicht im Interesse des Pentagons.

Diese Betrachtungen müssen jedoch nicht unbedingt Grund zur Sorge über die zivilmilitärischen Beziehungen in den Vereinigten Staaten sein. Gerade die US-amerikanischen Streitkräfte sind eine fest von demokratischen Grundwerten durchzogene Organisation, die in vielerlei Hinsicht die US-amerikanische Gesellschaft repräsentiert, auch und gerade in ihren sehr positiven Zügen. Das US-amerikanische Militär ist dynamisch und lernfähig in einem Maße, das bei europäischen und asiatischen Streitkräften nur Bewunderung und Neid auslösen kann. Das *Pentagon* und die Streitkräfte haben sich beispielsweise in den letzten zehn Jahren in beeindruckender Form geöffnet: in der Pressearbeit, in der Zusammenarbeit mit Think Tanks in Washington, gegenüber dem Außenministerium sowie gegenüber dem Kongress.

Schließlich stellen die gewachsenen politischen Anforderungen auch eine Herausforderung für das Militär und seine Generäle und Admiräle dar. Offiziere sind zu Spezialisten im „Management von Gewalt" ausgebildet, wie die Militärsoziologie es ausdrückt. Offiziere werden historisch – und absichtlich – nicht zu politischen Operateuren ausgebildet, nicht zum „Management von Politik". Individuen wie Colin Powell oder David Petraeus sind eher die Ausnahme als die Regel. Das Pentagon, so bleibt festzuhalten, wird zunehmend von der militärischen Realität im Einsatzgebiet und von der politischen Realität in Washington dazu gezwungen, den Potomac als symbolischen Grenzfluss zu überqueren. Es ist nun verstärkt die Aufgabe der Zivilisten, den Militärs auf halbem Weg dabei entgegenzukommen.

Übungsfragen

1. Welche Rolle haben die Streitkräfte bei der Gestaltung von US-amerikanischer Sicherheits- und Verteidigungspolitik?
2. Welche Rolle hat der Vietnamkrieg für die zivil-militärischen Beziehungen in den USA?
3. Wie und warum wurde die Organisation der militärischen Befehlsgewalt in den USA reformiert?

Weiterführende Literatur

Cohen, Eliot A. (2002) Supreme Command. Soldiers, Statesmen, and Leadership in Wartime. New York: The Free Press.
Eines der besten Überblickswerke zu zivil-militärischen Beziehungen in Amerika.

Powell, Colin L. und Joseph E. Persico (1995) My American Journey. New York: Random House.
Eine einflußreiche und lehrreiche Biographie eines wichtigen Protagonisten zu einer entscheidenden Zeit.

Huntington, Samuel P. (1957) The Soldier and the State. Cambridge, MA: Harvard University Press.
Das historische und konzeptuelle Grundlagenwerk zu zivil-militärischen Beziehungen in den USA.

Rid, Thomas und Thomas A. Keaney (Hrsg.) (2010) Understanding Counterinsurgency: Doctrine, Operations and Challenges. New York: Routledge.
Einführung in die Aufstandsbekämpfung sowie ihrer historischen, doktrinären und praktischen Grundlagen.

Webseiten

Center for Strategic and International Studies: www.csis.org
Center for a New American Century: www.cnas.org
Brookings Institution: www.brookings.edu
American Enterprise Institute: www.aei.org
Johns Hopkins School of Advanced International Studies: www.sais-jhu.org
RAND Corporation: www.rand.org

Interessengruppen und Think-Tanks

Josef Braml

Zusammenfassung

Das checks and balances-System der Vereinigten Staaten eröffnet zivilgesellschaftlichen Organisationen vielfältige Einwirkungsmöglichkeiten, insbesondere aufgrund seiner Durchlässigkeit: Sie bedingt eine hohe Rotation und erleichtert Karrierewechsel. In diesem System der revolving doors, des fortwährenden in-and-out, werden Personen und mit ihnen auch Ideen und Interessen ständig ausgetauscht. In keinem anderen Land als den USA wird ein derart breiter und offener (außen-) politischer Diskurs gepflegt, an dem sich unzählige Interessengruppen[1] und Think-Tanks,[2] das sind politikorientierte Forschungsinstitute, maßgeblich beteiligen und in dem sie ihre verschiedenen Kommunikationsrollen ausüben können (siehe die Übersicht der prominentesten außenpolitisch engagierten Think-Tanks und Interessengruppen in den Tabellen 2 und 3).[3]

Definition und Kommunikationsrollen von Think-Tanks

Think-Tanks sind Organisationen des Dritten Sektors,[4] welche

- in rechtlicher Hinsicht einen Gemeinnützigkeitsstatus genießen,
- vom zentralen politischen Entscheidungssystem „unabhängig" sind,
- und deren erklärte Zielsetzung es ist, auf den politischen Entscheidungsprozess Einfluss zu nehmen, indem sie mehrere, für sie charakteristische Rollen ausüben.[5]

1 Peter Lösche (2008: 274) verdeutlichte, dass – anders als in den korporatistischen Strukturen Westeuropas Interessengruppen in den USA „dezentral strukturiert", ja „anarchisch aufgesplittert" sind. Dementsprechend viele gibt es; Martin Sebaldt (2001: 14 & 20) schätzt ihre Zahl auf über 200.000. Ausführlicher zur begrifflichen Einordnung von Interessengruppen: Rosenau 1967: 231-252; Hastedt 2008: 134-146. Grundlegend zu ihrer Stellung und Funktion im politischen System der USA: Hughes 1978; Nownes 2006.

2 Ausführlicher zur Definition von Think-Tanks und ihren Kommunikationsrollen: Braml 2004: 50-65.

3 Diese, dem Beitrag zugrunde liegende, pluralistische Perspektive unterscheidet sich grundlegend von anderen theoretischen Blickwinkeln, etwa jene von Elitenforschern wie Eakins 1972; Dye 1978, 1987; Silk/Silk 1980; Domhoff 1978, 1983; Useem 1984; Alpert/Markusen 1980.

4 Think-Tanks sind einerseits nicht Teil der institutionalisierten Staatlichkeit; sie gehören andererseits auch nicht zum privatwirtschaftlichen Sektor. In freiheitlich verfassten pluralistischen Gesellschaften operieren Think-Tanks als intermediäre Organisationen zwischen dem staatlichen und dem privaten im sogenannten Dritten Sektor.

5 Diese flexible Definition von McGann und Weaver (2000: 3-6) ist besonders brauchbar für vergleichende Analysen, denn je nach nationalem Kontext können Think-Tanks entweder (so wie das in Deutschland der Fall ist) mehr mit dem zentralen politischen Entscheidungssystem verbunden oder (wie in den USA üblich)

Diese abstrakte Definition kann konkreter gefasst werden (ausführlicher: Braml 2004: 50-65), indem aufgezeigt wird, wie Think-Tanks in ihrer spezifischen Umwelt operieren. Denn um die Effizienz ihrer Kommunikation zu steigern, müssen Think-Tanks versuchen, folgende drei Rollen optimal wahrzunehmen:

1) *Rolle der politikrelevanten Forschung:* Ein Think-Tank ist gut beraten, einen sowohl wichtigen als auch unterscheidbaren Kommunikationsbeitrag zu leisten; das heißt, ein Think-Tank sucht sich mit Hilfe von Beiträgen, die auf eigenen oder synthetisierten wissenschaftlichen Expertisen beruhen, von anderen Organisationen und konkurrierenden Think-Tanks abzugrenzen, und nicht zuletzt damit auch einen (wahrgenommenen) Einfluss auf die Politikgestaltung auszuüben.
2) *Rolle der Transmission und Interpretation:* Dafür ist es notwendig, dass die Kommunikation über private oder öffentliche Kanäle wirksam wird, dass also eine Interpretation und Transmission in politische Entscheidungen erfolgt.
3) *Konvokationsrolle, Netzwerksrolle, Rekrutierungsrolle und Elitentransferrolle:* Wegen der spezifischen Beschaffenheit der Kommunikationskanäle – Stichwort „Gatekeeper" – sind Think-Tanks oftmals genötigt, ihre eigenen Kommunikationsforen und -netzwerke zu etablieren sowie Emissäre für ihre Expertisen zu rekrutieren, auszubilden und in die politische Welt zu senden.

Mit diesem Rollenansatz können nicht nur verschiedene Arbeitsweisen von Think-Tanks in unterschiedlichen Ländern verdeutlicht werden, sondern es ist damit auch möglich, Think-Tanks von anderen Organisationen – Interessengruppen, Universitäten, Elitennetzwerken, nicht-operativen Stiftungen, politischen *Consultants*, privaten *Consulting*-Firmen – sowie von staatlichen Beratungseinheiten bzw. wissenschaftlichen Hilfsdiensten abzugrenzen (ausführlicher: Braml 2004: 56-65).

Keine trennscharfe Abgrenzung zu Interessengruppen

Gleichwohl gibt es Überschneidungen; eine trennscharfe Abgrenzung ist nicht immer möglich. Insbesondere advokatische Think-Tanks (vgl. Typen und Familien in Tabelle 1)[6] perfektionieren ähnlich wie Interessengruppen unter anderem auch Lobbying- und Graswurzelstrategien. Think-Tanks – die in der US-amerikanischen Steuergesetzgebung als sogenannte 501(c)(3)-Organisationen firmieren – dürften zwar kein Lobbying betreiben (das einen „substantiellen Anteil" ihrer Aktivitäten ausmacht), um nicht ihren steuerlich vorteilhaften Status zu verlieren. Doch mittlerweile gibt es zahlreiche „civic leagues or organizations not operated for profit but operated exclusively for the promotion of social welfare" – das sind Organisationen, die unter Paragraph 501(c)(4) der US-amerikanischen Steuergesetzgebung subsummiert werden –, deren Lobbying keine steuerlichen Konsequenzen nach sich zieht.

---

stärker im privaten Sektor verwurzelt sein. Zudem kann sich die jeweilige Anbindung im Laufe der Zeit verändern. Während die Definition von Think-Tanks ein breites Spektrum – vom privaten Sektor bis hin zum politischen Entscheidungssystem im engeren Sinne – umspannt, ermöglicht sie gleichzeitig auch Abgrenzungen: An den beiden Endpunkten des Kontinuums schließt die Definition einerseits Organisationen aus, welche privatrechtlich organisiert sind und keinen Gemeinnützigkeitsstatus geltend machen können; andererseits gelten auch Organisationen nicht als Think-Tanks, die einen integralen Teil des zentralen politischen Entscheidungssystems darstellen bzw. allgemein als von diesem nicht ausreichend unabhängig wahrgenommen werden.

6 Ausführlicher zur Typologie von Think-Tanks siehe Gellner (1995) und Weaver (1989: 563-579).

Tabelle 1: Think-Tank-Typen und -Familien

Familien	Politisch/ideologisch identifizierbar (id)		Politisch/ideologisch nicht identifizierbar (nicht-id)	
Typen	advokatisch	parteiisch	akademisch	auf Vertragsbasis forschend
Prototypen	Heritage Foundation	Nicht in USA (parteinahe Stiftungen in Deutschland)	Brookings Institution	RAND Corporation

Quelle: eigene Darstellung.

Die Vertreter zentristisch orientierter, das heißt, politisch/ideologisch nicht identifizierbar akademischer Think-Tanks sehen sich zunehmend mit ideologischen Think-Tanks konfrontiert, die im „Krieg der Ideen“ ihre Interessen vertreten. Die *Heritage Foundation*, sicherlich das prominenteste Beispiel, gedachte in den 1990er Jahren gar, als Avant-Garde der „Konservativen Revolution“ in die Weltgeschichte einzugehen. Auch wenn die konservative Bewegung merklich an Boden und Einfluss gewonnen hat, bleibt doch festzuhalten, dass die zunehmende Politisierung nicht allein von der politischen Rechten ausgeht.

Unter dem bezeichnenden Titel *Academics to Ideologues* beschrieb James McGann (1992) in seiner *Brief History of the Public Policy Research Industry* in den USA die Entwicklung vom akademischen Think-Tank der Gründerzeit hin zum Modell des advokatischen Think-Tank, das heute weit verbreitet ist. Die Prototypen advokatischer Organisationen drängten freilich schon nach dem Ende des Zweiten Weltkrieges auf den „Marktplatz der Ideen“. Sie gingen jedoch erst später, seit den 1970er- und 1980er Jahren, zur Massenproduktion über. Wie Abbildung 1 verdeutlicht, ist seitdem in den USA die Anzahl der Think-Tanks generell und die der advokatischen Institute überproportional angewachsen.

Abbildung 1: Zahl US-amerikanischer Think-Tanks, 1900-1996

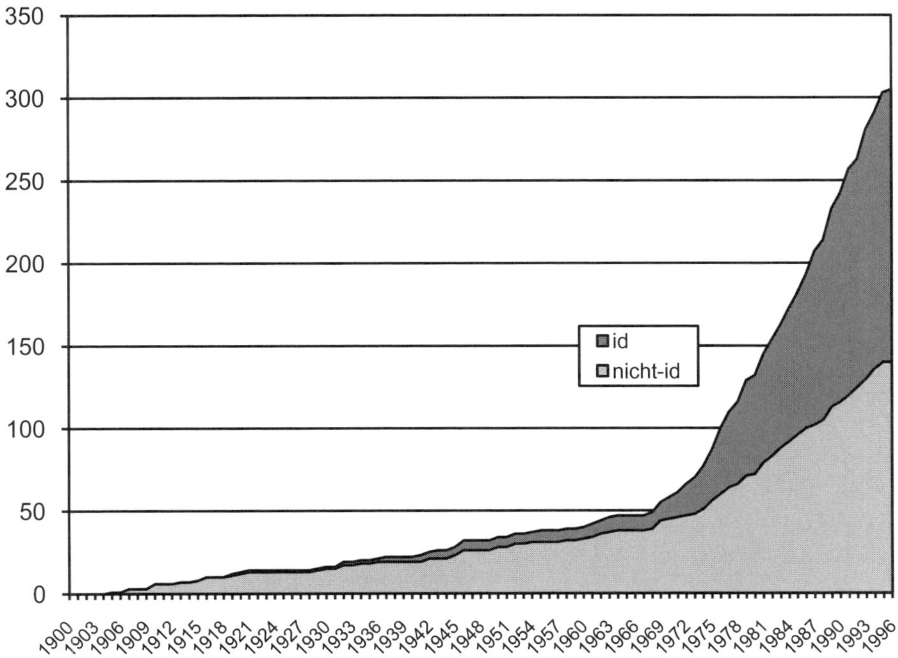

Quelle: Rich/Weaver 1998: 235-254.

Dass bedeutet indes nicht, dass diese Institute auch entsprechend an Einfluss gewonnen haben. Vielmehr vermuten US-amerikanische Beobachter, dass das Wuchern advokatischer Think-Tanks einen Vertrauensverlust bei politischen Entscheidungsträgern und Geldgebern verursacht haben könnte: „Ich bin erstaunt, wie sich die Wertschätzung von Think-Tanks entwickelt und frage mich, ob sie den Wert des Papiergeldes der Weimarer Republik annimmt – und so aufgrund der Proliferation und der offenen Parteilichkeit einiger Institute an Wert verliert," urteilte etwa Karlyn Bowman (zitiert in: Rich/Weaver 1998: 250; eigene Übersetzung) vom konservativen *American Enterprise Institute*.

Einfluss nehmen und taxieren

Kundige Beobachter stimmen darin überein, dass es sehr schwierig ist, den wirklichen Einfluss von Interessengruppen und Think-Tanks zu ermessen (Weaver 1995). Winand Gellner (1995: 22) hat diesbezüglich auf Gespräche mit Nelson Polsby verwiesen. Dabei habe der Nestor der US-amerikanischen Politikwissenschaft deutlich gemacht, „dass er es für zwecklos halte, nach direkten Auswirkungen von Think-Tank-Aktivitäten zu fragen. Solche Fragen könne nur stellen, wer die Komplexität des politischen Prozesses nicht in Rechnung stelle. In einzelnen Fallstudien seien Nachweise durchaus möglich, systematisch überzeugende Erklärungen wohl eine Illusion."[7]

Gleichwohl ist es offensichtlich, dass sich in den vergangenen Jahrzehnten die Eigenschaften und Arbeitsweisen von Think-Tanks grundlegend verändert haben, was sich in einer Politisierung der Beratung US-amerikanischer Politik widerspiegelt: „In den ersten Jahrzehnten bis zur Mitte des 20. Jahrhunderts wurden Think-Tanks allgemein als objektive und sehr glaubwürdige Produzenten von Expertisen für politische Akteure angesehen. In der heutigen, viel dichter besiedelten Think-Tank-Landschaft werden sie zunehmend zu streitsüchtigen Advokaten in balkanisierten Debatten über politische Richtungsentscheidungen, oder werden zumindest so wahrgenommen" (Rich/Weaver 1998: 250; eigene Übersetzung).

Seit den 1960er und 1970er Jahren hat auch die Einflussnahme von Interessengruppen und Wirtschaftsvertretern auf das politische System deutlich zugenommen. Spätestens seit Mitte der 1970er Jahre haben sich Wirtschaftsunternehmen professionell gerüstet, um den politischen Entscheidungsprozess zu beeinflussen: „Sie haben eine Vielzahl von Lobbyisten und Anwälten beschäftigt, Büros in Washington eröffnet, *political action committees* (PACs) gegründet und finanziert, die Mitarbeiterstäbe ihrer *government relations*-Büros vergrößert, ausgefeilte Strategien entworfen, um die öffentliche Meinung zu beeinflussen und gelernt, wie man Graswurzelbewegungen organisiert" (Vogel 1996: 5-6; eigene Übersetzung).

Insbesondere sind seit Mitte der 1970er Jahre bis zur Jahrtausendwende sowohl die Anzahl (siehe Abbildung 2) als auch die Zuwendungen von PACs enorm angestiegen. Selbst die inflationsbereinigten Zahlen verdeutlichen einen massiven Anstieg der Zuwendungen an Kandidaten für Wahlkämpfe auf nationaler Ebene von 12 (1974) auf knapp 70 Millionen US-Dollar (1998) – das entspricht einer Erhöhung der „Kaufkraft" US-amerikanischer PACs um knapp 500 Prozent (ausführlicher: Braml 2004: 129-139), die innerhalb dieses Vierteljahrhunderts auf das politische System der USA eingeflossen ist. Wie Abbildung 2 verdeutlicht, wurden insbesondere wirtschafts- und industrienahe Organisationen in Stellung gebracht.

7 Für den US-amerikanischen Kontext erarbeitete Rich (2004) ausführliche Fallstudien zum Einfluss von Think-Tanks in der Gesundheits- und Telekommunikationspolitik. Für einen Versuch, den Einfluss von Think-Tanks in der Außenpolitik systematisch zu erfassen, siehe Abelson (2009).

Abbildung 2: Zahlen registrierter PACs, 1974 bis 1998

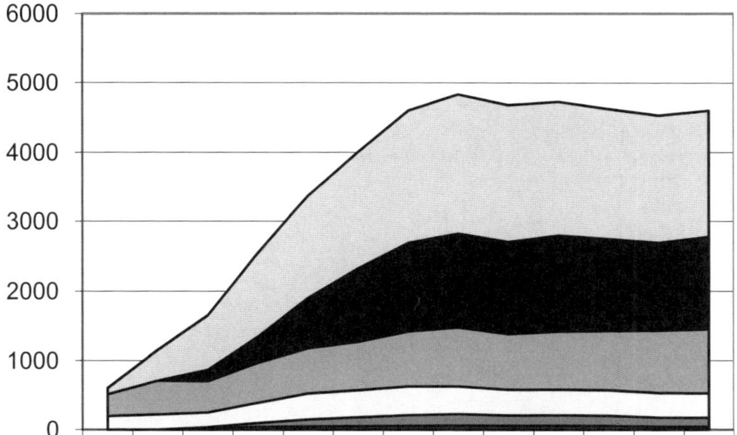

	1974	1976	1978	1980	1982	1984	1986	1988	1990	1992	1994	1996	1998
Corporate	89	443	785	1206	1469	1682	1906	2008	1972	1930	1875	1836	1821
Nonconnected			162	374	723	1053	1270	1345	1321	1376	1318	1259	1326
Trade/Membership/Health	318	489	453	576	649	698	789	848	801	835	852	896	921
Labor	201	224	217	297	380	394	417	401	372	372	371	358	353
Corporation without capital stock			24	56	103	130	157	169	151	153	149	134	133
Cooperative			12	42	47	52	57	61	60	61	56	45	45

Datenquelle: Federal Election Commission (FEC), Pressemitteilungen.

Das politische System der USA bietet diesen Profis denn auch ein optimales Betätigungsfeld: Interessengruppen wie auch Think-Tanks sind in den USA in ihrem Manövrierraum weniger durch die potenzielle Machtrolle politischer Parteien – der traditionellen Türsteher (*gatekeepers*) – eingeschränkt und haben leichteren Zugang zu einer größeren Zahl mitentscheidender Akteure.

Grundlagen des politischen Systems der USA

Der zentrale Unterschied zwischen dem US-amerikanischen *checks and balances*-System und parlamentarischen Regierungssystemen (siehe Abbildung 3) liegt in der unterschiedlichen Beziehung zwischen der Legislative und der Exekutive begründet (Hübner/Oberreuter 1977; Steffani 1979, 1991). Anders als der US-amerikanische Präsident, der durch einen Wahlakt eigene Legitimation durch den Wähler beanspruchen kann, wird zum Beispiel die deutsche Kanzlerin mittelbar von der Mehrheit im Parlament gewählt. Auch in der politischen Auseinandersetzung muss der Kopf der Exekutive darauf vertrauen können, dass seine Politikinitiativen von seiner Fraktion bzw. Koalition im Bundestag mitgetragen werden. Diese Gewaltenverschränkung charakterisiert parlamentarische Regierungssysteme, zumal die Stabilität sowohl der Regierung/der Exekutive als auch jene der Parlamentsmehrheit von einer engen und vertrauensvollen Kommunikationsbeziehung zwischen beiden abhängen.[8]

8 „The confidence rule is the central element upon which the logic of the parliamentary system rests." (Weaver 1985: 17).

Abbildung 3: Vergleich unterschiedlicher politischer Systeme

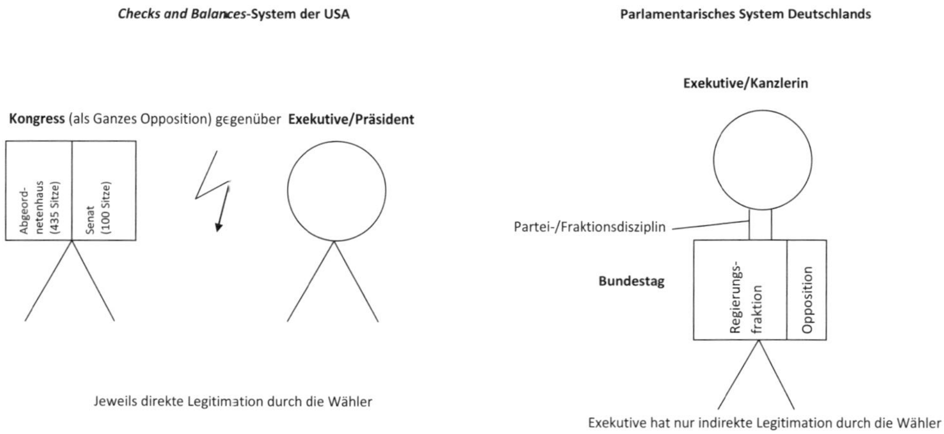

Quelle: eigene Darstellung.

Machtkontrolle: Checks and Balances

Im politischen System der USA sind Legislative (Kongress) und Exekutive (Präsident) nicht nur durch verschiedene Wahlakte stärker voneinander getrennt. Das System der *checks and balances* ist darüber hinaus gekennzeichnet durch konkurrierende, sich gegenseitig kontrollierende politische Gewalten.[9] Der US-amerikanische Kongress übernimmt nicht automatisch die politische Agenda der Exekutive/des Präsidenten, selbst wenn im Fall des *united government* das Weiße Haus und Capitol Hill von der gleichen Partei „regiert" werden. Und insbesondere dann nicht, wenn Präsident und Kongress von unterschiedlichen Parteien „kontrolliert" werden, also in Zeiten des sogenannten *divided government* (Sundquist 1988, 613-635) – ein „Regimetyp"[10] der mit den Zwischenwahlen 2010 reetabliert wurde.

Politische Einzelunternehmer

Während im US-amerikanischen System die Legislative (das heißt die zwei Kammern im Kongress: Abgeordnetenhaus und Senat) als Ganzes mit der Exekutive um Machtbefugnisse konkurriert,[11] ist „Opposition" im parlamentarischen System auf die Minderheit im Parlament beschränkt, die nicht die Regierung trägt.[12] Für die Regierungspartei bzw. -koalition sind Partei- bzw. Fraktionsdisziplin grundlegend erforderlich, um die Funktionsfähigkeit der eigenen Regierung, ja des parlamentarischen Regierungssystems zu gewährleisten. Da

9 Richard E. Neustadt (1990: 29) beschreibt das US-amerikanische System treffend als „government of separated institutions sharing powers". Charles O. Jones (2005: 24) präzisierte Neustadts Idiom folgendermaßen: „separated institutions sharing and competing for powers".

10 Auch Weaver/Rockman (1993: 1-41) differenzieren zwischen diesen beiden „Regimetypen".

11 Kurt L. Shell (1998: 207) beschreibt die „antagonistische Partnerschaft" zwischen Kongress und Präsident treffend als den „Kern des amerikanischen politischen Systems, der es von parlamentarischen europäischen [Systemen] unterscheidet". Sicherlich ist es oftmals schwierig zu beurteilen, inwieweit es sich um parteipolitische oder institutionelle Auseinandersetzungen handelt.

12 Die unterschiedlichen föderalen Strukturen und die Mitwirkungsmöglichkeiten der Bundesländer bzw. Machtbefugnisse der Einzelstaaten in den USA werden hier nicht ausgeführt.

Exekutive und Parlamentsmehrheit in einer politischen Schicksalsgemeinschaft verbunden sind, haben einzelne Abgeordnete ohnehin ein Eigeninteresse, bei wichtigen Abstimmungen nicht von der Parteilinie abzuweichen und sich der Fraktionsdisziplin zu fügen. Wahlverfahren, Parteienfinanzierung, Kandidatenrekrutierung und die hohe Arbeitsteilung im Parlament geben weitere Anreize für parteidiszipliniertes Verhalten (vgl. von Beyme 1993; Schüttemeyer 1998, 2001).

Hingegen ist in den USA die politische Zukunft einzelner Abgeordneter und Senatoren weitgehend unabhängig von der des Präsidenten. Ihre (Wieder-)Wahlchancen sind nicht zuletzt im eigenen Wahlkreis bzw. Einzelstaat zu suchen. Aufgrund des Wahlsystems und der Politikfinanzierung sind „politische Einzelunternehmer" in den USA primär selbst für ihre Wiederwahl verantwortlich und haften gegebenenfalls auch persönlich für ihr bisheriges Abstimmungsverhalten im Kongress, weil sie sich gegenüber Interessengruppen und Wählern nicht hinter einer Parteidisziplin verstecken können. US-amerikanische Parteien fehlen in der legislativen Auseinandersetzung Ressourcen und Sanktionsmechanismen, um den Gesetzgebungsprozess zu gestalten.[13] Parteien spielen in den USA – mit Ausnahme ihrer Funktion bei den Wahlen – eine untergeordnete Rolle.

Schwache Parteien, starke Interessengruppen

Zwar ist die Schwäche der Parteien grundsätzlich im *checks and balances*-System angelegt und durch ein Wahlsystem bedingt, das den einzelnen Kandidaten stärker in die Verantwortung nimmt. Darüber hinaus haben (fehlende) rechtliche Bestimmungen und entsprechende Interpretationen des Obersten Gerichtshof (*Supreme Court*) dem Einfluss anderer Akteure wie Think-Tanks und Politikunternehmer (*policy entrepreneurs*) Tür und Tor geöffnet.

In den USA haben die Urteile des *Supreme Court* die Spielregeln im politischen Wettstreit maßgeblich verändert. Als der *Supreme Court* 1976 die gesetzliche Regelung der Politikfinanzierung für verfassungswidrig erklärte, wurde die rechtliche und institutionelle Position von Partikularinteressen entscheidend aufgewertet – einmal mehr zulasten der politischen Parteien. Das höchstrichterliche Urteil im Fall *Buckley v. Valeo* bedeutete eine fundamentale Veränderung der politischen Spielregeln und ermutigte viele neue Teilnehmer, ihre „Meinungsfreiheit" (*freedom of speech*) – oft auch auf Kosten anderer, weniger laut- bzw. finanzstarker Akteure – auszuüben und am politischen Ideenwettbewerb mitzuwirken: Die spezifische US-amerikanische Interpretation von Meinungsfreiheit impliziert unter anderem, dass Meinungen und Interessen bestimmter Gruppen mehr Gehör finden als die anderer. Es wird zunehmend schwierig, in dem immer größer werdenden Chor von *political action committees* (PACs), Wirtschaftsvertretern, Interessengruppen und betuchten Privatleuten die Stimme der politischen Parteien herauszuhören.

Das Unvermögen der Parteien, Politik zu gestalten und auch für personellen Nachschub zu sorgen, eröffnet Interessengruppen und Think-Tanks größere Aufgabengebiete und Einwirkungsmöglichkeiten (Gellner 1995: 254). Der zunehmende Einfluss von Geld im politischen System der USA hat auch die Ideenwelt von Think-Tanks verändert, sie zu neuen Strategien inspiriert und vor allem Politikunternehmern vielfältige Nischen auf dem Marktplatz der Ideen eröffnet. So genannte advokatische, interessenorientierte Think-Tanks, die oftmals auch den entsprechenden rechtlichen Status erwerben, um Graswurzel-Lobbying (*grass roots lobbying*) betreiben zu können (Braml 2004: 50-70), arbeiten strategisch mit politisch gleichgesinnten Gruppen von Abgeordneten und Senatoren, deren Mitarbeitern sowie Lobbyisten und Journalisten in „Themennetzwerken" (Heclo 1978: 87-124) oder

---

13 „Nor should one expect political parties in a separated system to exercise power they do not or cannot possess." (Jones 2005: 18).

„Tendenzkoalitionen“ (Gellner 1995: 26-27; Sabatier 1993: 116-148) zusammen, um ihre Politikvorstellungen in die Tat umzusetzen.

Mittel und Wege der Einflussnahme

Neben der persönlichen Ansprache von Entscheidungsträgern in der Exekutive/Administration, Judikative und im Parlament in Washington bearbeiten Interessenvertreter (und zunehmend auch Think-Tanks) insbesondere die 435 Abgeordneten und 100 Senatoren über ihre Wahlkreise bzw. Einzelstaaten. Sie zielen mit ihrem Graswurzel-Lobbying direkt auf die Basis, die Wähleranbindung.

Viele Interessengruppen und Verbände haben *political action committees* (PACs) etabliert, um direkt in die Wahlkämpfe einzugreifen. Diese Wahlkampfkomitees werden nicht nur von Unternehmen oder Wirtschaftsverbänden genutzt, sondern auch von religiösen oder ethnischen Interessengruppen in Stellung gebracht, um mit Anzeigenkampagnen die Wählerinnen und Wähler über die Kandidaten zu „informieren“. Betrachtet man wie Peter Lösche (2008: 296) das Wirken der PACs in ihrer Gesamtheit, „so übernehmen sie Aufgaben, die in westeuropäischen parlamentarischen Regierungssystemen von Parteien wahrgenommen werden: Sie sammeln und verteilen Wahlkampfspenden, sie bilden Wahlkampfmanager und Wahlhelfer aus; sie stellen den Kandidaten Dienstleistungen aller Art zur Verfügung (von Meinungsumfragen bis zur Produktion von Fernseh-Werbespots).“

Ein besonders wirksames Mittel für Interessengruppen,[14] um Einfluss auf den Gesetzgebungsprozess und die Wiederwahl zu nehmen, sind „Wählerprüfsteine“ (*scorecards* oder *voter guides*). Interessengruppen der christlichen Rechten machen zum Beispiel kritische Abstimmungen publik, damit Abgeordnete und Senatoren wissen, dass ihre Bevölkerung im Wahlkreis genau erfahren wird, wie sie abgestimmt haben (ausführlicher: Braml 2005: 81-95).

Dieser externe Einfluss einer Vielzahl unterschiedlicher und oft widerstreitender Interessen ist als erheblich einzuschätzen, vor allem auch bei den Kongresswahlen. Da US-amerikanische Abgeordnete und Senatoren keiner Parteidisziplin unterworfen sind, können sie sich auch nicht hinter ihr verstecken. Einzelne Politiker laufen ständig Gefahr, im Rahmen einflussreicher Kampagnen an den Pranger gestellt und gegebenenfalls bei der Kandidatur um eine Wiederwahl persönlich zur Rechenschaft gezogen zu werden. Sie wägen deshalb bei jeder einzelnen Abstimmung gründlich ab, wie diese sich bei den nächsten Wahlen für sie persönlich auswirken könnte.

Ad-hoc-Koalitionen

Der US-amerikanische Präsident ist demnach laufend gefordert, im Kongress um Zustimmung für seine Politik zu werben, das heißt, je nach Politikinitiative unterschiedliche und zumeist parteiübergreifende Ad-hoc-Koalitionen zu schmieden. Mit anderen Worten: Der Präsident muss sogenannte *leadership* demonstrieren und dafür sorgen, dass die (qualifizierte)[15] Mehrheit der Abgeordneten und Senatoren seiner Politik folgt,[16] die ihrerseits eine

14 Ausführlicher zu den Methoden der Einflussnahme von Interessengruppen: Dietrich 1999: 280-296; Ahrari 1987: 45-64.

15 Um parlamentarische Manöver im Senat, so genannte *filibuster*, abzuwenden (to invoke cloture), ist eine qualifizierte Mehrheit von drei Fünfteln (60) der Senatoren erforderlich.

16 In Neustadts (1990: 29-49) Terminologie muss der Präsident „Überzeugungskraft“ (*the power to persuade*) an den Tag legen.

institutionelle Identität als Mitglieder des Kongresses haben und sich der „anderen Staatsgewalt“ (*the other branch of government*) zugehörig fühlen.[17]

Handelspolitik – ein aktuelles Beispiel par excellence

Die Handelspolitik ist ein Beispiel par excellence für die Stärke des Kongresses – und damit auch für die vielfältigen Einwirkungsmöglichkeiten von Interessengruppen und Think-Tanks – im politischen Entscheidungsprozess: Ebenso wichtig wie die Haltung des Präsidenten in diesem Politikfeld ist die Zusammensetzung der Legislative, denn internationale Handelsabkommen müssen vom Kongress ratifiziert werden.

Freie Fahrt für freien Handel?

Präsident Obama wird aufgrund der kritischen wirtschaftlichen Situation in den USA bis auf Weiteres keine Freihandelspolitik durchsetzen können, denn im Gegensatz zu seinem Vorgänger Bush wird er vom Kongress wohl kaum mit der als Trade Promotion Authority (TPA) bezeichneten Handelsautorität ausgestattet werden. Die TPA, wonach der Kongress die vom amerikanischen Präsidenten vorgelegten internationalen Handelsabkommen nur noch als Ganzes, das heißt ohne Änderungsanträge, annehmen oder ablehnen kann, endete bereits in der Amtszeit George W. Bushs, im Juli 2007. Auf der internationalen Bühne wird der amerikanische Präsident aber nur ernst-, das heißt als verhandlungsfähig wahrgenommen, wenn er diese Autorität besitzt. Davon wird auch die Verhandlungsmacht des Präsidenten etwa im Rahmen der Doha-Runde der Mitgliedsstaaten der Welthandelsorganisation berührt, wo Vereinbarungen ohne Wenn und Aber politisch durchgesetzt werden müssen.

Nach den Erfahrungen seines demokratischen Vorgängers Bill Clinton – auch diesem blieb die damals noch unter der Bezeichnung *Fast Track* firmierende TPA vom demokratisch „kontrollierten“ Kongress versagt – ist Obama gut beraten, wenn er in der Auseinandersetzung mit dem Kongress sein politisches Kapital mit Augenmaß einsetzt. Nationale Wirtschaftsprobleme haben Obama das Präsidentenamt beschert, jetzt wird er an deren Lösung gemessen werden. Vorrang hat deshalb die Wiederbelebung der nationalen Wirtschaft. Zum jetzigen Zeitpunkt würde Obama mit einer umfassenderen Freihandelsinitiative seine Stammwählerschaft enttäuschen.

Da selbst die bilateralen Freihandelsabkommen mit Südkorea, Kolumbien und Panama, die Bush der Legislative noch im Rahmen des TPA vorlegte und die trotz massiver Bemühungen erst nach Jahren, im Oktober 2011, vom Kongress gebilligt wurden, ist an darüber hinausgehende, umfangreichere Freihandelsinitiativen wie die Transpazifische Partnerschaft (TPP) derzeit nicht zu denken.

17 Die Sorge um die institutionelle Machtbalance tritt jedoch in den Hintergrund wenn – wie mit den Terroranschlägen vom 11. September 2001 deutlich wurde – Gefahr in Verzug ist, und nicht zuletzt auch die Bevölkerung vom Präsidenten politische Führung erwartet, um das Land zu schützen. In Zeiten existenzieller Bedrohung kommt dem Präsidenten die Rolle des Schutzpatrons der Nation zu. Als Oberbefehlshaber der Streitkräfte steht er im Mittelpunkt der (Medien-)Aufmerksamkeit. Der patriotische Sammlungsaffekt des *rally-around-the-flag* bedeutet einen immensen Vertrauensvorsprung und Machtgewinn für den Präsidenten und die Exekutive (Ausführlicher: Braml 2003a, 2003b).

Protektionismus auf dem Kapitol-Hügel

Denn viele der auf dem *Capitol Hill* tonangebenden Demokraten, nicht zuletzt auch einige (stellvertretende) Vorsitzende federführender Ausschüsse, sind protektionistisch eingestellt. Um ihre Wiederwahl nicht zu gefährden, nehmen sie insbesondere Rücksicht auf die spezifischen Interessen der Wähler bzw. Wahlkampffinanciers in ihren Wahlkreisen und Bundesstaaten.

Die Stimmen der Freihandelskritiker finden durch die Organisation verschiedener Interessengruppen politisches Gehör. An vorderster Front kämpfen die Gewerkschaften:[18] Sie wollen sicherstellen, dass die Lebensgrundlage US-amerikanischer Arbeitnehmer nicht durch die Niedriglohnkonkurrenz anderer Länder bedroht wird. Indem sie sich gegen die „Ausbeutung" in anderen Ländern und für internationale Arbeitnehmerrechte als „Menschenrechte" einsetzen, sind sie auch politisch teilkompatibel mit der Menschenrechtslobby.[19]

Ebenso kritisieren Umweltverbände[20] Schädigungen der Umwelt in anderen Ländern und fordern internationale Standards in Handelsvereinbarungen. Die Agrarlobby ist zwar der natürliche politische Gegner der Ökobewegung, wenn es um wirtschaftliche Interessen auf Kosten des US-amerikanischen Umweltschutzes geht. Anders als die exportorientierte Agrarindustrie sieht der importbedrohte Teil der US-amerikanische Landwirte jedoch im Freihandel eine Herausforderung anderer Natur: die Konkurrenz der Entwicklungsländer, die vor allem über die Doha-Runde zum Beispiel mit Baumwolle, Zucker oder Textilien auf den Weltmarkt drängen.

Wenn auch aus unterschiedlichen Gründen, so verfolgt diese häufig auch als „sonderbare Bettgenossen" (*strange bedfellows*) bezeichnete Tendenzkoalition verschiedenster Interessengruppen, advokatischer Think-Tanks sowie Abgeordneter und Senatoren ein gemeinsames Ziel: die Vereitelung der Freihandelspolitik.

Aktuelle politische Trends

Präsident Obama wird aufgrund der kritischen wirtschaftlichen Situation in den USA (ausführlicher: Braml 2010) bis auf Weiteres große Schwierigkeiten haben, Freihandelspolitik durchzusetzen, sollte er es überhaupt wollen oder versuchen. Er wird es insbesondere schwer haben, vom Kongress die Handelsautorität (TPA) zu erhalten, um auf der internationalen Bühne überhaupt ernst genommen, das heißt, als verhandlungsfähig wahrgenommen zu werden.

Die Situation ist emblematisch für andere Politikbereiche. Auch in der Umweltpolitik ist bis auf Weiteres nicht daran zu denken, dass die multilateralen Post-Kyoto-Verhandlungen von Amerika mitgetragen oder gar gefördert werden könnten. Auch in diesem Politikfeld machen viele Veto-Spieler im politischen System der USA ihren Einfluss geltend.

Eine umfassende Analyse der Sicherheits-, Wirtschafts- und Umweltaspekte der gegenwärtigen Energieaußenpolitik würde jedoch ein „nationales Interesse" nahelegen, die Abhängigkeit von fossilen Brennstoffen zu verringern (Braml 2007). Doch entscheidend für das Ergebnis der politischen Auseinandersetzung sind auch hier Partikularinteressen. Mehr noch als nationale Ziele sind lokale, regionale, institutionelle und persönliche Ambi-

18 Grundlegender zur Rolle der US-amerikanischen Gewerkschaften in der Außenpolitik: Sims 1999; allgemein zur Gewerkschaftsstruktur: Lösche 2008: 302-314.

19 Grundlegender dazu: Mendelson 2009: 103-120.

20 Ausführlicher zu Umweltgruppen in der US-amerikanischen Klimapolitik: Bryner 2008: 319-336.

tionen ausschlaggebend für die politische Auseinandersetzung. Sie verlangsamen den in Gang gesetzten energie(außen)politischen Kurswechsel der USA (vgl. hierzu den Beitrag von Miranda Schreurs in diesem Band).

Indem Interessenvertreter und zunehmend auch Think-Tanks ihre Partikularinteressen und Ideologien einbringen, zeitigt der politische Entscheidungsprozess häufig suboptimales „Gemeinwohl". Aber das ist der Preis einer pluralistischen Demokratie, in der das so genannte „nationale Interesse" das jeweilige Ergebnis eines ständigen Aushandlungsprozesses ist – in dem manche Interessen und Ideen stärker als andere vertreten oder vertretbar sind.

Übungsfragen

1. Welches sind die grundlegenden Charakteristika eines Think-Tank?
2. Benennen Sie die drei Hauptrollen von Think-Tanks.
3. Welche Mittel und Wege nutzen Interessengruppen, um Einfluss zu nehmen?

Weiterführende Literatur

Weaver, R. Kent (1989) The Changing World of Think Tanks, in: Political Science and Politics 22(3), S. 563-579.
Bietet eine Einführung in die US-amerikanische Think-Tank-Welt.

McGann, James G. und R. Kent Weaver (2000) Think Tanks and Civil Societies. Catalysts for Ideas and Action. New Brunswick, NJ/London: Transaction Publishers.
Grundlegend für vergleichende Think-Tank-Forschung.

Lösche, Peter (2008) Verbände, Gewerkschaften und das System der Arbeitsbeziehungen, in: ders. (Hrsg): Länderbericht USA. Bonn: Bundeszentrale für politische Bildung, S. 274-314.
Bietet einen guten Überblick über US-amerikanische Interessengruppen.

Rosenau, James N. (1967) Domestic Sources of Foreign Policy. New York/London: Free Press, S. 231-252. *Grundlegend zur „Innenseite" US-amerikanischer Außenpolitik.*

Hastedt, Glenn P. (2008) American Foreign Policy. Past, Present, Future. Upper Saddle River, NJ: Person/Prentice Hall, S. 134-146.
Ausführlicher Überblick zur begrifflichen Einordnung von Interessengruppen.

Hughes, Barry B. (1978) The Domestic Context of American Foreign Policy. San Francisco, CA: W.H. Freeman. *Grundlegend zur „Innenseite" US-amerikanischer Außenpolitik.*

Nownes, Anthony J. (2006) Total Lobbying. What Lobbyists Want (And How They Try to Get It). Cambridge/New York: Cambridge University Press.
Grundlegende Einführungswerke zur Stellung und Funktion von Interessengruppen im politischen System der USA.

Tabelle 2: 20 prominente außenpolitisch orientierte Think-Tanks in den USA

Organisation	Typ	Politische Orientierung
American Enterprise Institute for Public Policy Research (AEI) (http://www.aei.org/)	advokatisch	(neo-)konservativ
Brookings Institution (http://brook.edu/)	akademisch	zentristisch (*middle of the road*)
Carnegie Endowment for International Peace (http://carnegieendowment.org/)	akademisch	zentristisch
Cato Institute (http://www.cato.org/)	advokatisch	libertär
Center for American Progress (http://www.americanprogress.org/)	advokatisch	progressiv (Neue Demokraten)
Center for Strategic and International Studies (CSIS) (http://www.csis.org/)	akademisch	zentristisch
Council on Foreign Relations (CFR) (http://www.cfr.org/)	akademisch	zentristitsch
Democratic Leadership Council (DLC)/ Progressive Policy Institute (PPI) (http://www.dlc.org/)	advokatisch	progressiv (Neue Demokraten)
Economic Policy Institute (EPI) http://epinet.org/	advokatisch	sozial-liberal/gewerkschaftsnah
Economic Strategy Institute (ESI) (http://www.econstrat.org/)	akademisch	zentristitsch
Heritage Foundation (http://www.heritage.org/)	advokatisch	konservativ
Hoover Institution (http://www.hoover.org/)	akademisch	konservativ
Hudson Institute (http://www.hudson.org/)	advokatisch	konservativ
New America Foundation (NAF) (http://www.newamerica.net/)	akademisch	zentristitsch
Peterson Institute for International Economics (PIIE) (http://www.iie.com/)	akademisch	zentristitsch
RAND Corporation (http://www.rand.org/)	auf Vertragsbasis forschend	zentristitsch
Resources for the Future (http://www.rff.org/)	advokatisch	liberal/umweltorientiert
Stimson Center (http://www.stimson.org/)	akademisch	zentristitsch
Woodrow Wilson International Center for Scholars (http://www.wilsoncenter.org/)	akademisch	zentristitsch
World Resources Institute (WRI) (http://www.wri.org/)	advokatisch	liberal/umweltorientiert

Quelle: eigene Darstellung.

Tabelle 3: 20 Beispiele verschiedener Typen außenpolitisch orientierter Interessengruppen in den USA

Organisation	Kategorie in USA	Interessenträger bzw. -orientierung
American Bankers Association (ABA) (http://www.aba.com/)	Business	Banken
American Civil Liberties Union (ACLU) (http://www.aclu.org/)	Human Rights	Menschen- und Bürgerrechte
American Farm Bureau Federation (AFBF) (http://www.fb.org/)	Agribusiness	Landwirtschaft
American Federation of Labor and Congress of Industrial Organizations (AFL-CIO) (http://www.aflcio.org/)	Unions	Gewerkschaften
American Israel Public Affairs Committee (AIPAC) (http://www.aipac.org/)	Ethnic	Pro Israel
Boeing Co. (http://www.boeing.com/)	Defense Industry	Rüstungsunternehmen
Business Roundtable (http://businessroundtable.org/)	Business	Unternehmen
Christian Coalition (http://www.cc.org/)	Ethnic/Religious	Christlich Rechte, pro Israel
Common Cause (http://www.commoncause.org/)	Public Interest	Gemeinwohl
Exxon Mobil (http://www.exxonmobil.com/)	Energy	Energieunternehmen
Human Rights Campaign (http://www.hrc.org/)	Human Rights	Menschenrechte
Independent Petroleum Association of America (IPAA) (http://www.ipaa.org/)	Oil & Gas	Energiewirtschaft
League of Conservation Voters (LCV) (http://www.lcv.org/)	Environment	Umweltschutz
Lockheed Martin (http://www.lockheedmartin.com/)	Defense Industry	Rüstungsunternehmen
National Association of Manufacturers (NAM) (http://www.nam.org/)	Business	Unternehmen
National Federation of Independent Business (NFIB) (http://www.nfib.com/)	Business	Unternehmen
Sierra Club (http://www.sierraclub.org/)	Environment	Umweltschutz
U.S. Chamber of Commerce (http://www.uschamber.com/)	Business	Unternehmen
U.S. Commission on International Religious Freedom (USCIRF) (http://www.uscirf.gov/)	Ethnic/Religious	Int. Religionsfreiheit und Menschenrechte
U.S.-Cuba Democracy PAC (http://www.uscubapac.com/)	Ethnic/Single Issue	Exil-Kubaner

Quelle: eigene Darstellung.

Verwendete Literatur

Abelson, Donald (2009) Do Think Tanks Matter? Assessing the Impact of Public Policy Institutes. Quebec: McGill-Queen's University Press.

Ahrari, Mohammed E. (1987) Ethnic Groups and U.S. Foreign Policy. New York: Greenwood Press.

Alpert, Irvine und Ann Markusen (1980) The Professional Production of Policy, Ideology and Plans. Brookings and Resources for the Future, in: The Insurgent Sociologist 9, S. 94-106.

Beyme, Klaus von (1993) Die politische Klasse im Parteienstaat. Frankfurt am Main: Suhrkamp.

Braml, Josef (2003a) Machtpolitische Stellung des Präsidenten als Schutzpatron in Zeiten nationaler Unsicherheit, in: SWP (Hrsg.) Zwei Jahre Präsident Bush: Beiträge zum Kolloquium der Stiftung Wissenschaft und Politik (SWP) in Berlin am 13. Februar 2003 (SWP-Studie S 9). Berlin: SWP, S. 35-39.

Braml, Josef (2003b) Rule of Law or Dictates by Fear. A German Perspective on American Civil Liberties in the War Against Terrorism, in: Fletcher Forum of World Affairs 27(2), S. 115-140.

Braml, Josef (2004) Think Tanks versus „Denkfabriken"? U.S. and German Policy Research Institutes' Coping with and Influencing Their Environments; Strategien, Management und Organisation politikorientierter Forschungsinstitute (dt. Zusammenfassung). Aktuelle Materialien zur Internationalen Politik 68. Stiftung Wissenschaft und Politik. Baden-Baden: Nomos Verlag.

Braml, Josef (2005) Das Themennetzwerk der Christlichen Rechten als politischer Machtfaktor in den USA, in: Winand Gellner und Gerd Strohmeier (Hrsg.) Politische Strukturen und Prozesse im Wandel. PIN-Jahrbuch 2004. Baden-Baden: Nomos Verlag.

Braml, Josef (2007) Amerikas alternativer Antrieb. Erneuerbare Energieaußenpolitik der USA. DGAPanalyse Nr. 2, September 2007. Berlin: Deutsche Gesellschaft für Auswärtige Politik (DGAP).

Braml, Josef (2010) Der amerikanische Patient. Auswirkungen der wirtschaftlichen Schieflage in den USA, in: ifo Schnelldienst (ifo Institut für Wirtschaftsforschung) 63(7), S. 3-9.

Bryner, Gary (2008) Failure and Opportunity: Environmental Groups in US Climate Change Policy, in: Environmental Politics 17(2), S. 319-336.

Dietrich, John W. (1999) Interest Groups and Foreign Policy: Clinton and the China MFN Debates, in: Presidential Studies Quarterly 29(2), S. 280-296.

Domhoff, G. William (1978) The Powers That Be. Processes of Ruling-class Domination in America. New York: Vintage Books.

Domhoff, G. William (1983) Who Rules America Now? A View for the '80s. Englewood Cliffs, NJ: Prentice-Hall.

Dye, Thomas R. (1978) Oligarchic Tendencies in National Policy-making. The Role of Private Policy-planning Organizations, in: The Journal of Politics 40(1), S. 309-331.

Dye, Thomas R. (1987) Organizing Power for Policy Planning. The View From the Brookings Institution, in: G. William Domhoff und Thomas R. Dye (Hrsg.) Power Elites and Organizations. Newbury Park, CA: Sage Publications.

Eakins, David (1972) Policy Planning for the Establishment, in: Ronald Radosh und Murray Newton Rothbard (Hrsg.) A New History of Leviathan. Essays on the Rise of the American Corporate State. New York: Dutton.

Gellner, Winand (1995) Ideenagenturen für Politik und Öffentlichkeit. Think Tanks in den USA und in Deutschland. Opladen: Westdeutscher Verlag.

Hastedt, Glenn P. (2008) American Foreign Policy. Past, Present, Future. Upper Saddle River, NJ: Person/Prentice Hall.

Heclo, Hugh (1978) Issue Networks and the Executive Establishment, in: Samuel Beer und Anthony King (Hrsg.) The New American Political System. Washington, D.C.: The American Enterprise Institute.

Hübner, Emil und Heinrich Oberreuter (1977) Parlament und Regierung. Ein Vergleich dreier Regierungssysteme. München: Ehrenwirth.
Hughes, Barry B. (1978) The Domestic Context of American Foreign Policy. San Francisco, CA: W.H. Freeman.
Jones, Charles O. (2005) The Presidency in a Separated System. 2. Auflage. Washington, D.C.: The Brookings Institution.
Lösche, Peter (2008) Verbände, Gewerkschaften und das System der Arbeitsbeziehungen, in: ders. (Hrsg.) Länderbericht USA. Bonn: Bundeszentrale für politische Bildung, S. 274-314.
McGann, James G. (1992) Academics to Ideologues. A Brief History of the Public Policy Research Industry, in: Political Science & Politics 25(4), S. 733-740.
McGann, James G. und R. Kent Weaver (2000) Think Tanks and Civil Societies in a Time of Change, in: dies. (Hrsg.) Think Tanks and Civil Societies. Catalysts for Ideas and Action, New Brunswick, NJ/London: Transaction Publishers, S. 1-35.
Mendelson, Sarah E. (2009) Dusk or Dawn for the Human Rights Movement, in: The Washington Quarterly 32(2), S. 103-120.
Neustadt, Richard (1990) Presidential Power and the Modern Presidents: The Politics of Leadership from Roosevelt to Reagan. New York/Toronto: Simon & Schuster.
Nownes, Anthony J. (2006) Total Lobbying. What Lobbyists Want (And How They Try to Get It). Cambridge/New York: Cambridge University Press.
Rich, Andrew (2004) Think Tanks, Public Policy, and the Politics of Expertise. New York: Cambridge University Press.
Rich, Andrew und R. Kent Weaver (1998) Advocates and Analysts: Think Tanks and the Politicization of Expertise, in: Allan J. Cigler und Burdett A. Loomis (Hrsg.) Interest Group Politics. Washington, D.C.: Congressional Quarterly Press, S. 235-254.
Rosenau, James N. (1967) Domestic Sources of Foreign Policy. New York/London: Free Press.
Sabatier, Paul (1993) Advocacy-Koalitionen, Policy-Wandel und Policy-Lernen: Eine Alternative zur Phasenheuristic, in: PVS-Sonderheft 24, S. 116-148.
Schüttemeyer, Suzanne S. (2001) Parliamentary Parties in the German Bundestag. Washington, D.C.: American Institute for Contemporary German Studies.
Schüttemeyer, Suzanne S. (1998) Fraktionen im Deutschen Bundestag 1949-1997: Empirische Befunde und theoretische Folgerungen. Opladen: Westdeutscher Verlag.
Sebaldt, Martin (2001) Transformation der Verbändedemokratie. Die Modernisierung des Systems organisierter Interessen in den USA. Wiesbaden: Westdeutscher Verlag.
Shell, Kurt L. (1998) Kongreß und Präsident, in: Willi Paul Adams und Peter Lösche (Hrsg.) Länderbericht USA. Bonn: Bundeszentrale für Politische Bildung.
Silk, Leonard und Mark Silk (1980) The American Establishment. New York: Basic Books.
Sims, Beth (1999) Workers of the World Undermined: American Labor's Role in U.S. Foreign Policy. Boston, MA: South End Press.
Steffani, Winfried (1991) Regierungsmehrheit und Opposition, in: Winfried Steffani und Jens-Peter Gabriel (Hrsg.) Regierungsmehrheit und Opposition in den Staaten der EG. Opladen: Westdeutscher Verlag, S. 11-35.
Steffani, Winfried (1979) Parlamentarische und präsidentielle Demokratie: Strukturelle Aspekte westlicher Demokratien. Opladen: Westdeutscher Verlag.
Sundquist, James L. (1988) Needed: A Political Theory for the New Era of Coalition Government in the United States, in: Political Science Quarterly 103(4), S. 613-635.
Useem, Michael (1984) The Inner Circle. Large Corporations and the Rise of Business Political Activity in the U.S. and U.K. New York: Oxford University Press.
Vogel, David (1989) Fluctuating Fortunes. The Political Power of Business in America. New York: Basic Books.
Vogel, David (1996) Kindred Strangers. The Uneasy Relationship between Politics and Business in America. Princeton, NJ: Princeton University Press.

Weaver, R. Kent (1985) Are Parliamentary Systems Better?, in: Brookings Review 3(4), S. 16-25.
Weaver, R. Kent (1989) The Changing World of Think Tanks, in: Political Science and Politics 22(3), S. 563-579.
Weaver, R. Kent (1995) Think Tanks, in: Donald C. Bacon, Roger H. Davidson und Morton Keller (Hrsg.) The Encyclopedia of the United States Congress. Volume 4, 1957-1959. New York: Simon & Schuster.
Weaver, R. Kent und Bert A. Rockman (1993) Assessing the Effects of Institutions, in: dies. (Hrsg.) Do Institutions Matter? Government Capabilities in the United States and Abroad. Washington, D.C.: The Brookings Institution, S. 1-41.

Medien und öffentliche Meinung

Hans J. Kleinsteuber/Magnus-Sebastian Kutz

Zusammenfassung

Das Mediensystem der USA ist sowohl von dem Gedanken des „freedom of speech" und der Pressefreiheit als auch von der durchgängigen Kommerzialisierung des Medienmarktes und dem Fehlen eines mit europäischen Mediensystemen vergleichbaren öffentlich-rechtlichen Rundfunks geprägt. Während der normalerweise an hohe Standards geknüpfte Journalismus in den USA derzeit einen Niedergang erlebt, der mit der Zeitungskrise verbunden ist, haben in jüngerer Zeit das Internet und zuvor das Fernsehen einen Siegeszug erlebt. Das Fernsehen ist immer noch das wichtigste Informationsmedium in den USA.

Die mediale Debatte über Außenpolitik wird in hohem Maße von der US-amerikanischen Administration beeinflusst, wobei in der wissenschaftlichen Debatte kein Konsens darüber besteht, wie das Wechselverhältnis von Medien und Politik im Rahmen außenpolitischer Entscheidungen ausgestaltet ist. Deutlich ist nur, dass intensive Maßnahmen – auch im militärischen Bereich durch das sogenannte „Einbetten" von Journalisten bei Kampfeinheiten – getroffen werden, um die öffentliche Meinung in den USA im Sinne der Regierung zu beeinflussen.

Die Erfassung der öffentlichen Meinung durch Meinungsumfragen ist in den USA entstanden und spielt bis heute eine bedeutende Rolle im politischen Raum. Auch wenn die Administration einen recht großen Handlungsspielraum bei Entscheidungen zu Fragen der Kriegsführung hat, ist Krieg doch nicht auf Dauer gegen den Willen der Bevölkerung durchsetzbar. Dieser Willen wird in hohem Maße durch die Zahl der Opfer eines Krieges beeinflusst – seien es unbeteiligte Zivilisten, seien es eigene Soldaten.

Das Mediensystem der USA

Pressefreiheit und Grundlagen

Bereits in den britischen Kolonien in Nordamerika herrschte vergleichsweise große Pressefreiheit, frei agierende Medien spielten dann bei der Revolution eine führende Rolle als Befürworter. So lag es nahe, dass im Grundrechtekatalog des Verfassungswerks (von 1789) bereits an prominenter erster Stelle (*first freedom*) die Freiheit der Meinung und der Presse garantiert wird, die durch kein Gesetz eingeschränkt werden darf. Auf dieser Grundlage gibt es bis heute kein Pressegesetz auf Bundesebene in den USA. Was für die Printmedien gilt, musste für die elektronischen Medien modifiziert werden, hier reguliert eine staatliche Behörde (*Federal Communications Commission*) seit 1934 die Branche, gibt Sendelizenzen aus und sorgt für Mindeststandards.

In der Geschichte der USA war die Freiheit der Medien meist weniger vom Staat als von großen Medienkonglomeraten bedroht. Bereits vor dem Ersten Weltkrieg bekämpften sich die Großverleger (*media tycoons*) William Randolph Hearst und Joseph Pulitzer auf dem New Yorker Zeitungsmarkt und anderswo. Während der skrupellose Hearst seine Blätter vor allem für persönliche Politikambitionen einsetzte, ging es Pulitzer mehr um Qualität und gesellschaftliche Verantwortung (er begründete den Pulitzer Preis und die prominenteste Ausbildungsstätte: *Columbia Journalism School*).

Im Jahre 1966 wurde der *Freedom of Information Act* (FOIA) erlassen, der jedem Bürger den Zugang zu staatlichen Akten ermöglichte. Er wurde in der Nachfolge vor allem von Journalisten genutzt, um an viele Interna des politischen Geschäfts zu kommen. Im Nachgang zu den Ereignissen von 9/11 wurde der Zugang mit dem *Patriot Act* (2001) wieder erschwert, ist aber immer noch ein scharfes Instrument der Medien. Gerade im Zusammenhang mit sicherheitspolitischen Entscheidungen wird der FOIA durch Medien und Nichtregierungsorganisationen intensiv genutzt. So wurde beispielsweise die Veröffentlichung verschiedener interner Unterlagen der Administration veranlasst, die im Vorwege des Irakkrieges im Jahr 2002 erstellt worden waren, oder auch die Veröffentlichung von Fotos erzwungen, die Särge von Soldaten zeigten.

Printmedien

Die USA schauen auf eine lange Zeitungsgeschichte zurück, die durch die prinzipielle Zensurfreiheit, die umfassende Lesefähigkeit und den hohen Lebensstandard der Bevölkerung geprägt war. Viele der modernen Elemente einer lebendigen Zeitungslandschaft entstanden in den USA, wobei die lokale Orientierung der Zeitungen deutlich wird. Fast alle führen den Erscheinungsort im Titel (*New York Times, Washington Post*). Es gibt bei sinkender Tendenz noch ca. 1.400 Redaktionen. Bis in die 1970er Jahre existierten in dem riesigen Land keine nationalen Zeitungen. Diese wurden erst über Satellitenübertragung von Druckfahnen (*Wall Street Journal* 1975, *USA Today* 1981) möglich. Auch heute dominiert die Lokalausgabe. Allerdings gelten die großen Zeitungen der Ostküstenmetropolen (New York, Washington) als Meinungsführer. Die allermeisten Titel gehören Zeitungsketten, so kontrolliert z. B. allein der Gannett-Konzern 85 Zeitungen.

Die gesamte Zeitungslandschaft, die viele Jahre sehr profitabel war, ist in eine schwere Krise gekommen, erste Titel sind bereits verschwunden. Dafür gibt es viele Gründe: die Konkurrenz des Internet, das Abwandern der Werbung und veränderte Mediennutzung vor allem bei jungen Leuten. Mit stark sinkenden Einnahmen vermindert sich auch die Qualität der Berichterstattung, Redaktionen werden ausgedünnt, internationale Korrespondentennetze abgebaut. Im Bereich der Zeitschriften sieht es nicht besser aus. Hier haben die politischen Magazine (*Times Magazine, Newsweek*) schwere Einbußen hinzunehmen. Zwar gibt es einige Ansätze der Kompensation im Internet, vor allem die recht erfolgreiche linksliberale Netzzeitung *Huffington Post*, aber insgesamt nehmen Berichterstattungsumfang, Qualität und das Leserinteresse ab.

Elektronische Medien

Radio und Fernsehen prägen heute wesentlich den Medienkonsum der US-Amerikaner. Das Rundfunksystem ist prototypisch kommerziell ausgerichtet, d.h. gewerblich tätige Unternehmen kontrollieren die *TV-Networks* (ABC, CBS, NBC, FOX) und damit die Netzwerke, die lokale Stationen beliefern. Hauptquelle der Finanzierung sind von der werbenden Wirtschaft gekaufte Werbezeiten. In diesem System werden Stationen für den Kontakt zu den Konsumenten bezahlt, das stellt unterhaltende Programme in den Mittelpunkt. Ein gebührenfinanziertes, öffentlich-rechtliches System nach europäischem Vorbild existiert nicht. Über Spenden- und staatliche Zuweisungen finanziert werden jeweils ein Radio- und ein TV-Netz (NPR, PBS) mit qualitätsvollem Angebot betrieben, die allerdings nur geringe Reichweiten erzielen.

In den letzten Jahrzehnten sind mit Kabel und Satellit Hunderte weiterer Anbieter dazugekommen, die das frühere Monopol der *Networks* beendet haben. Im Bereich politischer Berichterstattung hatte lange Zeit der Nachrichtensender CNN eine starke Stellung. Er verlor in den letzten Jahren allerdings viele Zuschauer, weil der zum Imperium des konservativen Rupert Murdoch gehörende Nachrichtenkanal FOX TV mit aggressivem Programmangebot die Führung übernahm. Dagegen profilierte sich auf der linksliberalen Seite der Kanal MSNBC. Auch wenn in den USA die Nutzung des Internet stark zugenommen hat, gilt das Fernsehen immer noch als das wichtigste Medium für die politische Orientierung der US-Amerikaner.

Es gibt einen Bereich, in dem der Staat gleichwohl eigene Rundfunkstationen betreibt. Die Regierung ist dazu autorisiert, wenn sie der Außendarstellung oder außenpolitischen Interessen der USA dienen. Während des Zweiten Weltkrieges (1942) wurde die *Voice of America* aufgebaut, die heute in englisch und 42 weiteren Sprachen in die Welt sendet, dazu kommen *Radio Free Europe/Radio Liberty*, einst ein Sender zur Beeinflussung der öffentlichen Meinung in den ehemaligen Ostblockstaaten, der heute in Zentralasien und den südlich anschließenden Krisenregionen (Afghanistan, Irak) tätig ist, *Radio Farda* für Iran, sowie *Radio* und *TV Martí* für Kuba. Anders als die öffentlich-rechtlich organisierten Sender BBC oder Deutsche Welle unterstehen sie einem zweiparteilichen Board, in dem der Außenminister ständig vertreten ist. Die Sender sind damit regierungsnahe Stimmen. In früheren Jahren hatten die USA als Teil ihrer *public diplomacy* ein enges Netz von Kultureinrichtungen unterhalten – in Deutschland die Amerikahäuser – die ein positiv-friedfertiges Bild der USA vermittelten. Sie sind weitgehend geschlossen worden, während gleichzeitig die globale militärische Präsenz zunahm. Dieser Trend weg von kultureller Selbstdarstellung wurde kritisiert, es mangele an *soft power* wie es Joseph S. Nye (2005) formulierte, die USA sollten verstärkt eigene Werte und politische Erfahrungen vermitteln (vgl. hierzu den Beitrag von Anna Schwan in diesem Band).

Agenturen

Eine zentrale Voraussetzung zur Entstehung moderner Nachrichtenagenturen war die Entdeckung des Telegrafen (1835) durch den Amerikaner Samuel Morse, der erstmals ermöglichte, Nachrichten ohne Zeitverzögerung national und bald auch weltweit zu übertragen. Die zentrale Weltagentur der USA ist *Associated Press* (AP), die ihre Anfänge bis 1846 zurückverfolgen kann und seit 1892 unter diesem Namen arbeitet. Ihre Zentrale ist in New York.

AP ist eine genossenschaftlich betriebene Agentur, die selbst nicht kommerziell arbeitet und fast alle Zeitungen und TV-Anbieter sind deren Besitzer und Nachrichtenkunden. Als global tätige Agentur unterhält AP über 240 Nachrichtenbüros in den USA und allen Teilen der Welt. Heute liefert eine derartige Agentur nicht nur Pressemeldungen, sondern ein breites Spektrum von Mediendienstleistungen. *AP Television News* gilt z. B. als größte Video-Agentur der Welt. AP beansprucht, täglich fast alle US-amerikanischen Bürger und eine Milliarde Konsumenten im Rest der Welt zu erreichen. AP hat ein faktisches Monopol in den USA. Konkurrenten sind vor allem europäische Agenturen wie die britische Reuters, die französische afp oder die deutsche dpa. Mit dieser Ballung von weltweit tätigen Agenturen hier in Europa liegt heute das Zentrum der Weltnachrichtenproduktion nicht den USA.

Internet

Die Entstehungsgeschichte des Internets geht in die USA der 1970er Jahre zurück, als es aus militärischen Anfängen zuerst zu einem Wissenschaftlernetz weiterentwickelt worden war. Es erreicht (2010) 77 Prozent der Haushalte, meist breitbandig, und ist für junge Leute mittlerweile das wichtigste Medium. Das Netz erfüllt heute ganz unterschiedliche Aufgaben, so bietet es sehr einfachen Zugang zu Online-Mediendiensten. Niedrige Zugangsbarrieren führten zur Etablierung neuer lokaler Online-Medien, oft beruhend auf „Bürgerjournalismus" (*civic journalism*), was manche Folgen der Zeitungskrise abfängt.

Zu Beginn des neuen Jahrtausends erkannten Startup-Firmen in den USA das Potenzial für horizontale Vernetzung von Millionen Nutzern (*Facebook*, *Twitter*) und ließen soziale Netzwerke entstehen. So konnten sich Kommunikationsinteressierte an den etablierten Medienstrukturen vorbei untereinander verständigen. Im Jahre 2010 machte die Enthüllungsplattform *Wikileaks* von sich reden, als sie Hunderttausende von US-amerikanischen Militärdokumenten und diplomatische Depeschen („cablegate") weltweit zugänglich machte.

Im Jahre 2010 überschritt die Zeit für mobile Internetnutzung per Handy und Tablet erstmals die für den stationären Desktop. Nach wie vor sind die USA in der Nutzung digitaler Medien etwa ein bis zwei Jahre den Deutschen voraus.

Selbstverständnis der Journalisten

Journalisten, also professionelle Autoren und Verbreiter von Informationen, begleiten die Politik der USA seit ihren Anfängen. Da sie nie eine Zensur befürchten mussten, entwickelten sie ein beachtliches Selbstbewusstsein, organisierten sich in schlagkräftigen Organisationen und wurden in speziellen *Journalism Schools* ausgebildet. Sie sehen sich traditionell als *adversaries*, als Gegenüber der Politiker, deren Arbeit sie kritisch begleiten wollen. So entstand vor über einhundert Jahren auch das Konzept des *investigative reporting*, der investigativen Recherche, bei der das Ziel ist, mit allen, auch verdeckten Mitteln Missstände in Politik und Gesellschaft aufzudecken. Der von Journalisten der *Washington Post* aufgedeckte Watergate-Skandal, der schließlich 1974 zum Sturz des Präsidenten Richard M. Nixon führte, gilt heute immer noch als Maßstab aller Journalisten.

Angesichts der Krise der Medien in den USA haben es Journalisten aber zunehmend schwerer, viele sind entlassen worden, andere müssen deren Arbeit mit übernehmen, was insbesondere in der Recherche deutliche negative Auswirkungen hat. Dazu kommen spezifische Probleme. So kommt zwar der Gedanke des Informantenschutzes (ein Journalist muss seine Quellen nicht preisgeben) aus den USA, aber ausgerechnet auf Bundesebene genießen Journalisten diesen Schutz nicht. So wurden in den Jahren der George W. Bush Administration mehrfach Journalisten in Beugehaft genommen, um interne Informationen zu erzwingen.

Nachrichtenmärkte und Zeitungssterben

Seit Beginn der 1980er Jahre hat ein struktureller Wandel der US-amerikanischen Nachrichtenmärkte eingesetzt. Das Aufkommen von Nachrichtenkanälen wie CNN, das später durch FOX News und MSNBC Konkurrenz erhielt, sorgte für einen Wandel sowohl des Nachrichtenzyklus als auch der Bedeutung der Nachrichtensendungen in den *Networks*. Die Hauptnachrichtensendungen von ABC, CBS und NBC, die Anfang der 1980er Jahre noch den Abschluss des täglichen Nachrichtenzyklus bildeten, verloren seitdem im Schnitt fast eine Million Zuschauer pro Jahr und sanken von einer Einschaltquote von über 52,1 Millionen auf 23,1 Millionen im Jahr 2010 (Guskin et al. 2011). Gleichzeitig gewannen die Nachrichtenkanäle an Bedeutung und sorgten durch die schnelle Berichterstattung für eine wesentliche Beschleunigung politischer Kommunikation. Diese Verschiebungen in den Zuschauerzahlen führten gerade bei den *Networks* zu einer deutlichen Verkleinerung der Redaktionen. Schätzungen gehen von einer Halbierung der Redakteure seit 1980 aus.

Parallel dazu hat sich auch der Zeitungsmarkt massiv verändert, da das Internet das grundsätzliche ökonomische Modell der Zeitungen untergräbt. US-amerikanische Tageszeitungen generieren aufgrund der sehr niedrigen Zeitungspreise den größten Teil ihrer Einnahmen aus Werbung. Im Jahr 2000 kamen 40 Prozent der Werbeeinnahmen von Tageszeitungen aus Rubrikenmärkten (Automobile, Stellenanzeigen, Immobilien). Diese Anzeigen sind zu großen Teilen in entsprechende Portale (z.B. *Monster.com*) ins Internet abgewandert. Gleichzeitig führte die kostenlose Verfügbarkeit der Inhalte im Netz zu einem deutlichen Auflagenrückgang. Dieser wird zwar in der Zahl der Nutzer durch das Internet kompensiert, jedoch generieren Internetnutzer deutlich geringere Werbeeinnahmen (ca. 1/10). (Kleinsteuber/Kutz 2006, 2009).

Medientechnologien und internationale Nachrichtenmärkte

Während Zeitungen und *Networks* vor allem auf die USA fokussiert sind, haben Agenturen und Nachrichtenkanäle auf internationaler Ebene und insbesondere im Kontext von internationalen Krisen und Konflikten eine herausgehobene Rolle. Die Berichterstattung von CNN im Irakkrieg 1991 machte den Sender international bekannt. Seitdem dominieren CNN und BBC World die Berichterstattung. Wenngleich offen ist, wie groß die tatsächliche Anzahl von Zuschauern von BBC und CNN ist, werden sie trotzdem als „U.S./U.K. news duopoly" (Tunstall/Machin 1999: 88) angesehen. CNN und die BBC verfügen beide über große internationale Korrespondentennetze. Die BBC hat 58 internationale Büros und 250 Korrespondenten. Im Jahr 2003 erreichte sie 241 Millionen Haushalte in 200 Ländern. CNN kann auf 150 Korrespondenten in 42 Büros zurückgreifen und wird in 150 Millionen Haushalten in 212 Ländern empfangen (Thussu 2003: 119-120). Da ihr Publikum vor allem bei der politischen und wirtschaftlichen Elite zu finden ist, beide Sender üblicherweise in Nachrichtenredaktionen laufen und damit die erste Wahrnehmung von Ereignissen innerhalb der Redaktionen beeinflussen und zudem auch im diplomatischen Dienst und bei anderen internationalen Organisationen intensive Beachtung finden, kann von einem großen Einfluss beider Sender ausgegangen werden.

Hinzu gekommen ist der arabische Nachrichtensender *Al Jazeera*, der 1996 in Qatar gegründet wurde und seit den Terroranschlägen vom 11. September 2001 internationale Bedeutung erlangt hat, die er gerade während des „arabischen Frühlings" im Jahr 2011 unter Beweis stellte. Der Sender arbeitet mit einem „radikalen Verständnis von Meinungsfreiheit" (Hafez 2008: 34) und ist mittlerweile einer der beliebtesten Fernsehsender im Nahen Osten.

Die US-Administration und der außenpolitische Diskurs

Außerhalb von besonderen Ereignissen, wie zum Beispiel Gipfeltreffen, Krisen und militärischen Konflikten findet Außenpolitik in deutlich geringerem Maße Eingang in die öffentliche Debatte als innenpolitische Themen wie z. B. Innere Sicherheit, Sozialpolitik oder Steuergesetzgebung. Debatten über Außenpolitik sind daher zumeist Spezialistendebatten, die von Fachjournalisten, Wissenschaftlern und Nichtregierungsorganisationen dominiert werden. Gerade in den USA tritt dieser Effekt aufgrund der großen außenpolitischen Bedeutung und der besonderen geografischen Lage des durch zwei Ozeane begrenzten Landes auf. Zudem verfügt die Administration über einen großen Informationsvorsprung. Ihr stehen das Verteidigungs- und das Außenministerium ebenso wie die Geheimdienste als Informationsquellen zur Verfügung.

Ein geringeres öffentliches Interesse trifft daher auf einen deutlichen Informationsvorsprung der Exekutive, die über einen großen außenpolitischen Handlungsspielraum verfügt. Hinzu kommt, dass der Präsident aufgrund des präsidentiellen Regierungssystems der USA eine herausgehobene Position hat, die er mittels intensiver öffentlicher Kommunikation ausbauen und stärken kann. Bei außenpolitischen Ereignissen hat die US-Administration daher nach Ansicht von Robert Entman (2004) einen sehr großen Einfluss auf die Interpretation, also das mediale *Framing* dieser Ereignisse.

Framing

Framing ist ein Schlüsselbegriff der Kommunikationswissenschaft. Die am weitesten verbreitete Definition kommt von Robert Entman. Er definiert *Framing* als „selecting and highlighting some facets of events or issues, and making connections among them so as to promote a particular interpretation, evaluation, and/or solution". Ein *Frame* enthält dabei immer zwei der folgenden Elemente: Er definiert Ereignisse bzw. Zustände als problematisch, beschreibt Ursachen ebenso wie Verantwortungen, vermittelt moralische Wertungen und schlägt Lösungen und Verbesserungen vor, die die zuvor definierten Probleme beheben könnten.

Entman beschreibt den Kommunikationsfluss bei der Interpretation außenpolitischer Ereignisse als ein Kaskadenmodell und vergleicht die Entwicklung von Frames mit den Kaskaden eines Wasserfalls, in denen das Framing in einem Top-Down-Prozess vom Weißen Haus zunächst die politischen Eliten in Washington erreicht und sich dann bei den Medien durchsetzt. Von den Medien gelangen diese Interpretationen zur breiten Öffentlichkeit.

Ein bestimmtes *Framing* ist insbesondere dann erfolgreich, wenn es an die politische Kultur sowie Grundwerte der USA anknüpft und wenn es neue Ereignisse mit bekannten Zusammenhängen verbindet. In verschiedenen Debatten der letzten Jahrzehnte konnte die US-Administration jeweils großen Einfluss auf das mediale *Framing* nehmen.

Während die Administration in den beschriebenen Fällen relativ großen Einfluss auf die Berichterstattung innerhalb der USA hat, ist dies im Hinblick auf die internationale Berichterstattung nicht der Fall. Sowohl die internationalen Nachrichten- und Fernsehbildagenturen als auch die an Bedeutung gewinnenden internationalen Nachrichtenkanäle wie CNN und *Al Jazeera* entziehen sich diesem Einfluss. Dies ist insbesondere bei Ereignissen der Fall, die in anderen Zeitzonen stattfinden, während es in den USA Nacht ist. Die Berichterstattung über diese Ereignisse wird dann zumeist von den übrigen US-amerikanischen Fernsehsendern übernommen und dominiert die Morgennachrichten. Daher sind alle Administrationen seit dem Kosovo-Krieg dazu übergegangen, auf diese beschleunigte Berichterstattung mit Medienbüros in den Krisenregionen zu reagieren, die in der Lage sind vor Ort mit Fachleuten auf Ereignisse zu reagieren (Kutz 2011).

Die Kombination aus geringem öffentlichen Interesse auf der einen Seite sowie Einfluss, Informationsvorsprung und Interpretationsmacht der Administration auf der anderen Seite, führt also zu einem großen Einfluss des Weißen Hauses auf den öffentlichen Diskurs über Außenpolitik. Dennoch verfängt dieser Einfluss nicht immer und außenpolitische Debatten können sich – wie z.B. während des Vietnamkrieges und des Irakkrieges – gegen die Interessen des Präsidenten wenden.

Medien und Krieg: zwischen CNN-Effekt und den Folgen der Vietnamkriegsdebatte

Um diese Entwicklungen zu verstehen, ist ein breiterer Blick auf das Verhältnis von Medien und Politik in militärischen Konflikten in den USA notwendig. Das Verhältnis von Medien und Politik lässt sich nach Brüggemann und Weßler (2009: 637) in drei verschiedenen

Modellen darstellen: Das „Modell medialer Allmacht" (a.a.O.), geht von einer Machtverschiebung von politischen Institutionen zugunsten der Massenmedien aus und konstatiert, Politik sei in ein Abhängigkeitsverhältnis zu den Massenmedien geraten. Den Gegenpol bildet die These von der „Ohnmacht der Medien" (Brüggemann/Weßler 2009: 637), die von einer zunehmenden Diskrepanz von Entscheidungs- und Darstellungspolitik ausgeht, (Sarcinelli 2003: 46) und neomarxistische Ansätze, die eine Kontrolle von Medien durch Eliten (Herman/Chomsky 1988) zu erkennen meinen. Das dritte Modell sieht dagegen eine

> „wechselseitige Abhängigkeit oder Symbiose (in der sich m)ediale Realitätskonstruktion (...) als Ergebnis eines Interaktionsprozesses zwischen Politik und Medien (entfaltet), bei dem keine Seite die andere völlig kontrollieren kann" (Brüggemann/Weßler 2009: 637).

Brüggemann und Weßler (2009: 637-644) haben in der Forschung zum Verhältnis von Medien und Politik im Krieg drei Modelle identifiziert, die sich an diesen Ideen orientieren:

Starker Medieneinfluss: der „CNN-Effekt". Hinter diesem Begriff steht die Idee, dass Medien großen Einfluss auf die internationale Politik haben. Insbesondere internationale Nachrichtenkanäle würden die öffentliche Aufmerksamkeit auf bestimmte Probleme, Krisen und Konflikte lenken und so Handlungsdruck aufbauen. Sei es, militärisch zu intervenieren, sei es, eine Intervention aufgrund eigener Verluste abzubrechen. Diese Effekte können schwach oder stark ausgeprägt sein und politische Entscheidungen ebenso verhindern wie beschleunigen, bzw. überhaupt erst eine Thematisierung auslösen. Diese These war vielfältiger Kritik ausgesetzt. Hafez sieht die These vom CNN-Effekt als „Symbol einer mythischen Überfrachtung" (2005: 76), da Interventionsentscheidungen meist vor dem Beginn intensiver Medienberichterstattung fielen.

Indexing: Primat der Politik (Brüggemann/Wessler 2009: 639-641). Diese These betont den Einfluss der Exekutive bzw. den Einfluss von politischen Eliten. Es lassen sich drei Arten von Mediendebatten identifizieren: Konsens, legitime Kontroverse und Abweichung (Hallin 1986: 116-118). Dabei definieren die Äußerungen der politischen Elite den Bereich legitimer Kontroverse, d.h. „mass media news is indexed implicitly to the dynamics of the governmental debate" (Bennett 1990: 108). Dieses Modell geht davon aus, dass Medien nur die Debatte der politischen Akteure widerspiegeln. Sind sich Letztere einig, wird dieser Konsens auch in der Medienberichterstattung übernommen, anderenfalls entspricht das Meinungsspektrum der Debatte in den Medien dem der politischen Eliten.

Modelle der Interdependenz: wechselseitige Abhängigkeit (Brüggemann/Weßler 2009: 643-644). Hier ist vor allem eine Erweiterung des *Indexing*-Konzepts von Hallin relevant, mit der drei mögliche Rollen von Medien in Konflikten identifiziert werden können: Sind sich Eliten einig, gibt es also einen Elitenkonsens, werden Medien zum Übermittler von Regierungs-PR. Bei einem Elitendissens bilden sie das Meinungsspektrum des Elitendiskurses ab. Erst wenn dieser Dissens von einem unklaren politischen Kurs der Regierung begleitet wird – also keine klare politische Zielsetzung vorhanden ist –, können kritische Medien auch einen Einfluss auf politische Entscheidungen entwickeln (Robinson 2002). Regierungen haben also nur unter bestimmten Prämissen einen hohen Einfluss auf die mediale Interpretation von außenpolitischen Krisen.

Militär und Medien

Nicht nur die US-amerikanische Administration ist ein wichtiger Akteur im Verhältnis von Medien und Außenpolitik sondern auch das US-amerikanische Militär. Dieses Verhältnis war jedoch seit dem Vietnamkrieg angespannt, da sich im *Pentagon* die Interpretation durchgesetzt hatte, dass die negative Medienberichterstattung über den Vietnamkrieg Ausgangspunkt der öffentlichen Kritik in den USA und letztendlich der Niederlage in Vietnam gewesen sei (vgl. hierzu den Beitrag von Thomas Rid in diesem Band). Aus diesem Grund war die US-amerikanische Armee zunächst sehr zurückhaltend mit der Einbindung von Journalisten in Kampfverbände. Die US-amerikanische Invasion in Grenada 1983 fand ohne Beteiligung der Medien statt, auch während der Panama-Intervention 1989 war der Zugang für Journalisten schwierig, da nur ein kleiner *Pool* von Journalisten eingeflogen und deren Zugang restriktiv gehandhabt wurde.

Eine systematische Veränderung entstand dann erstmals mit dem Zweiten Golfkrieg 1991 (Rid 2007: 64-77). Im Vorfeld des Golfkrieges hatte die US-amerikanische Administration den Zugang zum Aufmarschgebiet in Saudi-Arabien eingeschränkt, indem sie mit Unterstützung des saudischen Königshauses die Zahl der Journalisten-Visa begrenzte. Informationen wurden in *Briefings* veröffentlicht, wobei gerade die Bilder aus Präzisionswaffen prägend waren. Zudem wurden Journalisten in *Pools* eingeteilt, die die Einheiten begleiteten. Insgesamt waren 2000 Journalisten in Saudi Arabien registriert, 160 von ihnen gehörten zu *Pools*.

Das *Pool*-System war jedoch von Schwierigkeiten geprägt: Die Mitglieder eines *Pools* wurden zu einem bestimmten Ort gefahren, konnten dort Interviews führen und Berichte vorbereiten, mussten diese Berichte jedoch vor der Veröffentlichung von den für *Public Affairs* zuständigen Offizieren prüfen und freigeben lassen. Kontrolle fand vor allem statt, indem der Zugang beschränkt und die Übermittlung von Berichten in die Redaktionen verzögert wurde. Erst mit dem Einsatz in Somalia 1993 setzte dann in der Armee die Erkenntnis ein, dass Medienberichterstattung ein Teil von militärischen Konflikten ist und dass sie ein Schlüsselelement einer erfolgreichen Strategie sein muss. Zu diesem Zeitpunkt begann ein grundsätzliches Umdenken im US-amerikanischen Militär (Rid 2007: 90-95).

Infolge der Terroranschläge vom 11. September 2001 begann der Krieg in Afghanistan. Nach dem Start der Kampfhandlungen in Afghanistan wurden grundsätzliche Probleme in der Pressearbeit offensichtlich. Die Konzentration auf Luftangriffe machte es zunächst unmöglich, Journalisten mit ins Kampfgebiet zu nehmen, da sich das Pentagon in der ersten Phase weitgehend auf die afghanische Nordallianz als „Bodentruppe" verließ und nur wenige US-amerikanische Spezialkräfte am Boden agierten. An dieser Stelle übernahmen die *Marines*, wie bereits im Golfkrieg 1991, eine Vorreiterrolle. Im November konnten erstmals einige Journalisten diese Einheiten begleiten und im Dezember begann auch die *Army*, Medienvertreter mitzunehmen. Wie Studien später zeigten, erhöhte sich die Zahl der Medienberichte über die *Marines* in Afghanistan wesentlich (Rid 2007: 105).

Diese Lernprozesse in den US-amerikanischen Streitkräften führten schließlich dazu, dass das sogenannte *embedding* im Irak-Krieg 2003 umgesetzt wurde. Im Rahmen dieses Konzeptes wurden Journalisten direkt bei den Streitkräften „eingebettet" und begleiteten diese in die Kampfhandlungen. Dabei sorgte das Militär für Transport, Verpflegung und Schutz der Berichterstatter, deren Berichte zwar nicht zensiert wurden, die jedoch klaren Regeln der Berichterstattung unterworfen waren und bei Nichteinhaltung fürchten mussten, dass die Zusammenarbeit beendet würde. Insgesamt wurden so 775 Journalisten bei US-amerikanischen Militäreinheiten integriert.

Die Beschränkungen betrafen neben dem Schutz von Persönlichkeitsinformationen wie Namen von verwundeten oder getöteten US-amerikanischen Soldaten und der Einhaltung der Genfer Konvention vor allem strategische Fragen, genauere Informationen über Waffensysteme oder geografische Angaben. Diese Beschränkungen führten zu einer Berichterstattung auf Mikro-Ebene, die sich vor allem auf den soldatischen Alltag konzentrierte.

Öffentliche Meinung

Öffentliche Meinung und Meinungsumfragen

Der Begriff der öffentlichen Meinung (*public opinion*) ist alt und diente in Europa und den USA oft als Rechtfertigung der Regierenden, die sich damit auf öffentliche Zustimmung beriefen. Eine völlig neue Bedeutung bekam der Ansatz in den USA der 1930er Jahren, als erstmals in *public opinion polls* mit wissenschaftlich gesicherten und repräsentativen Umfragen versucht wurde, zu Sachthemen Meinungen der Bürger zu ermitteln. Repräsentativ heißt dabei, dass eine begrenzte Zahl Befragter stellvertretend für alle Teile der Bevölkerung steht. Die zentrale Figur in dieser Einführungsphase wurde George Gallup, der mit seinem Institut im Auftrage Dritter Meinungsumfragen zu organisieren begann. Er sah sich dabei am „Puls" der Bevölkerung und behauptete, einen Beitrag zur Demokratie zu leisten (Gallup/Forbes 1940)

Damit wurden die Grundlagen für eine florierende Branche kommerziell tätiger Markt- und Medienforschungsinstitute geschaffen. Jenseits des basisdemokratischen Anspruchs von *Gallup* wurde das neue Instrument vor allem von der Marketing-Forschung großer Unternehmen entdeckt, die jetzt Bürger nach ihren Bedürfnissen fragten, um mit diesem Wissen neue Produkte zu lancieren oder Werbekampagnen zu konzipieren. Dabei vermählten sich bald die Erforschung der *public opinion* mit den *public relations*, der Öffentlichkeitsarbeit großer Organisationen.

Repräsentative Erhebungen sind teuer, so steht dieses Instrument vor allem Auftraggebern mit großem Geldbeutel zur Verfügung. Umfrageergebnisse von Firmen oder Regierungen werden meist als Geheimnis gehandelt und strategisch eingesetzt. Medien geben aber oft Umfragen zu Wahlen oder politischen Themen in Auftrag, die dann auf großes öffentliches Interesse treffen. Das kann dazu führen, dass auch Umfragen gezielt eingesetzt gegeben werden, verbunden mit entsprechend formulierten Fragen, um bestimmte Politikziele auf die öffentliche Agenda zu setzen.

Umfragen in der Politik

Umfragen in der Politik spielen seit vielen Jahren eine zentrale Rolle. Der Kandidat für ein politisches Amt will z.B. wissen, was seine potenziellen Wähler zu wichtigen Themen denken, um sie in sein Programm aufzunehmen. Meinungsumfragen in Zeiten des US-amerikanischen Präsidentschaftswahlkampfs werden ständig durchgeführt, um die aktuelle Popularität der Bewerber zu erkunden. Damit entsteht ein regelrechtes *horse race*, ein öffentliches Rennen um Mehrheiten, das Wahlkämpfe über Monate hinweg zu einem unterhaltsamen Thema werden lässt.

Eine ähnliche Bedeutung haben Umfragen auch für die Regierenden. Sie wollen wissen, welche Themen unter den Bürgern gerade diskutiert werden und wie ihre politischen Maßnahmen bei den Adressaten ankommen. Mit Umfragen werden auch staatliche Kampagnen vorbereitet, um dann bereits beschlossene Ziele umzusetzen. Es geht um Begründungszusammenhänge, mit denen Maßnahmen „verkauft" werden können. Umgekehrt wird auch verdeckt gefragt, so dass die Regierung unangenehme Resonanzen auf ihre Politik besser einschätzen kann. Auch hier gilt, dass Umfragen hohe Kosten erzeugen, in Maßen manipulierbar sind und damit weniger zur Demokratisierung beitragen, sondern eher den Mächtigen einen Informationsvorsprung ermöglichen.

Meinungsumfragen in außenpolitischen Entscheidungen

Auch wenn eine grundsätzliche öffentliche Zustimmung zum außenpolitischen Kurs es der Regierung erleichtert, ihre Ziele zu verwirklichen, ist diese nicht unbedingt Voraussetzung für den Erfolg. So zeigte sich beispielsweise im Vorfeld des Kosovokrieges 1999 ein uneinheitliches Meinungsbild in Umfragen und auch im Vorfeld des Irakkrieges 2003 gab es insbesondere für ein Vorgehen ohne VN-Mandat keine breite Unterstützung.

Deutliche Auswirkungen im außenpolitischen Prozess entwickeln öffentliche Meinung bzw. ihre Repräsentation in Meinungsumfragen dann, wenn ein bestimmtes außen- und sicherheitspolitisches Vorgehen deutliche Ablehnung findet. Dies zeigte sich sowohl im Verlauf des Vietnamkrieges als auch in den Kriegen der jüngeren Geschichte. So geriet die Clinton-Administration unter Druck, nachdem sich im Verlauf des Kosovokrieges keine sichtbaren Erfolge einstellten, das Kriegsziel zunächst nicht erreicht wurde und mehrere Zwischenfälle öffentlich wurden, in denen Zivilisten Opfer von NATO-Angriffen geworden waren. Ähnliches widerfuhr auch der Bush-Administration, nachdem sich die Begründung des Irakkrieges mit der Präsenz von Massenvernichtungswaffen als offensichtlich falsch herausgestellt hatte und das Land in einen massiven Bürgerkrieg geriet, der auch zahlreiche US-amerikanische Soldaten das Leben kostete. Aktuell steht auch die Obama-Administration unter zunehmendem öffentlichem Druck, den Krieg in Afghanistan zu beenden.

Gerade im Verlauf von Kriegen und Konflikten ist die öffentliche Meinung von zwei wesentlichen Faktoren abhängig: dem militärischen Erfolg auf der einen Seite und den Kriegsopfern auf der anderen Seite. Hier spielt die Erwartung eine Rolle, dass zivile Opfer in Kriegen vermieden werden. Daher fokussiert sich die Rechtfertigung militärischen Vorgehens meist auf den Einsatz von Präzisionsmunition und die Unterscheidung von Soldaten und Zivilisten, die jedoch gerade in asymmetrischen Konflikten wie in Afghanistan fast nicht möglich ist. Auf der anderen Seite sind jedoch westliche Gesellschaften in immer geringerem Maße bereit, eigene Opfer zu akzeptieren, weswegen auch Opfer unter den eigenen Soldaten schnell zu öffentlichen Debatten über militärisches Handeln führen. Dieses Phänomen wird wissenschaftlich meist unter dem Begriff der „postheroischen Gesellschaften" untersucht und kann ebenfalls dazu führen, dass die Legitimation außenpolitischen Handelns infrage gestellt wird.

Übungsfragen

1. Erläutern Sie die zentralen Charakteristika und aktuellen Veränderungen des US-amerikanischen Mediensystems.
2. Welchen Einfluss hat die US-Administration auf die außenpolitische Debatte in den USA und welche Faktoren stärken bzw. schwächen diesen Einfluss?
3. Wie bedeutsam ist die öffentliche Meinung für außenpolitische Entscheidungsprozesse?
4. Welche Auswirkungen haben die Veränderungen der US-amerikanischen Medienlandschaft Ihrer Einschätzung nach auf die außenpolitische Debatte in den Medien und der Öffentlichkeit?

Weiterführende Literatur

Entman, Robert M. (2004) Projections of Power: Framing News, Public Opinion, and U.S. Foreign Policy. Chicago, IL: University of Chicago Press.

Das Standardwerk der Framing-Forschung erläutert knapp und präzise anhand verschiedenster Beispiele den Einfluss des Weißen Hauses auf das mediale Framing außenpolitischer Entscheidungen und Ereignisse.

Kleinsteuber, Hans J. (2008) Medien und öffentliche Meinung, in: Peter Lösche (Hrsg.) Länderbericht USA. Bonn: Bundeszentrale für politische Bildung, S. 315-340.
Der Länderbericht USA ist die grundlegende Einführung in die USA am Deutschen Buchmarkt. Der darin zu findende Aufsatz über Medien und öffentliche Meinung ist ein tiefer gehender Überblick zum Aufbau des US-amerikanischen Mediensystems und zur Rolle der öffentlichen Meinung.

Brüggemann, Michael und Hartmut Weßler (2009) Medien im Krieg. Das Verhältnis von Medien und Politik im Zeitalter transnationaler Konfliktkommunikation, in: Frank Marcinkowski und Barbara Pfetsch (Hrsg.) Politik in der Mediendemokratie. Wiesbaden: Verlag für Sozialwissenschaften, S. 635-657.
Eine systematische Literaturstudie, die einen hervorragenden Überblick über die internationale Debatte zum Verhältnis von Medien und Politik im Krieg gibt.

Rid, Thomas (2007) War and Media Operations. The US Military and the Press from Vietnam to Iraq. London: Routledge.
Eine detaillierte und fundierte Analyse der Zusammenarbeit der US-amerikanischen Streitkräfte mit den Medien vom Vietnam- bis zum Irakkrieg 2003.

Webseiten

New York Times: http://global.nytimes.com
Washington Post: www.washingtonpost.com
Wall Street Journal: http://europe.wsj.com
USA Today: www.usatoday.com
Time Magazine: www.time.com
Newsweek: www.thedailybeast.com/newsweek.html
Huffington Post: www.huffingtonpost.com
ABC: http://abcnews.go.com
CBS: www.cbsnews.com
NBC: www.msnbc.msn.com
FOX: www.foxnews.com
CNN: www.cnn.com
NPR: www.npr.org
Voice of America: www.voanews.com
Associated Press: www.ap.org
Gallup: www.gallup.com
Pew Research Center: http://people-press.org
Real Clear Politics: www.realclearpolitics.com/

Verwendete Literatur

Bennett, W. Lance (1990) Toward a Theory of Press-State Relations in the United States, in: Journal of Communication 40(2), S. 103-125.

Gallup, George und Saul Forbes (1940) The Pulse of Democracy: The Public Opinion Poll and How it Works. New York: Simon & Schuster.

Hafez, Kai (2005) Mythos Globalisierung. Warum die Medien nicht grenzenlos sind. Wiesbaden: Verlag für Sozialwissenschaften.

Hafez, Kai (2008) Al-Jazeera, in: Lutz Hachmeister (Hrsg.) Grundlagen der Medienpolitik. Ein Handbuch. Bonn: Bundeszentrale für politische Bildung, S. 32-37.

Hallin, Daniel C. (1986) The Uncensored War. The Media and Vietnam. Berkeley: University of California Press.

Herman, Edward S. und Noam Chomsky (1988) Manufacturing Consent. The Political Economy of the Mass Media. New York, NY: Pantheon Books.

Kleinsteuber, Hans J. (2009) Das Mediensystem der USA, in: Hans-Bredow-Institut. Internationales Handbuch Medien. 28. Auflage. Baden-Baden: Nomos Verlag, S. 1211-1226.
Kleinsteuber, Hans J. und Magnus-Sebastian Kutz (2006) Hohe Renditen, geringe Qualität? Zu der aktuellen Situation und den langfristigen Perspektiven des Zeitungsmarktes in den USA. Zukunft der Zeitung 3, Bonn: Friedrich-Ebert-Stiftung.
Kleinsteuber, Hans J. und Magnus-Sebastian Kutz (2009) US-Nachrichtenpresse zwischen Renditeerwartungen und Online-Konkurrenz. Aktuelle Situation und langfristige Perspektiven des Zeitungsmarktes in den USA, in: Wolfgang J. Koschnick (Hrsg.) Focus Jahrbuch 2009 – Schwerpunkt: die Zukunft der Printmedien, München: Focus Magazin-Verlag, S. 227-246.
Kutz, Magnus (2011) Moderne Kriegspropaganda. Newsmanagement in Deutschland und den USA zur Rechtfertigung von Kosovo, Afghanistan- und Irakkrieg. Dissertation am Fachbereich Sozialwissenschaften der Universität Hamburg (Publikation in Vorbereitung).
Nye, Joseph S. (2005) Soft Power. The Means to Success in World Politics. New York: Public Affairs.
Robinson, Piers (2002) The CNN Effect. The Myth of News, Foreign Policy and Intervention. London/New York: Routledge.
Sarcinelli, Ulrich (2003) Demokratie unter Kommunikationsstress?, in: Aus Politik und Zeitgeschichte 43, S. 39-47.
Thussu, Daya Kishan (2003) Live TV and Bloodless Deaths: War, Infotainment and 24/7 News, in: Daya Kishan Thussu und Des Freedman (Hrsg.) War and the Media. London: Sage, S. 117-132.
Tunstall, Jeremy und David Machin (1999) The Anglo-American Media Connection. Oxford: Oxford University Press.

Politikfelder

Terrorismusbekämpfung

Lars Berger

Zusammenfassung

Seit den 1980er Jahren gewinnt die Terrorismusbekämpfung an außenpolitischer Bedeutung für die USA. Während sich terroristische Anschläge zunächst vor allem gegen diplomatische und militärische Einrichtungen der USA im Ausland richteten, bedroht der transnationale islamistische Terrorismus zunehmend das Territorium der USA. Ihren vorläufigen Höhepunkt erreichte diese Entwicklung am 11. September 2001, in dessen Folge die Bush-Administration den „Global War on Terror" zu ihrem zentralen außenpolitischen Credo erhob. Seine andauernde politische Relevanz gewinnt der Terrorismus durch die ihm inhärente Medienwirksamkeit. Die Tendenz der Öffentlichkeit, der Terrorismusbekämpfung folglich eine hohe Priorität einzuräumen, bietet vielen Akteuren innerhalb des außenpolitischen Entscheidungsgeflechts die Möglichkeit, sich im immerwährenden Kampf um die Verteilung begrenzter finanzieller Ressourcen und um die Berücksichtigung konkreter außenpolitischer Anliegen einen Argumentationsvorteil zu verschaffen.

Unterschiedliche Akzente setzen US-amerikanische Regierungen vor allem in der Einschätzung des Ausmaßes der terroristischen Gefahr, in der Frage nach der Relevanz staatlicher Unterstützer (state sponsors) und in der relativen Gewichtung diplomatischer, strafrechtlicher und militärischer Instrumente. Auf der anderen Seite sorgen sich alle Präsidenten um den Transfer von Massenvernichtungswaffen an Terrororganisationen, beanspruchen das Recht auf unilaterale Selbstverteidigung mit militärischen Mitteln und erklären die Behandlung von Terrorverdächtigen außerhalb herkömmlicher straf- und völkerrechtlicher Kategorien für notwendig.

Kurze historische Einordnung und Leitlinien der USA

Die zunehmende Aufmerksamkeit, die US-amerikanische Regierungen der Bekämpfung des Terrorismus in den letzten Jahrzehnten schenkten, ergibt sich daraus, dass politische Eliten und die breitere Öffentlichkeit gleichermaßen den Schutz der nationalen Sicherheit und des einzelnen Bürgers vor staatlichen und nicht-staatlichen Angriffen als die zentrale Aufgabe einer jeden Regierung betrachten. Seit Mitte der 1990er Jahre nennen US-Amerikaner die Bekämpfung des Terrorismus zusammen mit dem Schutz US-amerikanischer Arbeitsplätze, der Sicherung einer ausreichenden Energieversorgung und dem Vorgehen gegen die Proliferation von Massenvernichtungswaffen kontinuierlich als eine der vier zentralen Aufgaben US-amerikanischer Außenpolitik (Chicago Council on Global Affairs). Dies unterstreicht nicht nur die enormen politischen Kosten, die mit einem scheinbaren Versagen in diesem Bereich für jeden Präsidenten verbunden sind. Das große öffentliche Interesse am Thema der Terrorismusbekämpfung machte diese auch zu einem wichtigen Instrument des immerwährenden regierungsinternen Kampfes um die Allokation knapper Ressourcen und in der Werbung für ein konkretes außenpolitisches Interesse. So können Interessengruppen und ihre Partner in Exekutive und Legislative unterschiedlichste Maßnahmen mit Verweis auf terroristische Bedrohungen legitimieren.

Die dem *Global War on Terror* inhärente Logik der militärischen Bekämpfung von Terrorgruppen und ihrer möglichen staatlichen Unterstützer ist keine Erfindung der Administration von George W. Bush. Bereits in den 1980er Jahren warnte Präsident Reagan die „Konföderation der Terrorstaaten", zu der er neben Libyen, Kuba und Nikaragua auch die zu Präsident George W. Bushs „Achse des Bösen" gehörenden Iran und Nordkorea zählte, vor militärischen Konsequenzen. Trotz manch martialischer Rhetorik richtete die Reagan-Administration den Einsatz militärischer Mittel jedoch eher an der Stärke des Gegners als an der Schwere des Anschlags aus. So übte die US-amerikanische Regierung mit der Operation *El Dorado Canyon* Vergeltung für zwei beim libyschen Anschlag auf die West-Berliner Diskothek La Belle im Jahr 1986 getötete US-amerikanische Soldaten, reagierte aber nicht mit militärischen Maßnahmen auf das Selbstmordattentat, bei dem die von Iran gegründete Hizbullah am 23. Oktober 1983 in Beirut im bis heute schwersten Anschlag dieser Art 241 US-amerikanische und 58 französische Soldaten tötete.

Seit dem ersten Anschlag auf das World Trade Center in New York am 26. Februar 1993 konzentrierten sich die USA stärker auf transnational operierende Terrororganisationen. Der Giftgasanschlag der *Aum Shinrikyo* auf die Tokioter U-Bahn im März 1995 ließ in der Clinton-Administration zudem die Sorge vor dem Einsatz von Massenvernichtungswaffen wachsen. Für Skeptiker ist die Anwendung von Massenvernichtungswaffen durch (islamistische) Terroristen trotz anderweitiger Bekundungen von Osama Bin Laden auf absehbare Zeit eher unwahrscheinlich, da konventionelle Methoden verlässlicher sind und, wie am 11. September 2001 geschehen, eine ähnliche psychologische Wirkung entfalten können. Auf der anderen Seite stehen die Warnungen der *National Commission on Terrorism* des Jahres 2000 und der *Commission on the Prevention of Weapons of Mass Destruction Proliferation and Terrorism* des Jahres 2008. Letztere erwartet einen Terroranschlag auf die USA mit Massenvernichtungswaffen biologischer, chemischer oder nuklearer Art bis zum Jahr 2013.

Die in den 1980er bis 1990er Jahren noch im Zentrum der US-amerikanischen Kritik stehenden staatlichen Unterstützer Libyen, Sudan, Syrien und Iran nutzten die Ereignisse des 11. September 2001, um (zwischenzeitlich) mit den USA im Vorgehen gegen den transnationalen islamistischen Terrorismus zu kooperieren. Sie reagierten damit auf die oft oberflächlich interpretierte Warnung von Präsident Bush, dass nach den Angriffen auf New York und Washington jede Nation zu entscheiden hätte, ob sie durch direkte oder indirekte Unterstützung weiter gemeinsame Sache mit den Terroristen machen wolle. Die hier hervortretende Sorge um das Überleben des eigenen Regimes machte deutlich, auf welch tönernen Füßen der Versuch der Bush-Administration stand, dem irakischen Regime um Saddam Hussein die Unterstützung für al Qaida sowie die geplante Weiterreichung von Massenvernichtungswaffen nachzuweisen.

In bewusster Abgrenzung vom *Global War on Terror* der Bush-Administration betrieb Barack Obama eine Politik der rhetorischen Deeskalation. Die enormen politischen Kosten, die ein vermeintliches Versagen im Bereich der Terrorismusbekämpfung mit sich bringt, erklären auch, warum die Obama-Administration trotz ursprünglich anderslautender Rhetorik an den maßgeblichen Strategien und Instrumenten festhielt, die bereits unter den Präsidenten Bill Clinton und George W. Bush erste Gestalt angenommen hatten.

Zentrale außenpolitische Handlungsakteure und Institutionen

Der Präsident

Zentrale Aufgabe des Präsidenten und seiner Mitarbeiter im Weißen Haus ist es, über die Artikulation von Interessen und die Schaffung notwendiger Strukturen die mit der tagtäglichen Terrorismusbekämpfung bedachten Akteure und Institutionen anzuleiten. Seit den 1990er Jahren und der zunehmenden Sorge um die Bedrohung durch den transnationalen Terrorismus wird die Terrorismusabwehr und -bekämpfung nicht mehr von einer Arbeitsgruppe unter Leitung des Staatssekretärs für Terrorismusbekämpfung im Außenministerium (*Assistant Secretary of State for Counterterrorism*) sondern direkt im Weißen Haus koordiniert. Institutioneller Angelpunkt ist der von Präsident Clinton geschaffene Posten des Nationalen Koordinators für Sicherheit, Infrastrukturschutz und Terrorismusbekämpfung im Nationalen Sicherheitsrat. Der erste Amtsinhaber Richard Clarke, der sowohl unter Präsident Bill Clinton als auch kurzzeitig unter George W. Bush diente, hat durch seine öffentlichkeitswirksamen Auftritte vor der *National Commission on Terrorist Attacks Upon the United States* und die im Wahljahr 2004 erschienenen Memoiren weiten Bekanntheitsgrad erreicht.

Das flexibelste Instrument des Präsidenten im Vorgehen gegen den internationalen Terrorismus ist die Blockade von Finanzquellen und Guthaben nach dem *International Emergency Economic Powers Act*. Dieser kann der Exekutive als Grundlage für Verhandlungen mit staatlichen Unterstützern des Terrorismus, der Behinderung unmittelbarer terroristischer Aktivitäten, der Abschreckung durch Kriminalisierung und der Demonstration der eigenen Ernsthaftigkeit dienen. Präsident Bushs *Executive Order* 13224 vom 23. September 2001, der auf dem *International Emergency Economic Powers Act* beruhte, erlaubt beispielsweise der US-amerikanischen Regierung, die Guthaben von Personen einzufrieren, die Beziehungen zur al Qaida haben. Dieses Vorgehen komplimentiert auf nationalstaatlicher Ebene die im Jahr 1999 unter Ägide der Clinton-Administration verabschiedete VN Sicherheitsratsresolution 1267, mit der Individuen und Einrichtungen mit Verbindungen zu den Taliban und al Qaida mit einem Reiseverbot, Waffenembargo und dem Einfrieren von Konten belegt werden.

Außenministerium

Als sogenannte Leitungsbehörde (*lead agency*) lenkt das Außenministerium die Reaktion der USA auf Terroranschläge im Ausland. Die entsprechende institutionelle Anbindung erfolgt über das Büro des Koordinators für Terrorbekämpfung (*Coordinator for Counterterrorism*). Der *Export Administration Act* von 1979 verpflichtet das Außenministerium, eine Liste von Staaten, die als Unterstützer des internationalen Terrorismus gelten, vorzulegen, auf der im Jahr 2010 noch Syrien (seit 1979), Kuba (1982), Iran (1984) und der Sudan (1993) standen. Nachdem der Süd-Jemen (1979-1990) bereits frühzeitig aufgrund seiner Vereinigung mit dem Nordjemen von der Liste genommen worden war, endete mit dem Regime von Saddam Hussein auch die Nennung des Iraks (1979-2004). Libyen (1979-2006) erreichte diesen diplomatischen Erfolg durch Kooperation in der globalen Terrorismusbekämpfung, Ausgleichszahlungen für die Opfer der Anschläge in West-Berlin und über Lockerbie sowie das Ende allen Strebens nach Massenvernichtungswaffen. Im Falle Nordkoreas (1988-2008) veranlassten erneute militärische Auseinandersetzungen mit Südkorea Außenministerin Hillary Clinton im Jahr 2009, die Wiederaufnahme auf die Liste öffentlich in Betracht zu ziehen. Nach dem *Export Administration Act*, dem *Arms Export Control Act* und dem *Foreign Assistance Act* ist es verboten, *state sponsors* Auslandshilfe zu gewähren, sowie ihnen Rüstungsgüter und zivile Güter, die auch einen militärischen Nutzen haben können (*dual use items*), zu verkaufen. Wie wenig diese Liste mit der tatsächlichen Unterstützung eines gegen die USA gerichteten Terrorismus zu tun hat, zeigt sich daran, dass keiner der momentan noch aufgeführten Staaten in den letzten Jahren direkt in Anschläge auf die USA involviert war. Tatsächlich laufen anderweitige außenpolitische Erwägungen wie beispielsweise der arabisch-israelische Konflikt den Realitäten des transnationalen islamistischen Terrorismus insofern entgegen, als dass die größte terroristische Gefahr für die USA von den passiven Unterstützern und engen US-amerikanischen Verbündeten in Saudi-Arabien und Pakistan ausgeht (Byman 2007).

Auf der Ebene internationaler Terrororganisationen legte der Kongress mit dem *Antiterrorism and Effective Death Penalty Act* von 1996 die Grundlage für eine formelle Liste ausländischer Terrororganisationen (*Foreign Terrorist Organization*, FTO), die der Außenminister in Konsultation mit dem Justizminister zusammenstellt. Das Gesetz stellte die finanzielle Unterstützung für diese Gruppen unter Strafe und untersagte die Gewährung von Visen an ihre Mitglieder, ohne dass diesen die Involvierung in konkrete Anschläge nachgewiesen werden muss. Mit dem *Intelligence Reform and Terrorism Prevention Act* von 2004 weitete der Kongress die Definition der illegalen „materiellen Unterstützung" für Terrororganisationen insofern aus, als das nun erstmals das militärische Training durch ausländische Terrororganisationen unter Strafe gestellt wurde. Die erste Liste aus dem Jahr 1997 reflektierte zum Teil noch die Erfahrungen mit den in den 1970er bis in die frühen 1990er Jahre dominierenden ethno-nationalistischen Terrororganisationen europäischer (ETA, PKK) und palästinensischer bzw. panarabischer Provenienz (DFLP, PFLP, PFLP-GC, Hizbullah). Gleichzeitig fanden jedoch auch bereits einige islamistische Organisationen Erwähnung (ägyptischer Islamischer Jihad, ägyptische Islamische Gruppe und die algerische Bewaffnete Islamische Gruppe-GIA), deren Splittergruppen später zu Osama Bin Ladens al Qaida fusionierten. Der regionale und thematische Fokus der Terrorismusbekämpfung in den Jahren nach dem 11. September 2011 lässt sich daran ablesen, dass 17 von 22 Organisationen, die seit 2001 auf die Liste gesetzt wurden, aus dem Umfeld der al Qaida und der Taliban stammen.

FBI, CIA, DEA

Infolge der Anschläge und Geiselnahmen während des Bürgerkrieges im Libanon verabschiedete der Kongress im Jahr 1986 den *Omnibus Diplomatic Security and Anti-Terrorism Act*, der Straftaten gegen US-amerikanische Bürger im Ausland zu einem Bundesverbrechen erklärte und damit das FBI autorisierte, auch im Ausland terroristische Anschläge zu untersuchen. Seit 1989 ist das FBI sogar befugt, im Ausland Verhaftungen vorzunehmen. In den 1990er Jahren trug das FBI der Transnationalisierung des (islamistischen) Terrorismus insofern Rechnung, als dass es begann, auch Anschläge zu untersuchen, denen keine US-Amerikaner zum Opfer fielen. Der Einsatz des FBI als zentrale Behörde für Ermittlungen in der Terrorismusbekämpfung im Ausland führt immer wieder zu Spannungen mit der CIA und dem Außenministerium (vgl. hierzu auch die Beiträge von Michael Wala und Sascha Arnautovic in diesem Band).

Als Leitungsbehörde für die Sammlung von Informationen über Terrororganisationen verfügt die CIA seit 1986 über ein *Counter-Terrorism Center* und in diesem seit 1996 über eine bis zu dessen Tod speziell auf Osama Bin Laden fokussierte Abteilung. Dramatische Unterschiede zwischen beiden Organisationen zeigten sich vor allem in der Frage des Umgangs mit Terrorverdächtigen. Für das FBI geht es um die Aufklärung von Terroranschlägen durch Gerichtsverfahren, die von Folter unbelastete Aussagen verlangen. Für CIA-Agenten geht es darum, möglichst schnell Informationen zu erhalten, die Terroranschläge verhindern. Deren gerichtliche Verwertbarkeit ist nicht weiter von Bedeutung.

Unterstützung erhalten FBI und CIA zunehmend auch durch die US-amerikanische Drogenbekämpfungsbehörde (DEA), deren Expertise vor allem in Anbetracht der wachsenden Verbindungen zwischen Terrororganisationen und Drogenhändlern im erweiterten Nahen und Mittleren Osten von Bedeutung ist. So sind laut DEA etwas weniger als die Hälfte der gegenwärtig vom Außenministerium genannten FTOs in den Drogenhandel verwickelt.

Militär

In den letzten Jahrzehnten haben alle US-amerikanischen Präsidenten das Recht in Anspruch genommen, mit allen notwendigen Mitteln gegen Terroristen und mögliche staatliche und nicht-staatliche Unterstützer vorzugehen. Mit einem militärischen Vorgehen können die Verantwortlichen für Terroranschläge und andere gewaltbereite Gruppierungen geschwächt und abgeschreckt werden. Jedoch spricht der Mangel militärisch relevanter Ziele im Falle von nicht nachweislich an Staaten gebundenen Terrorgruppen ebenso gegen den Einsatz militärischer Mittel wie die mögliche Zunahme der Sympathie für die Terroristen. Zudem besteht die Möglichkeit, dass sich Terroristen aufgrund gruppeninterner Prozesse auch durch eine militärische Bedrohung nicht zu einer Verhaltensänderung animieren lassen. Diese Problematik zeigte sich deutlich als die Clinton-Administration mit dem Bombardement einer Chemiefabrik im Sudan und eines al Qaida-Ausbildungslagers in Afghanistan auf die Terroranschläge auf US-amerikanischen Botschaften in Kenia und Tansania im August 1998 reagierte, die 224 Menschen das Leben gekostet hatten. Der weltweiten Kritik an diesem Vorgehen antworteten Verteidigungsminister William Cohen und Außenministerin Madeleine Albright mit dem Hinweis auf Osama Bin Ladens Kriegserklärung vom Februar 1998, die ihn und seine Organisation laut des Selbstverteidigungsrechts aus Artikel 51 der Charta der Vereinten Nationen zu einem legitimen militärischen Ziel mache. Der internationale Aufschrei, den der begrenzte Angriff auslöste, führte laut Bericht der *National Commission on Terrorist Attacks Upon the United States* dazu, dass sich die Clinton-Administration in den letzten beiden Jahren ihrer Amtszeit scheute, mit militärischen Mitteln gegen die Führung der al Qaida vorzugehen und diese damit vor dem 11. September 2001 entscheidend zu schwächen.

Alternativen für die herkömmliche militärische Gewaltanwendung bieten sich in Gestalt der geheimen Geiselrettungs- und Antiterroreinheit (*Joint Special Operations Command*) in Fort Bragg/North Carolina und in Form neuer Technologien wie der unbemannten *Predator*-Flugdrohne. Letztere wurde zuerst im Falle des Kosovo-Krieges zu Aufklärungszwecken genutzt und nach dem 11. September 2001 in militärisch aufgerüsteter Form verstärkt von der CIA gegen mutmaßliche Terroristen eingesetzt. Unter der Obama-Administration weitete sich das Einsatzgebiet von geheimen Sondereinsatzkommandos, die mit 60.000 Mitgliedern mittlerweile dreimal so groß sind wie der gesamte diplomatische Dienst der USA, von 60 auf 75 Länder aus. Gegenüber dem Einsatz von Drohnen bieten diese Kommandos den Vorteil, dass der Verlust von unbeteiligten, zivilen Menschenleben weniger wahrscheinlich ist.

Kongress

Da Terrorismusbekämpfung oft Krisenpolitik darstellt, erwartet die Öffentlichkeit entschiedenes Handeln der Exekutive. In dieser Konstellation bietet sich dem Kongress selbst in Zeiten des *divided government* kaum politischer Nutzen in der Herausforderung der Exekutive. So konnten es die demokratischen Parteiführer schon als Erfolg verbuchen, dass der Kongress in seiner *Authorization for Use of Military Force* vom 14. September 2001 den Präsidenten nicht wie von diesem gewünscht das Recht einräumte, präemptiv gegen alle zukünftigen Terrorangriffe und Aggressionen vorzugehen, sondern ihn lediglich autorisierte, alle notwendigen militärischen Mittel gegen die seiner Einschätzung nach für die Terroranschläge vom 11. September 2001 Verantwortlichen einzusetzen. Damit zwang der Kongress die Bush-Administration, die Autorisierung des Krieges mit dem Irak in einem separaten Gesetz einzuholen. Die Grenzen der Kontrolle durch den Kongress zeigten sich, als das Weiße Haus mit Verweis auf die *Authorization for Use of Military Force* das Abhören von internationalen Telefongesprächen von US-Amerikanern betrieb, ohne dass wie vom *Foreign Intelligence Surveillance Act* (FISA) des Jahres 1978 gefordert, die Zustimmung durch ein spezielles FISA-Gericht vorlag.

Laut *National Security Act* von 1947 und den Reformen, mit denen der demokratische Kongress der 1970er Jahre auf die weitreichende Involvierung der CIA in der Dritten Welt in der Zeit des Kalten Krieges reagierte, muss der Kongress von verdeckten Operationen der CIA in Kenntnis gesetzt werden. Dieses Recht betrifft jedoch zunächst nur die so genannte *gang of four*, die aus den jeweiligen Vorsitzenden der Geheimdienstausschüsse in beiden Kammern sowie den beiden ranghöchsten Ausschussmitgliedern der Oppositionspartei besteht. In anderen Fällen wird der Kreis auf die *gang of eight* ausgeweitet, die zusätzlich noch die beiden Parteiführer der Demokraten und Republikaner in beiden Kammern umfasst. Im Falle des von der CIA in den Anfangsjahren des *Global War on Terror* als Verhörmethode angewandten *waterboardings* wurde der Kongress zwar informiert. Dieser blieb jedoch bis auf Jane Harman, die als ranghöchste Demokratin im Geheimdienstausschuss des Repräsentantenhauses im Jahr 2002 sofort mit einer internen Beschwerde reagierte, inaktiv.

Folter

In der Rechtfertigung von Verhörmethoden, die außerhalb der Bush-Administration gemeinhin als Folter betrachtet werden, wies die Bush-Administration darauf hin, dass der 11. September 2001 und einige der sich anschließenden Anschläge und Anschlagsversuche gezeigt hätten, dass vom Terrorismus eine katastrophische Gefahr ausginge, wie sie sonst nur von Kriegsakten bekannt war. Das dabei heraufbeschworene Bild der tickenden Zeitbombe (ticking time bomb scenario) entspricht der von Befürwortern im Weißen Haus und der CIA beschworenen Effizienz umstrittener Verhörmethoden wie des simulierten Ertrinkens (waterboarding). Dieser Argumentation, die ihre Visualisierung in der populären Fernsehserie „24" erfuhr, steht die US-amerikanische Bevölkerung mehrheitlich offen gegenüber. In Umfragen des Pew Research Center for People and the Press lehnte in den Jahren 2007 bis 2009 nur ein knappes Viertel aller US-Amerikaner und selbst nur ein Drittel der Wähler der Demokraten den Einsatz von Folter kategorisch ab. Das zweite Argument der Bush-Administration lautete, dass sich Terroristen nicht an die Regeln des Kriegsrechts hielten, die die klare Unterscheidung von Zivilisten und Kombattanten einfordern. Daher könnten sie auch nicht die in eben diesen Regeln verbürgten Rechte in Anspruch nehmen.

Für prominente Kritiker aus beiden Parteien ist Folter nicht nur ineffektiv, sondern auch „unamerikanisch". Zudem erhöht sich mit der Entscheidung der Bush-Administration, den Gefangenen in Afghanistan nicht den Schutz der Genfer Konvention zukommen zu lassen, die Gefahr für die weltweit operierenden US-amerikanischen Truppen, selbst Opfer menschenunwürdiger Behandlung zu werden. Präsident Obamas Anweisung, Verhöre nur noch nach dem Feldhandbuch der Armee von 1992 und damit den Vorgaben der Genfer Konventionen durchzuführen, bedeutete, dass nicht nur das umstrittene waterboarding sondern auch das dauerhafte Abspielen lauter Musik und der Schlafentzug als Foltermethoden untersagt sind, die die CIA noch unter der Bush-Administration gegenüber Terrorverdächtigen genutzt hatte. In einem weiteren Schritt richtete die Obama-Administration im Sommer 2009 eine High-Value Detainee Interrogation Group ein, die im FBI angesiedelt ist und direkt dem Nationalen Sicherheitsrat untersteht. Mit der Festlegung, dass der Direktor dieser Gruppe vom FBI entsandt werden soll, setzte die Obama-Administration ein klares Zeichen, dass die Terrorismusbekämpfung wieder in die Nähe der regulären Strafverfolgung gerückt und der Umgang mit Terrorverdächtigen verstärkter Aufsicht durch das Weiße Haus unterzogen wird.

Aktuelle politische Trends

Die Terrorismusbekämpfung bot der Obama-Administration die Möglichkeit, einen symbolkräftigen Schnitt mit der Bush-Administration zu vollziehen, der sowohl die Außenwirkung der USA verbessert als auch den linken Flügel der Demokraten befriedet. Unter Federführung von John Brennan, Präsident Obamas Nationalem Sicherheitsberater für Heimatschutz und Terrorismusbekämpfung, reihte die im Mai 2010 vorgelegte Nationale Sicherheitsstrategie den Terrorismus nun wieder ein in eine Reihe anderer, scheinbar gleichrangiger globaler Bedrohungen (Proliferation von Massenvernichtungswaffen, Angriffe auf und durch das Cyberspace, Abhängigkeit von fossilen Brennstoffen, Klimawandel, Pandemien, Staatszerfall, kriminelle Netzwerke).

Außerdem erklärte die Obama-Administration nicht mehr Terrorismus per se zum Gegner, sondern lediglich al Qaida. Damit griff sie Kritik der *National Commission on Terrorist Attacks Upon the United States* und des *General Accountability Office* des Kongresses an Präsident Bushs Nationaler Sicherheitsstrategie vom September 2002 auf. Gleichzeitig spricht die Obama-Administration anders als ihre Vorgängerin nicht mehr von einer „globalen jihadistischen Bedrohung", da Begriffe dieser Art nur dem Anliegen einer kleinen radikalen Minderheit religiöse Legitimität verleihen und die disparaten und teilweise amateurhaften Aktionen radikalisierter Individuen und Cliquen aufwerten würden.

Diese Umformulierungen gingen einher mit dem konzertierten Versuch Präsident Obamas, die Wahrnehmung der USA in der muslimischen Welt zu verbessern. Die Betonung des gegenseitigen Respekts zog sich wie ein roter Faden durch seine Rede zur Amtseinführung, das erste Interview als amtierender Präsident, welches Obama dem von Saudi-Arabien kontrollierten pan-arabischen Satellitensender al-Arabiyya gewehrte, und die viel beachtete Rede von Kairo, die Obamas erster Stabschef im Weißen Haus, Rahm Emanuel, als eine der drei wichtigsten Schritte der neuen Administration im Kampf gegen den islamistischen Terrorismus pries.

Gleichzeitig setzten sich jedoch in der Obama-Administration diejenigen durch, für die ein kompletter Transfer von Terrorverdächtigen von Militärkommissionen zu zivilen Gerichten für die nationale Sicherheit der USA und damit auch politisch zu riskant ist. Ein Bericht des *Director of National Intelligence* vom Dezember 2010, der besagte, dass bei 81 von 598 ehemaligen Insassen die (erneute) Involvierung in Terroraktivitäten als bestätigt gilt und bei weiteren 69 vermutet wird, intensivierte die Debatte erneut. Wie die Bush-Administration vor ihr so argumentierte letztendlich auch die Obama-Administration, dass der unter Bill Clinton begonnene Transfer von Verdächtigen in Staaten mit äußerst mangelhaften Menschenrechtsstandards wie Ägypten, Jordanien und Marokko (*rendition*) sowie deren unbegrenzte Inhaftierung ohne Gerichtsverfahren durch al Qaidas umfassende, globale und oft wiederholte Kriegserklärung erzwungen werden. Der politische Spielraum Obamas in der Reform US-amerikanischer Anstrengungen in der Terrorismusbekämpfung wird auch durch die zunehmende Gefahr durch islamistische Terroristen mit US-amerikanischem Pass eingeschränkt. Die steigende Zahl von Anschlagsversuchen auf das US-amerikanische Territorium durch US-amerikanische Muslime stellt das langjährige Bild in Frage, nach dem die USA aufgrund der im Vergleich mit Europa deutlich besseren Integration von Muslimen kein Problem mit „einheimischem" (*homegrown*) islamistischem Extremismus hätten.

Im Falle von verdeckten militärischen Operationen geht die Obama-Administration sogar weitaus aggressiver vor als alle US-amerikanischen Regierungen zuvor. Dies speist sich vor allem aus der wachsende Sorge um das Unvermögen oder den Unwillen der Regierung in Pakistan, nachhaltig gegen das Rückzugsgebiet in den Stammesgebieten vorzugehen, welches al Qaida erlaubte, sich nach einer Phase der Schwäche nach dem 11. September

2001 zu regenerieren und nun zunehmend Freiwillige aus westlichen Ländern zu trainieren und zu Missionen in den Westen zu entsenden.

„Bunch of guys" oder organisierte Gefahr? – Die US-amerikanische Debatte über den islamistischen Terrorismus

Vor dem Hintergrund der militärischen Eskalation in Afghanistan und Pakistan wurde in den USA verstärkt die Frage nach dem Zustand al Qaidas gestellt. Auf der einen Seite popularisierte Marc Sageman die „bunch-of-guys" These, nach der der transnationale islamistische Terrorismus nach der Zerschlagung al Qaidas nach dem 11. September 2001 vor allem ein von lokal radikalisierten Gruppen und Individuen ohne größere Vernetzung getragen wird. Dem gegenüber sieht die herrschende Meinung in der US-amerikanischen Terrorismusforschung, wie sie von Bruce Hoffmann (2009), Peter Bergen (2002) und Bruce Riedel (2008) vertreten wird, innerhalb al Qaidas noch immer eine zentrale Instanz am Werk. Deren strategische und operative Kontrolle kann nur durch den unablässigen politischen und militärischen Fokus auf Afghanistan und Pakistan minimiert werden. Für Sagemans Kritiker besteht die Gefahr, dass US-amerikanische Behörden die Fehler der 1990er Jahre wiederholten und Verbindungen zwischen scheinbar disparaten Gruppierungen sowie die entscheidende Funktion der Zentrale um Osama Bin Laden bzw. nun dessen Nachfolger übersehen.

Übungsfragen

1. Vergleichen Sie kritisch die Rolle der Terrorismusbekämpfung in den außenpolitischen Konzeptionen der Präsidenten Bill Clinton, George W. Bush und Barack Obama.
2. Diskutieren Sie die Möglichkeiten und Grenzen militärischer Maßnahmen in der Bekämpfung des transnationalen Terrorismus.
3. Erörtern Sie die Implikationen der US-amerikanischen Debatte über die Entwicklung der al Qaida nach dem 11. September 2001 für die Formulierung konkreter Anti-Terror-Maßnahmen.

Weiterführende Literatur

Hoffman, Bruce (2007) Terrorismus – der unerklärte Krieg: neue Gefahren politischer Gewalt. Erweit. und akt. Lizenzausgabe. Bonn: Bundeszentrale für Politische Bildung.
Bietet eine Einführung in die Terrorismusdefinition sowie einen eingängigen Überblick über die Entwicklung des Terrorismus seit Mitte des 20. Jahrhunderts.

Pillar, Paul R. (2003) Terrorism and U.S. Foreign Policy. Washington, D.C.: Brookings Institution Press.
Umfassendes Standardwerk zu den Akteuren und Herausforderungen US-amerikanischer Terrorismusbekämpfung.

Sageman, Marc (2008) Leaderless Jihad: Terror Networks in the Twenty-First Century. Philadelphia: University of Pennsylvania Press.
Provokante und einflussreiche Neukonzeption des islamistischen Terrorismus, die die Fokussierung auf al Qaida als vermeintlich kohärente Organisation kritisiert.

Webseiten

Chicago Council on Global Affairs: www.thechicagocouncil.org
National Commission on Terrorist Attacks Upon the United States: www.9-11commission.gov
National Consortium for the Study of Terrorism and Responses to Terrorism: www.start.umd.edu
Netzwerk Terrorismusforschung: www.netzwerk-terrorismusforschung.de
New America Foundation: http://counterterrorism.newamerica.net/dashboard
Office of the Coordinator for Counterterrorism: www.state.gov/s/ct/index.htm
WorldPublicOpinion.Org: www.worldpublicopinion.org

Verwendete Literatur

Berger, Lars (2007) Die USA und der islamistische Terrorismus. Herausforderungen im Nahen und Mittleren Osten. Paderborn: Schöningh.

Byman, Daniel (2007) Deadly Connections: States That Sponsor Terrorism. Cambridge: Cambridge University Press.

Cronin, Audrey Kurth (2007) Ending Terrorism: Lessons for defeating al-Qaeda, in: Adelphi Papers 47(394), S. 1-85.

Mueller, John (2005) Six Rather Unusual Propositions about Terrorism, in: Terrorism and Political Violence 17(4), S. 487-505.

Demokratieförderung und Menschenrechte

Zoé Nautré*

„America had the infinite privilege of fulfilling her destiny and saving the world.“ Woodrow Wilson

Zusammenfassung

Demokratieförderung ist ein elementarer Teil der US-amerikanischen Außenpolitik. Sie wird von einem tief verwurzelten Idealismus getragen, der auf die Gründungsgeschichte der USA zurückgeht und die sich aus der Überzeugung herleitet, das bestmögliche demokratische Regierungssystem zu haben. An diesem Vorbild sollte sich der Rest der Welt orientieren, um wie die US-Amerikaner in Freiheit und Wohlstand zu leben. Ausgeführt wird die Demokratieförderung von verschiedenen Regierungsinstitutionen und zumeist staatlich geförderten Nichtregierungsorganisationen. Da sich Demokratieförderung im Spannungsverhältnis zwischen Isolationismus, Realpolitik und Idealismus befindet, fluktuiert das Interesse dafür je nach Opportunität und Weltlage. Auch wenn durch die breite Kritik an der Außenpolitik der Bush-Administration der Begriff "democracy promotion" teilweise negativ besetzt ist, bleibt dieses Konzept auch für die Obama-Administration wichtig. Denn der Export von Demokratie und Freiheit ist treibende Kraft und leitendes Interesse der US-amerikanischen Außenpolitik.

Die Verwurzelung der Demokratieförderung in der US-amerikanischen Geschichte

Die Idee der Demokratieförderung hängt eng mit dem US-amerikanischen Selbstbild zusammen. Anders als bei anderen Nationen gründen sich die US-amerikanische Identität und das Selbstbild nicht auf einer gemeinsamen Geschichte oder Kultur, sondern fußen auf bestimmten Idealen und Werten wie Demokratie und Freiheit. Diese gehen auf die Abgrenzung von der damaligen alten Welt Europa und den Kampf für politische Rechte, individuelle Freiheit und Toleranz zurück. Aus diesem historischen Erfolg leiten viele US-Amerikaner eine Vorreiter- und Vorbildfunktion ihres politischen Systems für andere Staaten her.

Gleichermaßen ist das Selbstbild von Eindrücken der Neuankömmlinge und Siedler geprägt, die sich von der „old world“ abgrenzen wollten, da diese mit Tyrannei, Ignoranz und Ungerechtigkeit in Verbindung gebracht wurde. Wie Tuveson (1968) in *Redeemer Nation* zeigt, glaubte eine Vielzahl der geflüchteten protestantischen Ankömmlinge in den USA an den Millenarismus: an ein Ende der Geschichte, in der das Gute über das Böse triumphieren werde. Das neue Land Amerika sei von Gott auserwählt, um seinen Plan in Er-

* Der Beitrag spiegelt nur die persönliche Meinung der Autorin wider.

füllung gehen zu lassen, und seine Bewohner seien zur Bekämpfung des "Bösen" auserkoren. Die Idee der *new world mission* – die Verantwortung der US-Amerikaner, Freiheit und Demokratie und Gleichheit in der Welt zu verbreiten – gemischt mit dem Stolz einer neuen ambitionierten Nation und dem Ursprungsgedanken der Hoffnung auf ein besseres Leben, prägte die Gesellschaft und fließt bis heute in außenpolitische Entscheidungen ein.

Besonders stolz waren und sind die US-Amerikaner auf ihr demokratisches System und ihre Verfassung, die auf den Prinzipien der Volkssouveränität, der Gewaltenteilung und der Trennung von Kirche und Staat basiert. Wie Alexis de Tocqueville beobachtete, verhindern die in der US-amerikanischen Verfassung verankerten Möglichkeiten der aktiven Teilnahme am politischen Prozess, die bewusste Dezentralisierung der Macht und die sorgsam austarierte Machtbalance der Exekutive und Legislative die Gefahr einer "Tyrannei der Mehrheit" (De Tocqueville 1835). Der Schutz universeller Rechte des Einzelnen vor der Tyrannei der Mehrheit und vor dem Staat ist ein wichtiger Grundgedanke der US-amerikanischen Demokratie, genau wie eine gewisse Grundskepsis gegenüber dem Staat. Demokratie bedeutet in den USA für den Einzelnen die Möglichkeit, individuelle Chancen wahrzunehmen, Missstände durch den Rechtsweg zu beenden und die Garantie auf uneingeschränkte Meinungs-, Versammlungs- und Pressefreiheit. In den Augen vieler US-Amerikaner war somit das bestmögliche und fortschrittlichste politische System geschaffen worden, das ein Maximum an Freiheit und Demokratie erlaubte. Nun galt es auch, anderen ein freies Leben zu ermöglichen und die verwirklichten demokratischen Ideale zu verbreiten. Die Gründerväter waren überzeugt, dass dieses Modell eines freiheitlichen und demokratischen Staates es wert war, verbreitet und nachgeahmt zu werden.

„Other nations have interests, the United States has responsibilities"[1]

Der Enthusiasmus für Demokratieförderung lässt sich darüber hinaus nur vor dem Hintergrund des *American exceptionalism* erklären (vgl. hierzu den Beitrag von Simon Koschut in diesem Band). Demnach wurde den USA eine Sonderstellung innerhalb der menschlichen Geschichte verliehen. Wie Benjamin Barber hervorhebt:

„Durch zwei große Ozeane und unseren eigenen ‚reinen' Ursprung geschützt – so eine beliebte Vorstellung –, würde Amerika das Land des ‚neuen Menschen' sein, ein Land der Unschuld und Erneuerung, eine nüchterne ‚Tabula rasa', nach der eine neue Geschichte geschrieben werden könnte. Der Mythos der Unschuld hing vom Mythos der Unabhängigkeit ab – von Autonomie, Separation und völliger nationaler Souveränität. Geographie und Geschichte (oder ihr Fehlen) waren die Garanten der neuen Isolation Amerikas vom Rest der Welt" (Barber 2002).

Die Verbreitung US-amerikanischer Werte, wie Freiheit, Unabhängigkeit und schließlich auch Demokratie ist somit ein tief verwurzelter Teil des US-amerikanischen Geschichtsbildes und Selbstverständnisses. Viele US-Amerikaner sehen sich in einer privilegierten Position, da sie in Freiheit und Wohlstand leben und sie gehen davon aus, dass andere, wenn sie die Wahl hätten, ähnlich wie sie leben wollen würden. Die Verbreitung US-amerikanischer Werte ist deshalb ein wichtiger moralischer Antrieb der US-amerikanischen Außenpolitik.

---

1 Dean Rusk, US-amerikanischer Außenminister in der Kennedy- und Johnson-Administration (zitiert in: Kegley/Jones/Wittkopf 2008: 40).

Dieser Grundsatz war aber von Anfang an nicht unumstritten. Die Sorge vor einer Einmischung in die Angelegenheiten anderer Staaten und der Export von eigenen Werten und Vorstellungen waren schon kurz nach der Gründung das Thema von Kontroversen und Widersprüchen. Die Anderen mit seinen Ideen zu „beglücken“ hatte in der Anfangszeit auch mit Territorialgewinnung und innerer Konsolidierung zu tun. Die wirtschaftlichen Erfolge, das starke Bevölkerungswachstum und die religiösen Bewegungen prägten die Vorstellung von einer *manifest destiny*, also der geradezu schicksalhaften Bestimmung Amerikas sich auszubreiten. In diesem Falle waren der Nationalismus, die Fortschrittsgläubigkeit und die Vorstellung, eine zivilisatorische Mission zu erfüllen, untrennbar mit materiellen Interessen verbunden. Kurz gesagt, Ideale, moralische Verpflichtungen und Großmachtinteressen standen von Anfang an in einem Spannungsverhältnis.

Diese empfundene Verpflichtung und der Wille, Demokratie zu verbreiten, fanden in der späteren US-amerikanischen Geschichte ihren Ausdruck: Woodrow Wilson, der 28. Präsident der USA, prägte den Begriff *Wilsonianism*. Als tief gläubiger Presbyterianer stützte er sich auf das moralische Element in der Außenpolitik. Er bat den Kongress am 2. April 1917 den Krieg gegen Deutschland zu erklären mit der Begründung „to make the world safe for democracy“. Der Kriegseintritt zur Wegbereitung der Demokratie und sein Beitrag zum Völkerbund gehen auf eine prophetische Überzeugung von Amerikas Rolle in der Welt zurück. Die in der Atlantik-Charta vom 14. August 1941 vorgesehene Nachkriegsordnung sowie der Marshall-Plan, der am 3. April 1948 verabschiedet wurde, um nach dem Zweiten Weltkrieg das kriegsgeschädigte Europa wieder aufzubauen, reihen sich in die US-amerikanischen Ziele und Vorstellungen von Demokratieförderung ein. Dabei wurden selbstverständlich auch andere Ziele wie die Eindämmungspolitik (*containment*) gegenüber der Sowjetunion oder die Schaffung von Absatzmärkten für US-amerikanische Produkte verfolgt, aber der Grundgedanke von Freiheit und Demokratieförderung war omnipräsent. Auch der Korb III der Schlussakte von Helsinki, die beim Gipfeltreffen am 1. August 1975 von 35 Staaten (USA, Kanada, Sowjetunion sowie alle europäischen Staaten mit Ausnahme von Albanien) verabschiedet wurde, spiegelt die US-amerikanischen Bemühungen wider, Demokratie und Freiheit fördern zu wollen. In dieser wurden die Grundsätze der Zusammenarbeit in humanitären und anderen Bereichen, die Erleichterung von menschlichen Kontakten über die Blockgrenzen hinweg und der Informationsaustausch vereinbart. Dies trug maßgeblich zum Entstehen der Oppositionsbewegungen in den Ostblockstaaten bei, da für die Einforderung politischer Rechte eine von den Ostblockstaaten selbst legitimierte Berufungsgrundlage geschaffen wurde. Der 39. Präsident der USA, Jimmy Carter, konzentrierte sich besonders zum Ende seiner Amtszeit (1977-1981) auf das Thema Menschenrechte. Präsident Ronald Reagan formalisierte mit seiner Rede im Britischen Parlament am 8. Juni 1982 und mit dem *National Endowment for Democracy*, das sich über die Tagespolitik hinaus und überparteilich nur der Demokratieförderung widmen sollte, die Unterstützung für US-amerikanische Demokratieförderung weltweit.

Das Ende des Kalten Krieges: Bestätigung US-amerikanischer Werte

Das Ende des Kalten Krieges machte die USA zur alleinigen und „uncontested superpower“. Für viele bestätigte sich darin die Überlegenheit der USA. Das Gefühl, auf der „richtigen“ Seite der Geschichte zu stehen und den Kalten Krieg gewonnen zu haben, beflügelte viele in ihrer Überzeugung, dass die Geschichte ein linearer Prozess sei, dass Wandel immer Wandel zum Guten bedeute und dass die US-amerikanischen Ideale im Geschichtsprozess immer triumphieren würden.

Der schnelle demokratische Wandel in Osteuropa verfestigte vielerorts den Glauben, dass sich der Rest der Welt ähnlich wie die USA entwickeln und sich der Erfolgsgeschichte der USA anschließen würde. Die Schnelligkeit, mit der sich die osteuropäischen Staaten entwickelten und die US-amerikanische Demokratieförderung *East European Democracy Act* (SEED) von 1989 annahmen, führte auch zu der Wahrnehmung, dass demokratischer Wandel verschiedene Techniken und Prozesse voraussetze, und dass deren Schaffung automatisch zu Demokratie führe. Vereinfacht gesagt, Demokratisierung sei ein natürlicher Prozess, der, nachdem bestimmte Stadien durchlaufen seien, am Ende zur Demokratie führe. In diesem Kontext sorgte auch das Buch von Francis Fukuyama *The End of History and The Last Man* von 1992 für einige Furore, in der Fukuyama erklärte, mit dem liberalen Wertesystem sei ein Endpunkt in der ideologischen Evolution erreicht. Darüber hinaus spielte die Theorie des Demokratischen Friedens in dieser Zeit auch eine Rolle und die historische Umwälzung in Europa sowie demokratische Entwicklungen in Lateinamerika und Asien wurden als Zeichen einer näher rückenden Verwirklichung gesehen. Die 1990er Jahre waren daher geprägt von einem historischen Optimismus, der sich aus der Erwartung nährte, dass Demokratie als das ideale politische System früher oder später überall triumphieren würde. Mit dem Kollaps der Sowjetunion schienen US-amerikanische Ideale, zu einem globalen Paradigma zu werden. Die Clinton-Administration (1993-2001) identifizierte Demokratieförderung als einer ihrer zentralen Anliegen.

Selbstverständlich gab es nun wie auch in der Vergangenheit immer wieder Kritiker von Amerikas Rolle in der Welt im Allgemeinen und des US-amerikanischen Demokratieförderungskonzepts im Besonderen. Die Debatten um Amerikas Rolle in der Welt, zwischen isolationistischen und interventionistischen Tendenzen sowie zwischen Realpolitik, (die besagt, dass die USA sich primär auf ihre eigenen nationalen Interessen kümmern, dass Stabilität wichtiger ist, als die Verbreitung von Werten und nicht „Weltpolizei“ spielen sollte) und Idealismus sind ein immer wiederkehrendes Motiv der Debatten und Kontroversen in der US-amerikanischen Außenpolitik, die je nach Welt- und Wirtschaftslage fluktuiert.

Außenpolitische Handlungsakteure und Institutionen im Bereich Demokratieförderung

Mit der Einrichtung des *National Endowment for Democracy* (NED) durch Ronald Reagan 1983 wurden zusätzliche Mechanismen zur Implementierung von Demokratieförderung geschaffen, die über die Arbeit der *United States Agency for International Development* (USAID) und des *Department* of *State* hinausgingen. In den Jahren zuvor waren auch seitens des *Department of State* und USAID, Demokratieförderung und marktwirtschaftliche Reformen vorangetrieben worden. Die Schaffung einer Institution, die sich ausschließlich der Demokratieförderung widmete, sollte garantieren, dass diese Förderung nicht von der Tagespolitik abhängig war, sondern kontinuierlich von einer unabhängigen Institution begleitet wurde.

Seit den 1990er Jahren haben sowohl das *Department of State* und USAID eine noch klarere Sprache für explizite Demokratieförderung gefunden und Programmschwerpunkte konzipiert, um diese weltweit zu betreiben. Das hatte teilweise mit dem Ende des Kalten Krieges zu tun, teilweise aber auch mit dem Verlauf entwicklungspolitischer Debatten zur Demokratieförderung. Weltweit herrscht keine Einigkeit in diesem Bereich, aber während des Kalten Krieges konnten sich vielerorts jene durchsetzen, die Demokratie für ein risikobehaftetes Experiment hielten, welches nicht immer pro-amerikanische Resultate hervorbringen werde, und die zugleich wirtschaftliches Wachstum eher unter autoritären Regimen gegeben sahen. Während der 1990er Jahre bis heute liegt der Schwerpunkt der Demokratieförderung eher auf der Unterstützung von fairen, freien Wahlen und der Zivilgesellschaft, wobei es immer wieder Zweifel gibt, wie man am besten Demokratieförderung unterstützen und ob diese überhaupt aktiv betrieben werden sollte Die Wahl der Hamas 2006 und die Zurückhaltung der Bush-Administration und anderer, die Hamas als legitimen Gesprächspartner anzuerkennen, verdeutlichen dieses Dilemma.

Das *Bureau of Democracy, Human Rights, and Labor* (DLR) im *Department of State* verwaltet den *Human Rights Democracy Fund* (HRDF), der 1998 etabliert worden ist und der für Demokratieförderungsprojekte eingesetzt wird. Zusätzlich bringt das DRL jedes Jahr den vom Kongress seit 2007 eingeforderten Bericht *Advancing Freedom and Democracy* (U.S. Department of State 2010) heraus, in dem das *Department of State* darlegt, inwieweit es Demokratie und Menschenrechte in nicht-demokratischen Staaten unterstützt hat. Der Glaube an Amerikas Mission wird auch auf den Internetseiten des DRL ersichtlich:

> When historians write about U.S. foreign policy at the end of the 20th century, they will identify the growth of democracy – from 30 countries in 1974 to 117 today – as one of the United States' greatest legacies (U.S. Department of State 2010).

Weiterhin unterstützt das *Department of State* Demokratieförderung durch *soft power* (vgl. hierzu den Beitrag von Anna Schwan in diesem Band) wie unter anderem mit der *Middle East Partnership Initiative* (MEPI), dem *Bureau for Educational and Cultural Affairs* oder auch dem *Office of the Coordinator of U.S. Assistance to Europe and Eurasia.* Demokratie- und Menschrechtsförderung wird auch in vielen multilateralen Institutionen, wie zum Beispiel dem *United Nations Development Programme*, mit US-amerikanischer Unterstützung betrieben. Im Weißen Haus widmet sich der *Director for Democracy* im *National Security Council* (NSC) dem Thema Demokratieförderung. Das Thema ist somit ganz nah beim Präsidenten aufgehängt.

Bei USAID beschäftigen sich hauptsächlich das *Office of Democracy and Governance* und das *Office of Transition Initiatives* mit Demokratieförderungsprogrammen. Das Budget 2009 belief sich auf etwa 1,5 Milliarden US-Dollar für Programme in über 80 Ländern. Zwischen USAID und dem *Department of State* gab es in den letzten Jahren immer wieder Kompetenzprobleme im Bereich Demokratieförderung, da USAID ursprünglich das Ziel hatte, weniger politische Projekte im Sinne der humanitären Hilfe unabhängig von der jeweiligen Regierung im Empfängerland zu fördern. In den letzten Jahren hat sich aber der innenpolitische Druck erhöht, von den Empfängerländern politische Reformen einzufordern. Entwicklungsunterstützung wird somit immer mehr konditioniert. So bewegt sich die Entwicklungszusammenarbeit im Spannungsfeld zwischen klassischer Politik, die vom *Department of State* ausgeführt wird, und dem Anspruch an die Entwicklungszusammenarbeit Menschen in Not zu helfen, unabhängig von den bilateralen Beziehungen zum jeweiligen Land. Weitere staatliche Akteure im Bereich Demokratieförderung sind auch das *Department of Justice* (mit Programmen im Bereich Rechtsstaatlichkeit), das *Millennium Challenge Corporation* (MCC), welches bei guter Regierungsführung größere Zuwendung vergibt, und das *Department of Defense* (mit unter anderen Programmen zu Transparenz und Demokratie bei den Streitkräften). *Radio Free Europe* oder auch *Voice of America* sind ein weiteres Mittel, US-amerikanische Ideale und Werte in der Welt zu verbreiten (vgl. hierzu den Beitrag von Hans Kleinsteuber und Magnus Kutz in diesem Band).

Die Versuche, US-amerikanische Werte und Ideale im Ausland zu verbreiten, sind auch aktiver Teil des US-amerikanischen zivilgesellschaftlichen Engagements. US-amerikanische Nichtregierungsorganisationen (NGOs), die sich zu weiten Teilen aus US-amerikanischen Steuergeldern finanzieren (USAID und das *Department of State* schreiben viele ihrer Programme aus und lassen sie von NGOs und darauf spezialisierten Unternehmen ausführen), agieren seit Jahrzehnten im Ausland, um auf die prekäre Menschenrechtslage und mangelnde Rechtsstaatlichkeit und Demokratie in vielen Ländern aufmerksam zu machen. Die vier wichtigsten NGOs im Bereich Demokratieförderung sind die vier Mitglieder der NED-Gruppe sowie wie große NGOs wie zum Beispiel die *International Foundation for Electoral Systems* (IFES), die heute in der ganzen Welt agieren.

Das schon zuvor erwähnte *National Endowment for Democracy* (NED) wurde von Ronald Reagan 1983 ins Leben gerufen. Es basiert auf dem von Republikanern und Demokraten unterstützten Konsens, dass der demokratische Wandel unabhängig von der Tagespolitik unterstützt werden sollte. Mit einer regierungsunabhängigen Institution sollten die Spannungen zwischen kurzfristigen und langfristigen Sicherheitsinteressen überwunden und auch solche Programme und Akteure der Zivilgesellschaft gefördert werden, die Washington nicht offiziell unterstützen konnte oder die sonst keine US-amerikanischen Mittel annehmen würden. Das NED hat das deutsche Stiftungsmodell zum Vorbild und ist die Mutterorganisation des *National Democratic Institute* (NDI), des *International Republican Institute* (IRI), des *Center for International Private Enterprise* (CIPE) und des *American Center for International Labor Solidarity* (*The Solidarity Center*). Diese vier Institutionen erhalten knapp die Hälfte der NED-Mittel sowie Gelder von USAID, dem *Department of State* aber auch von privaten Gebern und aus Drittländern.

Das *National Democratic Institute* steht der Demokratischen Partei nahe und unterstützt die Etablierung demokratischer Werte und Praktiken in vielen Ländern. Seit 2001 ist die frühere Außenministerin Madeleine K. Albright Vorsitzende dieser Organisation. Der frühere republikanische Präsidentschaftskandidat John McCain ist Vorstandsvorsitzender des *International Republican Institute*, das seiner Partei nahe steht. Es unterstützt – bei einer konservativeren und teilweise wirtschaftsfreundlicheren Ausrichtung – ähnliche Ziele und Werte wie das NDI. Das *Center for International Private Enterprise* fördert die Arbeit der Handelskammern und wirkt an demokratischen, marktorientierten Reformen mit. Das *Solidarity Center* setzt sich für die Rechte der Arbeiter sowie wirtschaftliche und soziale Gerechtigkeit ein. Zusätzlich zu den Mitteln von NED, USAID und des *Department of State* erhält es Gelder vom Arbeitsministerium und von der Vereinigung der Arbeiterverbände.

Die Nichtregierungsorganisationen IFES hat sich auf die Unterstützung von Wahlen spezialisiert und bietet Rat und technische Hilfe zur verbesserten Durchführung von Wahlen sowohl in etablierten Demokratien wie den USA als auch in Entwicklungsländern. Sie finanziert sich durch Steuergelder, private Spenden und internationale Gelder. Andere wichtige NGOs weltweit sind das *Freedom House*, das insbesondere für den *Freedom in the World Index*, der den Grad ziviler und politischer Freiheiten in 194 Ländern misst, bekannt ist. *Internews* kämpft weltweit für die Pressefreiheit und bildet zu diesem Zweck Journalisten und Verleger aus.

Finanziell stehen diese und die vielen weiteren nicht genannten NGOs im Wettbewerb zueinander, denn sie bewerben sich um staatliche Zuwendungen, die von USAID und dem *Department of State* ausgeschrieben werden. In der Praxis verläuft die Arbeitsteilung jedoch gut. Jede Institution hat ihre Nische. Die Schlüsselinstitutionen kooperieren sogar oft, um den Kongress und die zuständigen Ministerien auf grobe Menschenrechtsverletzungen und Demokratiedefizite in bestimmten Ländern hinzuweisen und um gemeinsame Lobbyarbeit für die Erhöhung ihrer Mittel zu betreiben. In ernsthafterer Konkurrenz stehen diese Institutionen dagegen zu den zahllosen *for profit*-Organisationen, die teilweise als effektiver gelten, und die sich angesichts der zunehmenden Auslagerung bei USAID auf „demokratiefördernde Maßnahmen" spezialisiert haben. Intensive Lobbyarbeit für ihre Projekte betreiben beide. So sind sogenannte *earmarks* (Zuteilung von Geldern) in der *Foreign Appropriations Bill* (Haushaltsplan), die häufig auf die Initiative eines bestimmten Kongressmitglieds zurückzuführen sind, regelmäßig das direkte Resultat intensiver Lobbyarbeit. USAID, das *Department of State* und auch die zum größten Teil staatlich finanzierte NGOs stehen oftmals unter großem Druck, konkrete Ergebnisse vorzuweisen. Sie müssen oft von ihren Durchbrüchen und Erfolgen im schwer messbaren Bereich der Demokratisierung berichten, um den Kongress von der Notwendigkeit und Effizienz ihrer Arbeit zu überzeugen und sich so die Finanzierung für die nächsten Jahre zu sichern. Da Fortschritt zum Besseren von vielen Kongressmitgliedern als ein linearer Prozess angesehen wird, sehen aber viele nicht die Komplexität der Aufgabe und die innenpolitische Lage der jeweiligen Länder, sondern werfen der Entwicklungszusammenarbeit einen Mangel an Effizienz vor. Der Mehrwert von Demokratieförderung wird daher gerade in Zeiten wirtschaftlicher Schwierigkeiten im eigenen Land gerne infrage gestellt.

Die Verschmelzung von Idealen und Interessen – Demokratieförderung während der George W. Bush-Administration

Die Bush-Administration proklamierte in den ersten Monaten ihrer Amtszeit 2001 eine Rückkehr zu zentralen nationalen Interessen und die Abkehr von Themen wie Demokratisierung und *nation-building*, wie sie unter Präsident Clinton wichtig waren. Die Prioritäten gegenüber der arabischen Welt wurden angesichts der neuen Bewertung der Sicherheitslage nach dem 11. September vom Weißen Haus jedoch neu definiert. Zuvor als sekundär gewertete entwicklungspolitische Ziele wie die Demokratisierung rückten mit der *National Security Strategy* 2002 wieder in den Fokus des nationalen Sicherheitsinteresses. Im Zusammenhang mit der Notwendigkeit von Reformen im Nahen und Mittleren Osten, wurde auch der UNDP *Arab Human Development Report* von April 2002, der auf den Mangel an politischen und wirtschaftlichen Reformen in der Region aufmerksam machte, vielfach zitiert. Die nachträgliche Rechtfertigung für den Irak-Krieg mit dem Ziel der Demokratieförderung trugen zum innenpolitischen Konsens bei, die US-amerikanische Außenpolitik im Nahen und Mittleren Osten neu auszurichten. Dieser Ansatz zur Transformation der Region schlug sich auch in einem erheblichen Anstieg der finanziellen Mittel für Demokratisierungsprogramme insbesondere im Nahen und Mittleren Osten nieder.

Die Bush-Administration hatte durchaus ernsthafte Ambitionen, die langjährige US-amerikanische Unterstützung für autoritäre Staaten zu überdenken und die Demokratieförderung nun auch im Nahen und Mittleren Osten voranzutreiben. Diese Absicht wurde aber von Anfang an von den konkurrierenden Interessen in der Region und der Skepsis gegenüber Islamisten unterminiert. Auch kurzfristige operative Sicherheitsinteressen im Kampf gegen den Terrorismus wurden immer wieder als wichtiger gewertet. Zudem stieß diese Neuorientierung in der Region auch durch die Verknüpfung von *democracy promotion* mit dem Irak-Krieg vor allem im US-amerikanischen Außenministerium auf Ablehnung. Der Logik der Demokratisierung als Mittel zur Terrorismusbekämpfung wurde vielerorts von Anfang an wenig Glauben geschenkt, und die Implementierung der neuen Politik wurde in den verschiedenen ausführenden Institutionen teilweise behindert. Die gängigen Gegenargumente lauten dabei heute noch, dass es keinen nachweisbaren kausalen Zusammenhang zwischen Unterentwicklung, Demokratiedefizit und Terrorismus gebe, dass Demokratisierung Instabilität hervorrufe, der Nahe und Mittlere Osten aus sozio-kulturellen und historischen Gründen nicht für die Demokratie geschaffen sei und dass Wahlen Islamisten an die

Macht bringen würden, die eine anti-amerikanische Politik verfolgen würden. Viele dieser Fragen und Bedenken bleiben bis heute ungeklärt und umstritten.

Alles beim Alten – Demokratieförderung in der Obama-Administration

Der Irak-Krieg und die Diskrepanz zwischen Worten und Taten der Bush-Administration in dieser Hinsicht haben das Thema "Demokratieförderung" teilweise diskreditiert. Viele Beobachter hatten deshalb erwartet, dass die Obama-Administration sich von den Initiativen der Bush-Administration distanzieren und andere Schwerpunkte setzen würde. Das Überleben der von Präsident Bush ins Leben gerufene *Middle East Partnership Initiative* (MEPI) oder der *Millenium Challenge Corporation* (MCC) blieb so am Anfang der Obama-Administration zum Beispiel unklar. Im Gegensatz zu den ursprünglichen Erwartungen bleibt aber das Thema Demokratieförderung weiter auf der Agenda. Das Budget für Demokratieförderung bleibt auch unter Obama auf dem gleichen Niveau wie unter der Bush-Administration und wurde teilweise sogar erhöht. Das Budget für das zuerst als gefährdet angesehene *Middle East Partnership Program* wurde von 50 Millionen US-Dollar im Jahr 2009 auf 65 Millionen US-Dollar im Jahr 2010 erhöht, genau wie die finanzielle Unterstützung für die *Millenium Challenge Corporation* auch nach Ende der George W. Bush-Administration kontinuierlich gestiegen ist. Demokratieförderung und die Förderung von Menschenrechten sind auch ein explizit erklärtes Ziel in der *National Security Strategy* vom Mai 2010. Letztendlich fügt sich die Obama Administration mit ihrem Glauben an US-amerikanische Werte und Ideale in eine nicht unumstrittene Tradition der Demokratieförderung ein:

> From the birth of our liberty, America has had faith in the future – a belief that where we're going is better than where we've been, even when the path ahead is uncertain. To fulfill that promise, generations of Americans have built upon the foundation of our forefathers – finding opportunity, fighting injustice, and forging a more perfect Union. We have also created webs of commerce, supported an international architecture of laws and institutions, and spilled American blood in foreign lands – not to build an empire, but to shape a world in which more individuals and nations could determine their own destiny, and live with the peace and dignity that they deserve (Obama 2010).

Übungsfragen

1. Warum ist Demokratieförderung so wichtig für die US-Amerikaner?
2. Welche Institutionen betreiben Demokratieförderung und welche Schwierigkeiten können bei der Implementierung von Programmen und unter den verschiedenen Institutionen auftauchen?
3. Wird Demokratieförderung immer den gleichen Wert in der US-amerikanischen Außenpolitik haben oder sind Szenarien vorstellbar in denen sich USA aus seiner „Verantwortung" zurückzieht. Wie würde die Staatengemeinschaft in einem solchem Fall reagieren?

Weiterführende Literatur

Mead, Walter Russell (2001) Special Providence: American Foreign Policy and How It Changed the World. New York, NY: The Century Foundation.

Foley, Michael (1991) American Political Ideas. Traditions and Usages. Oxford, Manchester and New York, NY: Manchester University Press.

Tuveson, Ernest (1968) Redeemer Nation. The Idea of America's Millenial Role. Chicago: University of Chicago Press.

Einführungen in die ideologischen Hintergründe und Motivation US-amerikanischer Außenpolitik.

Melia, Thomas (2005) The Democracy Bureaucracy – The Infrastructure of American Democracy Promotion. Discussion Paper. Princeton Project on National Security. Working Group on Global Institutions and Foreign Policy Infrastructure. Princeton: Woodrow Wilson School of Public and International Affairs.

Übersicht der verschiedenen US-amerikanischen Institutionen, die sich der Demokratieförderung widmen.

Nautré, Zoé (2010) Idealism Meets Reality. Democracy Promotion in the Middle East During the George W. Bush Administration. Baden-Baden: Nomos Verlag.

Epstein, Susan B., Nina M. Serafino und Francis T. Miko (2007) Democracy Promotion. A Corner Stone of US Foreign Policy. CRS Report for Congress. Washington D.C.: Congressional Research Service.

Hintergrund zur Demokratieförderung während der George W. Bush Administration.

Webseiten

Democracy and Rule of Law Program, Carnegie Endowment for International Peace: www.carnegieendowment.org/carothers

U.S. Department of State, Bureau of Democracy, Human rights and Labor: www.state.gov/g/drl

USAID, Democracy and Governance: www.usaid.gov/our_work/democracy_and_governance

National Security Strategy 2010: www.whitehouse.gov/sites/default/files/rss_viewer/national_security_strategy.pdf

Fiscal Year 2010 Congressional Budget Justification for Foreign Operations: www.state.gov/f/releases/iab/fy2010cbj/index.htm

National Endowment for Democracy: www.ned.org/

Verwendete Literatur

Barber, Benjamin (2002) Ein Krieg jeder gegen jeden: Terror und die Politik der Angst, in: Aus Politik und Zeitgeschichte 18, S. 7-16.

De Tocqueville, Alexis (2002/1835) Democracy in America. Translated and edited by Harvey C. Mansfield and Delba Winthrop. Chicago/London: University of Chicago Press.

Kegley, Charles W. Jr., Christopher M. Jones und Eugene R. Wittkopf (Hrsg.) (2008) American Foreign Policy: Pattern and Process. 8. Auflage. London: Macmillan.

Obama, Barack H. (2010) President Obama's Introduction to the National Security Strategy, May, http://www.america.gov/st/texttrans-english/2010/May/20100527185236SBlebahC0.4583813.html (Zugriff am 15.1.2011).

Tuveson, Ernest (1968) Redeemer Nation, the Idea of America's Millenial Role. Chicago: University of Chicago Press.

U.S. Department of State (2010) Bureau of Democracy, Human rights and Labor, http://www.state.gov/g/drl/rls/afdr/2010/index.htm (Zugriff am 15.1.2011).

Außenwirtschaft und Handel

Stormy-Annika Mildner

Zusammenfassung

In seiner State of the Union-Rede, der Ansprache zur Lage der Nation, am 27. Januar 2010 kündigte Präsident Barack Obama an, die US-amerikanischen Exporte in den nächsten fünf Jahren verdoppeln zu wollen. Wenig später unterstrich er die Bedeutung des internationalen Handels für die US-amerikanische Wirtschaft in einer Rede vor dem renommierten New Yorker Forschungsinstitut Council on Foreign Relations: „In einer Zeit, in der Millionen von Amerikanern arbeitslos sind, ist die Steigerung der Exporte nicht nur kurzfristig ein Imperativ, (...) auch für unseren langfristigen Wohlstand ist dies kritisch. 95 Prozent der weltweiten Konsumenten und der weltweit am schnellsten wachsenden Märkte liegen außerhalb unserer Grenzen. Um diese Kunden müssen wir konkurrieren (...)" (Obama 2010a).

Im Folgenden wird zunächst ein Überblick der Handelsbeziehungen der USA gegeben. Die Datenlage zeigt ganz deutlich, dass die USA – trotz der Wirtschafts- und Finanzkrise (2007-2009) – nach wie vor der wichtigste Spieler in der Weltwirtschaft sind, auch wenn sie infolge des Aufstiegs der großen Schwellen- und Entwicklungsländer, allen voran China, Anteile am globalen Handel und an den Finanzströmen eingebüßt haben. Auch in den internationalen Organisationen wie der Welthandelsorganisation (WTO) sind sie weiterhin Ton angebend. Ein Abschluss der aktuellen Verhandlungen, der Doha Runde, ist ohne die USA unvorstellbar. Im Anschluss an dieses Kapitel werden die Entscheidungsträger und das komplexe Geflecht der Entscheidungsstrukturen in der US-amerikanischen Handelspolitik vorgestellt, bevor ein Ausblick auf die Handelspolitik der Obama-Administration gegeben wird.

Struktur der US-amerikanischen Außenwirtschaft

Die USA sind aufgrund ihres großen Binnenmarkts zwar weniger vom internationalen Handel abhängig als beispielsweise Deutschland. Exporte von Gütern und Dienstleistungen beliefen sich 2009 nur auf 11 Prozent des Bruttoinlandsprodukts (Deutschland: 41 Prozent des BIP) (World Bank 2011). Als größte Volkswirtschaft der Welt mit einem Anteil von rund 24 Prozent am globalen Einkommen, 11 Prozent an den weltweiten Exporten und rund 23 Prozent an den weltweiten ausländischen Direktinvestitionen haben die USA dennoch ein starkes Interesse an weltweit offenen Märkten (vgl. Tabelle 1).

Tabelle 1: Anteile an der Weltwirtschaft: BIP, Exporte und ausländische Direktinvestitionen (FDI)

	Anteile am weltweiten BIP (a)		Anteile am weltweiten Handel (Exporte, ohne intra EU-Handel) (b)		Anteile an den weltweiten FDI (Outward Stocks) (c)	
	1980	2009	1980	2009	2008	2009
USA	26,1	24,4	16,4	11,4	39,2	22,7
EU 27	34,2	28,4	22,7	16,6	38,8	47,5
Japan	9,9	8,8	9,7	6,3	3,6	3,9
Brasilien	1,5	2,7	1,5	1,6	7,0	0,8
Indien	1,7	2,1	0,1	0,2	0,01	0,4
China	1,9	8,6	1,3	12,9	0,01	1,2

Quellen: (a) IWF, World Economic Outlook Database, Oktober 2010; (b) IWF, Direction of Trade Statistics, Januar 2011; UNCTAD; (c) Eurostat, Foreign Direct Investment, Januar 2011.

Außenhandel

Laut IWF lagen die USA 2009 bei den Güterexporten nach der EU 27 und China mit einem Anteil von rund 11,4 Prozent an den weltweiten Exporten auf Platz drei und bei den Güterimporten auf Platz zwei (16,4 Prozent). Im Dienstleistungshandel war ihr Anteil sowohl bei den Exporten (19,2 Prozent) als auch bei Importen (14 Prozent) der zweitgrößte weltweit nach der EU 27 (IWF 2011; WTO 2010).

Rohstoffimporte stellen einen erheblichen Anteil an den Gesamtimporten der USA. Bei den Exporten dominieren verarbeitete Produkte. Nach Angaben des *Census Bureaus* war im Agrar- und Lebensmittelbereich 2009 Soja das Hauptexportgut der USA. In der Kategorie der Investitionsgüter exportierten sie neben Autos, Autoteilen und Zivilflugzeugen vor allem industrielle Maschinen, Halbleiter, elektrische Geräte, Messgeräte, Zusatzteile für Computer sowie Telekommunikationsausstattungen und medizinische Ausrüstung. Im Bereich der Konsumgüter führten pharmazeutische Produkte die Liste an (US Census 2011).

Haupthandelspartner der USA war im Jahr 2009 China, gefolgt von der EU, Kanada, Mexiko und Japan. Insgesamt wickelten die USA knapp 28 Prozent ihres Handels (rund 26 Prozent ihrer Importe, 32 Prozent ihrer Exporte) mit Kanada und Mexiko ab, mit denen seit 1994 das Freihandelsabkommen NAFTA (Nordamerikanisches Freihandelsabkommen) besteht.

Tabelle 2: Haupthandelspartner der USA (2009, in Prozent)

Hauptimportpartner		Hauptexportpartner		Haupthandelspartner	
Anteil an den Gesamtimporten der USA in %		Anteil an den Gesamtexporten der USA in %		Anteil am Gesamthandel der USA in %	
China	19,6	EU 27	21,4	EU 27	19,5
EU 27	18,3	Kanada	19,7	Kanada	16,6
Kanada	14,5	Mexiko	12,4	China	14,5
Mexiko	11,3	China	6,7	Mexiko	11,7
Japan	6,2	Japan	4,9	Japan	5,7

Quelle: Europäische Kommission, DG Handel, Bilateral Relations United States, http://trade.ec.europa.eu (Zugriff am 14.2.2011).

Seit den 1980er Jahren ist die Leistungsbilanz der USA stark defizitär – sie importieren also deutlich mehr als sie exportieren – auch wenn das Defizit infolge der Wirtschafts- und Finanzkrise leicht zurückgegangen ist. 2007 betrug das Defizit noch 823,2 Milliarden US-Dollar (5,9 Prozent des BIP). 2009 schrumpfte das Defizit laut dem *Bureau of Economic Analysis* auf 506,9 Milliarden US-Dollar. Verantwortlich hierfür war zum einen die Konsumschwäche in den USA, zum anderen die relative Schwäche des Dollars. Mit der wirtschaftlichen Erholung in den USA und den steigenden Importen wuchs das Defizit 2010 allerdings wieder an. Verantwortlich hierfür waren neben der anziehenden Nachfrage der zeitweise steigende Außenwert des Dollars und die steigenden Energiepreise.

Abb. 1: Die Leistungsbilanz der USA, 1978-2010 (in Prozent des BIP)

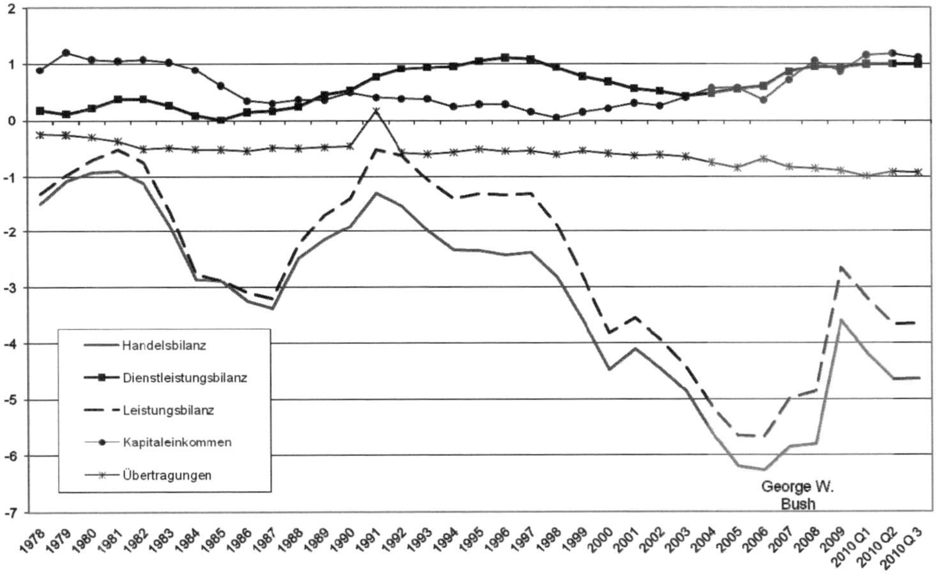

Quelle: Bureau of Economic Analysis, U.S. International Transactions Accounts Data, http://www.bea.gov (Zugriff am 14.2.2011).

Das Handelsbilanzdefizit der USA konzentriert sich auf wenige Länder (vgl. Abb. 2). Ein besonderer Dorn im Auge ist den USA der hohe Fehlbetrag im Handel mit China. Die USA werfen dem Land seit Jahren vor, seine Währung künstlich niedrig zu halten, auch wenn es immer wieder eine geringe Aufwertung des Renminbi zugelassen hat. Die Unterbewertung gilt als indirekte Exportsubventionierung chinesischer Güter.

Abb. 2: Bilaterale Handelsbilanzdefizite, 2000 und 2009 (Güterhandelsbilanz, in Mrd. Dollar und als Prozent des Gesamtdefizits)

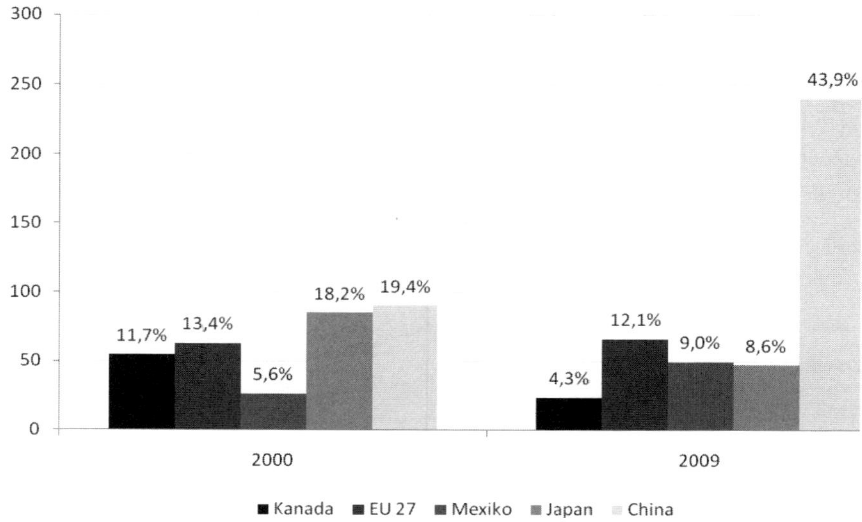

Quelle: IWF, Direction of Trade Statistics (Zugriff am 20.02.2011).

Die Diskussion um das bilaterale Handelsbilanzdefizit ist Teil einer größeren Debatte, nämlich um die globalen makroökonomischen Ungleichgewichte: Auf der einen Seite stehen Länder wie China oder auch die Öl und Gas exportierenden Länder des Nahen und Mittleren Ostens, die über Jahre hinweg mehr exportierten als importierten, hohe Währungsreserven anhäuften und ihr Kapital bevorzugt in den USA anlegten. Auf der anderen Seite finden sich Länder mit stark defizitären Leistungsbilanzen und hoher Auslandsverschuldung, allen voran die USA. Die makroökonomischen Ungleichgewichte gelten als eine der Ursachen der Wirtschafts- und Finanzkrise 2008/2009, denn die hohen Kapitalzuflüsse in die USA haben die Kreditaufnahme einfach und billig gemacht und so maßgeblich zu den Verwerfungen auf den Immobilienmärkten beigetragen.

Einig ist man sich darüber, dass hohe und lang anhaltende Ungleichgewichte ein Problem für die Weltwirtschaft darstellen. Uneinigkeit besteht hingegen darüber, wie die Ungleichgewichte abgebaut werden können. Im Vorfeld des G20-Gipfels in Seoul im November 2010 hatte der US-amerikanische Finanzminister Timothy Geithner eine konkrete Begrenzung der Leistungsbilanzüberschüsse und -defizite auf höchstens vier Prozent des BIP vorgeschlagen. Durchsetzen konnte er sich allerdings nicht, da sein Vorschlag auf erheblichen Widerstand seitens der großen Exportländer wie China, aber auch Japan und Deutschland stieß. Die Gruppe der 20 wichtigsten Industrie- und Schwellenländer einigte sich schließlich darauf, Ungleichgewichte im Außenhandel möglichst auf einem „tragbaren" Niveau zu halten (G20 2010), und legte eine Reihe von Kriterien fest: Stand der öffentlichen Verschuldung, Fiskaldefizite, Sparquote und Verschuldung der Privathaushalte, Handelsbilanzen und Flüsse von Kapitaleinkommen unter Berücksichtigung der Wechselkurse, der Fiskal- und Geldpolitik und anderer Politikmaßnahmen (Communiqué 2011).

Die besondere Rolle des Dollars in der Weltwirtschaft

Die Bedeutung der USA als Weltwirtschaftmacht spiegelt sich in der besonderen Rolle des Dollars in der Welt wider. Der Dollar hat seit den 1970er Jahren zwar unumstritten an Einfluss verloren, aber „angesichts der Probleme des Euro (…) sieht der Dollar im Vergleich mit einigen der anderen Währungen der Welt sogar wieder ein wenig attraktiver aus," so auch der *Federal Reserve Chairman* Ben Bernanke jüngst vor dem Haushaltsausschuss des Repräsentantenhauses (Istock Analyst 2010). Echte Alternativen zum Dollar gibt es zurzeit nicht: Die Schuldenkrise Griechenlands und anderer europäischer Länder 2010/2011 hat die Probleme in der Eurozone einmal mehr verdeutlicht. Der Remnimbi kommt hingegen nicht in Frage, weil dieser bislang nicht frei konvertibel ist und der Kurs nur teilweise über den Markt bestimmt wird.

Eine Währung ist dann eine Leitwährung, wenn sie auf den internationalen Devisen-, Geld-, Kapital- und Rohstoffmärkten eine hervorgehobene Rolle spielt und sich andere Länder bei geldpolitischen Maßnahmen an ihr orientieren. 2009 wurden dem Internationalen Währungsfonds (COFER Database) zufolge rund zwei Drittel (64 Prozent) der weltweiten Währungsreserven, über deren Denominierung Informationen vorliegen, in Dollar gehalten. Die meisten Dollarreserven in Form von US-amerikanischen Staatsanleihen (*treasury securities*) hielt laut dem US-amerikanischen Finanzministerium im Januar 2011 China (vgl. Abb. 3).

Abb. 3: Im Ausland gehaltene US-amerikanische Staatspapiere, in Mrd. Dollar und in Prozent, Januar 2011.

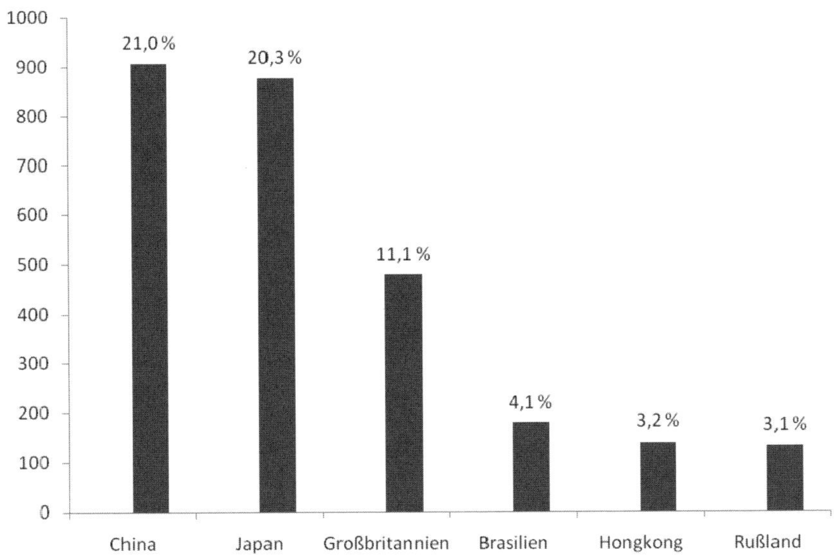

Quelle: U.S. Treasury, Major Foreign Holders of Treasury Securities, http://www.treasury.gov/resource-center/data-chart-center/tic/Documents/mfh.txt (Zugriff am 10.1.2011).

Überdies spielt der Dollar eine zentrale Rolle in der Abwicklung des internationalen Handels, nicht nur im Handel mit den USA, wobei es allerdings deutliche regionale Unterschiede gibt: Der Dollar ist mit Abstand die wichtigste Währung im asiatisch-pazifischen Raum, während der Euro in Europa die wichtigste Währung für die Abwicklung des Handels darstellt. Wie wichtig der Dollar nach wie vor ist, zeigt auch, dass laut der *Federal Reserve Bank of New York* im Jahr 2007 104 Länder weltweit ihre Wechselkurspolitik an ihm orientierten, wobei die Brandbreite der Wechselkursregime vom kontrollierten *floaten* mit lockerer Orientierung am Dollar (8 Länder) über die Festlegung bestimmter Zielzonen (*pegged exchange rates*, 89 Länder) bis hin zu *currency-boards* mit fester Wechselkursanbindung und Dollarisierung reichte, was bedeutet, dass eine Regierung den Dollar als hauptsächliches oder ausschließliches gesetzliches Zahlungsmittel einführt (7 Länder) (Goldberg 2010).

Dies muss jedoch nicht so bleiben. Angesichts der Verschuldungsproblematik der USA und der Niedrigzinspolitik der US-amerikanischen Zentralbank (*Federal Reserve Bank*) diversifizieren immer mehr Zentralbanken ihre Währungsreserven, gerade die Schwellen- und Entwicklungsländer investieren massiv in Gold. Dafür gibt es gute Gründe: Eine Diversifizierung vermindert die Wechselkursrisiken in den Bilanzen der Notenbanken. Überdies brauchen Notenbanken andere Währungen für Interventionen auf den Devisenmärkten, um ihre Währung notfalls zu stützen. Hinzu kommt, dass die EU zu einem zentralen Partner im Welthandel geworden ist und die europäischen Kapitalmärkte deutlich an Attraktivität gewonnen haben. Gerade die Staaten des Mittleren Ostens nutzen schließlich die Diversifizierung ihrer Währungsreserven, um neben ihrer ökonomischen auch ihre politische Abhängigkeit von den USA zu verringern. Sollte es Präsident Barack Obama nicht gelingen, die wirtschaftlichen Probleme der USA in den Griff zu bekommen (makroökonomische Ungleichgewichte, hohe Staatsschuld, Instabilität des Bankensektors etc.), und sollte sich die Erholung der US-amerikanischen Wirtschaft nicht weiter fortsetzen, könnte dies den Gläubigern der USA Anlass geben, ihre Devisenreserven noch stärker zu diversifizieren – abhängig davon, ob die Europäer ihre Probleme in den Griff bekommen.

Abb. 4.: Der handelspolitische Entscheidungsprozess in den USA

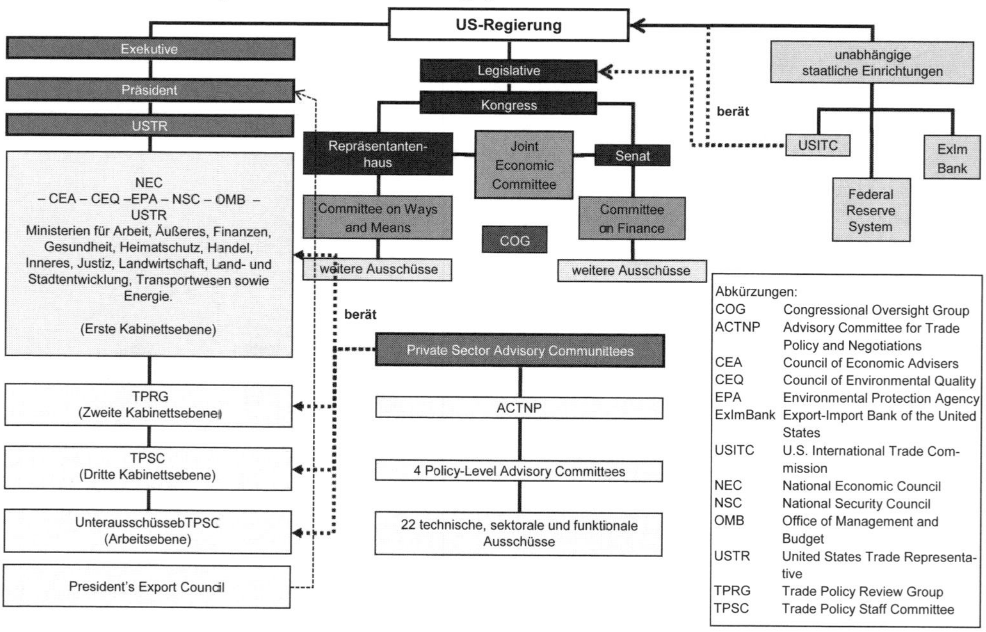

Quelle: Eigene Darstellung in Anlehnung an Holtfrerich (1995)

Entscheidungsträger in der Außenwirtschaftspolitik

Auf dem Gebiet der Außenpolitik ist der Präsident verfassungsrechtlich mit weitreichenden Kompetenzen ausgestattet: „Er hat das Recht, auf Anraten und mit Zustimmung des Senats Verträge zu schließen, vorausgesetzt, dass zwei Drittel der anwesenden Senatoren zustimmen" (Artikel 2, Abschnitt 2 der Verfassung). Die Ausgestaltung des Außenhandels obliegt nach Artikel 1, Abschnitt 8 der Verfassung jedoch eindeutig dem Kongress: „Der Kongress hat das Recht: Steuern, Zölle, Abgaben und Akzisen aufzuerlegen und einzuziehen (und) den Handel mit fremden Ländern, zwischen den Einzelstaaten und mit den Indianerstämmen zu regeln." Der Präsident ist somit zwar befugt, auch ohne die Ermächtigung des Kongresses mit anderen Staaten Handelsverträge zu verhandeln. Allerdings müssen internationale Handelsabkommen im Gegensatz zu anderen internationalen Verträgen beide Kammern des Kongresses durchlaufen.

Die Kompetenzaufteilung zwischen Exekutive und Legislative spiegelt den fiskalischen Ursprung der US-amerikanischen Handelspolitik wider: Die Gründungsväter der USA legten die Außenhandelspolitik in die Hände des Kongresses, da Zolleinnahmen die Haupteinnahmequelle der jungen Republik darstellten. Der fiskalpolitische Ursprung der Handelspolitik erklärt auch, warum heute die Finanzausschüsse im Repräsentantenhaus und im Senat (das *House Committee on Ways and Means* bzw. das *Senate Committee on Finance*) maßgeblich für dieses Politikfeld zuständig sind.

Der Kongress wirkt in dreifacher Weise an der Gestaltung der Handelspolitik mit: Er berät und beschließt die Gesetze, kann seine Bedenken in Handelsangelegenheiten durch die Mittelvergabe an die wichtigsten Handelsbehörden zum Ausdruck bringen und die Verhandlungsmacht der Exekutive empfindlich einschränken, indem er ihr das Handelsmandat verweigert. Die Administration wiederum bestimmt nach Beratungen mit einer Vielzahl von Gremien die handelspolitische Agenda und führt die internationalen Verhandlungen durch. Verhandlungsführer ist der mit Kabinetts- und Botschafterrang ausgestattete US-amerikanische Handelsbeauftragte (*Trade Representative*, USTR). Er fungiert als Vermittler zwischen den innenpolitischen Interessen und den Interessen ausländischer Regierungen sowie als Koordinierungsstelle zwischen den an der Handelspolitik beteiligten Institutionen innerhalb und außerhalb der Exekutive.

Bis in die 1930er Jahre nahm der Kongress seine verfassungsrechtliche Kompetenz in der Handelspolitik größtenteils unabhängig von der Exekutive wahr. Erst mit dem 1934 verabschiedeten *Reciprocal Trade Agreements Act* (RTAA) gestattete der Kongress dem Präsidenten, für eine festgelegte Dauer (durchschnittlich drei Jahre) in bilateralen Verhandlungen auf der Basis der Reziprozität (Gegenseitigkeit) Zölle in bestimmten Margen zu senken. Die vom Präsidenten ausgehandelten Exekutivabkommen wurden automatisch per Proklamation zum Gesetz. Motiviert war der RTAA durch den *Smoot Hawley Tariff Act* aus dem Jahr 1930, durch den die durchschnittliche Zollbelastung in den USA auf rund 50 Prozent angestiegen war. Dieser trug maßgeblich zur Schwere und internationalen Verbreitung der Großen Depression bei. Dieses Gesetz hatte dem Kongress noch einmal ganz deutlich vor Augen geführt: Um angesichts der vielschichtigen Interessenlagen im Repräsentantenhaus Mehrheiten zu finden, müssen sich Abgeordnete auf politische Kuhhandelpraktiken einlassen und Stimmen untereinander bündeln (*log-rolling*). Dies galt im besonderen Maße für Zollinitiativen, da über Zölle auf produktspezifischer Basis (Produkt für Produkt) abgestimmt wurde. Die Abgeordneten stimmten also gegenseitig für ihre Initiativen. Das Ergebnis war eine Spirale des Protektionismus, die ihren Höhepunkt im *Smoot Hawley Tariff Act* fand (Falke 2006). 1974 wurde der RTAA durch das *Fast Track Procedure* abgelöst. Auch beim *fast track*-Mandat übertrug der Kongress Teile seiner konstitutionellen Handelskompetenz temporär an den Präsidenten. Anders als beim RTAA bezog sich das *fast track*-Mandat aber nicht nur auf den Abbau von Zöllen, sondern auch auf nichttarifäre Handelshemmnisse (NTBs) – Standards und Regulierungen, die den Handel beschränken –, die zunehmend auf die Agenda der internationalen Verhandlungen gerückt waren. Eingeschränkt wurde die neue Verhandlungsvollmacht dadurch, dass von der Exekutive ausgehandelte Abkommen nun vom Kongress (mit einfacher Mehrheit) ratifiziert werden mussten. Diese Modifikation war notwendig geworden, weil Handelspolitik immer tiefer in die Binnenregulierung der nationalen Wirtschaft eingriff und mitunter eine Vielzahl von Gesetzesänderungen notwendig machte. Gleichwohl verpflichtete sich der Kongress, die Abkommen beschleunigt zu bearbeiten. Zusätze oder Modifizierungen waren nicht möglich; Repräsentantenhaus und Senat konnten das Abkommen nur komplett annehmen oder ablehnen (Destler 2005).

Das Übereinkommen zur Gründung der Welthandelsorganisation (WTO) im Jahr 1994 war das letzte internationale Abkommen, das der Kongress unter dem *fast track*-Verfahren ratifizierte. Nachdem Präsident Clinton den Kongress wiederholt erfolglos um das Mandat gebeten hatte, gewährte dieser erst 2002 Präsident George W. Bush die Handelskompetenz – dieses Mal unter dem Namen *Trade Promotion Authority* (TPA). Was die Regelung des parlamentarischen Ratifizierungsverfahrens betraf, unterschied sich die TPA nicht gravierend vom *fast track*-Mandat. Allerdings sicherte sich der Kongress durch erweiterte Konsultations- und Notifizierungspflichten einen stärkeren Einfluss auf die Gestaltung der Handelsabkommen. Das Handelsmandat lief Mitte 2007 aus, bislang hat es der Kongress nicht erneuert.

Heute sind an der Gestaltung der Handelspolitik verschiedene Teile der Exekutive und der Legislative beteiligt. In der Exekutive ist allen voran das *Office of the United States Trade Representative* (USTR) zu nennen. Der USTR ist ein Kabinettsmitglied im Rang eines Botschafters und ist dem Präsidenten direkt unterstellt. Er ist für die Formulierung der Handelspolitik zuständig und vertritt die USA in internationalen Verhandlungen. Der USTR steht dem *Interagency Trade Policy Process* vor, der eine kohärente Handelspolitik gewährleisten soll. Die erste und zweite Ebene im *Interagency Trade Policy Process* stellen die beiden zwischenbehördlichen Institutionen, der TPRG und TPSC, dar. Sie sind unter dem Vorsitz des USTR beziehungsweise einer seiner Stellvertreter für die Entwicklung und Koordination der Regierungsposition bezüglich Handels- und handelsbezogenen Investitionsfragen verantwortlich. Das TPSC setzt sich aus den Abteilungsleitern von insgesamt 19 Ministerien und Behörden zusammen (ein weiteres nicht-stimmberechtigtes Mitglied ist die *United States International Trade Commission*, USITC). Die mehr als 90 themenspezifischen Unterausschüsse des TPSC leisten die Vorbereitungen für die Beratungen des TPSC, das wiederum die Vorschläge auf ihre Vereinbarkeit mit den generellen politischen Zielsetzungen überprüft. Handelt es sich um Fragen übergeordneter politischer Bedeutung oder kann im TPSC kein Konsens zu wichtigen Entscheidungen erreicht werden, wird das Problem an die TPRG weitergeleitet. Am TPRG nehmen die stellvertretenden Minister und Vorsitzenden teil, d.h. sie ist hinsichtlich des Kabinettrangs ihrer Teilnehmer dem TPSC übergeordnet. Im *National Economic Council* werden schließlich Fragen von grundsätzlicher wirtschaftlicher Bedeutung behandelt. Er trägt die Gesamtverantwortung für die Beratung des Präsidenten bezüglich allgemeiner binnen- und außenwirtschaftlicher Angelegenheiten sowie für die Koordination und Umsetzung der wirtschaftspolitischen Agenda des Präsidenten.

Beratend steht dem Präsidenten das *Private Sector Advisory Committee System* zur Seite. Diese 1974 geschaffene Institution soll sicherstellen, dass die Ziele der US-amerikanischen Handelspolitik und -verhandlungen in angemessener Art und Weise die kommerziellen und wirtschaftlichen Interessen des Landes reflektierten. Seitdem hat der Kongress die

Rolle dieses Systems durch mehrere Handelsgesetze erweitert. Mittlerweile umfasst es 26 verschiedene Ausschüsse mit einer Gesamtmitgliederzahl von ca. 800 Experten der Privatwirtschaft. Die Ausschüsse treffen sich regelmäßig, erhalten sensible Informationen über laufende internationale Verhandlungen und andere Fragen der Handelspolitik und erstatten dem Präsidenten über die möglichen Implikationen jedes unter US-amerikanischer Jurisdiktion abgeschlossenen Handelsabkommens Bericht. Unterstützung erhält der Präsident in Exportfragen zudem vom 1973 gegründeten und zuletzt 2009 erneuerten *President's Export Council*. Geleitet wird der PEC vom *Under Secretary for International Trade* des Wirtschaftsministeriums. Der PEC trifft sich zwei Mal im Jahr. Seine Mitglieder sind Repräsentanten der relevanten Ministerien und des Kongresses sowie 28 vom Präsidenten ernannte Wirtschaftsvertreter. Im Wirtschaftsministerium werden außenwirtschaftspolitische Fragen größtenteils in der *International Trade Administration* (ITA) behandelt.

Die USITC, eine unabhängige, überparteiliche Behörde, führt Studien und Untersuchungen über die Wirkung von Zöllen und anderen Handelshemmnissen sowie den internationalen Wettbewerb durch, erstellt Berichte und spricht gegenüber dem Präsidenten und Kongress Empfehlungen bezüglich einer ganzen Reihe von außenwirtschaftlichen Angelegenheiten aus. Eine ihrer Hauptfunktionen besteht darin zu bestimmen, ob US-amerikanische Industrien durch subventionierte, zu unfairen Preisen abgesetzte oder anderweitig unfair gehandelte Importe wesentlich geschädigt werden (Schutzmaßnahmen gegen wachsende Importe, die US-amerikanische Industrien bedrohen, Antidumpingmaßnahmen und Ausgleichszölle). Die USITC soll dabei sicherstellen, dass Schutzmaßnahmen in einer fairen und objektiven Art und Weise ergriffen werden. Sie spricht Empfehlungen an den Präsidenten über den temporären Schutz US-amerikanischer Industrien aus, die durch Handelsliberalisierung und daraus resultierende steigende Importe besonders geschädigt wurden.

Geht es um internationale Finanzen, beispielsweise den Handel von Finanzdienstleistungen, um ausländische Direktinvestitionen oder um Währungsfragen, sind nicht mehr der USTR und das Wirtschaftsministerium zuständig, sondern das Finanzministerium, das *Treasury Department*. Der Finanzminister vertritt die USA bei den G20-Finanzministertreffen und der Präsident reist zu den jährlichen Treffen der Staats- und Regierungschefs der G20. Das Forum war 2008 geschaffen worden, um ein gemeinsames Management der Wirtschafts- und Finanzkrise zu ermöglichen, und hat die G8 zumindest in Wirtschafts- und Finanzfragen abgelöst. Im Finanzministerium ist die Abteilung für internationale Angelegenheiten (*Office of International Affairs*) für internationale Finanzfragen zuständig.

Die Handelspolitik der USA

Die Handelspolitik der USA kann in vier Perioden unterteilt werden: Historisch betrachtet war sie bis 1934, dem *Reciprocal Trade Agreement Act* (RTAA), eine Politik des Hochzolls und Protektionismus. Vom Bürgerkrieg (1861-1865) bis zur Weltwirtschaftskrise (1929), der Phase des großen Aufschwungs des Industriekapitalismus, wurde sie – mit Ausnahme der Präsidentschaft Woodrow Wilsons (1913-1921) – durch die über mehrere Dekaden hinweg andauernde Mehrheit der industriefreundlichen Republikaner im Kongress und die republikanischen Präsidentschaften bestimmt. Begründet wurden die hohen Zölle mit dem durch den ersten Finanzminister Alexander Hamilton geprägten Erziehungszollargument (*infant industries*): Junge, sich entwickelnde Industrien müssen geschützt werden, bis sie im internationalen Wettbewerb mithalten können. Zölle sollten jedoch nicht nur die heimische Industrie schützen, sie waren auch die wichtigste Einnahmequelle des Staates. Ihre fiskalische Bedeutung verloren sie erst mit dem 16. Verfassungszusatz, durch den 1913 eine Einkommenssteuer eingeführt wurde. Seinen Höhepunkt fand der Handelsprotektionismus in dem bereits erwähnten *Smoot-Hawley*-Zoll 1930.

Der RTAA von 1934 legte daraufhin den Grundstein für den Paradigmenwandel in der US-amerikanischen Handelspolitik nach dem Zweiten Weltkrieg. Einer der wichtigsten Gründe für den Erfolg der Freihandelspolitik nach dem Zweiten Weltkrieg war die Stellung der USA in der Weltwirtschaft. Während die wirtschaftlichen Strukturen und die Industrie der Kriegsgegner und Verbündeten der USA weitgehend zerstört waren, trat die USA mit einer prosperierenden und wachsenden Wirtschaft, in der sich der industrielle Output verdoppelt hatte, aus dem Krieg. Zudem war man mittlerweile zur Überzeugung gelangt, dass das Fehlen einer offenen Weltwirtschaft eine der Ursachen der Weltwirtschaftskrise und des Zweiten Weltkrieges gewesen war. Fehler der Zwischenkriegszeit sollten vermieden werden. Schließlich galt es, den wirtschaftlichen Aufbau der verbündeten Staaten zu fördern, indem man ihnen Absatzmärkte für ihre Produkte öffnete (*trade as aid*) – auch, um ein Bollwerk gegen den Kommunismus zu schaffen. Die USA förderten daher den Aufbau eines liberalen, multilateralen Handelssystems, basierend auf der unbedingten Meistbegünstigung (*most favored nation*, MFN: Zugeständnisse, die einem Handelspartner gemacht werden, gelten automatisch auch für die anderen Handelspartner) und dem Prinzip der Reziprozität. Die USA gehörten somit nicht nur zu den ersten Unterzeichnerstaaten des *General Agreement on Tariffs and Trade* (GATT) 1947, sondern setzten sich auch maßgeblich für die folgenden Liberalisierungsrunden unter dem GATT ein.

In den 1970er und 1980er Jahren vollzog sich ein erneuter Paradigmenwandel. Auch wenn die USA nach wie vor für ein offenes Welthandelssystem einstanden, war diese Periode insbesondere durch den so genannten *fair trade* und aggressiven Unilateralismus geprägt. Angesichts des steigenden internationalen Wettbewerbs, der nachlassenden Wettbewerbsfähigkeit US-amerikanischer Exporteure, der binnenwirtschaftlichen Probleme in den USA (u.a. hohes Haushaltsdefizit, hohe Arbeitslosigkeit, niedrige Wachstumsraten) und der Ölschocks wurden die Rufe nach einem Schutz vor ausländischer Konkurrenz und einem internationalen *level playing field*, auf dem die handelspolitischen Rechte der USA stärker eingefordert werden, immer lauter. Ausdruck dieses Paradigmenwandels vom *free trade* zum *fair trade* war das Handelsgesetz von 1974 mit seiner Sektion 301 (Verletzung von Handelsabkommen oder -regeln). Demzufolge sollte der Präsident alle möglichen Schritte einleiten, um ungerechtfertigte Importbeschränkungen anderer Länder abzubauen. Zuvor gemachte Handelszugeständnisse sollten zurückgezogen werden, falls die anderen Nationen an ihren Handelsbarrieren festhielten und damit den US-amerikanischen Handel diskriminierten. Außerdem wurde dem Präsidenten die Befugnis erteilt, auf unfaire Handelsmethoden anderer Handelsnationen wie etwa Exportsubventionen mit ähnlichen Maßnahmen zu antworten, wenn die importierten Waren heimische Produzenten gleicher oder ähnlicher Produkte grundlegend unter Druck setzten. Mit dem *Super 301* des *Omnibus Trade and Competitiveness Act* von 1988 wurde dieser Instrumentenkasten noch einmal verschärft. Dieser Abschnitt verlangt eine jährliche Auflistung der Haupthandelsbarrieren, mit denen US-amerikanische Exporteure konfrontiert sind, sowie derjenigen Länder, die diese Handelsschranken zu verantworten haben. Führen Konsultationen mit den betroffenen Ländern zu keinem Ergebnis, sollte der USTR 90 Tage nach Vorlage des Berichts ein Sektion 301-Verfahren gegen sie einleiten. Präsident Clinton hatte den international höchst umstrittenen *Super 301* von 1999 bis 2001 das letzte Mal in Kraft gesetzt.

Neben der zunehmenden Nutzung unilateraler Handelsinstrumente zur Öffnung ausländischer Märkte und zur Verbesserung der Handelsbilanz setzten die USA weiterhin auf multilaterale Verhandlungen innerhalb des GATT und setzten sich vehement für den Beginn einer neuen Handelsrunde, der Uruguay-Runde, ein, die schließlich in die Gründung der Welthandelsorganisation (WTO) mündete, die am 1. Januar 1995 ihre Arbeit aufnahm und das GATT ein Jahr später endgültig ablöste. Gleichzeitig wandten sich die USA jedoch verstärkt dem Abschluss bilateraler und regionaler Handelsabkommen zu. Unter Präsident George H. W. Bush wurde im Jahr 1992 das *North American Free Trade Agreement* (NAFTA) unterzeichnet, das am 1. Januar 1994 in Kraft trat. Ein Freihandelsabkommen (das *Free Trade Agreement*, FTA) bestand vorher schon zwischen den USA und Kanada. Durch NAFTA wurde dieses Abkommen um ein weiteres Land, Mexiko, erweitert. Die Handelspolitik der USA bediente sich also verschiedener Strategien (Multilateralismus, Regionalismus und Unilateralismus), um ihre Handelsbilanz zu verbessern.

Seit Abschluss der Uruguay-Runde und Unterzeichnung des NAFTA-Vertrages ist die Liberalisierungsskepsis in der Bevölkerung deutlich gestiegen, geschürt durch einen steigenden Wettbewerbs- und ökonomischen Anpassungsdruck, durch stagnierende Löhne der Mittelklasse und zunehmende Einkommensungleichheit. Gerade das Defizit in der US-amerikanischen Leistungsbilanz und der rasante weltwirtschaftliche Aufstieg Chinas sowie dessen immense Dollarreserven haben in der US-amerikanischen Gesellschaft ein Gefühl wirtschaftlicher Verwundbarkeit hervorgerufen. Weite Teile der gewerblichen Industrie sehen sich durch einen in ihren Augen unfairen internationalen Wettbewerb bedroht und beklagen die Verlagerung von Produktion und Beschäftigung in Billiglohnländer. Gesetze mit dem Ziel, den Handel weiter zu liberalisieren, passierten den Kongress in den 1990er und 2000er Jahren mit immer dünneren Mehrheiten. Zuletzt gelang es George W. Bush eine Reihe von Freihandelsabkommen auf den Weg zu bringen: FTAs mit Jordanien, Singapur, Chile, Australien, Marokko, Bahrain, Oman, Peru, Kolumbien, Panama und Südkorea. Die Abkommen mit Panama, Südkorea und Peru wurden im Oktober 2011 vom US-amerikanischen Kongress ratifiziert. Außerdem unterzeichneten die USA 2004 das plurilaterale *Dominican Republic-Central America-United States Free Trade Agreement* (CAFTA-DR) mit fünf zentralamerikanischen Ländern (Costa Rica, El Salvador, Guatemala, Honduras, Nicaragua) und der Dominikanischen Republik. Bush bezeichnete diese Strategie, den Abschluss von bilateralen Freihandelsabkommen, als *competitive liberalization*.

Tabelle 4: Freihandelsabkommen der USA (mit Unterzeichnungsdatum)

Israel	1985	Marokko	2004
Mexiko (NAFTA)	1994	Bahrain	2004
Kanada (NAFTA)	1994	Oman	2006
Jordanien	2001	Peru	2006
Singapur	2003	Kolumbien *	2006
Chile	2003	Panama *	2007
CAFTA-DR	2004	Südkorea *	2007
Australien	2004		

* Oktober 2011 vom Kongress ratifiziert.
Quellen: United States Trade Representative, Free Trade Agreements, http://www.ustr.gov/trade-agreements/free-trade-agreements (Zugriff am 23.2.2011).

Neben den bilateralen Freihandelsabkommen unterhalten die USA eine Vielzahl weiterer Abkommen, beispielsweise einseitige Präferenzprogramme wie den *African Growth and Opportunity Act* (AGOA) mit Afrika, die ausgewählten Ländern bevorzugten (teilweise zollfreien) Zugang zu den Märkten der USA gewähren. Zudem unterhalten die USA 44 *trade and investment framework*-Abkommen und mit 40 Ländern habe sie bilaterale *investment treaties* geschlossen.

Aktuelle Trends

Ob die Amtsübernahme Präsident Barack Obamas den Beginn einer fünften Periode in der US-Handelspolitik der USA markiert oder eine Fortsetzung der beschriebenen Trends sein wird, ist auch nach drei Jahren der Obama-Administration ungewiss, ein klares handelspolitisches Profil hat der Präsident bislangt nicht entwickelt.

Handelspolitik spielte in den ersten zwei Jahren der Obama-Administration kaum eine Rolle. Sowohl die Überwindung der Wirtschafts- und Finanzkrise als auch die Gesundheitsreform, die Reform der Finanzmarktarchitektur, die energie- und klimapolitische Wende, die Bildungsreform und die Modernisierung der Wirtschaft nahmen die gesamte politische Kraft der Regierung in Anspruch. Überdies ist Handel ein schwieriges Thema für Obama. Nicht nur steht die Mehrheit seiner Partei einer weiteren Öffnung des amerikanischen Marktes kritisch gegenüber, das Thema ist zunehmend unpopulär in der Bevölkerung. Einer Umfrage von NBC News/Wall Street Journal im Jahr 2010 zufolge glauben 53 Prozent der Amerikaner, dass FTAs mit anderen Ländern den USA schadeten – Ende 1999 lag dieser Anteil nur bei 30 Prozent. Nur 17 Prozent glauben, dass sie den USA nützen (NBC News/Wall Street Journal 2010). Laut einer Umfrage des Meinungsforschungsinstituts Pew vom November 2010 sind 55 Prozent der Amerikaner der Meinung, dass Handel zu einem Abbau von Arbeitsplätzen führe; 45 Prozent glauben, dass sich Handel negativ auf die Löhne auswirke (Pew Research Center 2010).

Im Wahlkampf war Obama mit einer handelskritischen Haltung angetreten. Er selbst bezeichnete sich als *Fair Trader*: Freihandelsabkommen sollten aus seiner Sicht an Arbeits- und Umweltstandards gekoppelt werden. Aufgrund unzureichender Standards lehnte er die von Präsident Bush verhandelten und im Kongress anhängigen Freihandelsabkommen mit Südkorea, Kolumbien und Panama ab und kündigte soga an, NAFTA nachzubessern zu wollen. Überraschend war diese Position im Wahlkampf nicht, wollte er doch die bevölkerungsreichen Bundesstaaten des „*Rust Belts*" wie Ohio und Pennsylvania gewinnen, in denen die Angst vor Arbeitsplatzverlust durch Handelsliberalisierung eine zentrale Rolle spielt und ein knapper Wahlausgang erwartet wurde.

Auch wenn Obama diese Wahlkampfversprechen nicht in die Tat umsetzte, spiegelte seine *Trade Policy Agenda 2009* doch seine kritische Haltung wider. Im Mittelpunkt standen Marktöffnung und Regeldurchsetzung. Laut Obamas USTR, Ron Kirk, sei die Durchsetzung von Handelsregeln vernachlässigt worden, und unzureichende Arbeits- und Umweltstandards im Ausland hätten die Wettbewerbsfähigkeit amerikanischer Exporteure unterminiert. Er versprach daher, alle „Werkzeuge im Werkzeugkasten des USTR" zu nutzen, inklusive des Streitschlichtungsverfahrens der WTO, um Maßnahmen zu ahnden, die amerikanischen Exporten schadeten. Während die Administration die aktuelle Verhandlungsrunde der WTO, die Doha-Runde, unterstützte, sollte diese doch erst dann abgeschlossen werden, wenn der Marktzugang für US-Industriegüter und Dienstleistungen gerade in den aufstrebenden Schwellenländern China, Indien und Brasilien signifikant verbessert würde. Neue FTAs lehnte Obama ab. Anders als seine Vorgänger bat er daher den Kongress auch nicht um die Handelsvollmacht TPA.

In seinem zweiten Amtsjahr erhielt die Handelspolitik deutlich mehr Aufmerksamkeit. Startschuss war die Ansprache zur Lage der Nation am 27. Januar 2010, in der Obama ankündigte, die US-amerikanischen Exporte in den nächsten fünf Jahren verdoppeln zu wollen, indem kleine und mittlere Unternehmen stärker unterstützt werden (beispielsweise durch Exportkredite und -versicherungen), und die Regierung internationale Handelsregeln auf wichtigen Märkten aggressiver durchsetzt (Obama 2010b). In diesem Zusammenhang revidierte Obama auch seine ablehnende Haltung gegenüber neuen Freihandelsabkommen. Neben dem Engagement in der Doha-Runde der WTO sollten die Handelsbeziehungen mit Asien und zentralen Handelspartnern wie Südkorea gestärkt werden. Dazu gehört die transpazifische Partnerschaft (TPP) (US trade Representative 2010). Die im März 2010 vorgestellte *National Export Initiative* (NEI) sollte besonders wachstums- und innovationsrelevante Unternehmen unterstützen. Zu ihrer Koordinierung wurde der *President's Export Council* erneuert.

Zwar investierte die Obama-Administration nach wie vor kaum politisches Kapital in die Wiederbelebung der seit Jahren stockenden Doha-Verhandlungen der WTO, doch intensivierte sie ihre Bemühungen deutlich, Probleme in den ausstehenden FTAs mit Südkorea (Automobil- und Rindfleischhandel) sowie Panama und Kolumbien (Arbeitsrechte) zu lösen. Anfang Oktober 2011 legte sie die drei FTAs dem Kongress zur Abstimmung vor. Dieser stimmte am 12. Oktober für die Handelsabkommen. Den Weg für die Zustimmung der Demokraten ebnete die Erneuerung der *Trade Adjustment Assistance*, ein Instrument zur sozialen Flankierung der Globalisierung, in deren Rahmen Anpassungsmaßnahmen für Unternehmen und Beschäftigte finanziert werden können. Darüber hinaus intensivierte die Obama-Administration ihre Verhandlungen mit den pazifischen Handelspartnern Australien, Brunei Darussalam, Chile, Malaysia, Neuseeland, Peru, Singapur und Vietnam über eine TPP. Im Herbst 2011 signalisierten Kanada, Mexiko und Japan Interesse, sich an einem solchen Handelsabkommen beteiligen zu wollen. Und auch die Philippinen, Thailand, Taiwan und Südkorea denken über eine Beteiligung nach. Beim Treffen der Staats- und Regierungschefs der APEC-Staaten am 12.-13. November 2011 beschlossen die TPP-Staaten, sich bis Ende 2012 auf ein ambitioniertes Handelsabkommen zu einigen, das nicht nur den Zollabbau im Handel mit Industriegütern und landwirtschaftlichen Erzeugnissen zum Inhalt hat, sondern auch den Dienstleistungshandel liberalisiert sowie Investitionsschutz, eine wechselseitige Liberalisierung der öffentlichen Auftragsvergabe, strengere Wettbewerbsregeln für staatliche Betriebe und stärkere regulative Konvergenz vorsieht (Deutsch 2011). Motiviert ist die Pazifikstrategie insbesondere durch Chinas Bemühungen, Freihandelsabkommen mit anderen asiatischen Ländern zu schließen, durch die sich möglicherweise der Marktzugang für US-Produzenten verschlechtern könnte.

Zwar ist es trotz Obamas Ankündigungen im Wahlkampf, der Wirtschafts- und Finanzkrise und dem Druck seitens zahlreicher Interessengruppen wie den Gewerkschaften nicht zu dem von vielen befürchteten Protektionismus gekommen. Gleichwohl kann von einer proaktiven Marktliberalisierungsagenda nicht die Rede sein.

Übungsfragen

1. Sind die USA eine Freihandelsnation?
2. Wer ist für die US-amerikanische Außenwirtschaftspolitik zuständig? Welche Kompetenzen hat die Legislative (der Kongress), welche Kompetenzen hat die Exekutive (der Präsident)?
3. Welche Rolle spielt der US-Dollar in der Weltwirtschaft?

Weiterführende Literatur

Cohen, Stephen, Joel Paul und Robert Blecker (2003) Fundamentals of U.S. Foreign Trade Policy: Economics, Politics, Laws and Issues. Boulder, CO: Westview Press.
Dieses Buch bietet einen hervorragenden Überblick nicht nur der Geschichte der US-amerikanischen Handelspolitik und ihrer Instrumente, sondern auch einen Einblick in die Handelstheorien und die politische Ökonomie des Handels.

Destler, Irving M. (2005) American Trade Politics. Washington, D.C.: Peterson Institute.
Dieses Buch ist das Standardwerk der US-amerikanischen Handelspolitik, um das kein Weg vorbeiführt. Es bietet einen hervorragenden Überblick der Handelsgeschichte der USA und ihrer Instrumente.

Dam, Kenneth (2001) The Rules of the Global Game. A New Look at U.S. International Economic Policy Making. Chicago: University of Chicago Press.
Dieses Buch, wenn auch nicht mehr ganz aktuell, schärft den Blick für die politische Ökonomie des internationalen Handels.

Webseiten

Bureau of Economic Analysis: www.bea.gov
Bureau of Labor Statistics: www.bls.gov
Congressional Research Service: http://opencrs.com
Federal Reserve Board: www.federalreserve.gov
Government Printing Office: www.gpoaccess.gov
International Monetary Fund: www.imf.org
United Nations Conference on Trade and Development (UNCTAD): www.unctad.org
United States Census Bureau: www.census.gov
United States Trade Representative: www.ustr.gov
United States Department of the Treasury: www.treasury.gov
World Trade Organization: www.wto.org

Verwendete Literatur

Communiqué (2011) Meeting of Finance Ministers and Central Bank Governors. Paris, 18-19 February, http://www.g20.utoronto.ca/2011/2011-finance-110219-en.html (Zugriff am 15.1.2011).

Cooper, William (2011) The Future of U.S. Trade Policy: An Analysis of Issues and Options for the 112th Congress. R41145. Washington, D.C.: Congressional Research Service.

Destler, Irving M. (2005) American Trade Politics. Washington, D.C.: Institute for International Economics.

Deutsch, Klaus Günter (2011) Hula-Hoop in Honolulu: Obamas handelspolitische Pazifikstrategie gewinnt an Fahrt, Aktueller Kommentar, Deutsche Bank Research, 22.11.2011.

Falke, Andreas (1996) Handelspolitik. Vom Freihandel zum Fairen Handel, in: Herbert Dittgen und Michael Minkenberg (Hrsg.) Das amerikanische Dilemma. Paderborn: Schöningh, S. 319-349.

Falke, Andreas (2006) A Reluctant Crusade: Die Außenpolitik der Vereinigten Staaten unter George Bush, in: Jochen Hills und Jürgen Wilzewski (Hrsg.) Defekte Demokratie – Cursader State? Die Weltpolitik der USA in der Ära Bush. Atlantische Texte 25. Trier: Wissenschaftlicher Verlag, S. 273-304.

Falke, Andreas (2009) Klimaschutz- und Handelspolitik – Neue transatlantische Konstellationen?, in: Reinhard Meier-Walser (Hrsg.) Die Außenpolitik der USA. Präsident Obamas neuer Kurs und die Zukunft der transatlantischen Beziehungen. München: Hanns Seidel Stiftung, S. 403-427.

Falke, Andreas (2011) No Ado about Nothing: Obama's Trade Policies After 1 Year, in: Christoph Hermann und Jörg Philipp Terhechte (Hrsg.) European Yearbook of International Economic Law. Berlin/Heidelberg: Springer Verlag, S. 137-149.

G20 (2010) Seoul Summit Leaders' Declaration, 12 November, http://www.g20.utoronto.ca/2010/g20seoul.pdf (Zugriff am 25.2.2011).

Goldberg, Linda (2010) Is the International Role of the Dollar Changing?, in: Federal Reserve Bank of New York, Current Issues in Economics and Finance 16(1), http://www.newyorkfed.org/research/current_issues/ci16-1.pdf (Zugriff am 25.2.2011).

Holtfrerich, Carl-Ludwig (1995) Wirtschaft USA. München: Oldenbourg Verlag.

Istock.Analyst (2010) Bernanke Confident of U.S. Dollar as Reserve Currency, 9 February, http://www.istockanalyst.com/article/viewiStockNews/articleid/4878270 (Zugriff am 25.2.2011).

IWF (2011) Direction of Trade Statistics. Washington, D.C.

Knothe, Danko (2007) Macht und Möglichkeit. Eingebetteter Unilateralismus in der Handels- und Klimaschutzpolitik der USA. Berlin: LIT Verlag.

Mildner, Stormy-Annika (2008) Wirtschaft und Finanzen, in: Peter Lösche (Hrsg.) Länderbericht USA. Bonn: Bundeszentrale für politische Bildung, S. 471-578.

Mildner, Stormy-Annika (2010) Expanding Free Trade? Eine Bilanz der Außenhandelspolitik der Bush-Administration, in: Söhnke Schreyer und Jürgen Wilzewski (Hrsg.) Weltmacht in der Krise. Die USA am Ende der Ära George W. Bush. Trier: Wissenschaftsverlag, S. 357-389.

NBC News/Wall Street Journal Poll (2010) NBC News/Wall Street Journal Survey, Study #101731, S. 18, <http://online.wsj.com/public/resources/documents/WSJpoll111710.pdf> (Zugriff am 30.11.2011)

Obama, Barack H. (2010a) Speech on the National Export Initiative, 11 March, http://www.cfr.org/trade/obamas-speech-national-export-initiative-march-2010/p21642 (Zugriff am 10.3.2010).

Obama, Barack (2010b) Remarks by the President in State of the Union Address, 27 January, http://www.whitehouse.gov/the-press-office/remarks-president-state-union-address (Zugriff am 10.3.2010).

Pew Research Center (2010): Americans Are of Two Minds on Trade, 9. November 2010, <http://pewresearch.org/pubs/1795/poll-free-trade-agreements-jobs-wages-economic-growth-china-japan-canada> (Zugriff am 30.11.2011).

United States Census (2011) Exhibit 7 – Exports by End-Use Category and Commodity, http://www.census.gov/foreign-trade/Press-Release/current_press_release/exh7.pdf (Zugriff am 15.2.2011).

United States Trade Representative (2010) Transpacific Partnership, http://www.ustr.gov/tpp (Zugriff am 31.3.2010).

World Bank (2011) Exports of Goods and Services, http://data.worldbank.org/indicator/NE.EXP.GNFS.ZS (Zugriff am 20.2.2011)

WTO (2010) International Trade Statistics 2010. Genf.

Klimawandel und Energiesicherheit

Miranda A. Schreurs

Zusammenfassung

Welche Verbindungen bestehen zwischen Klimapolitik und Energiesicherheit in den USA? Die Vereinigten Staaten sind zunehmend von Energieimporten abhängig, um ihre Wirtschaft am Laufen zu halten. Gleichzeitig können die USA auf keine Tradition der langfristigen Planung in der Energiewirtschaft zurückblicken; vielmehr werden die Preise für fossile Brennstoffe angesichts alternder Atomkraftwerke zusehends instabil, die generelle Abhängigkeit von Energie steigt und die Regierung beschäftigt sich verstärkt mit Fragen der Energieplanung.

Einleitung

Trotz der Versuche mehrerer Präsidenten (im Besonderen William Clinton und Barack Obama) Energiesicherheit und Klimawandel miteinander zu verknüpfen, sind die USA einer der wenigen Staaten weltweit, die das Kyoto-Protokoll nicht ratifiziert haben (Harrison 2010). Eben sowenig hat die Regierung der USA eine umfassende Gesetzgebung zur Klimapolitik verabschiedet. Warum hat der Kongress der Vereinigten Staaten es versäumt, solche Gesetze zu billigen oder das Kyoto-Protokoll zu ratifizieren obwohl hier weltweit führende Klimawissenschaft betrieben wird, die größten Umweltorganisationen beheimatet und die USA zunehmend von Energieimporten abhängig sind?

Eine Wirtschaft begründet auf fossilen Brennstoffen

Die Vereinigten Staaten sind weltweit einer der Hauptproduzenten von fossilen Energieträgern. Die USA und Russland sind die beiden führenden Hersteller von Erdgas und können jeweils 19 Prozent der globalen Produktion für sich verbuchen. Die USA sind nach Russland und Saudi-Arabien der drittgrößte Förderer von Erdöl und kommen für fast 11 Prozent der Weltproduktion auf. Weiterhin haben die USA mit einem Anteil von 28 Prozent an der globalen Gesamtsumme im Jahr 2010 die weltweit wichtigsten Kohlereserven. Diese Kohlevorräte können, bei gegenwärtiger Abbaurate, für mehr als 200 Jahre reichen (US Energy Information Agency 2011a).

Bis in die 1970er konnten die USA ihren Energiebedarf weitgehend selbst decken. Die heimische Energieerzeugung wurde dem Verbraucherbedarf gerecht. Obwohl die USA auch heute noch einer der größten Produzenten von fossilen Energieträgern sind, haben Bevölkerungswachstum, ein steigender Energiebedarf und eine abnehmende Energieleistung das Land zu einem der wichtigsten Importländer von Öl und Erdgas gemacht. 2010 stammten etwa 49 Prozent des im Land verbrauchten Öls aus Importen (US Energy Information Agency 2011b). Kanada, ein enger Verbündeter, ist der größte Ölexporteur in die Vereinigten Staaten gefolgt von Saudi-Arabien.

Es gab Versuche, diese starke Abhängigkeit der USA von Öl- und Gasimporten zu verringern. Der *Energy Policy Act* von 2005, entworfen von einem Ausschuss unter der Leitung des früheren Vizepräsidenten Richard Cheney, befürwortete einen stärkeren Fokus auf Atomkraft, die Erschließung fossiler Brennstoffe, die Entwicklung erneuerbarer Energien und eine Steigerung der Energieeffizienz. Der *Energy Independence and Security Act* von 2007 sprach sich für die Förderung von Energieeffizienz und die Verfügbarkeit erneuerbarer Energien aus (US Congress 2007).

Trends in US-amerikanischen Treibhausgasemissionen

Der Energieverbrauch in den USA ist stark abhängig von fossilen Brennstoffen. Erdöl machte im Jahr 2009 37 Prozent des Gesamtverbrauchs aus, Erdgas 25 Prozent und Kohle 21 Prozent. 9 Prozent stammten aus nuklearer Energieerzeugung und lediglich 8 Prozent aus dem Sektor der Erneuerbaren Energien. Die starke Abhängigkeit von fossilen Energieträgern für Stromerzeugung, Heizen und den Mobilitätssektor sind der Hauptgrund für die US-amerikanische Spitzenposition als der weltweit zweitgrößte Emittent von Treibhausgasen (China hat die USA vor kurzem überholt). Pro Kopf werden in den USA 18 Tonnen Kohlenstoff pro Jahr ausgestoßen. Dies entspricht dem Vierfachen des Niveaus in China und dem zweifachen des deutschen Niveaus (Boden/Marland/Andres 2011).

Bis sich im Jahr 2000 eine Verflachung abzeichnete, stiegen die US-amerikanischen Treibhausgasemissionen stetig an. 2007 waren die Emissionen 17,5 Prozent höher als im Jahre 1990. Im Jahr 2009 überstiegen sie die Emissionen von 1990 nur noch um 7,3 Prozent. Der starke Rückgang der Emissionen begann 2008 und setzt sich fort. Der primäre Grund dafür scheint die weltweite Finanzkrise zu sein, die Verlangsamung der US-Wirtschaft und ein damit einhergehender Produktionsrückgang. Weiterhin wurde mehr Erdgas als Kohle verbraucht, was weniger Kohlenstoff emittiert. Es ist anzunehmen, dass diese starken Reduktionen rückläufig sein werden, sobald sich die wirtschaftliche Lage wieder bessert.

Tabelle 1: US-amerikanische Treibhausgasemissionen

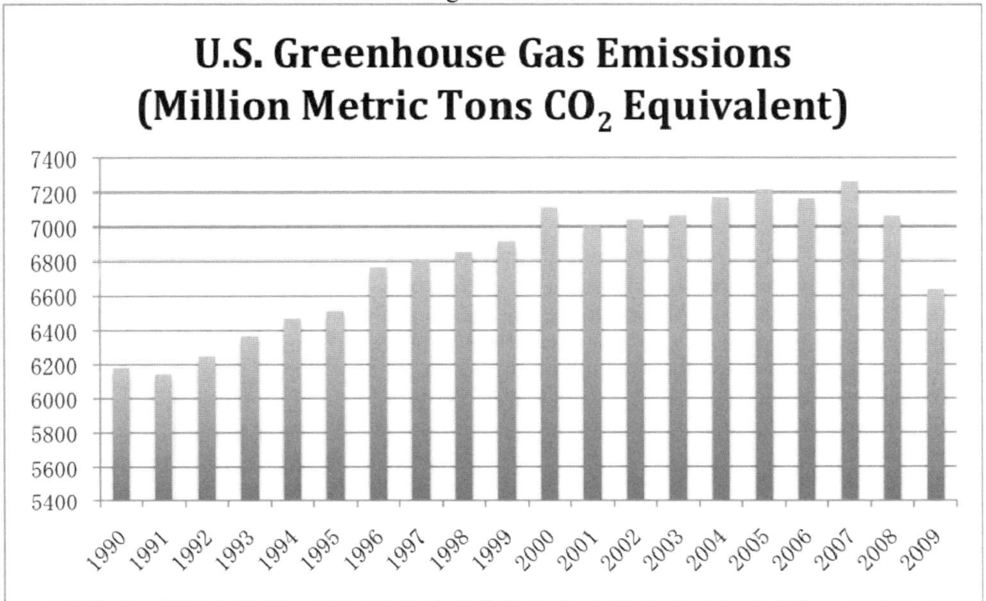

Quelle: US Environmental Protection Agency 2011.

US-amerikanische Klimapolitik: Historischer Abriss

Auf der Konferenz der Vereinten Nationen über Umwelt und Entwicklung (*United Nations Conference on Environment and Development*, UNCED) 1992 wurde ein internationales Abkommen zum Klimawandel verabschiedet: die Klimarahmenkonvention der Vereinten Nationen (*United Nations Framework Convention on Climate Change*, UNFCCC). Die Vereinigten Staaten unterzeichneten und ratifizierten dieses Abkommen unter Clinton. Die Klimakonvention ist ein breites Rahmenwerk, das die globale Erwärmung als ein Problem beschrieb und die Industrieländer dazu aufforderte, ihre Treibhausgasemissionen zu verringern und die Entwicklungsländer finanziell darin zu unterstützen, ihre wachsenden Emissionen zu vermindern. In den folgenden Jahren wurden jährlich Konferenzen der Unterzeichnerstaaten abgehalten, welche den Auftrag hatten, Vereinbarungen darüber zu treffen, wie die Reduktion der Emissionen erreicht werden sollte. Die dritte dieser Konferenzen fand im japanischen Kyoto statt und führte zum Beschluss des Kyoto-Protokolls im Dezember 1997.

Die Vereinigten Staaten nahmen an den Verhandlungen zum Kyoto-Protokoll teil. Während dieser Verhandlungen stimmten sie dem Ziel zu, bis 2012 ihre Treibhausgasemissionen um 7 Prozent im Vergleich zum Basisjahr 1990 zu senken. Obwohl Präsident Clinton dieses Abkommen unterzeichnete, legte er es in Erwartung einer zu starken Ablehnung dem Senat nicht zur Ratifizierung vor. Direkt nach seinem Amtsantritt im Jahre 2001 kündigte Präsident George W. Bush an, die Unterstützung der USA für das Protokoll zurückziehen mit der Begründung, es behindere die Wirtschaft der USA und zerstöre Arbeitsplätze (Schreurs 2002; Harris 2000).

Als Barack Obama zum Präsidenten gewählt wurde, forderte er den Senat auf, nationale Klimagesetze zu verabschieden und berief sich dabei auf Energiesicherheitsbedenken und grünes Wirtschaftswachstum (Bang/Schreurs 2011). Seine Bemühungen blieben jedoch ohne Erfolg. Ohne legislative Maßnahmen des Kongresses hat der Präsident nur eingeschränkte Möglichkeiten, einen Politikwandel herbeizuführen. Auf der Grundlage von Entscheidungsbefugnissen, die dem Präsidenten durch Kongressgesetzgebung und der Verfassung zustehen, kann er Rechtsverordnungen (*excutive order*) erlassen (vgl. hierzu den Beitrag von David Sirakov in diesem Band). Präsident Obama verabschiedete *Executive Order 13514* im Januar 2010. Darin werden sämtliche Bundesbehörden verpflichtet, bis 2020 Emissionsreduktionen um 28 Prozent im Vergleich zum Niveau von 2008 zu erreichen.

Der Präsident kann auch versuchen, das Politikgeschehen durch *agenda-setting* zu beeinflussen. Dies hat Obama beim Klimagipfel in Kopenhagen der UNFCCC-Unterzeichnerstaaten im Dezember 2009 versucht, wo er die Unterstützung eines freiwilligen Plans zur Reduktion der Emissionen bis zum Jahr 2020 um 17 Prozent im Vergleich zum Niveau von 2005 durch die USA ankündigte, welche aber an die Bedingung nationaler Gesetzgebung geknüpft ist. Dies tat er in der Hoffnung, dass der Senat dem Repräsentantenhaus nachfolgen würde und ein nationales Klimagesetz verabschieden würde. Dies blieb jedoch aus. Daher hat Obama alternative Wege verfolgt, um seinen internationalen Verpflichtungen und den Erwartungen nationaler Klimaschutzbefürworter gerecht zu werden. So hat die Obama-Administration 2011 ein Abkommen mit der Automobilindustrie getroffen, das eine signifikante Steigerung der Kraftstoffeffizienzstandards von PKWs und LKWs im Jahr 2025 vorsieht.

Warum der US-amerikanische Kongress nicht handelt

Der US-amerikanische Präsident hat die Befugnis, ein internationales Abkommen auszuhandeln und mit zu gestalten. Für die Ratifizierung ist jedoch die Zustimmung des Senats notwendig. Um einen internationalen Vertrag wie das Kyoto-Protokoll zu ratifizieren, muss eine Zweidrittel-Mehrheit im Senat erreicht werden. Dies bedeutet, dass 67 Senatoren für die Ratifizierung stimmen müssen. Diese institutionelle Hürde erschwert die Beteiligung der USA an multilateralen Abkommen erheblich. Die Zustimmung des Senats kann gewöhnlich leichter erreicht werden, wenn ein internationales Abkommen entweder eine starke Unterstützung in Industriekreisen genießt, oder wenn ein nationales Gesetz vor der Aushandlung des internationalen Vertrages verabschiedet wurde (DeSombre 2001). So haben die Vereinigten Staaten das Montreal-Protokoll über Stoffe, die zu einem Abbau der Ozonschicht führen, unterzeichnet und ratifiziert, das Kyoto-Protokoll zur Klimarahmenkonvention jedoch nie ratifiziert, obwohl es von der Clinton-Administration unterzeichnet wurde. Im Gegensatz zum Klimawandel hatte die US-Industrie im Falle der Zerstörung der Ozonschicht ein starkes Interesse an einem internationalen Abkommen, welches gleiche Voraussetzungen für alle schaffen sollte. Die Industrie der USA befürchtete, dass nationale Vorschriften zu einem Wettbewerbsnachteil mit anderen Ländern führen würden. Aus diesem Grund unterstützte die Industrie die Umweltverbände schließlich in der Forderung nach einem globalen Abkommen über Stoffe, die zum Abbau der Ozonschicht führen (Parson 2003). Im Falle des Klimawandels hingegen haben sich mächtige Industrieakteure Gesetzesmaßnahmen widersetzt.

Seitdem George W. Bush die internationalen Verpflichtungen der USA im Rahmen des Kyoto-Protokolls zurückgezogen hat, haben mehrere Kongressabgeordnete Entwürfe für ein nationales Klimagesetz in den Kongress eingebracht. Im Juni 2009 wurde der *American Clean Energy and Security Act* dem Repräsentantenhaus zur Abstimmung vorgelegt. Das Gesetz bezog sich auf Energiesicherheit und Klimawandel gleichermaßen und hätte eine Obergrenze für Treibhausgasemissionen sowie ein nationales Emissionshandelssystem eingeführt. Der Gesetzesentwurf wurde mit 219 zu 212 Stimmen beschlossen, scheiterte aber im Senat. Im Juli 2010 kündigte der Senat an, dass er bis zum Ende seiner Sitzungsperiode – den verbleibenden Monaten bis zu den Zwischenwahlen im Kongress – keine Klimagesetzgebung verabschieden würde. Im Wesentlichen war der Klimawandel so zur Geisel des Wahlzyklus geworden, da manche Senatoren Wahlniederlagen befürchten mussten, sollten sie für eine Klimagesetzgebung stimmen.

In den Vereinigten Staaten gibt es zwei große politische Parteien: die Republikaner und die Demokratische Partei. Während der ersten beiden Amtsjahre von Barack Obama waren die Demokraten in beiden Kammern des Kongresses in der Mehrheit und zahlreiche Gesetzesentwürfe zum Klimawandel wurden im Repräsentantenhaus und im Senat vorgelegt. Verallgemeinert lässt sich sagen, dass die Republikaner die Interessen der Industrie unterstützen und dass die Mehrheit ihrer Mitglieder sich entweder gegen eine Klimaschutzgesetzgebung sträubt oder aber den Klimawandel offen anzweifelt. Die *Tea Party*, eine relativ neue und sehr konservative Bewegung (es handelt sich noch um eine Bewegung, keine nationale Partei) hat die Republikaner im Parteienspektrum weiter nach rechts orientiert. Seit die Republikaner (unter ihnen viele von der *Tea Party* unterstützte Kandidaten) bei den Zwischenwahlen im Kongress im Jahre 2010 die Mehrheit im Repräsentantenhaus erhielten, gab es keine Bewegung in der Klimaschutzgesetzgebung. Vielmehr hat die republikanische Mehrheit die Ausgaben für Klimaschutz beschränkt, indem die finanzielle Unterstützung für das neu geschaffene *Office of Energy and Climate Change* im Weißen Haus und viele internationale Programme gestrichen wurde. Auch gab es (bislang erfolglos) Versuche, die amerikanische Umweltschutzbehörde (*Environmental Protection Agency*) ihrer Kompetenzen zur CO_2-Emissionsregulierung unter dem *Clean Air Act* zu entledigen. Das Weiße Haus hat sich diesen Bemühungen zwar widersetzt, aber selbst Präsident Obama hat angedeutet, dass eine Klimaschutzgesetzgebung in den nächsten Jahren unwahrscheinlich ist.

Es ist jedoch wichtig zu erkennen, dass die Trennlinie zwischen Klimaschutzbefürwortern und -gegnern nicht strikt gemäß dem Parteienspektrum verläuft. Es gibt sehr wohl eine Handvoll gemäßigter Abgeordnete unter den Republikanern, welche eine Klimagesetzgebung unterstützen. John McCain, der während der Präsidentschaftswahlen 2008 gegen Obama antrat, ist der Bekannteste unter ihnen. McCain hat eine führende Rolle im Entwurf eines Klimagesetzes gespielt, welches jedoch dem Kongress nie zur Abstimmung vorgelegt wurde. Und obgleich die Demokratische Partei eine Klimagesetzgebung grundsätzlich unterstützt, gibt es doch sehr unterschiedliche Positionen innerhalb der Partei, was deren genaue Ausgestaltung betrifft. Einige Abgeordnete der Demokraten, besonders solche aus Bundesstaaten wo Kohle produziert wird, haben sich gegen ein Klimagesetz zusammengetan (Bang/Schreurs 2011). Dies wird deutlich, wenn man sich das Abstimmungsergebnis des *American Clean Energy and Security Act* im Repräsentantenhaus ansieht. Das Gesetz wurde mit 219 zu 212 Stimmen verabschiedet. Dabei schlossen sich 8 Republikaner den Demokraten an und stimmten für das Gesetz, während 44 Demokraten dagegen stimmten und 3 Mitglieder sich enthielten. Wie bereits erwähnt hat der Senat es versäumt, ein Klimagesetz zu billigen, was dazu führte, dass kein Gesetz verabschiedet wurde, da die nationale Gesetzgebung verlangt, dass Gesetze in beiden Kammern bestätigt werden müssen.

Die Allianz gegen den Klimawandel

Klimaforschung hat eine lange Geschichte in den USA und eine große Gemeinschaft unterstützt eine aggressive Politik auf allen Regierungsebenen. Die ersten Forderungen nach verstärkten Handlungen für den Klimaschutz kamen von US-amerikanischen Wissenschaftlern und Expertengruppen. Ein Bericht der *National Academy of Sciences* warnte 1977 davor, dass bei einem geschätzten Bevölkerungswachstum von 10 Milliarden Menschen weltweit bis zum Ende der 2000er, die Verbrennung von Kohle einen durchschnittlichen globalen Temperaturanstieg um 6°C im Zeitraum von 2150 bis 2200 zur Folge haben könnte. Dieser Temperaturunterschied entspricht dem Anstieg der Temperaturen vom warmen Klima des Mesozoikum vor ca. 70-100 Millionen Jahren bis heute. Der Bericht empfahl, dass dem Klimawandel sofort erhebliche Beachtung von betroffenen nationalen und internationalen Organisationen und Institutionen gezollt werden solle (National Academy of Sciences 1977: 7).

Während der Rekordhitzewelle von 1988 sagte James Hansen, der Direktor des *Goddard Institute for Space Studies* der NASA (*National Aeronautic and Space Administration*), dass anthropogene Treibhausgasemissionen höchstwahrscheinlich bereits zum Klimawandel beitragen würden. Im selben Jahr wurde das *Intergovernmental Panel on Climate Change* (IPCC) von der *World Meteorological Organization* und dem Umweltprogramm der Vereinten Nationen (UNEP) gegründet, um den Stand der Wissenschaft im Bereich des Klimawandels zu erfassen und Handlungsempfehlungen auszusprechen (Clark/Dickson 2001). IPCC, dem eine große Anzahl US-amerikanischer Wissenschaftler angehören, hat eine Serie regelmäßig erscheinender Berichte herausgebracht, von denen der alarmierendste 2007 erschien. Dieser Bericht stellt fest, dass Klimawandel höchstwahrscheinlich eine Folge von Menschen verursachter Emissionen ist und dass, im Falle eines weiteren Anstieges globaler Emissionen, die durchschnittlichen globalen Temperaturen um mehrere Grad Celsius ansteigen könnten. Steigende Temperaturen könnten zu extremen Wetterereignissen führen (stärkere Hurrikane, Stürme und Trockenheiten), zum Abschmelzen der Gletscher und dem ewigen Eis, zu einem Anstieg des Meeresspiegels und zu einer Veränderung der globalen Wetterlage und der Meere. Der frühere US-amerikanische Vize-Präsident Albert Gore trug die Botschaft des IPCC mit seinem preisgekrönten Dokumentarfilm *An Inconvenient Truth* in die Öffentlichkeit.

Die US-amerikanische Umweltbewegung hat sich auch aktiv für eine Klimaschutzpolitik eingesetzt. Die größten Umwelt-NGOs sitzen in den USA: die *National Wildlife Federation* hat 4 Millionen Unterstützer, der *Sierra Club* 1,4 Millionen, der *World Wildlife Fund* (WWF) 1,2 Millionen und *Greenpeace* mehrere Hunderttausend. Diese Nichtregierungsorganisationen und andere, wie *Friends of the Earth*, der *Natural Resources Defense Council* (NRDC), *Audobon Society*, und *Nature Conservancy*, haben Büros und Programme zum Klimawandel aufgebaut. Sie haben es sich zum Ziel gesetzt, Politiker und die Öffentlichkeit über den Klimawandel zu informieren, vor Gericht für den Klimaschutz zu kämpfen und mit der Industrie zusammenzuarbeiten, um auch hier Emissionen zu reduzieren. Neben diesen großen Umwelt-NGOs engagieren sich unzählige Gruppen auf nationaler wie lokaler Ebene für grünere Städte, öffentlichen Nahverkehr, erneuerbare Energien und andere Maßnahmen, um Treibhausgasemissionen zu mindern (Rabe 2010; Schreurs/Selin/VanDeveer 2010).

Die Klimaschutzbefürworter haben zudem verstärkt damit begonnen, Klimawandel mit der Debatte über Energiesicherheit und anderen Themen zu verknüpfen. Der WWF argumentiert zum Beispiel, dass Klimawandel, Energiesicherheit und nationale Sicherheit drei Gründe sind, um saubere Energiegewinnung und Energieeffizienz zu unterstützen (World

Wildlife Fund 2011). Das World Resources Institute verbindet in einem Projekt Energiesicherheit und Klimawandel um einen Strategieplan für Politikhandlungen voranzubringen (World Resources Institute 2011). Trotz der offensichtlichen Bedenken zur Energiesicherheit, denen sich die USA stellen müssen, und den Warnungen, die von Klimaexperten ausgesprochen werden, haben die USA es versäumt, Gesetze zum Klimaschutz zu verabschieden. Wie lässt sich das erklären?

Klimaskeptiker und Befürworter fossiler Brennstoffe

Klimaskeptiker stellen entweder die Argumente der Klimaschutzbefürworter in Frage oder weisen sie zurück. In den USA sind Klimaskeptiker gut organisiert und in der öffentlichen Debatte deutlich vernehmbar. Es gibt sowohl organisierte Gruppen als auch Einzelpersonen, die die Argumente des IPCC, von Al Gore oder anderen anzweifeln, die davor warnen, dass die vom Menschen verursachten Treibhausgasemissionen zur Erderwärmung beitragen und das Klimasystem des Planeten aus der Balance bringen. (Jacques 2009).

Der vielleicht bekannteste Klimaskeptiker in der US-amerikanischen Wissenschaft ist Richard Lindzen, Professor am MIT. Lindzen zweifelt die Arbeit des IPCC an und argumentiert, dass die akademische Klimawissenschaft von einer politischen Klimabewegung kooptiert worden ist (Lindzen 2009). Es gibt zudem viele klimaskeptische Webseiten. Beispiele sind *www.climate-skeptic.com* und die vom *Science and Public Policy Institute* betriebene *http://scienceandpublicpolicy.org/*. Diese sehen es als ihre zentrale Aufgabe an, die Theorien von Klimawissenschaftlern in Frage zu stellen. Anhand von Videos und Publikationen wird vor Panikmache gewarnt und argumentiert, dass nicht genügend Beweise für einen vom Menschen verursachten Klimawandel existieren und es keine Anhaltspunkte für eine drohende Klimakatastrophe gibt.

Auch bekannte Politiker äußern Zweifel an den Klimawissenschaften. Sarah Palin, die von John McCain als seine Vizekandidatin ausgewählt wurde, stellt öffentlich in Frage, dass die Klimaerwärmung vom Menschen zu verantworten ist. Die Gemeinschaft der Klimaskeptiker hat es geschafft, in den USA gewisse Zweifel an der Klimawissenschaft zu regen und hat einige Politiker überzeugen können, gegen eine Klimagesetzgebung zu stimmen. Senator James Inhoff, ein Republikaner aus Oklahoma, ist wahrscheinlich der mächtigste Klimaskeptiker in den USA. Er veröffentlichte einen Link mit dem Titel *Hundreds of Scientists Dispute Global Warming Alarmism* an prominenter Stelle auf seiner offiziellen Homepage. Als die Republikaner während der Präsidentschaft von George W. Bush die Kontrolle über den Senat hatten, war er Vorsitzender des *Committee on Environment and Public Works* des Senats. Momentan ist er Minderheitsführer. Inhoff hat seine mächtige Position dazu genutzt, die Verabschiedung eines Klimagesetzes aktiv zu blockieren und den Einfluss der Umweltschutzbehörde EPA auf die Klimapolitik zu schwächen (US Senate Committee on Environment and Public Works 2011).

Die Industrie für fossile Brennstoffe

Einflussreiche Lobbygruppen vertreten die Interessen der Industrie für fossile Brennstoffe in Washington und auf nationaler Regierungsebene. Diese Lobbygruppen helfen bei der Finanzierung von Wahlkämpfen. Die Erdölindustrie, die stark dafür gekämpft hat, Offshore-Ölbohrungen zu erlauben (sogar nach dem Bohrunfall von BP im Golf von Mexiko) sowie Öl- und Gasvorkommen im *Arctic National Wildlife Refuge* zu erschließen, hat Millionen

US-Dollar dafür ausgegeben, die Mitglieder des Kongresses zu beeinflussen. Interessanterweise versuchen nicht nur nationale sondern auch internationale Lobbyisten die Debatte in den Vereinigten Staaten zu lenken (Driesen 2010). Die kanadische Energieindustrie hat die US-amerikanische Regierung aktiv mit Lobbyarbeit im Sinne ihrer Exportinteressen fossiler Brennstoffe beeinflusst. Für kanadische Produzenten von Öl aus Teersand, einer sehr umweltschädlichen Energieform wegen des hohen Energieeinsatzes, der für die Extraktion des Öls aus Teersand benötigt wird, sind die USA ein wichtiger Absatzmarkt (Schreurs 2011).

Diese Industriezweige haben eine Klimagesetzgebung bekämpft und dabei mit Ungewissheiten in den Klimawissenschaften, den Kosten von erneuerbaren Energien, und dem *American way of life* argumentiert. Eine Homepage mit dem Namen *Coal is clean* besteht auf „our god-given right to burn coal“ (www.coalisclean.com). Einige Vertreter der Industrie für fossile Brennstoffe, der Schwerindustrie und der Gemeinschaft der Klimaskeptiker haben sich gegen die Einführung eines Emissionshandelssystems gestellt und dabei mit einem zu starken Eingreifen des Staates, dem Verlust von Arbeitsplätzen, steigenden Energiepreisen und Ineffektivität des Systems argumentiert. Ihre Reaktion auf Klimaschutzbedenken hat sich im Gegensatz darauf beschränkt, mehr Unterstützung für „clean coal“ zu fordern, also die Einführung von CCS-Technologie, bei der CO_2 vor dem Eintritt in die Atmosphäre abgeschieden und im Erdboden gespeichert werden soll. Der *Energy Policy Act* von 2005 hat verstärkte Investitionen in diesem Bereich gefordert.

Die Atomindustrie

Vor den Kernschmelzen in drei Reaktoren im Atomkraftwerk von Fukushima Daiichi war auch in den USA die Rede von einer Renaissance der Atomkraft und sowohl Präsident Bush als auch Obama haben sich für eine Unterstützung der Stromerzeugung aus Atomkraft als eine Antwort auf Energiesicherheitsbedenken und Klimawandel ausgesprochen (mit dem Argument der geringen CO_2-Emissionen aus Atomenergie). Die USA sind mit 104 Reaktoren in 65 Atomkraftwerken der weltweit größte Produzent von Atomenergie. Als Antwort auf den Atomunfall auf Three Mile Island von 1979 und die Atomkatastrophe in Tschernobyl 1986 gab es ein De facto-Moratorium für den Neubau von AKWs. Dennoch wurden in den letzten Jahren Anträge auf neue Lizenzen eingereicht. Ob neue AKWs gebaut werden oder nicht bleibt abzuwarten und hängt von den Reaktionen der US-amerikanischen Öffentlichkeit auf die Atomkatastrophe von Fukushima und die Verfügbarkeit von Schiefergas ab.

Die Erdgasindustrie

Die relativ neu entdeckten Vorkommen großer Mengen an Schiefergas (Erdgasvorkommen in Schieferformationen im Osten der USA und Kanadas) hat die Debatte weiter angefeuert. Erdgas produziert bei der Verbrennung relativ wenig CO_2 (obwohl Schiefergas etwas höhere Emissionen hat als andere Formen natürlichen Gases). Die verstärkte Förderung von Schiefergas hat es den USA ermöglicht, ihre Erdgasimporte und ihre Treibhausgasemissionen etwas zu reduzieren. Die US-amerikanische Energie- und Klimapolitik könnte von einem stärkeren Fokus auf Schiefergas profitieren, auch wenn dabei andere Umweltprobleme auftreten können.

Die Interessen des Militärs

Interessanterweise beteiligt sich auch das US-amerikanische Militär an der Debatte über Klimawandel und Energiesicherheit. Es ist zu einem immer stärkeren Befürworter einer

Klimagesetzgebung geworden und warnt davor, dass der Einfluss des Klimawandels auf die globale Wetterlage und den Anstieg des Meeresspiegels einen globalen Konkurrenzkampf um Landflächen und Ressourcenzugang zur Folge haben könnte und als "threat multiplier" die sicherheitspolitische Stabilität bedrohen und sozio-ökonomische Verhältnisse begünstigen könnte, die den Terrorismus fördern (The Truman National Security Project 2011; CNA Corporation 2007). Bedenken aufgrund der hohen Opferzahlen und Materialverlusten im Zusammenhang mit den Transporten fossiler Energien für den Einsatz in Militäroperationen (Militärkonvois sind oft Ziel von Angriffen) haben das Militär ebenso dazu gebracht, sich für die Ausweitung erneuerbarer Energien einzusetzen (Rosenthal 2010).

Klimapolitik auf der nationalen und lokalen Ebene

Es gab zudem weitere Versuche, Klimawandel und Energiesicherheit miteinander zu verknüpfen und einen verstärkten Fokus auf erneuerbare Energien und Verbesserungen in der Energieeffizienz zu fordern. Am deutlichsten wird dies auf subnationaler Ebene. Mangels einer nationalen Führungsrolle der Exekutive und des Kongresses in der Klimapolitik war eine der beeindruckendsten Entwicklungen der letzten Jahrzehnte die Anstrengungen seitens Bundesstaaten und Städten, selbst damit zu beginnen, ihre Emissionen zu reduzieren und erneuerbare Energien zu fördern. Eine Mehrheit der US-amerikanischen Bundesstaaten hat mittlerweile eine Art Portfolio-Standard für erneuerbare Energien (mit einer Zielsetzung für die Erneuerbaren) oder Verpflichtungen für eine umweltfreundliche Beschaffung (welche staatliche Institutionen dazu verpflichten, erneuerbare Energien zu nutzen oder umweltfreundliche Produkte einzukaufen) eingeführt. Die Zielsetzungen unterscheiden sich stark in ihrer Striktheit, aber das Engagement auf subnationaler Ebene in diesem Politikfeld ist auffallend (Rabe 2010).

Interessanterweise sind viele der führenden US-amerikanischen Bundesstaaten im Bereich der Förderung erneuerbarer Energien und der Klimapolitik selbst Energieimporteure. Dies trifft sogar für Texas zu, welches, obwohl Hersteller von Öl, mittlerweile mehr Öl verbraucht als es produziert. Texas ist heute der führende Bundesstaat in Bezug auf neu installierte Windenergieanlagen.

Der frühere Gouverneur Kaliforniens, Arnold Schwarzenegger, hat Klimaschutz zu einem seiner Kernthemen gemacht. Während seiner Zeit als Gouverneur hat Kalifornien (für sich genommen die achtgrößte Volkswirtschaft der Welt) eine führende Rolle in der Unterstützung erneuerbarer Energien, Energieeffizienzstandards für die Automobilindustrie und Emissionsreduktionsziele eingenommen. 2006 hat Kalifornien Assembly Bill 32 (Global Warming Solutions Act) verabschiedet, worin der Bundesstaat dazu verpflichtet wird, seine Emissionen bis 2020 auf das Niveau von 1990 und bis 2050 auf 80 Prozent dieses Niveaus zu reduzieren. Andere Bundesstaaten haben vergleichbare Schritte unternommen. Siebzehn Bundesstaaten haben eigene Emissionsreduktionsziele festgelegt. Maine hat für das Jahr 2020 ein Ziel von 10 Prozent unter dem Niveau von 1990 und langfristig 75-80 Prozent unter dem Niveau von 2003 vereinbart. Der Bundesstaat New York hat das Ziel, seine Emissionen bis 2020 um 10 Prozent unter dem Niveau von 1990 zu senken. Illinois strebt bis 2020 eine Stabilisierung auf dem Niveau von 1990 und bis 2050 eine Reduktion um 60 Prozent unter diesem Niveau an (Pew Research Center on Global Climate Change 2011).

Es gibt weiterhin ein großes Netzwerk von über 1.000 Städten die sich im Rahmen des Klimaschutzabkommens der US-amerikanischen Konferenz der Bürgermeister dazu verpflichtet haben, Schritte zur Reduktion ihrer Emissionen unter das Niveau von 1990 zu unternehmen. Diese Initiative wurde von der Stadt Seattle begonnen und ist seitdem stetig gewachsen. Die Initiative hat ähnlichen Entwicklungen in Europa und Asien als Beispiel gedient.

Tabelle 2: Portfolio-Standards für Erneuerbare Energien auf Bundesstaatsebene (Prozentangaben beziehen sich auf den Anteil an tatsächlich eingespeistem Strom; Angaben in Megawatt (MW) beziehen sich auf den absoluten Erzeugungskapazitätsbedarf)

Bundesstaat	Anteil	Jahr
Arizona	15%	2025
California	33%	2030
Colorado	20%	2020
Connecticut	23%	2020
District of Columbia	20%	2020
Delaware	20%	2019
Hawaii	20%	2020
Iowa	105 MW	
Illinois	25%	2025
Massachusetts	15%	2020
Maryland	20%	2022
Maine	40%	2017
Michigan	10%	2015
Minnesota	25%	2025
Missouri	15%	2021
Montana	15%	2015
New Hampshire	23.8%	2025
New Jersey	22.5%	2021
New Mexico	20%	2020
Nevada	20%	2015
New York	24%	2013
North Carolina	12.5%	2021
North Dakota	10%	2015
Oregon	25%	2025
Pennsylvania	8%	2020
Rhode Island	16%	2019
South Dakota	10%	2015
Texas	5,880 MW	2015
Utah	20%	2025
Vermont	10%	2013
Virginia	12%	2022
Washington	15%	2020
Wisconsin	10%	2015

Quelle: US Department of Energy 2009.

Auf regionaler Ebene gibt es zahlreiche kooperative Abkommen, mit deren Hilfe Emissionen reduziert werden sollen. Zehn Bundesstaaten im Nordosten und der Mid-Atlantic-Region haben sich in der Regional Greenhouse Gas Initiative (RGGI) zusammen getan. Das Ziel von RGGI ist es, Emissionen aus dem Energiesektor zu reduzieren, indem Emissionsobergrenzen und Emissionshandelssysteme eingeführt werden. Eine größere Initiative, die Western Climate Initiative, soll 2012 gestartet werden und sieben Staaten im US-amerikanischen Westen sowie vier kanadische Provinzen in einem Pakt zur Reduzierung ihrer Emissionen bis 2020 auf 15 Prozent unter das Niveau von 2005 zusammenschließen. Dies soll durch die Einführung eines Emissionshandelssystems geschehen, das fast alle Wirtschaftsbereiche einschließt.

Diese Beispiele zeigen, dass Bemühungen zur Einführung einer Gesetzgebung zur Unterstützung erneuerbarer Energien, zur Förderung von Energieeffizienz und grüner Beschaffungspolitik auf subnationaler Ebene weit erfolgreicher waren, als es auf nationaler Ebene der Fall ist (Schreurs/Selin/VanDeveer 2009). Dies mag der Tatsache geschuldet sein, dass der Einfluss von Klimaskeptikern und Klimaschutzgegnern in manchen Bundesstaaten geringer ist. Es bleibt trotzdem zu bemerken, dass es weiterhin viele Bundesstaaten gibt, die keinerlei Gesetz oder Zielsetzung eingeführt haben.

Schlussfolgerungen

Die Aussichten auf eine führende Rolle der USA in der internationalen Klimapolitik bleiben bescheiden. Obwohl Bedenken der Energiesicherheit erfolgreich mit Forderungen nach mehr Unterstützung für erneuerbare Energien und Energieeffizienz verknüpft wurden (besonders auf subnationaler Ebene) wurde das Argument der Energiesicherheit auch dazu verwendet, die verstärkte Förderung von fossiler Energie und die Ausweitung der Atomenergie zu begründen. Klimaskeptiker und Vertreter der energieintensiven Industriezweige haben sich bemüht, eine nationale Klimagesetzgebung zu verhindern. Diese Bemühungen waren relativ erfolgreich. Auf bundesstaatlicher Ebene ist dieser Einfluss weniger stark und Befürworter einer Klimagesetzgebung hatten hier größeren Erfolg, Emissionsreduktionsziele und Portfolio-Standards für erneuerbare Energien und Energieeffizienzziele einzuführen. Der Fall der Vereinigten Staaten zeigt deutlich, wie politische Interessen sowie das *framing* von Themen in einer Weise zusammenkommen können, die den Weg zu erfolgreichen Politikmaßnahmen blockieren aber auch neue kreative Wege ermöglichen, um Situationen des Stillstands zu umgehen.

Übungsfragen

1. Welche Faktoren können am besten erklären, warum die USA keine nationale Klimaschutzgesetzgebung haben?
2. Wie weit kann ein Präsident seine Macht dazu nutzen, um klimapolitisches Agenda Setting zu betreiben?
3. US-amerikanische Umweltverbände gehören zu den stärksten weltweit. Wieso haben sie nicht mehr Einfluss auf die Klimapolitik der USA?

Weiterführende Literatur

Driesen, David M. (Hrgs.) (2010) Economic Thought and U.S. Climate Change Policy. Cambridge, MA: MIT Press. *Dieser Sammelband benutzt den framing-Ansatz, um den Einfluss liberal-wirtschaftlicher Ideen auf die Klimapolitik der USA zu erklären.*

Rabe, Barry G. (Hrsg.) (2010) Greenhouse Governance: Addressing Climate Change in America. Washington, D.C.: Brookings Institution. *Dieser Sammelband konzentriert sich auf die einflussreichen Akteure und Institutionen in der US-amerikanischen Klimapolitik.*

Schreurs, Miranda A. (2002) Environmental Politics in Japan, Germany, and the United States. Cambridge: Cambridge University Press. *Dieses Buch vergleicht die unterschiedlichen Reaktionen in Japan, Deutschland und den USA auf das Kyoto Protokoll.*

Webseiten

Pew Center on Global Climate Change http://www.pewclimate.org/
Environmental Protection Agency http://www.epa.gov/climatechange/policy
The Centre for Climate Strategies http://www.climatestrategies.us/
Center for Clean Air Policy http://www.ccap.org/index.php
United States Climate Action Partnership, http://www.us-cap.org/
World Resources Institute, http://www.wri.org/project/us-climate-action/us-climate-and-energy-legislation
Climate Skeptic http://www.climate-skeptic.com/
Science and Public Policy Institute http://scienceandpublicpolicy.org/

Verwendete Literatur

Bang, Guri und Miranda A. Schreurs (2011) A Green New Deal: Framing US Climate Leadership, in: Rüdiger K.W. Wurzel und James Connelly (Hrsg.) The European Union as a Leader in International Climate Change Politics. New York: Routledge, S. 235-251.

Boden, T.A., G. Marland, and R.J. Andres (2011) Global, Regional, and National Fossil-Fuel CO2 Emissions. Carbon Dioxide Information Analysis Center, Oak Ridge National Laboratory, U.S. Department of Energy, doi 10.3334/CDIAC/00001_V2011, http://cdiac.ornl.gov/trends/emis/tre_usa.html (Zugriff am 01.10.2011).

Clark, William C. und Nancy M. Dickson (2001) Civic Science: America's Encounter with Global Environmental Risks, in: Social Learning Group, William C. Clark (Hrsg.) Learning to Manage Global Environmental Risks. Vol. 1: A Comparative History of Social Responses to Climate Change, Ozone Depletion, and Acid Rain. Cambridge, MA: MIT Press, S. 259-294.

CNA Corporation (2007) National Security and the Threat of Climate Change, http://www.cna.org/sites/default/files/news/FlipBooks/Climate%20Change%20web/flipviewerxpress.html (Zugriff am 01.10.2011).

DeSombre, Elizabeth R. (2000) Domestic Sources of International Environmental Policy. Industry, Environmentalists, and U.S. Power. Cambridge, MA: MIT Press.

Driesen, David M. (Hrsg.) (2010) Economic Thought and U.S. Climate Change Policy. Cambridge, MA: MIT Press.

Harris, Paul G. (Hrsg.) (2000) Climate Change and American Foreign Policy. Houndmills: Macmillan Press.

Harrison, Kathryn (2010) The United States as Outlier: Economic and Institutional Challenges to US Climate Policy, in: Kathryn Harrison und Lisa McIntosh Sundstrom (Hrsg.) Global Commons, Domestic Decisions: The Comparative Politics of Climate Change. Cambridge, MA: MIT Press, S. 67-104.

Jacques, Peter J. (2009) Environmental Skepticism: Ecology, Power and Public Life. Surrey, UK: Ashgate Publishing.

Lindzen, Richard (2009) Vortrag auf der Heartland Institute's International Conference on Climate Change, http://www.youtube.com/watch?v=OS-cLp1PEGQ.

National Academy of Sciences (1977) Studies in Geophysics: Energy and Climate, Washington, D.C.: National Academy of Sciences.

Parson, Edward A. (2003) Protecting the Ozone Layer: Science and Strategy. Oxford: Oxford University Press.

Pew Research Center on Global Climate Change (2011) Greenhouse Gas Emissions Targets, February 10, http://www.pewclimate.org/sites/default/modules/usmap/pdf.php?file=5902 (Zugriff am 01.10.2011).

Rabe, Barry G. (Hrsg.) (2010) Greenhouse Governance: Addressing Climate Change in America. Washington, D.C.: Brookings Institution.

Rosenthal, Elisabeth (2010) U.S. Military Orders Less Dependence on Fossil Fuels, in: The New York Times, October 4, http://www.nytimes.com/2010/10/05/science/earth/05fossil.html?pagewanted=all (Zugriff am 01.10.2011).

Schreurs, Miranda A. (2002) Environmental Politics in Japan, Germany, and the United States. Cambridge: Cambridge University Press.

Schreurs, Miranda A. (2011) Federalism and the Climate: Canada and the European Union, in: International Journal 66(1).

Schreurs, Miranda A., Henrik Selin, und Stacy D. VanDeveer (2009) Conflict and Cooperation in Transatlantic Climate Politics: Different Stories at Different Levels, in: Miranda A. Schreurs, Henrik Selin und Stacy D. VanDeveer (Hrsg.) Transatlantic Environment and Energy Politics. Surrey: Ashgate Publishing, S. 165-188.

The Truman National Security Project (2011) Climate Change Is Making the World A More Dangerous Place, http://www.trumanproject.org/files/misc/Truman_Project_-_Clean_Energy_Ad.pdf (Zugriff am 01.10.2011).

U.S. Energy Information Agency (2011a) United States Leads World Coal Reserves, September 2, http://205.254.135.24/todayinenergy/detail.cfm?id=2930 (Zugriff am 01.10.2011).

U.S. Energy Information Agency (2011b) How Dependent Are We on Foreign Oil?, June 24, http://www.eia.gov/energy_in_brief/foreign_oil_dependence.cfm (Zugriff am 01.10.2011).

U.S. Congress (2007) Energy Independence and Security Act, January 4, http://energy.senate.gov/public/_files/getdoc1.pdf (Zugriff am 1.10.2011).

U.S. Department of Energy (2009) EERE State Activities and Partnerships, June 16, http://apps1.eere.energy.gov/states/maps/renewable_portfolio_states.cfm?print#chart (Zugriff am 01.10.2011).

U.S. Environmental Protection Agency (2011) U.S. Greenhouse Gas Inventory Report: Inventory of U.S. Greenhouse Gas Emissions and Sinks: 1990-2009, USEPA #430-R-11-005, http://epa.gov/climatechange/emissions/downloads11/US-GHG-Inventory-2011-Chapter-2-Trends.pdf (Zugriff am 01.11.2011).

U.S. Senate Committee on Environment and Public Works (2011) Welcome Message, http://epw.senate.gov/public/index.cfm?FuseAction=Minority.WelcomeMessage (Zugriff am 01.10.2011).

World Resources Institute (2011) Energy Security and Climate Change, http://www.wri.org/project/energy-security-climate-change (Zugriff am 1.10.2011).

World Wildlife Fund (2011) Climate Change, Energy, and National Security, http://www.worldwildlife.org/climate/act-for-our-future/national-security.html (Zugriff am 01.10.2011).

Rüstungskontrolle und Nichtverbreitung

Philipp C. Bleek/David Vielhaber*

Zusammenfassung

Rüstungskontrolle und Nichtverbreitung von konventionellen, chemischen, biologischen und atomaren Waffen spielen in der US-amerikanischen Außenpolitik eine entscheidende Rolle. Die USA spielen oft eine Führungsrolle bei der Förderung internationaler Bemühungen in diesem Politikfeld, wenngleich Rüstungskontrolle und Nichtverbreitung sowohl in Washington als auch im Ausland umstritten sind. Da sich die Vereinigten Staaten und andere Staaten mit einer Reihe von akuten und potentiellen sicherheitspolitischen Herausforderungen konfrontiert sehen, werden Rüstungskontrolle und Nichtverbreitung in den kommenden Jahren auch weiterhin eine zentrale Rolle spielen.

Einführung

Rüstungskontrolle und Nichtverbreitung sind entscheidende Instrumente beim Versuch, die von konventionellen, chemischen, biologischen und insbesondere von Atomwaffen ausgehenden Gefahren einzudämmen. Washington hat dabei oft eine führende Rolle übernommen, obwohl die Unterstützung für Rüstungskontrolle und Nichtverbreitung im Laufe der Zeit schwankte: zwischen innenpolitischen Akteuren, die solche kooperativen Ansätze als Stärkung US-amerikanischer Interessen betrachten und jenen, die diese als nutzlos oder gar schädlich für die Sicherheit der USA ansehen. Es wird oft behauptet, dass in den Vereinigten Staaten die innenpolitische Auseinandersetzung „am Ufer endet", also die parteipolitische Haltung der Außenpolitik untergeordnet sei. Aber in der Praxis sind außenpolitische Fragen wie Rüstungskontrolle und Nichtverbreitung innenpolitisch oft hochkontrovers.

Rüstungskontrolle – bilaterale oder multilaterale Verhandlungen zur Beschränkung von Waffensystemen – hat nach Ansicht vieler Beobachter dazu beigetragen, die Gefahren der US-amerikanisch-sowjetischen Konfrontation, insbesondere im nuklearen aber auch im konventionellen militärischen Bereich, zu reduzieren. Skeptiker sehen hingegen Rüstungskontrolle hauptsächlich als Folge und nicht als Ursache friedlicher Koexistenz.

Nichtverbreitung oder Nonproliferation – multilaterale Abkommen von Staaten, bestimmte Waffensysteme nicht anzuschaffen oder an Dritte weiterzugeben – haben dazu beigetragen, die Verbreitung von Atomwaffen zu kappen und Verpflichtungen einzugehen, auf

---

* Dieses Kapitel stellt die persönlichen Ansichten der Autoren dar, und nicht notwendigerweise die von Organisationen für die sie arbeiten oder gearbeitet haben.

biologische oder chemische Waffen zu verzichten. Gleichzeitig werden manche derartige Verpflichtungen von Nicht-Nuklearmächten als diskriminierend empfunden, da nukleare Nichtverbreitung den Status Quo festschreibt, in dem eine kleine Anzahl von mächtigen Staaten Atomwaffen besitzen dürfen. Diese unterliegen dabei nur der Vorgabe, eine etwaige Abrüstung innerhalb eines unbestimmten Zeitraums zu verfolgen, während die Mehrheit der Staaten aufgefordert wird, gänzlich auf diese Waffensysteme zu verzichten. Darüber hinaus setzte der zum Teil heftige US-amerikanische Widerstand gegen die Proliferation einiger Staaten und weniger heftiger Widerstand oder auch implizite Duldung von Proliferation durch andere die USA dem Vorwurf der Doppelmoral und Selektivität aus.

Nach dem Ende des Ost-West-Konflikts und dem Zusammenbruch der Sowjetunion richtete sich die US-amerikanische Aufmerksamkeit darauf, zu verhindern, dass nukleare, biologische und chemische Waffen in die Hände von nichtstaatlichen Akteuren gelangen konnten. Rüstungskontrolle und Nichtverbreitung spielen angesichts eines breiten Spektrums sicherheitspolitischer Herausforderungen weiterhin eine entscheidende Rolle in der US-amerikanischen Außenpolitik.

Historischer Überblick

Nichtverbreitung von Atomwaffen

Nachdem der Atombombenabwurf auf die japanischen Städte Hiroshima und Nagasaki die beispiellose Zerstörungskraft von Atomwaffen demonstriert hatte, begannen Teile der damaligen US-amerikanischen Administration damit, Maßnahmen gegen die Verbreitung dieser neuen Waffenart zu ergreifen. Der 1946 vorgestellte Baruch-Plan war die erste US-amerikanische Initiative zur nuklearen Nichtverbreitung. Dieser sprach sich für die Einrichtung einer internationalen Organisation zur Regulierung von Atomenergie aus. Allerdings lehnte die UdSSR den Vorschlag ab, weil Moskau befürchtete, dass die USA damit den Atomwaffenbesitz monopolisieren wollten.

Die zweite wichtige Initiative war das von Präsident Eisenhower 1953 ins Leben gerufene *Atoms for Peace Program*, das den Export ziviler Nukleartechnologie fördern sollte, sofern sich das Empfängerland zur friedlichen Nutzung verpflichtete. Sein Erfolg bleibt umstritten, da einige Kritiker behaupten, das Programm habe die Ausbreitung von Atomwaffen sogar beschleunigt. Das *Atoms for Peace Program* endete 1974 abrupt, als Indien seine erste nukleare Testexplosion durchführte und klar wurde, dass die Vereinigten Staaten diesen Test durch den Export von Nuklearmaterial nach Indien indirekt gefördert hatten. Das Scheitern der Nichtverbreitung veranlasste die Vereinigten Staaten daraufhin, im selben Jahr die *Nuclear Suppliers Group* (NSG) zu schaffen, ein informelles Ausfuhrkontrollregime bestehend aus den wichtigsten Exportländern von Kerntechnologie.

Die Vision eines multilateralen Nichtverbreitungsregimes hatte zuvor bereits nach dem ersten chinesischen Atombombentest 1964 an politischer Zugkraft gewonnen. 1970 einigte sich das *Eighteen Nation Committee on Disarmament* (ENDC) über den endgültigen Wortlaut des Vertrages über die Nichtverbreitung von Kernwaffen (NPT). Der NPT unterscheidet zwischen zwei Kategorien von Staaten: Kernwaffenstaaten (NWS: Vereinigte Staaten, Sowjetunion/Russland, Großbritannien, Frankreich und China) und Nicht-Kernwaffenstaaten (NNWS). Die NNWS sind dazu verpflichtet, keine Atomwaffen zu erwerben, während die NWS aufgefordert werden, Maßnahmen zur nuklearen Eindämmung und Abrüstung zu beschließen, jedoch nur innerhalb eines unbestimmten Zeitraums und nur im Rahmen „allgemeiner und vollständiger Abrüstung“. Zugleich erkennt der NPT das Recht der NNWS auf friedliche Nutzung von Kernenergie an. Die Internationale Atomenergiebehörde (IAEA) überwacht die Umsetzung und Einhaltung des NPT. Nach der vollständigen Offenlegung des geheimen nuklearen Waffenprogramms des Irak nach dem Zweiten Golfkrieg 1991 versuchten die Vereinigten Staaten mit anderen Ländern zusammenzuarbeiten, um den Atomwaffensperrvertrag zu stärken. Dabei befürworteten die USA die universelle Einhaltung des Zusatzprotokolls, das der IAEA weitgehende Inspektionen zur Einhaltung des Vertrages durch die Mitgliedstaaten garantiert.

US-amerikanisch-sowjetische nukleare Rüstungskontrolle während des Ost-West-Konflikts

Nach dem Ende des Zweiten Weltkrieges begannen die USA und die Sowjetunion mit dem Aufbau großer Arsenale von Atomwaffen. Das eskalierende Wettrüsten manövrierte die beiden Supermächte in einen Zustand der gesicherten gegenseitigen Zerstörung oder *mutually assured destruction* (MAD), was bedeutet, dass beide Seiten massive und inakzeptable Verluste im Falle eines Atomkrieges erleiden würden. Aus der MAD-Logik folgte das Konzept der strategischen Abschreckung (*deterrence*). Danach versuchten beide Seiten mindestens strategische Parität beizubehalten, indem sie ihre Mittel zur Abschreckung ausbauten. Manchmal suchten beide Seiten auch einen strategischen Vorteil, um diesen als Hebel einzusetzen, um wahrgenommene Schwächen zu kompensieren oder die andere Seite zu Zugeständnissen auf anderen Gebieten zu zwingen.

Nachdem die Welt während der Kubakrise von 1962 an den Rand eines Atomkrieges gekommen war, verpflichteten sich die Vereinigten Staaten und die Sowjetunion zu ernsthaften Verhandlungen, die das Wettrüsten begrenzen sollten. In den 1960er Jahren handelten beide Seiten mehrere Rüstungskontrollvereinbarungen aus, deren Beschränkungen für beide Seiten jedoch eher bescheiden waren. Die erste von ihnen, das 1963 unterzeichnete Moskauer Atomteststoppabkommen (LTBT), untersagte Nuklearwaffentests in der Atmosphäre, im Weltraum und unter Wasser. Das Nachfolgeabkommen, der Testschwellenvertrag (TTBT), verbot unterirdische Tests mit einem Ausmaß von über 150 Kilotonnen. Der Weltraumvertrag von 1967 schränkte den Einsatz von Nuklearwaffen durch ein Verbot der Stationierung in der Umlaufbahn weiter ein.

In den 1970er Jahren unternahmen die Supermächte erstmals formale Schritte zur Begrenzung ihrer Arsenale von Nuklearwaffen während der von 1969-1972 geführten *Strategic Arms Limitation Talks* (SALT). Die SALT-Gespräche führten zur Einigung, die Anzahl der nuklearen Langstreckenstreitkräfte zu kappen, allerdings ohne diese dabei erkennbar zu reduzieren. Zudem ermöglichte die Einigung den Abschluss des Raketenabwehrvertrages (ABM), der die Stationierung von Raketenabwehrsystemen beschränkte. Das Folgeabkommen (SALT II) hätte noch strengere Beschränkungen auferlegt, kam aber nach dem sowjetischen Einmarsch 1979 in Afghanistan nicht mehr zustande. Dennoch vereinbarten beide Seiten, sich informell an seine Beschränkungen zu halten.

Nach einer Zeit zunehmender Spannungen belebte das Aufkommen der Glasnost-Reformen (Offenheit) in der Sowjetunion Mitte der 1980er Jahre die Rüstungskontrollverhandlungen wieder. Ein Ergebnis war der 1987 abgeschlossene *Intermediate-Range Nuclear Forces Treaty* (INF), der die Vereinigten Staaten und die Sowjetunion auf die vollständige Beseitigung ihrer Bestände an landgestützten Kurz- und Mittelstrecken-Raketen (Reichweite zwischen 500 und 5.500 Kilometer) festlegte.

Die Supermächte begannen zudem mit den *Strategic Arms Reduction Talks* (START), ein erster Versuch, über frühere Vereinbarungen hinaus mit tatsächlichen Kürzungen bei Langstreckenstreitkräften zu beginnen. Die Gespräche mündeten 1991 in dem START I-Vertrag, der beide Seiten zu signifikanten Reduzierungen zwang, und bis dato beispiellose Verifikationsregelungen zum umfangreichen Datenaustausch sowie gegenseitige Inspektionen enthielt. Das 1993 verhandelte Nachfolgeabkommen (START-II) trat dagegen nie in Kraft.

Der Vertrag zur Reduzierung strategischer Offensivwaffen (SORT) im Jahr 2004 erwirkte weitere Reduktionen, wenngleich strittig blieb, was genau unter die Vertragsbestimmungen fallen sollte. Zudem enthielt das Abkommen im Gegensatz zu früheren Vereinbarungen keine Verifikationsbestimmungen. Der 2010 in Kraft getretene so genannte *New START Treaty* reduziert die Langstreckenstreitkräfte noch weiter und enthält zudem robuste Überwachungsmaßnahmen.

Alle diese Abkommen konzentrieren sich auf weiträumige strategische Systeme und ignorieren dagegen taktische Systeme kürzerer Reichweite. Letztere stehen auf der Tagesordnung künftiger US-amerikanisch-russischer Rüstungskontrollgespräche. Im Jahr 1991, was später als *Presidential Nuclear Initiatives* bezeichnet wurde, zogen die USA einseitig die meisten ihrer taktischen Atomwaffen aus dem Dienst zurück in der Erwartung, dass Russland das Gleiche tun würde. Die weitere Verringerung oder gar Beseitigung taktischer Nuklearwaffen dürfte sich jedoch als schwierig erweisen, da Russland über ein weit größeres Arsenal an taktischen Waffen verfügt, und weil die Vereinigten Staaten weiterhin eine geringe Anzahl taktischer Nuklearwaffen auf dem Territorium verbündeter Staaten unterhält, die als politisches Signal für US-amerikanische Bündnistreue zu sehen sind.

Biologische und Chemische Waffen

Im Jahr 1969 verzichteten die Vereinigten Staaten unter Präsident Richard Nixon einseitig auf den Ersteinsatz von Chemiewaffen und entsagten bedingungslos allen Methoden der biologischen Kriegsführung. Nixon ordnete daraufhin die Vernichtung der gesamten US-amerikanischen Vorräte an offensiven biologischen Waffen an. Die Vereinigten Staaten brachten darüber hinaus einen Vertragsentwurf zum Verbot biologischer Waffen in der ENDC ein. Nach langwierigen Verhandlungen mit der Sowjetunion kam es 1972 zur Unterzeichnung des Abkommens zum Verbot der Entwicklung, Herstellung und Lagerung bakteriologischer (biologischer) und toxischer Waffen und über deren Vernichtung (BWC). Der BWC war der erste multilaterale Abrüstungsvertrag, der das Verbot der Produktion einer ganzen Kategorie von Waffensystemen vorsah.

Nach dem weit verbreiteten Einsatz von Chemiewaffen während des Ersten Weltkrieges hatten sich die Vereinigten Staaten frühzeitig um ein Verbot des Einsatzes dieser Waffensysteme bemüht. Bei der Konferenz zur Rüstungsbegrenzung 1922 in Washington brachten die Vereinigten Staaten ein eingeschränktes Verbot zur Verwendung von Giftgas ein, scheiterten jedoch an der französischen Ablehnung. Die Vereinigten Staaten spielten auch eine wichtige Rolle bei der Genfer Konferenz im Jahr 1925, aus der das Genfer Protokoll hervorging, welches das Verbot des Ersteinsatzes chemischer und biologischer Waffen beinhaltet. Obwohl die Vereinigten Staaten zu den ersten Unterzeichnerstaaten zählten, weigerte sich der US-amerikanische Senat bis 1975 das Protokoll zu ratifizieren.

Verhandlungen über ein umfassendes Verbot chemischer Waffen kamen nur langsam voran, bis der Irak Mitte der 1980er Jahren Chemiewaffen gegen den Iran einsetzte. 1984 brachte der damalige US-amerikanische Vizepräsident George H. W. Bush auf der Abrüstungskonferenz (CD) einen Vertragsentwurf ein. Im Jahr 1985 waren die Vereinigten Staaten eines der Gründungsmitglieder der Australischen Gruppe, einem informellen Ausfuhrkontrollregime zur Beschränkung des Exports von Material, das zur Herstellung biologischer oder chemischer Waffen verwendet werden kann. 1990 unterzeichneten die Vereinigten Staaten und die Sowjetunion ein bilaterales Abkommen zur Zerstörung und Nicht-Produktion chemischer Waffen und über Maßnahmen zur Erleichterung eines multilateralen Übereinkommens für ein Verbot chemischer Waffen.

Im Jahr 1992 waren die Verhandlungen über einen multilateralen Vertrag in der CD abgeschlossen und kurze Zeit später wurde das Abkommen zum Verbot der Entwicklung, Herstellung, und Lagerung chemischer Waffen und über deren Vernichtung (CWC) zur Unterzeichnung geöffnet. Obwohl die USA das Abkommen bereits 1993 unterzeichnet hatten, folgte seine Ratifizierung durch den US-amerikanischen Senat erst 1997. Das CWC enthält wirksame Regelungen zur Einhaltung seiner Vertragsbestimmungen und verpflichtet die Unterzeichnerstaaten, ihre bestehenden Vorräte an chemischen Waffen sowie Einrichtungen zu deren Produktionen innerhalb von zehn Jahren nach Vertragsbeitritt zu zerstören. 2006 wurde den Vereinigten Staaten eine fünfjährige Verlängerung des ursprünglichen Termins (2007) für die Zerstörung ihrer Bestände eingeräumt. Es ist allerdings äußerst unwahrscheinlich, dass die USA (ebenso wie eine Reihe anderer Staaten) die neue Frist (2012) einhalten werden.

Konventionelle Waffen

Die Vereinigten Staaten haben es meistens abgelehnt, Einschränkungen ihrer konventionellen Streitkräfte zu akzeptieren. Die USA haben ihre modernen und umfangreichen konventionellen Streitkräfte oft zur Erreichung politischer Ziele genutzt und betrachten folglich die Beschränkung konventioneller Waffen als Nachteil für ihre Interessen. Eine bemerkenswerte Ausnahme ist der 1990 zwischen der NATO und dem Warschauer Pakt abgeschlossene Vertrag über konventionelle Streitkräfte in Europa (CFE), der umfassende Grenzen für die wichtigsten konventionellen Rüstungsgüter in Europa etabliert. Die Vereinigten Staaten sind auch Unterzeichner des Abkommens über bestimmte konventionelle Waffen (CCW) von 1980, welches den Einsatz konventioneller Waffen begrenzt, die übermäßiges Leiden verursachen oder in ihren Auswirkungen nicht zwischen Kombattanten und Zivilisten unterscheiden (z.B. Landminen).

Darüber hinaus sind die USA 1996 der Wassenaar-Vereinbarung beigetreten, einem multilateralen Exportkontrollregime zur Einschränkung der Verbreitung von Technologien mit Anwendungen in modernen Waffen. Obwohl die Vereinigten Staaten an den Verhandlungen über einen Vertrag zum Verbot von Antipersonenminen teilnahmen, weigerten sich die USA später, den Vertrag von Ottawa 1997 zu unterzeichnen. Washington machte dabei geltend, dass Landminen entlang der entmilitarisierten Zone (DMZ) an der Grenze zwischen Nord- und Südkorea notwendig bleiben. Die Vereinigten Staaten beteiligten sich nicht an den Verhandlungen der 2008 unterzeichneten Konvention zum Verbot von Streumunition.

Die Ära nach dem Ende des Ost-West-Konflikts

Nach dem Ende des Ost-West-Konflikts waren die Vereinigten Staaten zunehmend über das Volumen unzureichend geschützter atomarer, biologischer und chemischer Waffen und Material auf dem Gebiet der ehemaligen Sowjetunion besorgt. Daraufhin initiierten die USA 1991 das *Cooperative Threat Reduction Program* (CTR), das von den Senatoren Samuel Nunn und Richard Lugar eingebracht und deshalb oft auch unter der Bezeichnung Nunn-Lugar-Programm firmiert. Ziel des Programms ist es, die Nachfolgestaaten der ehemaligen Sowjetunion bei der Kontrolle und dem Schutz ihrer Waffen- und Trägersysteme sowie sensible Materialien und entsprechenden Einrichtungen zur Aufbewahrung zu unterstützen. CTR hat den Abbau nuklearer, biologischer und chemischer Waffen und dazugehöriger Trägersysteme erleichtert und überdies dazu beigetragen, ehemaligen sowjetischen Wissenschaftlerinnen und Wissenschaftlern ein Einkommen zu finanzieren, dass sie davon abhalten soll, ihr Wissen und ihre Fähigkeiten an den Meistbietenden weiterzuverkaufen.

Das Verbot von Atomtests ist ein langjähriges Ziel der USA, das jedoch abhängig von der jeweiligen Administration und den innenpolitischen und internationalen Rahmenbedingungen in unterschiedlichem Maße verfolgt wurde. Der Atomwaffenteststoppvertrag (CTBT) verbietet alle Atombombentests und wurde bereits 1996 von den Vereinigten Staaten unterzeichnet. Allerdings lehnte der Senat den Vertrag 1999 ab, was (neben der Weigerung anderer Staaten den Vertrag zu ratifizieren) nach wie vor ein Inkrafttreten verhindert.

Die Terroranschläge vom 11. September 2001 und die erhöhte Angst vor terroristischen Anschlägen mit Massenvernichtungswaffen, sowie das Aufdecken eines globalen nuklearen Schwarzmarktes, maßgeblich betrieben vom „Vater der pakistanischen Atombombe" Abdul Kadir Khan, veranlassten die Vereinigten Staaten, die Gründung formeller und informeller Organisationen und Initiativen zur Verhinderung des illegalen Handels mit Massenvernichtungswaffen vorzuschlagen. So wurde 2003 die *Proliferation Security Initiative* (PSI) gegründet, um die Zusammenarbeit zwischen den Mitgliedstaaten bei der Umsetzung des Verbotes des illegalen Transfers von Massenvernichtungswaffen, ihrer Trägersysteme und verwandten Materialien zu erleichtern. 2004 unterstützten die USA im VN-Sicherheitsrat die Resolution 1540, die alle Mitgliedsstaaten zur Entwicklung und Durchsetzung angemessener rechtlicher und regulatorischer Maßnahmen gegen die Verbreitung von Massenvernichtungswaffen verpflichtet. 2005 brachten die Vereinigten Staaten zudem die *International Convention for the Suppression of Acts of Nuclear Terrorism* ein: ein multilateraler Vertrag zur Kriminalisierung nuklearer terroristischer Handlungen und zur Förderung polizeilicher und rechtlicher Zusammenarbeit bei der Verhütung, Ermittlung und Ahndung dieser Handlungen.

Im Jahr 2006 gründeten die USA und Russland die Globale Initiative zur Bekämpfung des nuklearen Terrorismus (GI), eine internationale Partnerschaft von 82 Staaten und vier offiziellen Beobachtern zur Erarbeitung einer Reihe gemeinsamer Grundsätze zur nuklearen Sicherheit und zur Erreichung eines finanziellen Lastenausgleichs. Im Jahr 2010 richtete die Obama Administration den *Nuclear Security Summit* in Washington aus. Der Gipfel konzentrierte sich unter anderem darauf, wie man hoch angereichertes Uran und Plutonium besser vor terroristischem Zugriff schützen kann. Ein zweites Treffen ist für 2012 in Seoul (Südkorea) geplant.

Akteure und Institutionen

Sowohl die Exekutive als auch die Legislative spielen eine wichtige Rolle in der US-amerikanischen Rüstungskontroll- und Nichtverbreitungspolitik. Während die Formulierung und Umsetzung dieser Politik weitgehend in den Händen der Exekutive liegt, übernimmt der Kongress eine wichtige Überwachungsfunktion. Innerhalb der Exekutive ist wiederum eine große Anzahl von Akteuren an diesem Prozess beteiligt. Die Rüstungskontroll- und Nichtverbreitungspolitik wird zwar zunehmend über den Präsidenten und die Mitarbeiter des Weißen Hauses sowie den Nationalen Sicherheitsrat zentralisiert. Jedoch spielen auch das Außen-, Verteidigungs-, Energie-, Finanz- und Handelsministerium sowie die Geheimdienste eine wichtige Rolle, da diese wichtige Informationen und Empfehlungen in den Prozess der Politikformulierung und -umsetzung einspeisen (vgl. hierzu die Beiträge von Sascha Arnautovic und Michael Wala in diesem Band).

Der Präsident der Vereinigten Staaten nimmt eine privilegierte Stellung in der Formulierung der Rüstungskontroll- und Nichtverbreitungspolitik ein. Internationale Abkommen und Vereinbarungen werden durch ihn oder benannte Vertreter ausgehandelt und der Präsident kann überdies deren Ratifizierung im Senat blockieren, indem er entsprechende Abkommen zurückhält. Der Präsident hat schließlich die Möglichkeit, mit Hilfe einer *Executive Order* (EO) den nationalen Notstand zu erklären (vgl. hierzu den Beitrag von David

Sirakov in diesem Band). Diese Prärogative wurde in der Nichtverbreitungspolitik häufig genutzt. So erklärte im Jahr 1994 Präsident Clinton den nationalen Notstand in Bezug auf die Verbreitung von Massenvernichtungswaffen und deren Trägersysteme. Die daraus resultierende EO 12938 ermächtigt das Finanzministerium zur Verhängung von Sanktionen gegen natürliche Personen, die an der Verbreitung von Massenvernichtungswaffen beteiligt sind. Im Jahr 2005 erließ Präsident George W. Bush EO 13382, die eine Verlängerung und Ausweitung dieser Maßnahmen vorsieht, darunter auch die Kontensperrung ausländischer Akteure. Das Programm wird durch das *Office of Foreign Assets Control* (OFAC) verwaltet. Seit Beginn der EO 13382 hat das OFAC Hunderte von Personen, Firmen und Organisationen für ihre angebliche Beteiligung an der Verbreitung von Massenvernichtungswaffen an den Pranger gestellt. Das Programm ist ein effektives Instrument der Exekutive, da es schnelles Handeln gegen juristische und natürliche Personen erlaubt.

Die Formulierung und Ausführung der Rüstungskontroll- und Nichtverbreitungspolitik ist jedoch grundsätzlich eine ressortübergreifende Aufgabe, welche eine enge Zusammenarbeit und Abstimmung zwischen verschiedenen Ministerien, Abteilungen und Behörden verlangt. So erforderten die Verhandlungen des Außenministeriums mit Russland über den *New START Treaty* eine enge Zusammenarbeit mit dem Verteidigungs- und Energieministerium. Das Verteidigungsministerium ist zuständig für die Umsetzung und Einhaltung von Rüstungskontrollvereinbarungen. Das Energieministerium ist wiederum verantwortlich für die Wartung, Lagerung und Vernichtung nuklearer Sprengköpfe.

Das Verfahren zur Rüstungskontroll- und Nichtverbreitungspolitik innerhalb der Exekutive wurde im Laufe der Jahre erheblich umstrukturiert. So wurden Rüstungskontrolle und Nichtverbreitung zum Beispiel während eines Großteils des Ost-West-Konflikts von einer unabhängigen Behörde für Abrüstung und Rüstungskontrolle (ACDA) verwaltet. Im Jahr 1997 wurde ACDA in das Außenministerium integriert. Ein weiteres aktuelles Beispiel stellt der erhebliche Umbau der US-amerikanischen Geheimdienste nach den Terroranschlägen vom 11. September 2001 dar (vgl. hierzu den Beitrag von Michael Wala in diesem Band).

Das ressortübergreifende Verfahren ist naturgemäß anfällig für Störungen und Ineffizienz aufgrund der großen Anzahl von Beteiligten. Dies kann sich nachteilig auf die Rüstungs- und Nichtverbreitungspolitik auswirken. Die bürokratischen Grabenkämpfe zwischen dem Außen- und Verteidigungsministerium über den Umgang mit mutmaßlichen Massenvernichtungswaffen im Vorfeld des Irak-Krieges 2003 veranschaulichen diese Problematik. Der Irak-Krieg zeigt in diesem Zusammenhang noch ein weiteres Problem auf. Der Mangel an genauen Informationen behindert die Formulierung und Umsetzung wirksamer Maßnahmen. Gleichzeitig haben die USA häufig die Ressourcen ihrer Geheimdienste zur Bekämpfung der Verbreitung von Massenvernichtungswaffen durch aufstrebende Atommächte verwendet. Zum Beispiel lassen Berichte darauf schließen, dass die CIA verdeckte Operationen gegen den Iran durchgeführt hat, um Teherans Nuklearprogramm zu sabotieren.

Die Legislative, sowohl der Senat als auch das Repräsentantenhaus, spielt eine wichtige Rolle in der Rüstungskontroll- und Nichtverbreitungspolitik. Dem verfassungsrechtlichen Privileg des Senats, völkerrechtliche Verträge und Abkommen zuzustimmen oder abzulehnen, kommt dabei eine besonders wichtige Funktion in Fragen der Rüstungskontrolle zu. Zum Beispiel hat der Senat bis heute eine Ratifizierung des CTBT verhindert. Sowohl der Senat als auch das Repräsentantenhaus üben zudem eine wichtige Aufsichts- und Kontrollfunktion aus, indem sie Gelder anweisen oder zurückhalten, Gesetze erlassen oder Anhörungen und Untersuchungen in ihren verschiedenen Ausschüssen und Unterausschüssen durchführen können. Im Jahr 1985 verabschiedete der Kongress etwa ein Gesetz zur Verhängung von Wirtschaftssanktionen gegen Pakistan, da das Weiße Haus nicht bestätigen konnte, dass Pakistan kein illegales Atomwaffenprogramm verfolge. Im Jahr 2000 verabschiedete der Kongress den *Iran Nonproliferation Act*, der Sanktionen gegen mehrere chinesische, iranische und syrische Unternehmen und Organisationen verhängte. Der Kongress kann auch den Verkauf US-amerikanischer Rüstungsgüter ins Ausland blockieren. Der 1976 verabschiedete *Arms Export Control Act* verlangt, dass der Kongress über geplante Waffenlieferungen, die ein Gesamtvolumen von 14 Millionen US-Dollar übersteigen, in Kenntnis gesetzt werden muss. Ausgenommen von dieser Regelung sind lediglich Australien, Japan, Neuseeland und die NATO-Mitgliedstaaten. Innerhalb von 30 Tagen kann der Kongress mit einer gemeinsamen Resolution den Waffendeal verhindern.

Ein bezeichnendes Merkmal des politischen Systems der USA, welches sich sicherlich nicht nur auf Rüstungskontrolle und Nichtverbreitung beschränkt, ist die Vielzahl und das Engagement von Nichtregierungsorganisationen. Diese sind mehrheitlich in Washington konzentriert und reichen von eher analytisch orientierten Think Tanks bis hin zu basisorientierten und aktivistisch orientieren Gruppen (vgl. hierzu den Beitrag von Josef Braml in diesem Band).

Historisch gesehen hat die US-amerikanische Öffentlichkeit mitunter eine maßgebliche Rolle in der Rüstungskontroll- und Nichtverbreitungspolitik gespielt. So erzeugte die öffentliche Wahrnehmung einer bevorstehenden Eskalation des nuklearen Wettrüstens zu Beginn der Reagan Administration eine *Nuclear Freeze Movement* mit breiter Unterstützung in der Bevölkerung. Manche Beobachter argumentieren, dass diese Bewegung eine wichtige Rolle bei der Aushandlung des *Intermediate-Range Nuclear Forces Treaty* spielte und eine gesellschaftspolitische Dynamisierung der strategischen Rüstungskontrollgespräche erzeugte, die letztendlich zum START-I-Abkommen führte.

Aktuelle Trends

Die Abschaffung von Atomwaffen ist seit Beginn des Atomzeitalters ein erklärtes Ziel der USA und wurde, wenn auch mit unterschiedlicher Intensität, kontinuierlich verfolgt. Präsident Barack Obama hat Fortschritte in diese Richtung zu einem Schwerpunkt seiner Präsidentschaft erklärt. Gleichzeitig besteht er jedoch darauf, dass dies die entsprechende Bereitschaft anderer Atommächte voraussetzt, was die weltweite Abschaffung von Atomwaffen zu seinen Lebzeiten als eher unwahrscheinlich erscheinen lässt.

Die künftige Entwicklung der US-amerikanisch-russischen Abrüstungsgespräche ist ungewiss. Der *New START Treaty* fordert nur bescheidene zusätzliche Kürzungen und war dennoch politisch hoch umstritten. Mögliche Folgevereinbarungen müssen zudem eine Reihe von schwierigen und bislang ausgeklammerten Fragen angehen, etwa die Einbeziehung der Lagerbestände taktischer Atomwaffen oder die Art und den Umfang von Raketenabwehrsystemen.

Auch die nukleare Nichtverbreitung wird ein zentrales Thema in der US-amerikanischen Außenpolitik bleiben. Insbesondere Nordkoreas Anschaffung eines kleinen Arsenals von Nuklearwaffen und Irans kontroverses Atomprogramm sowie die Möglichkeit eines atomaren Wettrüstens im Nahen Osten und Nordostasien sind Grund zur Besorgnis.

Um der weiteren Verbreitung von nuklearen Waffen vorzukommen, unterstützen die USA den Beginn von Verhandlungen über den Vertrag zum Verbot der Produktion von Spaltmaterial für Nuklearwaffen (FMCT), obwohl diesbezügliche Bemühungen auf Grund der ablehnenden Haltung von Staaten mit weniger Lagerbeständen, insbesondere Pakistan, weitgehend zum Stillstand gekommen sind.

Wesentliche Herausforderungen lauern auch auf dem Gebiet der biologischen Waffen. Der BWC mangelt es an Überprüfungsmechanismen und die zivile und militärische Verwendbarkeit der Biotechnologie macht Überprüfungen in diesem Bereich noch erheblich schwerer als bei Atomwaffen.

Im Hinblick auf chemische Waffen ist eine der dringendsten Herausforderungen die verzögerte Vernichtung der US-amerikanischen und russischen Bestände wie von der CWC gefordert. Darüber hinaus bleiben Staaten wie Iran und Syrien nach wie vor der CWC fern. Auf längere Sicht bietet die Tatsache, dass die meisten der Technologien auch in der chemischen Industrie verwendet werden, und die relative Leichtigkeit, mit der Staaten und vor allem nichtstaatliche Akteure chemische Waffen herstellen könnten, Anlass zur Sorge.

Die weitere Verbreitung von immer höher entwickelten ballistischen Raketentechnologien wird weiterhin ein wichtiges Anliegen sein. Staaten wie Iran und Nordkorea haben beeindruckende Fortschritte bei der Entwicklung von ballistischen Langstreckenraketensystemen gemacht. Obwohl diese derzeit noch keine Bedrohung für die kontinentalen USA darstellen, bedrohen diese Systeme bereits US-amerikanische Verbündete und Einrichtungen in Asien, Europa und im Nahen Osten.

Im Bereich der konventionellen Waffen sehen sich die Vereinigten Staaten als weltweit größter Waffenexporteur zunehmend dem internationalem Druck ausgesetzt, die globale Verbreitung von Kleinwaffen und leichten Waffen einzudämmen. In einer Abkehr von der früheren US-amerikanischen Haltung hat die Obama-Administration dabei ihre Unterstützung für den Beginn von Verhandlungen über ein von der VN-Generalversammlung im Jahr 2006 unterstütztes Abkommen zur Kontrolle des Waffenhandels (ATT) zum Ausdruck gebracht. Hierbei spielen jedoch auch der Aufbau und die Modernisierung chinesischer konventioneller Streitkräfte sowie die raschen Fortschritte bei der Entwicklung von unbemannten und autonomen Robotersystemen zur Kriegsführung eine große Rolle.

Entscheidend bleibt am Ende, dass Rüstungskontrolle und Nichtverbreitung wichtige Hebel US-amerikanischer Außenpolitik zur Reduzierung atomarer, biologischer, chemischer, und konventioneller Gefahren darstellen und daher auch in den kommenden Jahren relevant für den US-amerikanischen Umgang mit diesen Bedrohungen bleiben werden.

Übungsfragen

1. Die Befürworter der Abschaffung von Atomwaffen argumentieren mitunter, dass die Existenz der Bio- und Chemiewaffenkonventionen sowie der Washingtoner Vertrag über nukleare Mittelstreckensysteme (INF), die allesamt ganze Waffenkategorien verbieten, die Möglichkeit beinhaltet, dass der Umgang mit Atomwaffen ähnlich gehandhabt werden könnte. Skeptiker heben dagegen die Mängel dieser Vereinbarungen hervor und argumentieren, dass die CWC und BWC nur angesichts mächtiger nuklearer Fähigkeiten verhandelbar waren, welche biologische und chemische Waffen für die beiden Supermächte weitgehend überflüssig machten. Welche Argumentation ist überzeugender und warum?
2. Obwohl viele argumentieren, dass alle Staaten von einer Welt ohne Atomwaffen profitieren, würden einige Akteure wohl mehr davon profitieren als andere. Insbesondere Staaten mit großen konventionellen militärischen Fähigkeiten, allen voran die Vereinigten Staaten, wären in einer atomwaffenfreien Welt womöglich weit weniger gehemmt, diese auch einzusetzen. Wenn dies der Fall ist, in welchem Maße stellt dies ein Hindernis für die weltweite Abschaffung von Atomwaffen dar und welche Art von Veränderungen in der internationalen Politik wären notwendig, um die Abschaffung von Atomwaffen zu ermöglichen?

3. Skeptiker der Rüstungskontrolle argumentieren, dass diese nur machbar ist, wenn sie nicht benötigt wird. Rüstungskontrollenbefürworter argumentieren hingegen, dass diese in der Vergangenheit und auch künftig eine Schlüsselrolle bei der Verringerung der nuklearen, biologischen, chemischen und konventionellen militärischen Gefahren spielen. Welches Argument lässt sich am ehesten durch historische Belege begründen und was bedeutet dies für den Nutzen von Rüstungskontrolle?

Weiterführende Literatur

Schelling, Thomas C. und Morton H. Halperin (1961, Neuauflage 1985) Strategy and Arms Control. New York, NY: The Twentieth Century Fund/Pergamon-Brassey.
Ein grundlegender wissenschaftlicher Beitrag zur Rüstungskontrolle.

Potter, William C. und Gaukhar Mukhatzhanova (2010) Forecasting Proliferation in the 21st Century. Volume 1 and 2. Stanford, CA: Stanford University Press.
Es liegt noch keine grundlegende Einführung zu Nichtverbreitung vor, dagegen eine ganze Reihe einzelner Beiträge. Diese zweibändige Veröffentlichung bietet einen hervorragenden Überblick über den Stand der Literatur zur Frage, warum Staaten sich an der Verbreitung von Massenvernichtungswaffen beteiligen und warum nicht.

Webseiten

James Martin Center for Nonproliferation Studies: http://cns.miis.edu/
Nonproliferation Review: http://cns.miis.edu/npr
Nuclear Threat Initiative: http://www.nti.org
Global Security Newswire: http://gsn.nti.org/gsn
Carnegie Endowment for International Peace, Nuclear Policy Program: http://carnegieendowment.org/programs/npp
Arms Control Association: http://www.armscontrol.org
Arms Control Today: http://www.armscontrol.org/act
Bulletin of the Atomic Scientists: http://www.thebulletin.org

Tabelle 1: US-amerikanische Beteiligung an wichtigen Abrüstungsverträgen und -initiativen

Internationale Verträge zur Rüstungskontrolle und Nichtverbreitung	**Beteiligung**	**unterzeichnet**	**ratifiziert**
Biological Weapons Convention (BWC)	Multilateral	1972	1975
Chemical Weapons Convention (CWC)	Multilateral	1993	1997
Comprehensive Nuclear Test Ban Treaty (CTBT)	Multilateral	1996	---
Nuclear Nonproliferation Treaty (NPT)	Multilateral	1968	1970
Convention on Certain Conventional Weapons (CCW)	Multilateral	1982	1995
Outer-Space Treaty	Multilateral	1967	1967
Seabed Treaty	Multilateral	1971	1972
Nuclear Terrorism Convention	Multilateral	2005	2008
Conventional Armed Forces in Europe Treaty (CFE)	NATO + Russland	1990	1992
Ottawa Convention	Multilateral	---	---
Convention on Cluster Munitions	Multilateral	---	---
Intermediate-Range Nuclear Forces Treaty (INF)	USA + Russland	1987	1988
New START (Strategic Arms Reduction Treaty)	USA + Russland	2010	2011
Informelle Initiativen	**Beteiligung**	**Rolle der USA**	
Australia Group	41 Mitglieder	Gründungsmitglied	
Cooperative Threat Reduction Program (CTR)	ehem. UdSSR	Gründer	
Global Initiative to Combat Nuclear Terrorism	82 Mitglieder	Mitgründer	
Hague Code of Conduct (HCOC)	130 Mitglieder	Gründer	
Missile Technology Control Regime (MTCR)	34 Mitglieder	Gründungsmitglied	
Nuclear Suppliers Group (NSG)	46 Mitglieder	Gründungsmitglied	
Proliferation Security Initiative (PSI)	> 90 Mitglieder	Gründer	
U.N. Security Council Resolution 1540	Multilateral	Unterstützer	
Wassenaar Arrangement	40 Mitglieder	Gründungsmitglied	

Internationale Organisationen

Johannes Varwick/Tobias Hecht

Zusammenfassung

Seit der Präsidentschaft George W. Bushs hat sich vielerorts das Bild verfestigt, dass ‚Gulliver' seine institutionellen Fesseln abgestreift hat und die USA nun im Alleingang ihre nationalen Interessen verfolgen, d.h., dass sie primär unilateral handeln. Doch ist bei genauerer Betrachtung dieses Vorgehen weder ausschließlich noch in einzelnen Politikbereichen zu beobachten. Vielmehr ist für die vergangenen zwei Jahrzehnte die Entwicklung hin zu einem ‚neuen Multilateralismus' zu attestieren, der sich mehr durch Kontinuität als abrupten Wandel auszeichnet. Dieser ‚neue Multilateralismus' zeichnet sich durch Partnerschaften aus, die themenbezogen in ihren Konstellationen und ihren Zielen variieren. Diese Ergänzung des US-amerikanischen Internationalismus misst der Output-Legitimation die eigentliche Bedeutung bei. Für das Verhältnis der Vereinigten Staaten zu internationalen Organisationen hat diese Entwicklung nachhaltige Auswirkungen.

Einführung

Die US-amerikanische Außenpolitik und internationale Organisationen bilden ein Politikfeld, das in diesem Beitrag anhand interner und externer Bedingungsfaktoren analysiert wird. Hierfür ist eine Definition internationaler Organisationen grundlegend. Clive Archer definiert eine internationale Organisation als „formelle, anhaltende Struktur, welche durch ein Abkommen zwischen zwei oder mehreren souveränen Staaten mit dem Ziel, das gemeinsame Interesse der Mitgliedschaft zu verfolgen" geschaffen wird (Archer 1999: 37). Damit ließe sich nahezu jede Form staatlicher Zusammenarbeit greifen. Die Definition muss jedoch zum einen neben dem Uni- auch vom Bilateralismus abgegrenzt werden sowie zum anderen von einer formal-deskriptiven Definition des Multilateralismus, welche die Praxis der Koordination nationaler Politiken von drei oder mehr Staaten durch Ad-hoc-Vereinbarungen oder Institutionen bezeichnet. Die Definition internationaler Organisationen ist in unserem Falle ebenfalls durch drei oder mehr Staaten gekennzeichnet.

Mit dieser Anpassung kann nun der Definition von Archer gefolgt werden und die wesentlichen Merkmale internationaler Organisationen werden sichtbar. Erstens bedarf es eines gemeinsamen Interesses von Staaten. Zweitens ist die Mitgliedschaft in einer Organisation maßgebend. Drittens muss der Zusammenschluss institutionalisiert werden. Alle drei Kriterien mögen aus einem europäischen Verständnis als geringe Hürden erscheinen, da dieses einem normativ gehaltvollen Konzept folgt, das Multilateralismus als Politikstil versteht, bei dem die zwischenstaatlichen Beziehungen auf der Basis bestimmter allgemein akzeptierter Verhaltensregeln und Prinzipien ablaufen, der sich durch eine Kultur der Reziprozität, der gegenseitigen Verlässlichkeit und des prinzipiellen Verzichts auf unabgestimmtes Verhalten kennzeichnet. In den Vereinigten Staaten sind Bindungen mit den drei genannten Eigenschaften jedoch immer mit Skepsis betrachtet worden, sei es aufgrund einer tendenziell negativen Erwartungshaltung des Nutzens der Organisationen oder durch die Befürchtung, eine Einschränkung der eigenen Handlungsfreiheit hinnehmen zu müssen. „Für Amerikaner steht in der Regel die Leistungsfähigkeit und Effektivität von Multilateralismus im Vordergrund (Output), für die Europäer eher der prozessuale Wert (Input)." (Krause 2005: 54). Diese Einschätzung ist historisch bedingt und heute noch Kern US-amerikanischer Außenpolitik. Diese Thematik, die später näher behandelt wird, erlaubt aber hier schon die Verortung der US-amerikanischen Sichtweise bezüglich der Rolle von internationalen Organisationen und ermöglicht die Beantwortung der Frage, welche Chance selbige und eine multilaterale Politik in der US-amerikanischen Außenpolitik haben.

Zugespitzt formuliert, ergibt sich eine dreifache funktionale Differenzierungsmöglichkeit mit Blick auf die Rolle internationaler Organisationen. Die erste Sichtweise sieht in internationalen Organisationen vornehmlich ‚Instrumente staatlicher Diplomatie', d.h. Staaten instrumentalisieren internationale Organisationen, um ihre eigenen Interessen in einer anarchischen Umwelt durchzusetzen. Abmachungen sind wenig verlässlich, weil ein Partner sie je nach Interesse jederzeit brechen und das kooperative Verhalten der anderen Seite ausnutzen kann. Eine zweite Sichtweise interpretiert internationale Organisationen vornehmlich als „Arenen in der internationalen Politik", die als diplomatische Dauereinrichtungen unterschiedliche Politikfelder auf spezifischen Kooperationsniveaus behandeln. Im Unterschied zur instrumentellen Sichtweise werden internationale Organisationen eher als Rahmen denn als Mittel zum Erreichen bestimmter Ziele gesehen. Die dritte Sichtweise weist internationalen Organisationen eine eigenständige Qualität als ‚Akteur in der internationalen Politik' zu, der zudem als ursächlicher Faktor in der Lage ist, die Grundmuster internationaler Politik im Sinne einer Minderung des anarchischen Grundzustands zu verändern. Die USA messen internationalen Organisationen oftmals die erste dieser Rollen zu. Doch hat dieses Rollenkonzept im Laufe der Zeit Änderungen erfahren, die am deutlichsten anhand geschichtlicher Umbrüche aufgezeigt werden können.

In diesem Beitrag wird gezeigt, dass der externe Kontext (Veränderungen im internationalen System bzw. der Machtkonstellationen) zwar eine wesentliche Rolle spielt, vielmehr jedoch der interne Kontext die Vorgaben setzt. Die politische Kultur und das politische System der USA werden daher im nächsten Schritt thematisiert.

Politische Entwicklung und internationale Organisationen

Um die Zurückhaltung der USA gegenüber internationalen Organisationen verstehen zu können, bedarf es eines geschichtlichen Rückblicks. Für ein Verständnis vom Gegenstand dieses Beitrages maßgeblich sind dabei der Isolationismus, der US-amerikanische Exzeptionalismus und das politische System (vgl. hierzu auch den Beitrag von Simon Koschut in diesem Band). Somit muss der Rückblick bereits bei der Gründung der US-amerikanischen Republik ansetzen. Schließlich sind die USA die älteste Demokratie und nicht umsonst wird, wenn auf die Gründerzeit der Vereinigten Staaten geblickt wird, vom US-amerikanischen „Experiment" bzw. „Projekt" gesprochen.

So entfachte sich vor 1789 eine kontroverse Debatte über das „richtige" politische System. Nicht die „alten" europäischen Staaten sollten der neuen Nation als Vorbild dienen, ein Gegenentwurf zu den ‚antiquiert-obrigkeitlichen' Strukturen sollte den Geist der Aufklärung widerspiegeln. Die beiden Lager, Föderalisten und Anti-Föderalisten, nahmen diesen Gedanken jedoch unterschiedlich wahr. Die Anti-Föderalisten wollten keinen Staat mit zentraler Gewalt, sie fürchteten, dass ein „Ersatzkönig“ durch die Oberschicht etabliert werden könnte. Die Föderalisten hingegen warnten hingegen vor einem funktionsunfähigen Staat, sprachen sich gegen starke Einzelstaaten aus und verwiesen hier auf die Defizite der *Articles of Confederation* (die Vorgängerverfassung). Ergebnis der Debatte ist zwar ein föderaler Staat mit einem Präsidenten an der Spitze. Allerdings wird dieser durch gezielte *checks and balances* kontrolliert. Diese Gewaltenteilung erlaubt weder der Exekutive noch der Legislative, allein handlungsfähig zu sein.

Diese Konstellation hat sich auch auf die Außenpolitik übertragen bzw. ausgewirkt. Der Kongress hat bestimmenden Einfluss auf „money, war, treaty, law“. Bei internationalen Verträgen kann der Präsident nicht ohne die Zustimmung des Kongresses agieren und muss sich seiner Zustimmung immer wieder erneut versichern. Wichtigste Schranken sind mit Blick auf internationale Organisationen die *advise-and-consent*-Kompetenz des Senats (Zwei-Drittel der Senatoren müssen internationalen Verträgen wie zum Beispiel jeder Erweiterung der NATO zustimmen) und die Budgetkontrolle des Kongresses, welche es erlaubt, Zahlungen an internationale Organisationen zu kontrollieren (vgl. hierzu die Beiträge von Christian Lammert und David Sirakov in diesem Band). Neben dieser strukturellen Manifestation blieben auch in psychologischer Hinsicht Eigenschaften aus der Gründerzeit erhalten, die heute weiterhin Einfluss haben.

Die Abkehr der US-amerikanischen Siedler von Europa führte des Weiteren zu der Entstehung eines politischen Isolationismus und des US-amerikanischen Exzeptionalismus. Der politische Isolationismus prägte über ein Jahrhundert die Außenpolitik der Vereinigten Staaten. Frühe Präsidenten warnten vor „verstrickenden Bündnissen“ (George Washington); „Frieden, Handel und ehrliche Freundschaft mit allen Nationen, formale Allianzen mit keinen“ (Thomas Jefferson) und betonten, dass die Vereinigten Staaten keine „Kreuzzüge“ verfolgen werden (John Quincy Adams). Dies bedeutete zugleich, dass auch Europa nicht in US-amerikanische Einflusssphären dringen sollte.

Isolationismus war jedoch nicht nur realpolitisch zu verstehen, sondern gründete in einer tiefen Überzeugung, dass das „amerikanische Projekt“ ein höheres Ziel verfolgte und durch die Schaffung eines leuchtenden Vorbildes, Beispiel für die Welt sein sollte. Der Begriff des US-amerikanischen Exzeptionalismus hat sich für dieses Eigenverständnis etabliert, welches sich zudem durch einen liberalen Charakter (Glaube an Demokratie, Freihandel, Menschenrechte und Fortschritt) auszeichnet. Die internen Faktoren sind auch heute noch relevant. So helfen sie zum Beispiel zu erklären, warum internationales Recht gegenüber nationalem nicht als vorrangig angesehen wird (siehe z.B. Guantanamo).

Neben den internen Triebfedern des Verhältnisses von US-amerikanischer Außenpolitik und internationalen Organisationen steht als zweiter Bedingungsfaktor der internationale Kontext. Während sich die USA in der Zeit des Isolationismus von innen festigen konnten, wurden mit zunehmender (ökonomischer) Stärke Schritte über „the water's edge“ gewagt (damit ist gemeint, dass die geographische Insellage der USA es erlaubte, Geschehnisse jenseits ihres Ufers zu vernachlässigen, was zugleich die Idee des Exzeptionalismus förderte). Die innenpolitischen Gegebenheiten verhinderten aber ein anhaltendes internationales Engagement und der von Präsident Woodrow Wilson angeregte Völkerbund musste ohne US-amerikanische Beteiligung umgesetzt werden. Zu stark waren die Isolationisten, zu groß wäre der Bruch mit politischen Traditionen und mit der zeitgemäßen Auffassung des Exzeptionalismus als passives Instrument gewesen. Die Spannung von liberalen Werten und realistischen Interessen wurde erst mit dem Zweiten Weltkrieg zugunsten des US-amerikanischen Internationalismus aufgelöst.

US-amerikanischer Internationalismus

Als die Vereinigten Staaten erneut in einen Weltkrieg eingriffen, siegte die Einsicht, dass in einer zunehmend technologisierten und auf die Großmacht USA schauenden Welt multilaterale Mechanismen auch im eigenen Interesse waren. Die verpasste Chance als Garantiemacht den Völkerbund abzusichern wurde als Lehre wahrgenommen und es erfolgte die Hinwendung zu einem anhaltenden internationalen und multilateralen Engagement. „Die Hegemonie stellt(e den Vereinigten Staaten dabei) das Privileg des instrumentellen Multilateralismus bereit“ (Foot et al. 2003b: 266). Die Dichotomie von Isolationismus und Internationalismus wurde von der Spannung zwischen Unilateralismus und Multilateralismus abgelöst.

Die aktive Führung der Vereinigten Staaten bei der Erschaffung einer institutionalisierten Nachkriegsordnung erfolgte somit aufgrund der neuen Möglichkeiten, nachhaltig im eigenen Interesse die internationale Ordnung zu gestalten und der Überzeugung, dass dies auch notwendig sei. Interessen und Werte konvergierten und begünstigten den Multilateralismus. Internationale Organisationen waren in dieser Hinsicht also Mittel zum Zweck – aber eben auch Quell eigener Stärke. Dabei büßte die Idee der „freien Hand“ jedoch nichts an Attraktivität ein: „der bindende Charakter dieser multilateralen Abkommen (wie Vereinte Nationen, NATO und GATT) ist weiter qualifiziert: Austrittsklauseln, gewichtete Abstimmungsmechanismen, Opt-out-Optionen und Vetorechte sind alle Teil der meisten multilaterale Übereinkommen nach 1945“ (Ikenberry 2003: 535).

Von 1945 an wirkten neben dieser veränderten Sichtweise auch institutionelle Rahmenbedingungen innerhalb der USA anders. Das vorläufige Ende der Debatte um das internationale Engagement – ein wichtiger Bedingungsfaktor war auch der aufkommende Ost-West-Konflikt – führte zu einer Abschwächung der *checks and balances* mit Blick auf die Außenpolitik. Es kristallisierte sich ein überparteilicher Konsens heraus, der sich dadurch auszeichnete, dass Parteiquerelen „am Ufer“ endeten. Dies bedeutete in außenpolitischen Fragen eine Machtverschiebung zugunsten des Präsidenten und damit zu mehr Kontinuität.

Mit dem Ende des Ost-West-Konflikts und über 450 multilateralen Abkommen in Kraft (Patrick 2002: 11) war die Frage für die USA dann erneut weniger die nach einem Rückzug, sondern eher die Frage nach dem Charakter des internationalen Engagements und wie sich der Wegfall der „Klammer des Antagonismus mit der Sowjetunion“ auch innenpolitisch auswirken sollte. Dabei sei jedoch angemerkt, dass zu diesem Zeitpunkt bereits eher eine politikbereichabhängige Unipolarität (militärisch) bzw. Multipolarität (ökonomisch) bestand und Globalisierung/Interdependenz gemeinschaftliches Handeln nun vielfach vorschrieb. Die historische Möglichkeit die Welt liberal zu ordnen, ohne dabei an staatlicher Souveränität zu verlieren, wurde somit zur eigentlichen neuen Herausforderung der Vereinigten Staaten.

Imperiale Versuchung

Der „imperialen Versuchung“ (Tucker/Hendrickson 1992) zu widerstehen und nicht unilateral zu agieren, sondern weiter die Rolle des wohlwollenden Hegemons zu spielen, war von Beginn an ein Balanceakt. Zunächst sollte sich aber zeigen, wie wichtig internationale Organisationen für die USA blieben. 1990/91 bemühte sich Präsident George H. W. Bush intensiv um eine internationale Koalition und VN-Mandatierung für den Einsatz gegen den Irak. Zur Legitimierung internationaler Gewaltanwendung, Lastenteilung und Umsetzung nationaler Interessen bewährte sich diese scheinbar revitalisierte Organisation. Und auch in der Öffentlichkeit der USA wurde das Handeln durch internationale Organisationen vor dem Hintergrund gemeinsamer Werte unterstützt. Ob der Eingriff am Persischen Golf aber auch ohne Mandatierung der Vereinten Nationen (VN) durchgeführt worden wäre, darf vorsichtig bejaht werden. Die Politik der Handlungsfreiheit – zumal in diesem Fall getrieben von liberalen Ideen und realistischen Interessen – wirkten stark auf den Präsidenten (Tucker/Hendrickson 1992: 193). In seiner ‚Neuen Weltordnung' wurden internationale Normen nur aus der Genese eigener Werte abgeleitet und attestiert, dass die VN lediglich der Vision ihrer Gründung näher kämen. Somit wurden am Persischen Golf die positiven Effekte der multilateralen Herangehensweise ebenso deutlich wie die US-amerikanische Erwartungshaltung an internationale Organisationen.

Präsident William J. Clinton beförderte mit seiner liberal-internationalistischen Blickweise zunächst den institutionellen Weg, rückte aber mehr die ökonomische Seite der Außenpolitik in den Fokus. Hatte er im Wahlkampf 1992 schon betont „It's the economy, stupid!", sollten durch die Einrichtung einer nordamerikanischen Freihandelszone (NAFTA), die Gründung der Welthandelsorganisation (WTO) und die Erweiterung des Asiatisch-Pazifischen Wirtschaftsforums (APEC) diese *geoeconomics* ihren institutionellen Ausdruck finden. Handelskonflikte und bewaffnete Konflikte in unterschiedlichen Weltregionen (Somalia, Bosnien, Kosovo) führten allerdings bald zu der Ausrufung eines *assertive multilateralism* sowie der Institutionalisierung bzw. institutionellen Erweiterung auch von regionalen Sicherheitsorganisationen wie der Organisation für Sicherheit und Zusammenarbeit in Europa (OSZE) und dem Nordatlantischen Bündnis (NATO).

Hier zeigte sich die steigende Aufladung der Dichotomie von Uni- und Multilateralismus immer deutlicher. Auf der einen Seite waren die USA also weiter bereit in internationale Organisationen zu ‚investieren'. Auf der anderen Seite waren sie bei nahezu allen internationalen Organisationen in Verzug mit ihren Beitragszahlungen, insbesondere den VN. Außerdem beklagte sich die republikanische Opposition im Kongress über mangelnde Interessenkonvergenz bei den VN, rückte aber von US-amerikanischer Unterstützung kollektiver Einsätze wie VN-Friedensmissionen zugleich ab. Darüber hinaus wuchs die Diskrepanz zu den ‚Alliierten' in Hinsicht auf die Fähigkeiten und Ansprüche im sicherheitspolitischen Bereich. Zwar sollte der ‚unilaterale Schwenk' erst noch kommen, doch zeigte sich schon in der Sicherheitsstrategie der Clinton Administration (1997), dass „gemeinsam wenn möglich, allein wenn nötig" zur Prämisse des eigenen Handelns wurde. Nicht zuletzt beförderte das anhaltende Wachstum der US-amerikanischen Wirtschaft diese Entwicklung durch die Etablierung der USA als ‚Supermacht'. Insofern institutionelle Einschränkungen wirklich auf die Vereinigten Staaten wirkten, schwächten sich diese nun ab.

Bedingt wurde der ambivalente institutionelle Kurs auch durch verkomplizierende Entwicklungen auf innenpolitischer Ebene. Der überparteiliche Konsens zerbrach. Nun sollte es eher heißen: „party politics *starts* at the water's edge" und es existierten neben dem *Secretary of State* weitere „535 Außenminister" (100 Senatoren, 435 Abgeordnete) (Foot et al. 2003a: 9). Das historisch vorgesehene Ringen von Präsident und Kongress um die Handlungshoheit in der Außenpolitik trat wieder deutlicher hervor. Das Resultat war ein nur schwer vorhersehbarer Kurs, der die Spannungsverhältnisse (intern und extern) noch verstärken sollte. Patrick (2002) folgend können somit zusammenfassend vier Trends identifiziert werden, die in den 1990er Jahren das traditionelle Unbehagen gegenüber Multilateralismus und internationalen Organisationen erhöhten: „das Aufkommen der unipolaren Welt, in welcher die Vereinigten Staaten mehr Handlungsfreiheit hatten; das Verschmelzen von neuer globaler Agenda und neuen internationalen Akteuren; der Aufstieg transnationaler Probleme, welche die traditionellen Vorstellungen der USA von nationaler Souveränität herausforderten; und die Verschiebungen der Machtbalance, die der Präsident und der Kongress über Außenpolitik ausüben" (Patrick 2002: 14).

In Bezug auf internationale Organisationen lagen aus Sicht der USA viele Probleme offen: defizitäre Kosten-Nutzen-Rechnung, langwierige Prozesse, Trittbrettfahrerei, divergierende Interessen sowie unterschiedliche Ansprüche und Fähigkeiten. Hierin begründet liegt die Entwicklung US-amerikanischer Außenpolitik weg vom unmittelbaren US-amerikanischen post-1945 Verständnis, dass internationale Organisationen die eigene Macht ausdehnen, hin zu der Auffassung, dass diese die Macht einhegen. Vor dem Hintergrund der Anschläge vom 11. September 2001 wurde diese Sichtweise verstärkt und hatte einen direkten Einfluss auf das Verhältnis der USA zu internationalen Organisationen, wenn auch nicht zum Multilateralismus per se.

‚Neuer' Multilateralismus und internationale Organisationen

Schon vor den Anschlägen auf New York und Washington am 11. September 2001 zeigte sich in der Politik der neuen Regierung unter George W. Bush eine starke Tendenz zum unilateralen Handeln. Die Nicht-Ratifizierung des Kyoto-Protokolls sowie 2002 der Rückzug aus Vereinbarungen zum Internationalen Strafgerichtshof und der unilaterale Austritt aus dem ABM-Vertrag sind konkrete Beispiele für diesen Kurs. Dass dem Multilateralismus jedoch nicht ganz abgeschworen wurde, zeigte sich etwa durch den Versuch, eine VN-Resolution für den Irak-Einsatz 2003 zu erwirken. Der letztendlich unbeirrte Rückgriff auf Ad-hoc-„Koalitionen der Willigen" rückte aber eine neue Konzeption in den Vordergrund: Partnerschaft, die themenbezogen in der Konstellation und den Zielen variieren kann, oder in Donald Rumsfelds Worten: „the mission determines the coalition". *Multilateralism à la carte* oder *forum shopping* wurden nun zu den Leitbegriffen der US-amerikanischen Außenpolitik, die den stark unilateraleren Charakter unterstrichen. Insbesondere richtete sich diese Politik gegen internationale Organisationen, wenn sie sich nicht primär aus gleichgesinnten Demokratien zusammensetzten. Diese Form multilateraler Politik hatte nichts mehr gemein mit der originären Definition von internationalen Organisationen: Sie ist weder formal noch anhaltend noch durch institutionelle Struktur gekennzeichnet, sondern wird lediglich durch die USA bestimmt, geführt und flexibel genutzt. Legitimation generiere sich schließlich nicht aus irgendeiner internationalen Organisation oder Gemeinschaft heraus, so die George W. Bush Administration, sondern aus legitimen (nationalen) Interessen (Rice 2000). Die Beteiligung an internationalen Vereinbarungen und Organisationen sei von nun an einer nüchternen Fall-zu-Fall-Abwägung zu unterwerfen (Patrick 2002: 14). Unilaterale Handlungen können demzufolge auch zum Erreichen multilateraler Ziele sinnvoll sein.

Diese unilaterale Politik ist jedoch in vielfacher Hinsicht kostenintensiv und richtet sich darüber hinaus gegen die republikanisch-demokratische Tradition der USA. Der reziproke Charakter internationaler Beziehungen, Lastenteilung, Legitimitätsprobleme und unzuverlässige ‚strategische' Partnerschaften, gepaart mit der Überdehnung der eigenen Ressourcen machten ein Umdenken notwendig. ‚Gulliver' musste sich im eigenen Interesse weiterhin an multilaterale Organisationen binden. Und nach der *rally-around-the-flag*-Phase infolge des 11. Septembers wurde auch der Kongress wieder kritischer in seiner Bewertung der US-amerikanischen Auslandseinsätze. Trotzdem blieben einige Einschätzungen aus US-amerikanischer Sicht gültig: Multilateralismus ist ein Mittel zur Erreichung eines bestimmten Zieles; ein immer inversiveres Völkerrecht bedroht die nationale Souveränität; die Relevanz traditioneller Allianzen und Institutionen als primäre Fundamente der US-amerikanischen Außenpolitik sind neu zu bewerten; Multilateralismus sollte sich durch die Konvergenz von Interessen und Werten auszeichnen und flexibel sein (Patrick 2010: 26-27).

Es bleibt somit festzuhalten, dass auch Präsident George W. Bush nicht die Abkehr vom Multilateralismus sehr wohl aber die Abkehr von rigiden institutionellen Arrangements anstrebte. Diese neue Form des Multilateralismus zeichnet sich somit durch die Ergänzung des US-amerikanischen Internationalismus durch Ad-hoc-Koalitionen der Willigen aus, die der Output-Legitimität ihrer Handlungen die eigentliche Bedeutung beimessen.

Die Einsicht, dass internationale Organisationen weiter für US-amerikanische Interessen selektiv genutzt werden können (und müssen), gilt vor dem Hintergrund internationaler Machtverschiebungen und der Komplexität globaler Herausforderungen zugleich mehr denn je. Den USA sollte daran gelegen sein, „die von ihnen geschaffenen multilateralen Strukturen einer gewandelten internationalen Umwelt anzupassen, um so die eigene Führungsrolle zu bewahren. Barack Obama will die bestehenden Institutionen globalen Regierens wieder beleben, aber auch neue Institutionen schaffen, um sie für die Integration aufstrebender Mächte zu nutzen“ (Rudolf 2009: 193).

Dabei hat Präsident Obama hervorgehoben, dass die VN dringend reformiert werden müssen, sogar eine Verbindung bestehen muss zwischen der Verpflichtung zu multilateralem Handeln und der Verpflichtung zur Reform der Institutionen. Es bleibt abzuwarten, wie in Washington reagiert wird, wenn sich Reformen als nicht durchsetzbar erweisen sollten. Abzuwarten bleibt auch, ob dann stärker auf Formen des ‚neuen Multilateralismus‘ – wie etwa G20, *Global Energy Forum* oder ein in den USA immer wieder diskutiertes „Konzert der Demokratien“ als Gegenmodell zu den VN – ausgewichen werden wird. Insgesamt wird, so scheint es, „die konkrete Abstimmung der Politik in wichtigen Fragen (...) zunehmend innerhalb kleiner informeller Gruppen statt(finden): im Konzert der wichtigsten Mächte und Organisationen“ (Rudolf 2009: 200).

Dieser Ansatz ist zentral in dem von Außenministerin Clinton im Herbst 2010 proklamierten *New American Moment*: „Wir wissen, dass Allianzen, Partnerschaften und Institutionen alleine weder Probleme lösen können noch werden. Nur Menschen und Staaten lösen Probleme. Aber eine (internationale) Architektur kann es vereinfachen effektiv durch (die Instrumente) der Koalitionsbildung und der Kompromissfindung zu handeln (...) Sie kann es einfacher machen, gemeinsame Interessen zu identifizieren und in kollektives Handeln umzusetzen. Und sie kann helfen, aufstrebende Mächte in eine internationale Gemeinschaft zu integrieren, die sich durch klare Pflichten und Erwartungen auszeichnet“ (Clinton 2010). Dieser *New American Moment* biete die Möglichkeit, effektive und anhaltende Partnerschaften in verschiedenen Formaten zu schaffen, in denen weiterhin neben harten Interessen auch liberale Werte und Reziprozität eine wichtige Rolle spielen sollen. Insofern knüpft die Regierung an die moderate internationalistische Denkschule der ‚Vor-Bush-Zeit‘ an. Der ‚neue Multilateralismus‘ ist in seiner Konsequenz zwar durchaus nachzuvollziehen, zeigt aber zugleich die hohen Herausforderungen an internationale Zusammenarbeit und Institutionen in der heutigen Welt.

Im Ergebnis ist die derzeitige US-amerikanische Außenpolitik durch einen pragmatischen Multilateralismus à la Obama gekennzeichnet. Der Erwartung, dass sich die USA widerspruchslos in den Geleitzug einer vermeintlichen internationalen Gemeinschaft einreihen werden, ist zu widersprechen. Dazu weicht das US-amerikanische Verständnis von Multilateralismus zu sehr vom kontinentaleuropäischen ab und versteht sich vornehmlich als ein Instrument US-amerikanischer Außenpolitik. Selbst liberale Internationalisten argumentieren, dass die USA zwar eine generelle Präferenz für Multilateralismus haben sollten, zeitweise aber ein Alleingang zu bevorzugen sei. Dies hat auch Obama unmissverständlich deutlich gemacht, etwa in der Frage ob bei sicherheitspolitischen Fragen in jedem Fall ein Mandat des VN-Sicherheitsrats notwendig sei (Obama 2007). Vor Illusionen über die US-amerikanische Bereitschaft, sich von internationalen Organisationen oder multilateralen Verbünden Einschränkungen bei Fragen von wichtigen nationalen Interessen gefallen zu lassen, muss also ausdrücklich gewarnt werden (Varwick 2009).

Schlussbemerkung

Die US-amerikanische Außenpolitik und internationale Organisationen stehen in einem ambivalenten Verhältnis. Erst hielten sich die USA aus der Außenpolitik mit dem Verweis heraus, dass liberale Werte nur passiv zu verbreiten sind und das eigene ‚Experiment' geschützt werden muss. Dann erfolgte der Wandel zu einem liberalen Internationalismus, der internationalen Organisationen eine instrumentelle Rolle beimaß und eigene Macht auszudehnen erlaubte. Schließlich folgte die Entwicklung zu einem ‚unilateralen Multilateralismus' (neuer Multilateralismus), der aufgrund der eigenen Macht flexibel und informell angewandt wird. Vielfach werden hier unter dem Deckmantel des Multilateralismus verstärkt unilaterale Ziele durchzusetzen gesucht.

Auch wenn große und mächtige Staaten allgemein zu einem unilateralen Vorgehen neigen, weil sie sich davon ihre eigene Interessenmaximierung versprechen, kann ein solches Verhalten in das Gegenteil umschlagen. Internationale Organisationen erlauben in wesentlich stärkerem Maße als ‚einfacher' Multilateralismus wirkliche internationale Kooperation: die Schaffung gemeinsamer Normen, zuverlässige Erwartungen an das Verhalten anderer Akteure und gegenseitige Einflussnahme. Zudem, wer im Einzelfall auch allein und gegen den Willen seiner potentiellen Partner handelt, der kann sich kaum darüber wundern, wenn andere Staaten ähnlich agieren. Anders gewendet: nur wer sich selbst den Normen der internationalen Kooperation unterwirft, der kann dies auch von anderen erwarten und einfordern. Die USA stehen diesbezüglich vor einem Dilemma. Einerseits sind die von ihnen geschaffenen Institutionen immer noch ein zentraler Pfeiler der internationalen Architektur. Andererseits haben Machtverschiebungen aber dazu geführt, dass die Vereinigten Staaten ihren Einfluss in diesen Organisationen immer weniger geltend machen können. Führt diese Entwicklung zu weit, so ist der Griff zu flexibleren Mitteln attraktiv. Für die Koordinierung komplexer Themen sind flexible Mechanismen durchaus notwendig. Gefahr besteht aber, wenn dies zum Wertverlust immer noch prägender Organisationen führt.

Internationale Organisationen können nur dann eine wichtige Rolle in der internationalen Politik spielen, wenn ihre Mitgliedstaaten auf multilaterale Strategien zu Bewältigung der Probleme und Herausforderungen setzen. Die USA wären im eigenen Interesse gut beraten, wenn sie versuchen würden, weiterhin internationale Organisationen zu nutzen und zu reformieren. Nur so kann eine nachhaltige Architektur entstehen, die liberalen Werten nicht gegenläufig ist. Dies wird aber mit Sicherheit einen langen Atem verlangen und viel Frustration mit wankelmütigen Partnern mit sich bringen.

Übungsfragen

1. Was sind die Bedingungsfaktoren US-amerikanischer Außenpolitik gegenüber internationalen Organisationen?
2. Wie hat sich das US-amerikanische Bild des Multilateralismus im Laufe der Zeit verändert?
3. Was ist charakteristisch am ‚neuen' Multilateralismus?

Weiterführende Literatur

Patrick, Stewart (2002) Multilateralism and Its Discontents: The Causes and Consequences of U.S. Ambivalence, in: Stewart Patrick und Shepard Forman (Hrsg.) Multilateralism and U.S. Foreign Policy. Ambivalent Engagement. Boulder: Lynne Rienner Publishers, S. 1-44.
Einen sehr guten Überblick bietet Patrick in seinem Artikel über das ‚selektive' und ‚ambivalente' US-amerikanische Engagement in und gegenüber internationalen Organisationen.
Ikenberry, G. John (2003) Is American Multilateralism in Decline?, in: Perspectives on Politics 1(3), S. 533-550.
Theoretischer geht Ikenberry vor und konzeptionalisiert dabei in seinem Artikel verschiedene Formen des Multilateralismus.
Krause, Joachim (2005) Amerikanische und europäische Konzepte zur internationalen Ordnung, in: Thomas Jäger, Alexander Höse und Kai Oppermann (Hrsg.) Transatlantische Beziehungen. Sicherheit-Wirtschaft-Öffentlichkeit. Wiesbaden: Verlag für Sozialwissenschaften, S. 35-61.
Krause schlägt durch eine vergleichende Analyse schließlich die Brücke zu europäischen Auffassungen des Multilateralismus.

Webseiten

U.S. Department of State, Bureau of International Organization Affairs: www.state.gov/p/io

Verwendete Literatur

Archer, Clive (1999) International Organizations. London: Routledge.
Clinton, Hillary R. (2010) Remarks of Secretary of State Hillary Rodham Clinton, http://www.state.gov/secretary/rm/2010/09/146917.htm (Zugriff am 20.11.2010).
Foot, Rosemary, S. Neil MacFarlane und Michael Mastanduno (2003a) Introduction, in: dies. (Hrsg.) US Hegemony and International Organizations. The United States and Multilateral Institutions. Oxford: Oxford University Press, S. 1-22.
Foot, Rosemary, S. Neil MacFarlane und Michael Mastanduno (2003b) Conclusion: Instrumental Multilateralism in US Foreign Policy, in: dies. (Hrsg.) US Hegemony and International Organizations. The United States and Multilateral Institutions. Oxford: Oxford University Press, S. 265-272.
Ikenberry, G. John (2003) Is American Multilateralism in Decline?, in: Perspectives on Politics 1(3), S. 533-550.
Obama, Barack H. (2007) Renewing American Leadership, in: Foreign Affairs 86(4), S. 2-16.
Patrick, Stewart (2002) Multilateralism and Its Discontents: The Causes and Consequences of U.S. Ambivalence, in: Stewart Patrick und Shepard Forman (Hrsg.) Multilateralism and U.S. Foreign Policy. Ambivalent Engagement. Boulder: Lynne Rienner Publishers, S. 1-44.
Patrick, Stewart (2010) „The Mission Determines the Coalition": the United States and Multilateral Cooperation After 9/11, in: Bruce D. Jones, Shepard Forman und Richard Gowan (Hrsg.) Cooperating for Peace and Security. Evolving Institutions and Arrangements in a Context of Changing U.S. Security Policy. Cambridge: Cambridge University Press, S. 20-44.
Rice, Condoleezza (2000) Promoting the National Interest, in: Foreign Affairs 79(1), S. 45-62.
Rudolf, Peter (2009) Renaissance des Multilateralismus? Neuer Führungsanspruch der USA und transatlantische Beziehungen, in: Bonn International Center for Conversion (Hrsg.) Friedensgutachten 2009. Berlin: LIT Verlag, S. 189-200.

Tucker, Robert W. und David C. Hendrickson (1992) The Imperial Temptation. The New World Order and America's Purpose. New York: Council on Foreign Relations Press.
Varwick, Johannes (2009) USA, Multilateralismus und internationale Organisationen. Das Spannungsfeld der Mandatierung internationaler Zwangsgewalt, in: Reinhard C. Meier-Walser (Hrsg.) Die Außenpolitik der USA. München: Hanns Seidel Stiftung, S. 161-173.

Public und Cultural Diplomacy

Anna Schwan

Zusammenfassung

Public Diplomacy und Cultural Diplomacy sind wichtige Komponenten der US-amerikanischen Außenkommunikation, die das Denken und die Wertvorstellungen in vielen westlichen Ländern seit Ende des Zweiten Weltkrieges nachhaltig geprägt hat. Seit Beginn des US-amerikanischen Staates stellt sie ein wichtiges Element der US-amerikanischen Außenpolitik dar, vermittelt sie doch die Werte und Fundamente der US-amerikanischen Gesellschaft in der ganzen Welt. Die Soft Power, die die USA auf diese Weise aufgebaut haben, stärkte in den letzten Jahrzehnten ihre Vormachtstellung und war maßgeblich daran beteiligt, dass das 20. Jahrhundert zum Jahrhundert Amerikas wurde.

Einleitung

Ob Lady Gaga, Angelina Jolie oder Jonathan Franzen, ob Hollywood, Hip-Hop-Musik oder Pop-Art: Ein Großteil der heutigen weltweiten Pop-Kultur stammt aus den Vereinigten Staaten. Das kommt nicht von ungefähr. Denn seit der Gründung der Vereinigten Staaten von Amerika ist die Vermittlung der eigenen Werte nach innen wie nach außen Teil des nationalstaatlichen Selbstverständnisses. US-amerikanische Werte und Kultur werden instrumentalisiert, um die USA als „Reich des Guten" zu präsentieren und die eigene Stellung in der Welt zu festigen. Damit sind *Public Diplomacy* und *Cultural Diplomacy* wichtige Elemente der US-amerikanischen Außenpolitik. Wenn es uns heute fast unmöglich scheint, die internationale Kultur des 20. Jahrhunderts zu betrachten, ohne über US-amerikanische Kultur und speziell Pop-Kultur zu sprechen, ist dies also auch der Verdienst der US-amerikanischen staatlichen Außenkommunikation. Die US-amerikanische *Public* und *Cultural Diplomacy* führten dazu, dass unser Bild von der Welt noch heute von den USA geprägt wird, selbst wenn das allgemeine Image Amerikas nicht mehr das Beste ist.

Wie aber funktioniert staatliche Außenkommunikation? Was sind die Elemente von *Public Diplomacy* und *Cultural Diplomacy*? Bevor hier auf die Außenkommunikation der USA eingegangen wird, sollen diese wichtigen Fragen geklärt werden: Grundsätzlich geht es in der Außenkommunikation darum, das Fremdbild eines Landes nicht dem Zufall zu überlassen und Kommunikationsstrategien zu entwickeln, mit denen relevante Öffentlichkeiten in ausgewählten Zielländern angesprochen werden, um einen positiven Imagewandel hervorzurufen. „Winning hearts and minds"[1] nennen die US-Amerikaner diese Strategie.

1 „Winning Hearts and Minds, oder WHAM, kam während des Zweiten Weltkrieges als Slogan der US Army auf, um auszudrücken, dass der Sieg über Deutschland nicht nur militärisch, sondern auch moralisch errun-

Dies geschieht nicht auf dem Weg der klassischen Werbung, sondern durch nachhaltige ganzheitliche Kommunikation. Auf möglichst vielen Kommunikationskanälen soll eine einheitliche Botschaft darüber vermittelt werden, wie das jeweilige Land ist oder doch zumindest gesehen werden möchte. Staatliche Außenkommunikation basiert also auf der Annahme, dass ein positives Image notwendig ist, um die Potentiale des staatlichen Einflusses in den internationalen Beziehungen voll zu entfalten, und dass die Ansprache der Öffentlichkeit über die verschiedenen Kanäle der dialogischen und medialen Kommunikation der beste Weg ist, dies zu tun (Schwan 2011: 15).

Definition von Soft Power

Der US-amerikanische Politikwissenschaftler Joseph Nye hat in verschiedenen Aufsätzen das Konzept der *Soft Power* aufgestellt. Sie ist insbesondere in den USA für das Verständnis staatlicher Außenkommunikation von besonderer Bedeutung. Er beschreibt darin die veränderten Machtstrukturen der internationalen Beziehungen aufgrund der Einflüsse der Informationsgesellschaft und der Globalisierung sowie die neuen Formen der Machtausübung durch Staaten. Dabei unterscheidet er zwischen *Hard Power* und *Soft Power*. *Hard Power* ist dabei das traditionelle Machtverständnis, in dem diese als Instrument der Kontrolle mit dem Nationalstaat verbunden und damit mit dem „Besitz“ von „population, territory, natural resources, economic size, military forces and political stability“ (Nye 1990: 154)[2] definiert wird. Obwohl diese Faktoren auch heute noch ihre Bedeutung haben, verschiebt sich die Gewichtsverteilung – weg von der militärischen und ökonomischen Macht, hin zu Faktoren wie Information und Kommunikation. Damit einher geht eine Anerkennung des Einflusses von Medien und öffentlicher Meinung auf den Prozess der internationalen Beziehungen. Diese neuen Formen der Macht versetzen Staaten in die Lage, sich dem Wettbewerb um Attraktivität, Legitimation und Glaubwürdigkeit zu stellen. Diese Form der Machtausübung durch Attraktivität und ein gutes Image nennt Nye *Soft Power*. Er definiert sie wie folgt: „It is the ability to get what you want through attraction rather than coercion or payments. It arises from the attractiveness of a country's culture, political ideals, and policies. When our policies are seen as legitimate in the eyes of others, our soft power is enhanced“ (Nye 2004: x). Die Unterscheidung zwischen der traditionellen *Hard Power* und *Soft Power* besteht also nicht in den Zielen der Machtpolitik, sondern in ihren Instrumenten. Gemeinsam ergänzen sich beide zur sogenannten *Smart Power*. *Public Diplomacy* und *Cultural Diplomacy* sind von besonderer Bedeutung zur Umsetzung von *Soft Power* (Nye 2004, 16). Nyes Konzept stellt somit eine Art Überbau der Definition von *Public Diplomacy* dar.

Definition von Public Diplomacy

Der Begriff der *Public Diplomacy* wurde vom ehemaligen Diplomaten Edmund Gullion im Jahr 1965 eingeführt. Aus Anlass der Gründung des *Edward Murrow Centers for Public Diplomacy* wurde dort definiert:

gen werden musste. Der Slogan wurde von der Public Diplomacy aufgegriffen und beschreibt ihren Ansatz besonders griffig. Vgl. u.a. Melissen 2005: 21.

2 Das Konzept der Soft Power wurde von Nye in seiner Publikation Bound to Lead im Jahr 1990 entwickelt und gilt seitdem als wegweisende These zur Erklärung der Machtverhältnisse des beginnenden 21. Jahrhunderts.

Public Diplomacy deals with the influence of public attitudes on the formation and execution of foreign policies. It encompasses dimensions of international relations beyond traditional diplomacy; the cultivation by governments of public opinion in other countries; the interaction of private groups and interests in one country with those of another; the reporting of foreign affairs and its impact on policy; communication between those whose job is communication, as between diplomats and foreign correspondents; and the processes of inter-cultural communications. Central to public diplomacy is the transnational flow of information and ideas“ (Gullion 1965).

Diese erste Definition zeigt bereits die Unterscheidung zur traditionellen Diplomatie. Während Entscheidungen dort bilateral auf diplomatischer Ebene getroffen wurden, ist es das Ziel der *Public Diplomacy*, die öffentliche Meinung in anderen Ländern zu beeinflussen. Aber sie richtet sich nicht nur an die allgemeine Öffentlichkeit sondern auch an spezielle Interessengruppen und Nichtregierungsorganisationen. Die Zusammenarbeit mit externen Kommunikationsberatern sowie mit den Medien war dabei von Anfang an von besonderer Bedeutung. Zwar hat sich die *Public Diplomacy* seit den 1960er Jahren weiterentwickelt, wichtige Teile der Definition gelten jedoch uneingeschränkt bis heute weiter. Staaten weltweit nutzen heute *Public Diplomacy*, um auf die Veränderungen der Globalisierung zu reagieren und auf neuen Wegen die Öffentlichkeit und die Medien im Ausland zu beeinflussen. Ihr Ziel ist also die Persuasion auswärtiger Öffentlichkeiten zur verbesserten Durchsetzung der eigenen nationalstaatlichen Interessen in den internationalen Beziehungen und damit der Ausbau des eigenen Einflussbereichs – sowohl im politischen wie auch im kulturellen, wirtschaftlichen und gesellschaftlichen Bereich (Sharp 2005: 106). Trotz ihrer gesteigerten Bedeutung löst die *Public Diplomacy* traditionelle diplomatische Arbeitsweisen jedoch nicht ab. Sie stellt vielmehr eine wichtige Erweiterung dar.

Bezieht man die neuen Entwicklungen ein, so lässt sich *Public Diplomacy* heute folgendermaßen definieren: *Public Diplomacy* will durch gezielte Kommunikation der eigenen Werte und Ideale die Attraktivität des eigenen Landes ausbauen, um die öffentliche Meinung in festgelegten Zielländern direkt zu beeinflussen. Dies geschieht mit der Absicht, politische und wirtschaftliche Handlungsspielräume zu erweitern und die eigene geopolitische Position zu verbessern. In einer kommunikativen Gesamtstrategie werden dazu verschiedene Themenfelder bzw. Botschaften erarbeitet, die unter Einbindung verschiedener staatlicher und nichtstaatlicher Akteure im Ausland zielgruppenspezifisch an die gesamte Bevölkerung und die Medien verbreitet werden. *Public Diplomacy* reagiert damit auf den gestiegenen Einfluss von öffentlicher Meinung und Interessengruppen auf politische Entscheidungsprozesse, ausgelöst durch Globalisierung und Informationsgesellschaft (Schwan 2011: 32-35).

Definition von Cultural Diplomacy

Cultural Diplomacy ist ebenso wie die *Public Diplomacy* ein Teilbereich der staatlichen Außenkommunikation. Denn die Vermittlung der eigenen Kultur nach außen ist seit dem 19. Jahrhundert ein zentrales Element der Außenpolitik. *Cultural Diplomacy* nimmt die Rolle eines unabhängigen Vermittlers von Identität und Werten ein, der integrierend wirkt und die Rezipienten vorrangig auf emotionaler Ebene anspricht. Sie wird insbesondere zur Steigerung der Glaubwürdigkeit eingesetzt. *Cultural Diplomacy* ermöglicht eine relativ symmetrische Kommunikation und integriert eine Vielzahl von nicht-staatlichen Akteuren sowohl im Heimatland als auch in den Zielländern. *Cultural Diplomacy* ist langfristig orientiert, weil durch ständige Kulturarbeit und den Aufbau persönlicher Beziehungen zu Meinungsbildnern eine nachhaltige Entwicklung geschaffen werden soll, die losgelöst ist von tagespolitischen Prozessen (Schneider 2005: 147; Tuch 1990: 41). In der Umsetzung nutzt *Cultural Diplomacy* hauptsächlich folgende Instrumente: feste Vertretungen und Strukturen im jeweiligen Partnerland; die Ermöglichung von Mobilität und Begegnungen von Personen, sowohl aus dem elitären Kulturbereich als auch auf breiterer Basis der Zivilgesellschaft; Informationsangebote; materielle Hilfen und Stipendienprogramme sowie die Sprachvermittlung. Durch ihre Möglichkeit zu Dialog und Kooperation unabhängig von politischen Interessen ist die Kulturvermittlung ein wichtiger Teil der *Soft Power* (Nye 1990: 182). Ihre politische Bedeutung nimmt durch die Mediendemokratien zu, weil sie zur Imagedefinition eines Landes beiträgt – selbst wenn die hier genutzten Kommunikationskanäle nicht vorrangig die Medien bedienen.

Frühphasen US-amerikanischer Außenkommunikation

Die USA sahen sich noch nie als ein Land wie jedes andere. Mit der Unabhängigkeitserklärung im Jahr 1776 entwarfen die Gründungsväter die Vereinigten Staaten als „Reich des Guten", als „Beacon of Light". Dieser Gründungsmythos der freiheitlichen Republik in einem Umfeld von (europäischen) imperialen Monarchien musste sowohl nach innen als auch nach außen vertreten werden. Insbesondere, da die USA von Anfang an Einwanderungsland waren und die Immigranten die Grundüberzeugungen der US-amerikanischen Verfassung teilen und verteidigen sollten. Dazu gehörten zuvorderst Werte wie Individualismus, Freiheit, Gleichheit und Wettbewerb. Thomas Jefferson sprach in diesem Zusammenhang von einem „appeal to the tribunal of the world" (Jefferson 1825: 1501). Dies war die Geburtsstunde der US-amerikanischen staatlichen Außenkommunikation – auch wenn sie erst seit der ersten Hälfte des 20. Jahrhunderts strukturell in der Außenpolitik verankert wurde (vgl. hierzu den Beitrag von Hans Kleinsteuber und Magnus Kutz in diesem Band).

Im Jahr 1938 institutionalisierte das *State Department* die Außenkommunikation mit der Gründung einer Abteilung für kulturelle Beziehungen. Damit setzte man während des Zweiten Weltkrieges auf Kulturvermittlung als Teil der psychologischen Kriegsführung. Das *State Department* arbeitete dazu eng mit zwei Institutionen zusammen, die 1942 gegründet wurden: dem *Office of Strategic Services* (dem Vorläufer der CIA) und dem *Office of War Information*. Auch der Radiosender *Voice of America* ging zu dieser Zeit erstmals auf Sendung. Ziel der hier erarbeiteten Informationsstrategien war es, auf möglichst glaubwürdige Weise den US-amerikanischen *way of life* als vorbildlich und erstrebenswert darzustellen. Die Bevölkerung der verfeindeten Nationen sollte die US-Amerikaner nicht als Aggressor erleben, sondern als Befreier (Schneider 2005: 147 & 157).

Für die USA ging es bereits in diesen Frühphasen der Außenkommunikation um die Verbreitung der eigenen Weltsicht und um die Vermittlung eigener Werte. Präsident Harry Truman forderte damals: „We must pool our efforts with those of the other free peoples in a sustained, intensified program to promote the cause of freedom against the propaganda of slavery. We must make ourselves heard around the world in a great campaign of truth" (zitiert in: Kennedy/Lucas 2005: 311). Das Leitbild hinter dieser Form der außenkommunikativen Weltanschauung war das US-amerikanische Sendungsbewusstsein in Form des *American Exceptionalism* – der Glaube daran, mehr als jedes andere Land berechtigt zu sein, die eigene Leitkultur in die Welt zu tragen. Dies hat sich bis heute nicht geändert (vgl. hierzu den Beitrag von Simon Koschut in diesem Band).

US-amerikanische Außenkommunikation während des Kalten Krieges

Während des Kalten Krieges entfaltete die US-amerikanische Außenkommunikation ihre volle Wirkung. Die USA begriffen den Kampf mit der UdSSR um die globale Vormachtstellung von Anfang an auch als einen Krieg um Meinungen und Bewusstsein. Ihn zu gewinnen war eine Frage der nationalen Sicherheit. „Winning hearts and minds" lautete die Losung – und *Public* und *Cultural Diplomacy* waren die Instrumente ihrer Umsetzung. Strukturell konnte dazu auf die Erfahrungen des Zweiten Weltkrieges zurückgegriffen werden: Eine der ersten Direktiven des *National Security Councils* bestätigte im Jahr 1947 die Zuständigkeit des *State Department* für alle Programme, die sich an ausländische Öffentlichkeiten richteten, verstetigte bereits existierende Institutionen wie *Voice of America* und das Fulbright-Austauschprogramm und forderte den Ausbau eines „state-private-network", über das auch Informationsinitiativen privater Partner gefördert werden sollten (Kennedy/Lucas 2005: 311-312). Der sogenannte *Smith-Mundt-Act* lieferte ein Jahr später dafür die legislative Grundlage. Er legitimierte eine Außenkommunikation, deren Ziel war: „The preparation and dissemination abroad, of information about the U.S., its people, and its policies, through press, publications, radio, motion pictures, and other information media, and through information centers and instructors abroad (...) to provide a better understanding of the U.S. in other countries and to increase mutual understanding." (vgl. auch Snow 1998).

Verständnis für die USA und Dialog mit den ausländischen Öffentlichkeiten waren der Fokus der hier beabsichtigten Außenkommunikation. Bestandteil des *Smith-Mundt-Act* war jedoch auch die strikte Trennung der äußeren und der inneren Kommunikation. Ein weiterer, sicherheitspolitisch relevanter, Akteur der Außenkommunikation war die CIA, der eine Begleitdirektive (NSC 4-A) des *National Security Councils* das Recht übertrug, „to initiate and conduct, within the limit of available funds, covert psychological operations designed to counteract Soviet and Soviet-inspired activities" (zitiert in: Kennedy/Lucas 2005: 313). Das *State Department* und die CIA arbeiteten also Hand in Hand. Dies gilt nicht nur für die Planung und (kommunikative) Umsetzung des Marshall-Plans, sondern auch für die Aktivitäten nach Gründung der *United States Information Agency* (USIA) im Jahr 1953. Diese Institution bündelte bis in die 1990er Jahre hinein alle Maßnahmen zur Außenkommunikation. Die Verbreitung US-amerikanischer Pop-Art durch internationale Ausstellungen, die Tourneen berühmter Jazz- und Rock 'n' Roll-Musiker, diverse kulturelle Austauschprogramme oder die Verbreitung US-amerikanischer Musik über *Voice of America* wurden so vorbereitet und gefördert. In den 1950er Jahren erreichte die US-amerikanische Außenkommunikation daher mit verschiedensten Projekten bereits die Bevölkerungen in über 90 Ländern, Radioprogramme wurden in 45 Sprachen ausgestrahlt, Millionen von Informationsschriften, Flyern, Magazinen und Postern verbreitet (Kennedy/Lucas 2005: 313).

United States Information Agency (USIA)

Die im Jahr 1953 gegründete United States Information Agency war die wichtigste Institution der US-amerikanischen Außenkommunikation. Sie wurde als Behörde des State Department von Dwight D. Eisenhower etabliert. Ihr Ziel war es, ausländische Öffentlichkeiten im Sinne der nationalen US-amerikanischen Interessen zu informieren und zu beeinflussen sowie den Dialog zwischen US-amerikanischen Institutionen und ausländischen Partnern zu befördern. Die USIA war zur Zeit des Kalten Krieges die größte Außenkommunikationsagentur der Welt mit bis zu 12.000 Angestellten, über 200 Außenstellen in 144 Ländern und einem jährlichen Budget von bis zu 2 Milliarden US-Dollar. Die gesetzlichen Grundlagen für ihre Aktivitäten waren der Smith-Mundt Act von 1948 und der Mu-

tual Educational and Cultural Exchange Act (Fulbright-Hays Act) von 1961. Im Jahr 1999 wurde die USIA aufgelöst, ihre Aufgaben dem Under Secretary of State for Public Affairs and Public Diplomacy im Außenministerium und dem Broadcasting Board of Governors übertragen.
Die Aktivitäten der USIA lassen sich in vier Kategorien einteilen: Der größte Bereich waren die Auslandssender. Der bekannteste Sender ist wohl Voice of America. Aber auch Radio / TV Martí, das 1985 gegründet wurde und 24 Stunden täglich in spanischer Sprache nach Kuba sendet, und WORLDNET TV gehörten dazu, genauso wie Radio Free Europe/Radio Liberty und das Asian Democracy Radio. Ebenfalls bedeutend waren die Informations- und Austauschprogramme im akademischen, wirtschaftlich-politischen und kulturellen Sektor. Dazu gehört das Fulbright-Programm in 140 Ländern, das Arts America-Programm sowie ein Austauschprogramm, das jedes Jahr bis zu 3.000 Entscheidungsträger und Meinungsbildner in die USA bringt. Auch von der USIA getragene Ausstellungen, Amerikahäuser und Bibliotheken gehören in diesen Bereich. Der dritte Sektor umfasst die Press Services, zu denen allein in den ersten 20 Jahren des Bestehens der Agentur 66 Magazine, Zeitungen und Zeitschriften mit einer Gesamtauflage von 30 Millionen im Jahr in 28 Sprachen sowie die sogenannten Foreign Press Centers in den USA selbst gehörten. Der vierte Bereich deckte die Motion Picture Services ab. Er wurde eingerichtet nachdem eine Zusammenarbeit mit Hollywood sich als nicht realisierbar erwies, um eigene Dokumentationen zu drehen, die eine positive Darstellung des US-amerikanischen way of life wiedergeben sollten (Schwan 2011).

Die Ausrichtung und Bedeutungsbeimessung der US-amerikanischen Außenkommunikation blieb bis zum Ende des Kalten Krieges bestehen. In den 1990er Jahren wurden die Mittel jedoch deutlich gekürzt und die Außenkommunikation neu strukturiert. Dazu gehörte zuvorderst die Auflösung der USIA im Jahr 1999 und die Zuordnung ihrer wichtigsten Abteilungen an den *Under Secretary of State for Public Affairs and Public Diplomacy* im *State Department*. Lag das Budget der USIA während des Kalten Krieges bei etwa 2 Milliarden US-Dollar, so wurde es nun auf die Hälfte festgesetzt. Infolgedessen wurden unter anderem auch die Amerikahäuser weltweit geschlossen. Nur die Auslandssender blieben erhalten. Allerdings arbeiten sie heute weitgehend selbstständig und werden vom 1994 gegründeten (nun unabhängigen ehemals jedoch zur USIA gehörenden) *Broadcasting Board of Directors* organisiert.

Aktuelle Leitlinien US-amerikanischer Außenkommunikation

Die Anschläge vom 11. September 2001 brachten ein Umdenken und eine Rückbesinnung auf die Außenkommunikation mit sich. Wie der Kalte Krieg wurde auch der „Krieg gegen den Terror" von der Bush-Administration als ein „Krieg um Werte und Meinungen" definiert. Die damalige Außenministerin Condoleeza Rice drückte sich folgendermaßen aus: „The values of freedom and democracy – as much, if not more, than economic power and military might – won the Cold War. And those same values will lead us to victory in the war on terror" (zitiert in: Kennedy/Lucas 2005: 309). Eine Verbindung zwischen US-amerikanischer *Soft Power* und bewusstem Einsatz von *Hard Power* im Kampf gegen den Terrorismus sollte die eigene Führungsrolle in den internationalen Beziehungen untermauern und die Vormachtstellung der USA sichern, so die Strategie der Bush-Administration. In ihrer Umsetzung wurde die Außenkommunikation gestärkt, gepaart mit militärischen Interventionen und einer Zunahme geheimpolizeilicher Maßnahmen.

Im Unterschied zur Zeit des Kalten Krieges haben die USA in der Darstellung ihrer Sicht der Welt jedoch mit gravierenden Problemen zu kämpfen: Die US-amerikanischen Werte werden von der Welt nicht mehr überwiegend als positiv und glaubwürdig angesehen. Amerika gilt nicht länger als Hort des Guten, wie in der Außenkommunikation gern präsentiert. Im Gegenteil: Aufgrund der starken politischen, wirtschaftlichen und kulturellen Präsenz der USA, gepaart mit ihrem interventionistisch geprägten Sendungsbewusstsein, haben sich bereits seit dem Vietnamkrieg weltweit die Ressentiments gegenüber dem Land deutlich verstärkt. Eine Hassliebe ist entstanden, die Josef Joffe HHMMS genannt hat – das „Harvard and Hollywood, McDonald's and Microsoft-Syndrome" (Joffe 2001: 45). Gemeint ist damit die antiamerikanische Reaktion anderer Staaten und Bevölkerungen, insbesondere im arabischen Raum, auf die Omnipräsenz Amerikas. Dieser Antiamerikanismus verstärkte sich durch den Irak-Krieg und die Außenpolitik der Regierung von George W. Bush. Laut einer weltweiten Umfrage der BBC, waren im Jahr 2007 Dreiviertel der Befragten der Meinung, der Irak-Krieg sei falsch, nur 29 Prozent fanden, dass Amerika einen positiven Einfluss auf die Welt habe, 49 Prozent hielten seinen Einfluss für negativ (BBC 2007). In einer Forsa-Umfrage aus dem gleichen Jahr hielten 48 Prozent der Deutschen die USA sogar für eine größere Bedrohung für den Weltfrieden als den Iran (Forsa/Stern 2007). Solche Imagewerte sind dramatisch für die *Soft Power* der USA und damit für ihre Möglichkeiten, ihre eigenen Interessen in der Welt ohne hohe politische Kosten durchzusetzen. Doch die Bush-Administration reagierte mit Unverständnis. George W. Bush kommentierte kurz nach Beginn des Militäreinsatzes in Afghanistan: „I'm amazed that there is such misunderstanding of what our country is about that people would hate us. I, like most Americans, I just can't believe it, because I know how good we are" (zitiert in: Kennedy/Lucas 2005: 309).

Dieses Unverständnis spiegelte sich in der Strategie der Außenkommunikation wider. Stärker als in der Vergangenheit wurde auf eine Stärkung der *Brand America* gesetzt. Man glaubte, nur laut genug die eigene Geschichte erzählen zu müssen. Anstatt zuzuhören und einen Dialog mit der arabischen Welt aufzubauen, anstatt den Zielgruppen auf Augenhöhe zu begegnen und die Kritik zuzulassen und aufzunehmen, wurde versucht, Amerikas Image per Marketingstrategie aufzubessern. Dazu wurde die staatliche Außenkommunikation stärker mit privaten Initiativen verknüpft, sowohl von Nichtregierungsorganisationen als auch aus dem privaten Sektor. Auf diese Weise sollte ein möglichst breiter Teil der Kommunikation aus den USA einheitlich und ganzheitlich die gleichen Botschaften aussenden. Es wurden Marketingexperten eingeladen, um die Strategie der Außenkommunikation neu zu definieren. „Enlisting Madison Avenue" lautete das Gebot der Stunde.

Noch im Oktober 2001 stellte George W. Bush die Markenexpertin und ehemalige Werbeagenturinhaberin Charlotte Beers als *Undersecretary of State for Public Diplomacy and Public Affairs* ein. Ihr Ziel war es, die USA ganzheitlich und emotional zu kommunizieren. Dazu setzte sie unter anderem die 15 Millionen US-Dollar teure Werbekampagne *Shared Values* durch, in der in Amerika lebende Moslems von ihren positiven Erfahrungen mit dem Land und seinen Werten berichteten. Die hierfür produzierten Werbespots wurden in arabischen Fernsehsendern zu regulären Preisen geschaltet, einige Sender weigerten sich sogar, die Spots zuzulassen (Martin 2007). Die Kampagne wurde ein Reinfall – anstatt die Glaubwürdigkeit der USA zu verbessern, zeigte sie die Hilflosigkeit der Regierung, dem zunehmenden Antiamerikanismus zu begegnen und ihm inhaltlich und kommunikativ etwas entgegenzusetzen. Weitere Initiativen in der Amtszeit von Beers waren die Stärkung der US-amerikanischen internationalen Sender in der arabischen Welt. Unter anderem baute sie den an eine junge Zielgruppe gerichteten Radiosender *Radio Sawa* sowie *Radio Hurriah* auf. Und sie verstärkte die klassischen Maßnahmen der *Public Diplomacy* in der Region – von Austauschprogrammen über Journalistenreisen und Künstlertourneen. Weder die Initiativen von Charlotte Beers noch die ihrer Nachfolgerinnen in der Amtszeit von Bush waren jedoch von größeren Erfolgen gekrönt. Die USA mussten sich eingestehen, dass ihre schlechten Imagewerte durch die außenpolitischen Prämissen und deren Umsetzung im „Krieg gegen den Terror" geprägt wurden. Und dass es nicht reichen würde, diese Außenpolitik durch die Außenkommunikation schön zu malen. Ein weiteres Problem für die Außenkommunikation stellt die Vervielfältigung der Kommunikationskanäle in den heutigen globalisierten Mediengesellschaften dar: Waren es im Kalten Krieg hauptsächlich Tageszeitungen, ein bis zwei Fernsehkanäle pro Land, das Radio und das Kino, so ist heute die Informationsflut unüberschaubar. Zunehmend fragmentierte Gesellschaften in einer multipolaren Welt sorgen zusätzlich dafür, dass es keine allgemeingültigen Informationen mehr gibt. Eine Informationskampagne, die sämtliche Kommunikationskanäle abdeckt, ist nicht bezahl- oder umsetzbar. Zu Recht zog das *Council on Foreign Relations* deshalb eine verheerende Bilanz der Außenkommunikation der Bush-Administration: „The promise of America's public diplomacy has not been realized due to al lack of political will, the absence of an overall strategy, a deficit of trained professionals, cultural constraints, structural shortcomings, and a scarcity of resources" (Council on Foreign Relations 2002).

Die Regierungsübernahme von Barack Obama im Jahr 2009 hat den Weg zu einer Neubetrachtung der USA in der Welt geöffnet. Dies geschah allein aufgrund der Figur Obama – der erste schwarze Präsident, mit einem moslemischen Vater aus Kenia, teils in Indonesien aufgewachsen, mit arabischen Vornamen und Hoffnungsträger der Demokratischen Partei – er repräsentierte das „andere" Amerika. Trotzdem muss auch seine Außenkommunikation sich mit den sich wandelnden internationalen Machtverhältnissen und der Kommunikation im 21. Jahrhundert auseinandersetzen. Sie kann nur dann erfolgreich sein, wenn sie glaubwürdig ist und Vertrauen aufbaut. Das ist nur möglich, wenn die USA sich nicht länger auf ihre *Hard Power* verlassen, nicht als internationaler Hegemon auftreten, sondern multilateral Politik betreiben, auf Dialog setzen und mit ausländischen Regierungen wie Bevölkerungen auf Augenhöhe kommunizieren. Der „Beacon of Light" muss zum „Beacon of Dialogue" werden.

Übungsfragen

1. Erklären Sie, welchen Einfluss der US-amerikanische Exzeptionalismus auf die US-amerikanische Außenkommunikation hat.
2. Was unterscheidet die heutige US-amerikanische Außenkommunikation von der nach Ende des Zweiten Weltkrieges? Welchen Problemen sieht sie sich gegenüber?
3. *Soft Power* ist zu einer neuen Größe in den internationalen Beziehungen geworden. Wie schätzen Sie die aktuelle US-amerikanische *Soft Power* ein und mit welcher Entwicklung rechnen Sie für die weitere Zukunft?

Weiterführende Literatur

Nye, Joseph (2004) Soft Power: The Means to Success in World Politics. New York: Public Affairs.

Joseph Nye hat ein Standardwerk geschaffen, dass die neuen Verhältnisse der internationalen Beziehungen sowie der US-amerikanischen Außenpolitik des 21. Jahrhunderts bemisst und analysiert.

Jan Melissen (Hrsg.) (2005) The New Public Diplomacy. Soft Power in International Relations. Basingstoke: Palgrave.
Melissens Kompendium gehört zur Grundausstattung jedes Public Diplomacy-Interessierten. Autoren wie Peter van Ham, Brian Hocking und Wally Olins zeigen die Grundlinien der neuen Außenkommunikation und geben Best Practice-Beispiele aus verschiedenen Ländern.

Cox, Michael und Inderjeet Parmar (2010) Soft Power and US Foreign Policy: Theoretical, Historical and Contemporary Perspectives. London: Routledge.
Ein aktueller und umfangreicher Überblick zu Soft Power in der US-amerikanischen Außenpolitik.

Verwendete Literatur

BBC World Service (2007) World View of US Role Goes from Bad to Worse, 23 January, http://www.bbc.co.uk/pressoffice/pressreleases/stories/2007/01_january/23/us.shtml (Zugriff am 15.3.2011).

Council on Foreign Relations (2002) Public Diplomacy: A Strategy for Reform, 30 July, http://www.cfr.org/public-diplomacy/public-diplomacy-strategy-reform/p4697 (Zugriff am 15.3.2011).

Forsa / Der Stern (2007) Deutsche halten USA für bedrohlicher als den Iran, in: Der Stern, 28. März, http://www.stern.de/politik/deutschland/585728.html?nv=cb (Zugriff am 29.3.2007).

Gullion, Edmond (1965) Murrow Center Institutional Brochure. Fletcher School of Law and Diplomacy. Tufts University, in: USIA Alumni Association: What is Public Diplomacy?, http://www.publicdiplomacy.org/1.htm#defined (Zugriff am 2.10.2007).

Jefferson, Thomas (1825/1984) Letter to Henry Lee, 8 May 1825, in: Thomas Jefferson: Writings. Edited by Merrill D. Peterson. New York, NY: Penguin Books.

Joffe, Josef (2001) Who's Afraid of Mr. Big?, in: The National Interest 64, S. 43-53.

Kennedy, Liam und Scott Lucas (2005) Enduring Freedom: Public Diplomacy and U.S. Foreign Policy, in: American Quarterly 57(2), S. 309-333.

Martin, Dick (2007) Rebuilding Brand America. New York, NY: AMACOM.

Melissen, Jan (2005) The New Public Diplomacy: Between Theory and Practice, in: Jan Melissen (Hrsg.) The New Public Diplomacy. Soft Power in International Relations. Basingstoke: Palgrave, S. 16-23.

Nye, Joseph (1990) Soft Power, in: Foreign Policy 80, S. 153-171.

Nye, Joseph (2004) Soft Power. The Means to Success in World Politics. New York, NY: Public Affairs.

Schneider, Cynthia (2005) Culture Communicates: US Diplomacy That Works, in: Jan Melissen (Hrsg.) The New Public Diplomacy. Soft Power in International Relations. Basingstoke: Palgrave.

Schwan, Anna (2011) Werbung statt Waffen. Wie Strategische Außenkommunikation unsere Außenpolitik verändert. Wiesbaden: Verlag für Sozialwissenschaften.

Schwan, Anna (2011) United States Information Agency (USIA), in: Rüdiger Wersich (Hrsg.) USA-Lexikon: Schlüsselbegriffe zu Politik, Wirtschaft, Gesellschaft, Kultur, Geschichte und zu den deutsch-amerikanischen Beziehungen. Berlin: Erich-Schmidt Verlag.

Sharp, Paul (2005) Revolutionary States, Outlaw Regimes and the Techniques of Public Diplomacy, in: Jan Melissen (Hrsg.) The New Public Diplomacy. Soft Power in International Relations. Basingstoke: Palgrave, S. 106-123.

Snow, Nancy (1998) The Smith-Mundt Act of 1948: A Fifty-year Legacy of U.S. Propaganda, in: Peace Review 10(4), S. 619-624.

Tuch, Hans (1990) Communicating With the World. US Public Diplomacy Overseas. New York, NY: St. Martin's Press.

Regionen

Naher Osten, Nordafrika und Zentralasien

Carola Richter

Zusammenfassung

Dieses Kapitel setzt sich mit den außenpolitischen Beziehungen der USA zu einer Region auseinander, deren Länder bis auf Israel mehrheitlich von Muslimen bewohnt sind. Dazu zählen die arabischen Staaten in Nordafrika (Ägypten, Libyen, Tunesien, Algerien, Marokko, Mauretanien) und der Levante (Libanon, Jordanien, Syrien, palästinensische Gebiete), die arabischen Golfanrainer (Saudi-Arabien, Irak, Kuwait, Vereinigte Arabische Emirate, Oman, Qatar, Bahrain, Jemen), sowie darüber hinaus die Türkei, Iran, Afghanistan, Pakistan und die ehemaligen Sowjetrepubliken in Zentralasien.

Die grundlegenden US-amerikanischen Interessen in der Region sind hauptsächlich von geostrategischen, sicherheitspolitischen und ökonomischen Überlegungen determiniert und manifestieren sich in drei Hauptzielen: 1) die Bewahrung geostrategischer Unabhängigkeit zur Eindämmung anderer (potentieller) Großmächte wie Russland und China sowie zur Bekämpfung des Terrorismus und anderer Sicherheitsbedrohungen wie Massenvernichtungswaffen, 2) die nachhaltige Sicherung der eigenen Rohstoffversorgung mit Erdöl und Erdgas und 3) die Existenzsicherung Israels, des engsten regionalen Verbündeten.

Diese Ziele bedingen gegenläufige Strategien, die von diplomatischer Allianzbildung und finanzieller Unterstützung bis hin zu Sanktionen und militärischen Abschreckungsmaßnahmen reichen. Die parallele und teils widersprüchliche Implementierung der jeweiligen Strategien resultiert zumeist aus kurzfristigen machtpolitischen Überlegungen, die eine nachhaltige Sicherung von Stabilität und Frieden in der Region erschweren.

Historischer Abriss der US-amerikanischen Politik in der Region

Die US-amerikanische Politik in der Region nahm erst mit Ende des Zweiten Weltkriegs und Beginn des Kalten Kriegs Gestalt an. Vorher zählten die meisten Länder zu den Einflusssphären der traditionellen Kolonialmächte Großbritannien, Frankreich und Italien. Im Zuge der Befreiung von diesen meist ungeliebten Patronen wurden die USA zunächst als ehrlicher Makler gesehen, der als neuer Partner auf dem Weg zur Unabhängigkeit fungieren konnte.

Der politische und militärische Kampf der USA mit der Sowjetunion um die Vormachtstellung im globalen System führte aber zu einer raschen Abkehr von dieser antikolonialistischen Einstellung und der Wunsch etlicher Staaten nach Blockfreiheit und ideologischer Selbstbestimmung wurde als kontraproduktiv für den Einfluss der USA in der

Region erachtet. Die Zweideutigkeit von realistisch-geostrategischer Politik und liberal-idealistischer Rhetorik (Rudolf 2007: 65), die konstitutiv für den Umgang mit der Region und ihren zumeist autoritären Herrschern wurde, nahm ihren Anfang. Mit der Präsidentschaft Trumans (1945-53) begann die später im Kalten Krieg immer weiter verstärkte Politik der präventiven Eindämmung (*containment*) des Einflusses der Sowjetunion. Präsident Eisenhower (1953-1961) gelang es, mit dem Bagdad-Pakt 1955 (später CENTO) zwischen der Türkei, Iran, Irak, Pakistan und Großbritannien ein geopolitisches Bollwerk gegen die Sowjetunion im Norden zu errichten.

Dagegen wurden die revolutionären Unabhängigkeitsbewegungen in der Region in den 1950er bis 1960er Jahren als Einfallstor für sowjetischen Einfluss gedeutet und deshalb als gefährlich bekämpft oder mit dem Entzug finanzieller Hilfe bestraft. Die sich emanzipierenden Eliten in den neuen Republiken Ägypten, Syrien, Irak, Algerien und Libyen rahmten ihre Politik zunehmend als sozialistisch und anti-imperialistisch, sodass die USA stärker auf Israel sowie auf die konservativen Monarchien Saudi-Arabien und Jordanien als Bündnispartner setzten.

Die beiden Dekaden von 1960 bis 1980 wurden weiter von der Eindämmungspolitik geprägt, diese wurde jedoch überlagert vom Konflikt zwischen Israel und den arabischen Nachbarn und bekam dadurch eine neue Dynamik. Die beiden arabisch-israelischen Kriege 1967 und 1973 vertieften die Spaltung der Region. Zudem entstanden in der Regierungszeit Carters (1977-81) zwei weitere Konfliktherde mit der Islamischen Revolution in Iran 1979 und dem Einmarsch der Sowjetunion in Afghanistan 1980. Unter Reagan (1981-1989) führte die unterschiedliche Bewertung der möglichen Bedrohungen US-amerikanischer Interessen durch diese Konflikte zu einer inkonsistenten Politik der Unterstützung und gleichzeitigen Bekämpfung sowohl islamistischer und säkularer als auch autoritärer und demokratischer Akteure.

Mit dem Wegbrechen des kommunistischen Feindbildes Anfang der 1990er wurden aber die Probleme offenbar, die aus der von den USA finanzierten oder provozierten militärischen Aufrüstung der verschiedenen Konfliktgruppen resultierten. Zum einen verselbständigten sich frühere Stellvertreterkriege zu lokalen Konfliktherden. Zum anderen erhielten gewaltbereite islamistische Gruppen Auftrieb. Mit einer post-sowjetischen Doktrin wurden ab 1994 so genannte „Schurkenstaaten" (*rogue states*) ausgemacht, die als Regionalmächte nach Massenvernichtungswaffen strebten und expansionistische Ziele verfolgten. Neben dem Iran und Libyen wurde auch der ehemalige Verbündete Irak als Schurkenstaat definiert. Der Versuch der doppelten Eindämmung (*dual containment*) der Nachbarstaaten Iran und Irak unter George H. W. Bush (1989-1993) führte aber anstatt zu Stabilität in der Region zu einer zunehmenden Unkontrollierbarkeit der politischen, ökonomischen und militärischen Dynamiken. Mit dem Golfkrieg 1990/91 traten die USA erstmals direkt und federführend in Kriegshandlungen im Nahen Osten ein.

Unter Bill Clinton (1993-2001) wurde statt „heißer" Kriege vor allem auf Sanktionen als Mittel der Eindämmung gesetzt. Clinton bemühte sich darüber hinaus deutlich stärker als seine beiden Vorgänger um eine diplomatische Lösung des israelisch-palästinensischen Konflikts. Dies war dem Versprechen der USA geschuldet, für eine arabische Unterstützung des Kriegs gegen den Irak diesen für die Region so zentralen Konflikt nun endlich anzugehen. Zugleich setzte aber mit einem Anschlag islamistischer Fundamentalisten auf das World Trade Center 1993 in den USA die Angst ein, einer unmittelbaren Bedrohung durch Terroristen aus der islamischen Welt ausgesetzt zu sein.

Angesichts dieser Bedrohungsszenarien gewann die militärische Option zur Beherrschung der Konflikte unter George W. Bush (2001-2009) wieder Vorrang. Nach den Selbstmordattentaten von al-Qaida-Terroristen auf das *World Trade Center* und das *Pentagon* am 11. September 2001 wurde Außenpolitik im Nahen Osten und Zentralasien zunehmend als unilaterale Durchsetzung von US-amerikanischen Sicherheitsinteressen unter dem Label eines „Krieges gegen den Terror" verstanden. Bush verschärfte zudem die Schurkenstaaten-Doktrin rhetorisch und bezeichnete ab 2002 Iran, Irak und Nordkorea als die „Achse des Bösen", sprich den Terrorismus unterstützende Staaten. Trotz der Hauptbedrohung US-amerikanischer Sicherheit durch nicht-staatliche Gruppen konzentrierte sich Bushs Politik auf einzelne Staaten. Die gleichzeitig mit enormem materiellem Aufwand in Afghanistan und Irak geführten Kriege der Bush-Ära führten zu einer Überforderung der eigenen militärischen Kräfte und angesichts einer verheerenden Menschenrechtsbilanz zu verbreitetem Anti-Amerikanismus in der Region.

Barack Obama (2009-) erbte diese Konfliktherde und versuchte in seiner viel beachteten Kairoer Rede an die muslimische Welt 2009[1] zumindest rhetorisch die Legitimation der USA als glaubwürdige und verlässliche Ordnungsmacht in der Region wiederherzustellen. Die politischen Umbrüche in der arabischen Welt 2011 mit dem Sturz des tunesischen Machthabers Ben Ali und des ägyptischen Präsidenten Mubarak sowie den Rebellenaufständen in Libyen versetzten die Administration jedoch in Zugzwang, hatte sie doch demokratischen Wandel immer wieder selbst eingefordert, gleichzeitig aber auch eine daraus resultierende mögliche Instabilität der Region befürchtet.

Zentrale Akteure der Region und ihre spezifischen Beziehungen zu den USA

Im Kontext der historischen Entwicklungen und Hauptziele der USA in der Region haben sich zu einigen Ländern spezifische Beziehungen herausgebildet, die nun näher beleuchtet werden sollen.

Israel und palästinensische Gebiete

Erstmals sahen die USA als neue Ordnungsmacht 1947 einen Zwang zum Eingreifen in den Nahostkonflikt, als Großbritannien sein Mandat für Palästina an die VN zurückgab und so ein Machtvakuum entstand. Die Bindung zu Israel ist dabei seit den 1960ern besonders eng, was auch erfolgreicher Lobbyarbeit von Interessengruppen wie dem American Israeli Public Affairs Committee (AIPAC) und einer besonderen Affinität des Kongresses zu Israel geschuldet ist. Allein die Militärhilfe an Israel beträgt rund 3 Milliarden US-Dollar jährlich. In den VN tragen die USA grundsätzlich keine Resolution mit, die eine Verurteilung Israels vorsieht.

Die strategische Positionierung Israels als Gegengewicht zu den sozialistisch orientierten arabischen Nachbarn Ägypten, Syrien und Irak in den 1960ern und 1970ern führte dazu, dass in den beiden Kriegen 1967 und 1973 der Bündnispartner durch militärische und diplomatische Hilfe der USA gestärkt wurde. Die mit der Annexion Gazas und der Westbank quasi festgeschriebene Ansiedlung von Hunderttausenden Palästinensern in Flüchtlingslagern in Jordanien, Syrien und Libanon und die Herausbildung der Palästinensischen Befreiungsorganisation (PLO) brachte massive Destabilisierungen der dortigen politischen Systeme mit sich.

Bei US-amerikanischen Bemühungen um einen arabisch-israelischen Ausgleich in Camp David 1978 wurde aber die wichtige Palästinenser-Frage nicht angegangen. Auch

1 Die Rede ist zu finden unter: http://www.whitehouse.gov/blog/NewBeginning (Zugriff am 15.2.2011).

unter Reagan gab es keinen Willen, die PLO als politische Kraft anzuerkennen, was zu deren allmählicher Radikalisierung führte. 1987 begann die *Intifada* (Volksaufstand) in den von Israel besetzten Gebieten Westbank und Gaza. Die von den USA initiierte Madrid-Konferenz von 1991 war in diesem Kontext ein erster Versuch, Palästinenser und Israelis zu Verhandlungen zusammenzubringen. Zu diesem Zeitpunkt zeigte sich aber bereits, was für alle weiteren Verhandlungen wie 1993 die Oslo-Abkommen und 2000 die Wye-River-Verhandlungen zum Grundproblem werden würde: Den USA fehlte es am Willen zur Durchsetzung von für Israel schmerzhaften Beschlüssen im Hinblick auf den Status von Jerusalem, den Siedlungen in der Westbank sowie die Rückkehr der palästinensischen Flüchtlinge.

Aufgrund der nach wie vor ausstehenden Gründung eines palästinensischen Staates und ungebremster israelischer Siedlungsmaßnahmen begann 2000 die *al-Aqsa-Intifada* mit zunehmender Militanz auf beiden Seiten. George W. Bush widmete erst nach den Terroranschlägen am 11. September 2001 dem Konflikt Aufmerksamkeit, initiierte 2002 das Nahostquartett (USA, Russland, EU, VN) und arbeitete die sogenannte *Roadmap to Peace* aus. Im Zuge des Paradigmas des Kampfes gegen den Terror wurden aber unilaterale israelische Maßnahmen wie der Bau einer Mauer durch palästinensisches Land in der Westbank nicht kritisiert. Nach den vom Nahostquartett forcierten demokratischen Parlamentswahlen in den Palästinensergebieten 2006 gewann zudem die islamistische Hamas, was die USA veranlasste, die bisherige finanzielle Unterstützung an die Palästinenser über israelische Kanäle umzuleiten, um die Hamas in Gaza zu isolieren. Die von den USA geduldete rigide israelische Abriegelungspolitik des Gazastreifens führte zu einer massiven Destabilisierung der palästinensischen Gesellschaft und resultierte im Gazakrieg 2009. Nach wie vor scheint angesichts der wenig engagierten, der Loyalität zu Israel verpflichteten und an anderen Fronten in der Region eingebundenen USA eine Lösung dieses Konflikts in weiter Ferne. Der mangelnde Willen zur Durchsetzung einer Friedenslösung behindert eine von der Israel- und Palästinenserfrage losgelöste, interessengeleitete Realpolitik gegenüber den Nachbarn Ägypten, Jordanien, Syrien und Libanon. Um überhaupt ein gewisses Maß an Stabilität in der Region durchzusetzen, sind die USA daher immer wieder gezwungen, insbesondere ihr finanzpolitisches Instrumentarium einzusetzen.

Ägypten

Ägypten war unter Präsident Nasser (1954-1970) die zentrale politische Macht der Region. Seine teils aggressive Propaganda gegen die US-amerikanische Politik und ein Waffendeal mit der Sowjetunion 1955 führten dazu, dass mit der Eisenhower-Doktrin die finanzielle Hilfe für Ägypten eingestellt wurde. Nach dem massiven Gebietsverlust im Sechs-Tage-Krieg 1967 gegen Israel wurden die diplomatischen Beziehungen zwischen den USA und Ägypten komplett abgebrochen. Sadat (1970-1981) und sein Nachfolger Mubarak (1981-2011) verbanden im Gegensatz zu Nasser kaum ideologische Projekte mit ihrer Regentschaft und vertraten statt einer emotionalen eine pragmatische Position gegenüber Israel, sodass Ägypten für eine strategische Partnerschaft mit den USA ab 1973 wieder attraktiv wurde. Ägypten war das einzige Land, das innerhalb des Camp-David-Abkommens 1978 zu einem Friedensvertrag mit Israel bewegt werden konnte. Dafür wurde es von den USA alimentiert und erhielt allein 1,3 Milliarden US-Dollar an jährlicher Militärhilfe sowie über USAID mehr als 28 Milliarden US-Dollar seit 1975. Dies trug wesentlich zur Stützung des Autokraten Mubarak bei, der seine Verlässlichkeit auch beim Kampf gegen die interne islamistische Opposition demonstrierte. Die finanziell erkaufte Loyalität zu den USA wurde auch durch die Bereitstellung eines großen Gruppenkontingents im Irak-Krieg 1991 unter Beweis gestellt.

Jordanien

Jordanien ist das zweite arabische Land, das 1994 einen Friedensvertrag mit Israel schloss. König Hussein (1952-1999) und sein Sohn Abdallah (seit 1999) sind langjährige US-amerikanische Verbündete, die aufgrund ihrer stabilen autoritären Herrschaft in der Mittellage zwischen dem fragilen Irak und den konfliktträchtigen palästinensischen Gebieten als Anker US-amerikanischer Interessen gelten. Allerdings hat Jordanien einen Anteil von rund 60 Prozent Palästinensern unter seiner Bevölkerung. Schon einmal, im Schwarzen September 1970, hatten die Palästinenser aufbegehrt, was zu einer Vertreibung der PLO aus Jordanien führte. Die USA stützten damals König Hussein. 1994 nutzten sie ihre engen Beziehungen zu beiden Regierungen, um die angestrebte Partnerschaft Jordaniens mit Israel so „ökonomisch zu unterfüttern“ (Hubel et al. 2000: 68), dass sie für Jordanien angesichts der innenpolitischen Verhältnisse durchsetzbar wurde.

Syrien

Ganz anders sind dagegen die Beziehungen zu Syrien strukturiert. Obwohl das Land unter der Präsidentschaft von Hafiz al-Assad (1971-2000) und seinem Sohn Bashir (seit 1999) bis zu den Unruhen 2011 eine ähnlich autoritäre Stabilität aufwies wie Jordanien, ist das Verhältnis zu den USA aufgrund des ungelösten Territorialkonflikts mit Israel über die Golanhöhen gespannt. Von den USA geleitete Verhandlungen in den 1990ern zur Herbeiführung einer Lösung der militärisch-strategischen Dimension des Nahostkonflikts brachten keine Ergebnisse. Dennoch zeigte die informelle Inanspruchnahme syrischer (Folter)Hilfe bei der „Befragung“ von islamistischen Kämpfern aus Afghanistan nach 2001, dass die USA durchaus Kontakte mit dem Regime pflegen.

Libanon

Schließlich stellt die Fragilität des Libanon eine Bedrohung für Israel dar, weshalb den USA auch hier ohne konkrete eigene Interessen im Land eine Vermittlerrolle zukommt. Israel marschierte 1982 in den von Konfessionalismus und Bürgerkrieg geschwächten Libanon ein, um die PLO zu vertreiben. Reagan veranlasste eine internationale Militärpräsenz, zog aber die US-amerikanischen Truppen 1983 nach dem ersten Selbstmordanschlag auf die US-amerikanische Botschaft in Beirut ab. Nach Beendigung des Bürgerkrieges 1990 billigten die USA sowohl die Präsenz syrischer Truppen als auch die israelische Besatzung des Südlibanon, da somit eine gewisse bipolare Stabilität des Landes gesichert schien. Letztendlich wurde damit aber ein neuer Konfliktherd zwischen Israel und der Hisbollah provoziert, der seit 2006 in immer wiederkehrenden militärischen Auseinandersetzungen mündete. Die USA haben ein Interesse an der Eindämmung der schiitischen Hisbollah, die sie als terroristische Organisation wahrnehmen.

Im Hinblick auf sicherheitspolitische Überlegungen wie der Eindämmung anderer Großmächte und der Bekämpfung des Terrorismus sowie der Weiterverbreitung von Massenvernichtungswaffen stehen dagegen hauptsächlich die Konfliktgebiete Iran, Irak und Afghanistan im Fokus der US-Politik. Pakistan, die Türkei, die Golfstaaten um Saudi-Arabien sowie die ehemaligen Sowjetrepubliken in Zentralasien werden als weitgehend stabile politische Partner und militärische Alliierte innerhalb dieser geostrategischen Auseinandersetzungen betrachtet. Saudi-Arabien hat darüber hinaus direkt und als Schwergewicht in der OPEC eine besondere Relevanz für die Erdölversorgung der US-Wirtschaft.

Iran

Der Iran unter dem autoritären Regime von Schah Reza Pahlavi war bis zur Islamischen Revolution 1979 der verlässlichste Verbündete der USA im Mittleren Osten, ehe das Land nach der bis 1981 andauernden Geiselnahme in der Teheraner US-amerikanischen Botschaft zum ideologischen Feindbild wurde. Auf der anderen Seite wurden die USA vom neu errichteten klerikalen schiitischen Regime unter Ayatollah Khomeini zum „Großen Satan“ stilisiert. Allein der 1953 von den USA und Großbritannien wegen Streitigkeiten um Öleinnahmen herbeigeführte Sturz des demokratisch gewählten iranischen Premiers Mossadeq galt dabei als Symbol für die Willkür der USA im Umgang mit der Region. Nach 1979 sorgte die Angst davor, neben Afghanistan einen weiteren geostrategischen Partner in der Region zu verlieren, dafür, dass die USA im von Saddam Hussein provozierten Irak-Iran-Krieg (1981-1988) den Irak massiv mit Waffen unterstützten. Iran wird wegen seiner Unterstützung der libanesischen Hisbollah seit 1984 auch auf der Liste der Staaten geführt, die den Terrorismus fördern und unterliegt seitdem US-amerikanischen Sanktionen. Allerdings lieferte bereits Reagan heimlich Waffen an Iran, um mit diesen Geldern Milizen gegen das sandinistische Nicaragua zu unterstützen (Iran-Contra-Affäre). Nach dem Ende des Kalten Krieges und unter der Schurkenstaaten-Doktrin wurde die Angst vor einer „islamischen Atombombe“ zum Hauptargument für eine weitere Eindämmung Irans. Auch Israel fokussiert sich auf Iran als Sicherheitsbedrohung und der Kongress wird vom Lobbyverband AIPAC entsprechend agitiert. Diese Aspekte und die immer noch emotional aufgeladenen Beziehungen führten ab 1996 mit dem *Iran-Libya Sanctions Act* (ILSA) zu einer Verschärfung der Sanktionen und ab 2002 zu einer geradezu „alarmistischen Rhetorik“ (Leikert 2010: 153) gegenüber Iran. Gleichzeitig verlagerten die USA aber die politische Alltagsarbeit zur Eindämmung des Iran und seiner möglichen Nuklearwaffenproduktion auf die EU und die Internationale Atomenergiebehörde. Auch unter Obama versuchen die USA gegenüber Iran eine Politik der Stärke zu demonstrieren, haben aber angesichts des Scheiterns der militärischen Lösungsversuche in Irak und Afghanistan keine konkrete Strategie, um das Ziel der sicherheitspolitischen Eindämmung Irans zu erreichen.

Irak

Auch der Irak war bis zur Abschaffung der Monarchie durch das irakische Militär 1958 ein Alliierter der USA. Nach der Hinwendung der irakischen Nationalisten zur Sowjetunion schien der Irak als Bündnispartner zunächst verloren, bis sich unter dem 1979 ins Amt gekommenen Präsidenten Saddam Hussein neue Anknüpfungspunkte boten. Die bis 1988 andauernden massiven US-amerikanischen Waffenlieferungen führten allerdings nie zu wirklich engen partnerschaftlichen Beziehungen angesichts der politischen Unberechenbarkeit Husseins.

Der Einmarsch des Irak in Kuwait 1990 war Ausdruck dieser Unberechenbarkeit. Angesichts breiter Empörung unter den meisten arabischen Staaten über diesen Angriffskrieg sahen die USA eine Möglichkeit, neue post-sowjetische Koalitionen in der Region unter ihrer Führung zu bilden und forcierten ein VN-Mandat für die *Operation Desert Storm*, mit der innerhalb weniger Tage die irakischen Truppen aus Kuwait vertrieben wurden. Die USA marschierten zu diesem Zeitpunkt nicht in den Irak ein, sondern verhängten mittels der VN massive Sanktionen und setzten Flugverbotszonen über den kurdischen und schiitischen Gebieten in Nord- und Südirak durch. Als Bedingung für die Aufhebung der Sanktionen wurde die Zerstörung von Massenvernichtungswaffen unter Kontrolle der Internationalen Atomenergiebehörde und der VN verlangt. Clinton setzte bereits ab 1998 auf ein *containment plus*, was eine Stärkung der Militärpräsenz und gezielte Luftangriffe zur Bestrafung von Auflagenverletzungen beinhaltete. Diese Strategie der – im Gegensatz zu Iran

– militarisierten Eindämmung mündete unter der Bush-Administration schließlich 2003 in einen Präventivkrieg einer „Koalition der Willigen“ unter Führung der USA gegen den Irak. Zwar wurde Bagdad innerhalb von 21 Tagen eingenommen und auch Saddam Hussein und seine Führungsriege eliminiert. Allerdings wurden auch sämtliche staatliche Strukturen zerschlagen und Armee und Polizei aufgelöst. Die Besatzung des Landes unter einer mit den irakischen Verhältnissen nicht vertrauten Führung (*Coalition Provisional Authority*) von 2003-2005 führte zu bürgerkriegsähnlichen Zuständen und machten den Irak zu einem Tummelplatz für islamistische Terroristen, *Warlords* und Kriminelle. Der Skandal um Folterbilder aus dem Gefängnis Abu Ghreib 2004 wurde zum Fanal für das Image der USA im Irak und weiten Teilen der arabischen Welt. Trotz einer weiterhin unbefriedigenden Sicherheitslage begann der Truppenabzug 2007 und soll Ende 2011 vollständig erfolgt sein.

Afghanistan

Das historisch als kaum beherrschbar geltende Afghanistan spielte für die geostrategischen und sicherheitspolitischen Überlegungen der USA lange keine Rolle. Erst mit dem Einmarsch der Sowjetarmee Ende 1979 wurde Afghanistan zum Symbol für eine nötige Eindämmung der Sowjetunion. Der Boykott der Olympiade in Moskau 1980 und eine Aufstockung der Militärhilfe für Pakistan waren unmittelbare Reaktionen auf den Einmarsch. Unter Reagan wuchs die Unterstützung des afghanischen Widerstands zum finanziell umfangreichsten verdeckten Auslandshilfeprogramm der USA in den 1980er Jahren an. Die CIA lieferte einer Koalition aus afghanischen Stammeskriegern (*Mujaheddin*) und internationalen islamistischen Kämpfern ab 1986 sogar Stinger-Flugabwehrraketen. Finanziell ausgeblutet zog Gorbatschow 1988 schließlich die sowjetischen Truppen ab und hinterließ ein politisch und ethnisch fragmentiertes Land. Die einsetzende „Warlordisierung“ Afghanistans fand ihr vorläufiges Ende, als die von Pakistan unterstützten Taliban 1996 die meisten Teile des Landes unter ihre Kontrolle gebracht hatten. Die USA hatten gegenüber den Taliban eine ambivalente Haltung: Einerseits schätzten sie die politische Stabilität, die Drogenbekämpfung und die Allianz der Taliban mit den wichtigen US-amerikanischen Verbündeten Pakistan und Saudi-Arabien, andererseits stellte die logistische Unterstützung von al-Qaida durch die Taliban ein Problem dar. Nach von al-Qaida orchestrierten Anschlägen auf US-amerikanische Einrichtungen in Kenia und Tansania 1998 sowie auf das US-amerikanische Marineschiff *USS Cole* vor Jemen 2000 antworteten die USA mit ersten Luftschlägen auf afghanische Ziele. Gleichzeitig blieben sie aber der größte finanzielle Unterstützer der Taliban mit 184 Millionen US-Dollar allein im Jahr 2000. Diese gescheiterte Politik aus Zuckerbrot und Peitsche gegenüber den Taliban wurde nach dem 11. September 2001 revidiert. Bush erklärte, keine Unterscheidung vornehmen zu wollen zwischen Terroristen und den Staaten, die sie unterstützten. In einer internationalen Offensive isolierten die USA die Taliban auch von ihren bisherigen Partnern Pakistan und Saudi-Arabien und begannen im Rahmen der *Operation Enduring Freedom* am 6. Oktober 2001 einen Feldzug gegen die Taliban. Zwar wurde unter VN-Mandat im Dezember 2001 die ISAF, eine Koalition aus 27 Ländern, formiert, um friedenserzwingende Maßnahmen durchzusetzen. Trotzdem sorgte die zu wenig am zivilen Aufbau orientierte US-amerikanische Strategie dafür, dass bis heute die Sicherheitslage angespannt bleibt und die Entwicklung des Landes nur schleppend verläuft. Obama hat in einem Weißpapier 2009 diese Probleme beschrieben und versucht trotz einer zwischenzeitlichen Truppenaufstockung einen ganzheitlicheren Lösungsansatz zu finden. Dazu gehört auch eine neue Sichtweise auf Pakistan. Denn auch die Beziehungen zu den Alliierten, die strategisch um die Konfliktregionen liegen, sind wechselhaft und aufgrund deren innenpolitischer Konstellationen zum Teil problematisch.

Pakistan

Die USA unterhielten in den 1950ern zum neu gegründeten Pakistan sehr enge Beziehungen, um sowohl sowjetischen als auch chinesischen Einfluss auf die Region zu minimieren. Mit dem Afghanistan-Konflikt 1979 zeigten sich zudem gemeinsame Interessen: Pakistan lag an der Einheit Afghanistans mit einer pro-pakistanischen Regierung, während für die USA Pakistan wichtig war, um den afghanischen Widerstand zu steuern. Die Waffenlieferungen an und die Ausbildung der *Mujaheddin* wurden fast ausschließlich durch den pakistanischen Geheimdienst ISI abgewickelt. Allerdings beobachteten die USA schon in den 1980ern die Entwicklung des pakistanischen Nuklearwaffenprogramms kritisch. Nach der Enthüllung des Programms 1994 kühlten sich die Beziehungen ab. Pakistans geopolitische Bedeutung in Zentralasien wuchs wiederum mit dem Afghanistan-Feldzug 2001 und dem Kampf gegen den Terror. Der zunehmende Kontrollverlust des Staates über konfliktreiche Stammesregionen wie Waziristan verbunden mit Anschlägen auf staatliche und westliche Einrichtungen macht Pakistan mittlerweile für die USA aber eher zu einem Teil als zu einer Lösung des Terrorismus-Problems. Deutlich wurde dies im Mai 2011, als ein US-amerikanisches Kommando ohne Beteiligung der pakistanischen Sicherheitskräfte die Symbolfigur des islamistischen Terrorismus, Osama bin Laden, eliminierte. Dieser hatte offensichtlich unbehelligt jahrelang in der Nähe der Hauptstadt Islamabad gewohnt.

Türkei

Die Türkei dagegen ist für die US-amerikanische Außenpolitik bisher immer ein Garant für Stabilität gewesen. Die USA ermöglichten der Türkei bereits 1952 den Beitritt zur NATO, um einen engen Bündnispartner zu haben, der direkt an die verfeindete Sowjetunion grenzte. Die Türkei wurde daraufhin zum größten Empfänger von US-amerikanischer Finanzhilfe nach Israel und Ägypten. Trotz einiger Unstimmigkeiten zwischen den Partnern in den 1970ern, sicherten die USA der Türkei seit den 1990ern weitgehenden Rückhalt für ihre in Europa stets umstrittene Innen- (Bekämpfung des kurdischen Separatismus) und Außenpolitik (EU-Beitritt) zu und bezog sie unter anderem in das wichtige Pipeline-Projekt *Baku-Ceyhan* 1994 mit ein. Ein Grund für das anhaltende Vertrauen auch nach dem Kalten Krieg war die Handels- und Militärkooperation, die die Türkei 1993 mit Israel einging. Trotz großer türkischer Sorgen um die Aufwertung der Kurden im Irak wurde den USA schließlich während der Irak-Kriege und der Sanktionszeit die Nutzung türkischer Luftwaffenbasen gewährt. Erstmals ging die Türkei auf Bitten der USA auch von ihrer Politik der Nichteinmischung in regionale Konflikte ab und entsandte 2003 selbst Truppen an die irakische Grenze (Aydin/Erhan 2004: 95). Die Beziehungen der beiden Staaten sind insgesamt sehr stabil, woran auch die Machtübernahme durch die moderat-islamistische AKP 2002 nichts änderte.

Saudi-Arabien

Ähnlich pragmatisch wird mit dem auf religiöser Legitimation basierenden Regime in Saudi-Arabien umgegangen. Während der Iran 1979 als Partner aus der *Two-Pillar-Strategy* der Rohstoffversorgung der USA wegfiel, blieb Saudi-Arabien stabil. Saudisches Öl wird seit der Staatsgründung 1932 fast ausschließlich von saudisch-US-amerikanischen Konsortien abgebaut. Im Gegenzug garantieren die USA als Schutzmacht und mit Waffenlieferungen die außenpolitische Sicherheit des Landes. Allerdings kann dies aufgrund religiös-konservativer Teile der Gesellschaft nicht immer offen geschehen. So existieren keine permanenten Basen für die US-amerikanischen Truppen im Land, nachdem nach einer temporären Nutzung im Irak-Krieg 1991 Anschläge von Islamisten zugenommen hatten. Auch nach 9/11 und im Irak-Krieg 2003 weigerte sich Saudi-Arabien, ein aktiver militärischer Partner zu sein. Unabhängig von dieser Haltung, die die USA als notwendige Reaktion auf gesellschaftliche Befindlichkeiten akzeptieren, ist Saudi-Arabien gerade im Hinblick auf die Eindämmung Irans und die Rohstoffzufuhr die verlässlichste Säule der Region und wird entsprechend hofiert.

Der Golfkooperationsrat

Die anderen Mitglieder des Golfkooperationsrates (GCC) – Kuwait, Bahrain, VAE, Oman, Qatar – gelten ebenfalls als Verbündete der USA. Die Gründung des GCC und damit die Einbindung dieser Kleinstaaten wurde unter Präsident Carter 1981 als Antwort auf die iranische Bedrohung forciert. Die USA liefern den Kooperationspartnern Waffen und können im Gegenzug Militärbasen nutzen. Seit dem Irak-Krieg 2003 befindet sich das regionale Hauptkommando der US-Streitkräfte (CENTCOM) in Qatar. Zudem sind die kleinen Golfstaaten wichtige Erdöl/-gas-Lieferanten für die US-Wirtschaft.

Die ehemaligen Sowjetrepubliken

Um neue Öl- und Gasförderkontrakte zu akquirieren und von Iran und Russland unabhängige Transportwege für diese Rohstoffe zu schaffen, wurde versucht, die nach der Auflösung der Sowjetunion entstandenen, mehrheitlich von Muslimen bewohnten neuen Republiken Aserbaidschan, Kasachstan, Tadschikistan, Usbekistan, Kirgistan und Turkmenistan schnell einzubinden. Mit dem *Freedom Support Act* 1992 wurde den Republiken das Recht auf unabhängige Entwicklung zugesichert, was durch finanzielle Hilfen seitens der USA untermauert wurde. Die ausnahmslos repressiven Regime der Länder wurden aufgrund der Priorität ökonomisch-strategischer Überlegungen trotz Demokratisierungsrhetorik kaum offen kritisiert, zumal auch die rohstoffärmeren dieser Republiken wie Kirgistan seit dem Afghanistan-Krieg als Militärbasen an Bedeutung für die USA gewonnen haben.

Maghreb, Libyen und Jemen

Weniger zentral für geostrategische Überlegungen waren bisher der Maghreb, Libyen und Jemen. Die direkte Förderung von Terrorismus wie in Libyen bzw. das trotz autoritärer Herrschaft zunehmende Aufkommen militanter islamistischer Gruppen im Jemen oder Algerien stellte aber für die USA eine sicherheitspolitische Bedrohung dar, die es einzuhegen galt. Nachdem Oberst Muammar al-Gaddafi 1969 gegen den König in Libyen geputscht hatte, löste er die damals größte US-amerikanische Militärpräsenz in Afrika auf und verstaatlichte die Ölproduktion, die bis dahin weitgehend von US-amerikanischen Firmen betrieben worden war. Gaddafis anti-imperialistische Ideologie machte ihn in den 1970ern zum Patron militanter Befreiungsbewegungen und nach mutmaßlich von ihm unterstützten Anschlägen auf US-amerikanische Militäreinrichtungen in den 1980ern aus Sicht der USA zu einem Staatsterroristen. Reagan ließ 1986 gezielte Luftangriffe auf Tripolis fliegen. Das Attentat auf ein mit US-Passagieren besetztes Flugzeug über dem schottischen Lockerbie 1988 war dann die Grundlage für die 1993 implementierten VN-Sanktionen. Diese wurden 2001 aufgehoben, nachdem Gaddafi Entschädigungszahlungen für die US-amerikanischen Opfer geleistet hatte und sein Nuklearprogramm offiziell aufgab. Die USA nutzten die vermeintliche Befriedung des Diktators, um neben den Europäern Ölkontrakte in Libyen zu unterzeichnen. Zudem konnte Gaddafi im Zuge des Kampfes gegen Terror mit seinem rigiden Vorgehen gegen die islamistische Opposition im Lande punkten. Ähnlich wie Gaddafi gingen auch die Regime in Algerien, Marokko, Tunesien und im Jemen gegen islamistische Tendenzen vor und erhielten dafür von den USA militärische Unterstützung und eine gewisse internationale Legitimation. Die Aufstände gegen Gaddafi ab März 2011 machten aber die Unzulänglichkeit der Stützung dieser Herrscher deutlich. Die USA beteiligten sich aktiv an durch die VN mandatierten Luftschlägen gegen das libysche Regime.

Aktuelle politische Trends

Die Länderstudien haben gezeigt, dass die drei eingangs formulierten außenpolitischen Hauptziele der USA in der Region (geostrategische Einflussnahme, Rohstoffversorgung, Existenz Israels) zwar erreicht werden, dies jedoch angesichts ungelöster Grundprobleme wie der Palästinafrage und der willkürlich anmutenden gleichzeitigen Bekämpfung oder Unterstützung autoritärer Herrscher und militanter Gruppen nur durch massive Finanzhilfen und unter starkem Verlust der Glaubwürdigkeit als verlässliche Ordnungsmacht möglich war.

Das Aufbegehren breiter Bevölkerungsschichten gegen die den USA als Stabilitätsgaranten geltenden autoritären Herrscher in nahezu allen arabischen Ländern (2011) sowie die Proteste in Iran (2009) machen deutlich, dass eine nachhaltige Durchsetzung der drei Ziele abseits von geo- und militärstrategischen Überlegungen auch von liberal-idealistischen Maßnahmen abhängig sein wird. Dazu zählt auch, kurzfristige Unwägbarkeiten bei Demokratisierungsprozessen im Hinblick auf vermeintlich wertfremde politische Akteure wie islamistische Bewegungen in Kauf zu nehmen. Angesichts der Emanzipation der Bürger der Region wird es für die USA die größte Herausforderung werden, neue glaubwürdige Wege für das Erreichen ihrer außenpolitischen Ziele zu finden.

Übungsfragen

1. Benennen Sie die Hauptziele der USA in der Region und geben Sie jeweils ein Beispiel für eine damit verbundene Strategie der USA!
2. Vergleichen Sie die US-amerikanische Politik zur Eindämmung Iraks mit der zur Eindämmung Irans, zeigen Sie Gemeinsamkeiten und Unterschiede und erläutern Sie die Gründe dafür!
3. Stellen Sie die Auswirkungen des israelisch-palästinensischen Konflikts auf die US-amerikanischen Beziehungen zu den arabischen Nachbarstaaten dar!

Weiterführende Literatur

Hahn, Peter L. (2005) Crises and Crossfire. The United States and the Middle East Since 1945. Washington, D.C.: Potomac Books.

Ein guter und komprimierter Überblick über die historische Genese der US-amerikanischen Außenpolitik in der Region.

Kaim, Markus (Hrsg.) (2008) Great Powers and Regional Orders. The United States and the Persian Gulf. Aldershot: Ashgate.

Dieser Sammelband bietet eine aktuelle und die politischen, ökonomischen und militärischen Aspekte umfassende Analyse der Beziehungen zu den Golfstaaten.

Little, Douglas (2002) American Orientalism: The United States and the Middle East Since 1945. Chapel Hill: University of North Carolina Press.
Eine überaus kritische und durch die theoretische Perspektive des „Orientalismus" geprägte Einschätzung der Rolle der USA in der Region.

Webseiten

Brookings Doha Center (Israel-affiner Think Tank): www.brookings.edu/doha.aspx
Carnegie Middle East Center (liberaler Think Tank): http://carnegie-mec.org
The Washington Institute for Near East Policy (Israel-affiner Think Tank): www.washingtoninstitute.org
German Institute of Global and Area Studies: www.giga-hamburg.de

Verwendete Literatur

Aydin, Mustafa und Cagri Erhan (Hrsg.) (2004) Turkish-American Relations. Past, Present and Future. London: Routledge.
Hinz, Almut (2005) Die Sanktionen gegen Libyen. Frankfurt am Main: Peter Lang.
Hubel, Helmut, Markus Kaim und Oliver Lembcke (2000) Pax Americana im Nahen Osten. Eine Studie zur Transformation regionaler Ordnungen. Baden-Baden: Nomos.
Lansford, Tom (2003) A Bitter Harvest. US Foreign Policy and Afghanistan. Aldershot: Ashgate.
Leikert, Katja (2010) Zwischen Eindämmung und Diplomatie. Die US-Sicherheitspolitik gegenüber Iran und Nordkorea. Baden-Baden: Nomos Verlag.
Rashid, Ahmed (2008) Descent Into Chaos: The United States and the Failure of Nation Building in Pakistan, Afghanistan and Central Asia. New York: Vikink.
Rudolf, Peter (2007) Imperiale Illusionen. Amerikanische Außenpolitik unter Präsident George W. Bush. Baden-Baden: Nomos Verlag.

Asien-Pazifik

Felix Heiduk

Zusammenfassung

Insbesondere europäische Beobachter haben sich in den letzten beiden Dekaden in zunehmendem Maße mit einer Verschiebung der regionalen Schwerpunkte US-amerikanischer Außenpolitik weg von Europa und der ehemaligen Sowjetunion hin zu Asien auseinandergesetzt. Nicht zuletzt die erste Auslandsreise Präsident Obamas verdeutlichte dies, führte sie doch im Unterschied zu seinen Vorgängern nicht nach Europa sondern nach Asien. Lagen die Zentren der Weltpolitik im vergangenen 20. Jahrhundert in Europa und Nordamerika, so wird das 21. Jahrhundert allenthalben als „pazifisches" Jahrhundert bezeichnet. Die „europäische" Verwunderung ob des „neuen" US-amerikanischen Interesses für Asien entspringt jedoch einer einigermaßen eurozentrischen Sicht auf die US-amerikanische Außenpolitik. Wie im Folgenden gezeigt werden wird, waren die Vereinigten Staaten bereits seit Mitte des 19. Jahrhunderts nie nur eine atlantische sondern immer auch eine pazifische Macht.

Einleitung

Erschienen die USA nach dem Zerfall der Sowjetunion und dem Ende der bipolaren Weltordnung für einige Jahre als die einzige Supermacht, so ist seit dem Ende der 1990er Jahre verstärkt die Rede vom Aufstieg Chinas im Kontext einer nunmehr multipolaren Weltordung. Hierbei ist interessant, dass der Aufstieg Chinas und, wenn auch in weitaus geringerem Maße, Indiens, keineswegs mit einer Herausforderung der militärischen Dominanz der USA in Asien oder gar der Welt einhergeht. China sowie Indien sind nach wie vor weit davon entfernt, die militärische Dominanz der USA infrage zu stellen. Die aktuellen Machtverschiebungen in Asien und darüber hinaus sind daher vor allem wirtschaftlicher Natur. Dahinter stehen insbesondere das rasante wirtschaftliche Wachstum Chinas und das anderer Länder in der Region. Aber auch einige sicherheitspolitische Herausforderungen, wie die Proliferation von Nuklearwaffen, die Aufrüstung Chinas und das Vorhandensein terroristischer Netzwerke, stellen die Hegemonie Amerikas in Asien zunehmend infrage.

Das US-amerikanische Interesse an der Region in historischer Perspektive

Ab etwa 1890 führte das Ende der innerkontinentalen Expansion der USA zu einer Fokussierung der US-amerikanischen Außenpolitik auf Lateinamerika sowie den asiatisch-pazifischen Raum. Bei der Suche nach neuen Märkten für den Absatz US-amerikanischer Produkte erschienen vor allem die drei größten asiatischen Nationen China, Korea und Japan von enormer Bedeutung. Nachdem bereits seit Anfang des 19. Jahrhunderts US-amerikanische Geschäftsleute mit China Handel getrieben hatten, wurde 1841 das erste offizielle Handelsabkommen mit China unterzeichnet. Auch eine Öffnung des weitestgehend isolierten Japans suchten die USA seit dem Beginn des 19. Jahrhunderts zu erreichen. Dies gelang nach langen Verhandlungen 1854. Durch die Öffnung der beiden wichtigsten asiatischen Nationen stieg in der Folge die strategische Bedeutung der zwischen der Westküste der USA und Japan gelegenen pazifischen Inselgruppen stark an. Insbesondere Hawaii entwickelte sich zu einem wichtigen Nachschubhafen auf dem Weg nach Asien. Selbiges galt auch für Samoa, Guam und die Midway-Inseln. Durch den Sieg der USA im Spanisch-Amerikanischen Krieg und der darauf folgenden Niederschlagung der philippinischen Unabhängigkeitsbewegung fielen die Philippinen 1898 unter die Kolonialherrschaft der USA. In den darauf folgenden Jahren wurde Hawaii von den USA annektiert. Binnen wenig mehr als einem Jahrhundert hatten sich die USA von einer Kolonie zu einer Kolonialmacht und damit zu einem außenpolitischen Schwergewicht im asiatisch-pazifischen Raum entwickelt (Zarthe 1999).

Trotz der Kolonialisierung der Philippinen war es nicht so sehr die territoriale Eroberung asiatischer Länder, sondern vor allem die Sicherung US-amerikanischer Handelsinteressen, die den wesentlichen Grundzug der US-amerikanischen Außenpolitik in Asien im 19. Jahrhundert darstellte. Das nicht unter kolonialer Herrschaft stehende China nahm hierbei eine Schlüsselstellung ein. Durch die sogenannte *Open Door Policy* versuchten die USA China als Freihandelsraum zu etablieren und dadurch Konflikte mit anderen Kolonialmächten wie England oder Russland militärisch zu vermeiden. Um Chinas Märkte offen zu halten, beteiligten sich die USA an der Niederschlagung des auf eine Unabhängigkeit Chinas von imperialistischen Mächten drängenden „Boxeraufstandes" im Jahre 1900. Der Anfang des 20. Jahrhunderts markierte auch den Beginn der US-amerikanisch-japanischen Rivalität, die mit der Annexion der Mandschurei in China durch Japan ihren Anfang nahm. Diese Rivalität dominierte in der Folge die US-amerikanische Außenpolitik in Asien und kulminierte schließlich im japanischen Angriff auf Pearl Harbor. Mit dem Sieg der USA über Japan durch den Abwurf zweier Atombomben endete die Konfrontation zwischen den USA und Japan. Dafür traten nach dem Ende des Zweiten Weltkrieges die ideologischen und wirtschaftlichen Rivalitäten zwischen den USA und der UdSSR immer stärker zutage.

Obwohl vor dem Hintergrund der Ost-West-Konfrontation in Europa entwickelt, wurde die außenpolitische Doktrin der Eindämmung (*containment*) des Kommunismus durch Wirtschafts- und Militärhilfen an Staaten der „freien Welt" bald zu einem Grundpfeiler des US-amerikanischen Engagements in Asien. Diese führte am Ende des Zweiten Weltkrieges zu einer Unterstützung der Militärdiktatur Chiang Kai-sheks in China, um einen Sieg der von Mao geführten kommunistischen Aufstandsbewegung zu verhindern. Der Sieg der kommunistischen Volksbefreiungsarmee führte zur Flucht der „Nationalisten" unter Chiang Kai-shek nach Taiwan, wo dieser die international nicht anerkannte Republik China gründete. Wenige Jahre später führte der von der Sowjetunion und China unterstützte Einmarsch nordkoreanischer Truppen in Südkorea zum Ausbruch des Korea-Krieges. Konnte das Zurückdrängen der nordkoreanischen Truppen hinter den 38. Breitengrad und die Teilung Koreas als Erfolg der Eindämmungspolitik gewertet werden, so waren kommunistische Bewegungen in den 1950er und 1960er Jahren in fast allen Staaten Südostasiens auf dem Vormarsch. Die von Eisenhower 1954 verkündete Domino-Theorie, der zufolge alle Staaten Südostasiens kommunistisch würden, wenn man nur einen von ihnen dem Kommunismus „überließe", mündete in der militärischen und wirtschaftlichen Unterstützung prowestlicher Diktaturen in Malaysia, den Philippinen, Indonesien, Thailand, Singapur und vor allem Südvietnam durch die USA. Die militärische Intervention der USA in den vietnamesischen Bürgerkrieg zugunsten des pro-westlichen, autokratischen Diem-Regimes geriet allerdings zum Fiasko. Im Zuge der Machtübernahme durch die Kommunisten unter Führung von Ho-Chi Minh 1975 und der anschließenden Wiedervereinigung Vietnams gerieten sogar in den Nachbarstaaten Laos und Kambodscha kommunistische Regime an die Macht. Die Gründung der ASEAN 1967 als einer anti-kommunistischen Regionalorganisation der „freien Staaten" Südostasiens (Indonesien, Thailand, Philippinen, Singapur, Malaysia) erfolgte als eine Reaktion auf den Vietnam-Krieg und zielte auf eine Eindämmung des sowjetischen und chinesischen Einflusses in der Region ab. Den erwähnten Grundpfeilern „Eindämmungspolitik" und „Domino-Theorie" folgend erhielten diejenigen Staaten Asiens, die sich im Kontext der Blockkonfrontation auf Seiten der USA befanden, umfassende Wirtschafts- und Militärhilfen (Beeson 2004). Nach dem Fall des „Eisernen Vorhangs" ist es bislang in Asien – im Gegensatz zu Europa – nicht zu ähnlich veränderten geopolitischen Gegebenheiten gekommen. Eine Reihe von außenpolitischen Konfliktlinien und -gegenständen hat das Ende des Kalten Krieges überdauert während neue hinzugekommen sind. Dies wird mit dem Blick auf die aktuellen Geschehnisse in der Region und ihrer zentralen politischen Akteure deutlich.

Zentrale Akteure in der Region und deren Beziehungen zu den USA

China

Der Machtübernahme Maos folgten zunächst mehr als zwei Dekaden politischer Eiszeit zwischen den USA und der Volksrepublik China. Erst unter Präsident Nixon kam es in den 1970er Jahren zu einer schrittweisen Annäherung beider Staaten, die 1979 in der Aufnahme diplomatischer Beziehungen mündete. Die Politik der Annäherung, die vor allem von einer Intensivierung der wirtschaftlichen und kulturellen Beziehungen sowie dem wissenschaftlichen Austausch getragen wurde, erfuhr durch das Tian`anmen Massaker und die Niederschlagung politischer Opposition 1989 in China einen Dämpfer. Die 1990er Jahre waren dementsprechend geprägt von US-amerikanischen Forderungen nach innenpolitischen Reformen und einer Anerkennung der Menschenrechte in China. Erst im Zuge der Anschläge vom 11. September 2001 kam durch die chinesische Unterstützung des „Krieges gegen den Terror" neue Dynamik in die Beziehungen zwischen den beiden Staaten, die zudem von einer zunehmenden wirtschaftlichen Interdependenz begleitet wurde.

Chinas Unterstützung für den von den USA geführten „Krieg gegen den Terror" veränderte zudem die außenpolitischen Debatten über China in den USA selbst. Befürworter einer Wahrnehmung Chinas als zentraler Sicherheitsbedrohung verloren in den USA an Bedeutung und es kam verstärkt zur politischen Zusammenarbeit im Hinblick auf regionale Problemlagen. Der Austritt Nordkoreas aus dem nuklearen Nichtverbreitungsvertrag 2003 wurde von China und den USA gleichsam verurteilt und beide Staaten versuchten in der Folge (bislang erfolglos) gemeinsam mit Japan, Russland, Süd- und Nordkorea im Rahmen der *Six-Party-Talks* eine Lösung der Nordkorea-Problematik zu erreichen. Unter der George W. Bush-Administration wurde zudem ein hochrangiger *Strategic Economic Dialogue* zu zentralen Wirtschaftsfragen eingerichtet, der von der Obama-Administration als *US-China Strategic and Economic Dialogue* noch erweitert wurde. China exportiert in immer stärkerem Maße billige Waren in die USA, kauft dort im Gegenzug Staatsanleihen und finanziert als größter ausländischer Gläubiger das mittlerweile riesige Haushaltsdefizit der USA. Vielfach ist ob der wirtschaftlichen Interdependenz der beiden wirtschaftlich stärksten Staaten der Welt bereits von „Chimerica" oder der „G2" die Rede.

Trotz des wirtschaftspolitisch immer engeren Verhältnisses prägen weiterhin einige politische Konflikte die Beziehungen zwischen China und den USA. Der Souveränitätsanspruch der Volksrepublik China über Taiwan, verbunden mit einer Androhung militärischer Gewalt im Falle der Unabhängigkeit Taiwans ist nach wie vor ein Konfliktgegenstand. Grundlage der US-amerikanischen Außenpolitik ist hierbei seit der Ära Nixon die *One China-Policy*. Diese stellt fest, dass es für die Volksrepublik China sowie für die Republik China (Taiwan) nur ein China gibt. Gleichzeitig erkennt sie aber weder den Anspruch der Volksrepublik über Taiwan noch eine formale Unabhängigkeit Taiwans an. Taiwanesische Forderungen nach Unabhängigkeit haben die USA daher in den letzten Jahren ebenso eine Absage erteilt, wie sie chinesische Drohungen, mit militärischer Gewalt auf eine Sezession Taiwans zu reagieren, kritisierten. Allerdings ist die Taiwan-Frage, ebenso wie das Thema Menschenrechte und die Forderung einer politischen Öffnung Chinas vonseiten der USA, zugunsten neuer Themen in letzter Zeit in den Hintergrund getreten.

Die Agenda der Obama-Administration gegenüber China haben vor alle währungspolitische Fragen dominiert. Insbesondere werfen die USA der chinesischen Regierung vor, den Wechselkurs der Landeswährung Renminbi (Yuan) künstlich niedrig zu halten, um so indirekt chinesische Exporte in die USA zu subventionieren. Während US-amerikanische Politiker und Arbeitnehmer in der „Billigkonkurrenz" aus China zunehmend eine Gefahr für heimische Arbeitsplätze sehen, profitieren die US-amerikanischen Konsumenten von den niedrigen chinesischen Preisen. Der Forderung der USA nach einer Aufwertung des Renminbi hat Peking bisher nur graduell entsprochen. Einen weiteren aktuellen Konfliktgegenstand aus Washingtoner Sicht stellen das stetig ansteigende Militärbudget Chinas und die Aufrüstung der chinesischen Streitkräfte dar. Seit Jahren weist Peking für sein Militärbudget jährliche Wachstumsraten in zweistelliger Höhe aus, was vor allem von den US-amerikanischen Verbündeten in der Region (besonders Taiwan, Japan und den Philippinen) als Bedrohung wahrgenommen wird. Hierbei sind es insbesondere der Ausbau der chinesischen Marine und der Luftwaffe und die offensivere Darstellung von Chinas militärischer Macht durch Manöver im Südchinesischen Meer, Tests von Mittelstreckenraketen und die Erweiterung chinesischer Ansprüche auf die strategisch wichtigen Spratley-Inseln, die aus Sicht von Chinas Nachbarn und den USA potentielles Konfliktpotential enthalten.

Indien

Als größte Demokratie der Welt gilt Indien seit einigen Jahren wieder als enger Verbündeter der USA in Asien. Über Jahrzehnte hinweg war zuvor das US-amerikanisch-indische Verhältnis von Spannungen gekennzeichnet. Nach dem Zweiten Weltkrieg fungierte Indien zunächst als US-amerikanischer Partner in Südasien, entfernte sich dann aber als einer der Führer der Blockfreienbewegung zusehends von den USA und näherte sich während des Kalten Krieges der UdSSR an. Nach dem Zusammenfall der Sowjetunion stand Indien in Asien ohne außenpolitische Partner dar. Was folgte war eine Intensivierung der Beziehungen Indiens zu Europa und vor allem den USA. Getrübt wurde die Annäherung beider Staaten unter der Clinton-Administration allerdings durch indische Nuklearwaffentests im Jahr

1998, die von den USA scharf verurteilt wurden und eine Reihe von Sanktionen nach sich zogen. So wurden unter anderem alle Militär- und Wirtschaftshilfen an Indien eingestellt, die Kredite US-amerikanischer Banken an indische Staatsunternehmen eingefroren und ein Exportverbot für Nukleartechnologie und Uran von Washington durchgesetzt. Allerdings beteiligte sich außer den USA nur Japan an den Sanktionen, sodass diese weitestgehend wirkungslos blieben. Aus indischer Perspektive halfen jedoch die erfolgreichen Nukleartests in Asien und Südasien das strategische Ungleichgewicht zugunsten Chinas ein wenig auszugleichen und die eigene Machtstellung in der Region zu verbessern (Voll 2002).

Zudem führte der 11. September 2001 wie bereits an anderer Stelle erwähnt zu einer umfassenden Neuausrichtung der US-amerikanischen Außenpolitik in Asien, die auch vor Indien nicht haltmachte. Während die Frage nach Indiens Atomwaffen und die eines drohenden nuklearen Konfliktes mit Pakistan in den Hintergrund traten, rückten der „Krieg gegen den Terror" und Fragen maritimer Sicherheit in den Vordergrund. Nach dem 11. September kam es unter der Bush-Administration zu einer Aufhebung der Sanktionen und in der Folge auf geheimdienstlicher und militärischer Ebene verstärkt zu US-amerikanisch-indischer Kooperation. In den letzten Jahren erfolgten beispielsweise eine Reihe von gemeinsamen Marinemanövern im Indischen Ozean. Parallel wurde von beiden Staaten eine stärkere Rolle Indiens beim Schutz der bedeutsamen regionalen Schifffahrtsrouten zwischen Afrika und Ostasien betont. Die unter der ersten Amtszeit George W. Bushs begonnene neue „strategische Partnerschaft" umfasst hierbei primär die Bereiche Terrorismusbekämpfung, militärische Kooperation und Demokratieförderung. Zudem hat die indisch-chinesische Rivalität, die sich in ungeklärten Grenzverläufen und gegenseitigen territorialen Ansprüchen widerspiegelt, Indien für die USA als Partner bei der Eindämmung des wachsenden chinesischen Einflusses in Asien attraktiv erscheinen lassen. Nicht allein aufgrund seines Status als Nuklearmacht, der von den USA spätestens seit dem 2008 unterzeichneten *Bilateral Agreement for Peaceful Nuclear Cooperation* de facto anerkannt wird, sehen die Vereinigten Staaten in Indien daher zusehends eine über Südasien hinausreichende Ordnungsmacht.

Diesbezüglich wird die Obama-Administration aktuell von Beobachtern kritisiert, da sie zu wenig Augenmerk auf Indien legen würde. Derartige Kritik entflammte vor dem Hintergrund der Nichteinbeziehung Neu-Delhis in die erste Asienreise Hillary Clintons im Februar 2009. Weiter angeheizt wurden diese durch Bemerkungen Obamas, dass der Kaschmir-Konflikt zwischen Indien und Pakistan direkt mit dem Aufstand der Taliban in Afghanistan in Verbindung stehe und daher eine pro-aktivere Rolle Indiens bei der Beilegung des Konfliktes nötig sei. Ein entsprechendes Engagement der USA im Hinblick auf die Beilegung des Kaschmir-Konfliktes wurde jedoch von Neu-Delhi als Einmischung in die inneren Angelegenheiten Indiens schroff zurückgewiesen. Ein weiterer Streitpunkt umfasst die aus Sicht Indiens protektionistische Handelspolitik der USA. Obwohl die wirtschaftlichen Beziehungen zwischen beiden Staaten seit den 1990ern Jahren expandieren (beispielsweise sind US-amerikanische Direktinvestitionen in Indien jährlich um mehr als 50 Prozent gewachsen) wurde das *Outsourcing* von Jobs aus den verarbeitenden Zweigen der US-amerikanischen Industrie (z.B. in der Textilbranche) nach Indien von Obama mit Blick auf die wachsende Arbeitslosigkeit in den USA kritisiert. Entsprechende Gesetzesentwürfe, die ein Ende staatlicher Subventionen für im Ausland Arbeitsplätze schaffende Firmen sowie eine Begrenzung von Arbeitsvisa für Inder vorsehen, sind von indischer Seite als Versuch eines wirtschaftlichen Protektionismus Washingtons kritisiert worden.

Japan

Während der Besetzung Japans durch die Alliierten 1945-1952 hatte sich der einstige Rivale zum engen Verbündeten der USA entwickelt. Die maßgeblich von den USA ausgearbeitete neue Verfassung Japans sah eine umfassende Demilitarisierung Japans vor, dessen Armee (*Self Defense Forces*, SDF) fortan nur den Zweck der Landesverteidigung zum Auftrag hatte. Dennoch entwickelte sich Japan trotz fehlender eigener militärischer Ressourcen aber durch die Beibehaltung einer Reihe von US-amerikanischer Militärbasen, unter denen Okinawa den wichtigsten US-amerikanischen Militärstützpunkt in Asien darstellt, zum zentralen Anker der US-amerikanischen Außen- und Sicherheitspolitik in der Region. Das auf dem *bases-for-security swap*-Prinzip, d.h. auf der Bereitstellung von US-amerikanischen Sicherheitsgarantieren für Japan im Tausch gegen den Erhalt von US-Militärbasen auf japanischem Boden, basierende Verhältnis ist seit dem Ende des Zweiten Weltkrieges *cornerstone* der US-amerikanischen Außenpolitik in Ostasien. Zudem ist Japan der zweitgrößte Absatzmarkt für US-amerikanische Waren sowie nach China auch zweitgrößter Investor in US-amerikanische Staatsanleihen.

Ähnlich wie Deutschland wurde die japanische Außenpolitik nach dem Fall des „Eisernen Vorhangs" zunächst vor allem als „Scheckbuchdiplomatie" bezeichnet. Dieser Umstand drückte sich beispielsweise in der Weigerung Japans eigene Soldaten in den Golfkrieg 1990-91 zu entsenden bei gleichzeitiger Bereitstellung umfassender finanzieller Ressourcen für die maßgeblich kriegsführenden USA aus. Eine Gesetzesänderung Anfang der 1990er erlaubte jedoch Tokyo Auslandseinsätze unter VN-Mandat, wodurch Japan in der Folge Personal für VN-Missionen in Kambodscha und Ost Timor stellte. Von Nordkorea durchgeführte Tests von Langstreckenraketen 1998 führten zu einer erneuten Erstarkung der US-amerikanisch-japanischen Beziehungen aufgrund des japanischen Interesses an einem von den USA geplanten Raketenabwehrschild für Nordostasien. Unter der Bush-Administration wurden die außen- und sicherheitspolitischen Beziehungen zwischen beiden Staaten weiter intensiviert. Die japanische Unterstützung für die US-amerikanisch geführten Invasionen in Afghanistan und Irak unterstrichen aus Washingtoner Perspektive die zentrale Bedeutung der strategischen Partnerschaft mit Japan für die US-amerikanische Außenpolitik. Zudem entsandte Japan zum ersten Mal seit 1945 Soldaten in Kriegseinsätze ohne VN-Mandat in den Irak, wo diese allerdings nur an Wiederaufbauarbeiten teilnehmen sollten und bereits 2006 nach der Entführung mehrerer japanischer Helfer auf Druck der japanischen Öffentlichkeit wieder abgezogen wurden.

Jedoch wurden die Hoffnungen der USA im Hinblick auf eine stärkere Lastenteilung zwischen den USA und Japan in Fragen regionaler Sicherheit in Asien ab 2007 enttäuscht. Eine Reihe von Regierungskrisen und ein damit verbundenes hohes Maß an Diskontinuität und Instabilität in der japanischen Innen- und Außenpolitik haben den Umbau der SDF zu einer, im Sinne eines *burden sharings* zwischen Japan und den USA, stärker auf Auslandsinterventionen ausgerichteten Armee erheblich verzögert. Zudem wurde Tokyo während der *Six Party Talks* mit Nordkorea von den USA marginalisiert. Zielten die USA mit den Gesprächen vor allem auf eine Abrüstung Nordkoreas ab, so versuchte die japanische Delegation, angetrieben von innenpolitischem Druck, eine Aufklärung des Verbleibs mehrerer von Nordkorea entführter japanischer Staatsbürger zu erreichen. All dies führte zu einer leichten Abkühlung der Beziehungen in der zweiten Amtsperiode Bushs.

Die auf Kontinuität des engen Verhältnisses zu Japan ausgerichtete Politik der Obama-Administration wurde Ende 2009 von einem historischen Machtwechsel in Japan vor weitere neue Herausforderungen gestellt. Die über 55 Jahre hinweg regierende Liberale Partei wurde von der Demokratischen Partei abgelöst, die zunächst einen stärker auf Asien und weniger auf die USA ausgerichteten außenpolitischen Kurs vertrat. Hierdurch gelangten einige bislang unter der Oberfläche schlummernde Streitpunkte, allen voran die Debatte um die Kontinuität der US-amerikanischen Militärbasen in Japan, auf die Tagesordnung. Insbesondere der Erhalt der Basis in Okinawa, wo 65 Prozent der in Japan stationierten US-amerikanischen Truppen untergebracht sind, geriet zu einem Streitpunkt in den US-amerikanisch-japanischen Beziehungen. Während Okinawa vor allem in wirtschaftlicher Hinsicht von den Militärbasen profitiert, überwiegen in der Wahrnehmung großer Teile der Bevölkerung die negativen Aspekte der Basen wie Kriminalität (Prostitution), Gewalt, Fluglärm und Umweltverschmutzung. Darüber hinaus kommt die aus Sicht der USA notwendige Reform der japanischen Sicherheitspolitik weiter ins Stocken.

Südostasien

Obwohl in Südostasien keine politischen und ökonomischen Schwergewichte wie Indien oder China zu finden sind, ist die Region seit den Attentaten von Bali 2002 für die USA wieder von zentraler außenpolitischer Bedeutung. Als Reaktion auf die Attentate erklärte George W. Bush Südostasien zur „zweiten Front" im Krieg gegen den Terrorismus. Zudem verlaufen für den Welthandel zentrale Seewege wie die Straße von Malakka zwischen Malaysia und Indonesien quer durch die Region. Als Heimat von über 500 Millionen Menschen ist die Region Südostasien der fünftgrößte Handelspartner der USA. Dabei ist Südostasien aber vor allem eines: heterogen. Indonesien ist nicht nur das größte muslimische Land der Welt, sondern auch die drittgrößte Demokratie und gilt somit über die Region hinaus als Musterbeispiel für die Vereinbarkeit von Islam und demokratischer Regierungsführung. Myanmar hingegen ist mit seiner Militärdiktatur eines der autoritärsten regierten Länder der Welt, während in Vietnam ein kommunistisches Einparteiensystem herrscht. Jedoch sind alle zehn Staaten der Region Teil der *Association of Southeast Asian Nations* (ASEAN), die nach der EU die zweitgrößte Regionalorganisation der Erde darstellt.

Ähnlich komplex wie die Region selbst gestalten sich auch die Beziehungen der USA zu den Ländern Südostasiens. Während des Kalten Krieges waren alle Facetten der US-amerikanischen Außenpolitik in Südostasien dem Primat der Eindämmung des Kommunismus untergeordnet. Dies führte nicht nur zur militärischen Intervention der USA in Vietnam, dessen Ausgang zur Etablierung kommunistischer Regime in Vietnam, Laos und Kambodscha führte, sondern auch zur Unterstützung pro-westlicher autoritärer Regime in Indonesien (Suharto-Diktatur), auf den Philippinen (Marcos-Diktatur) sowie engen Beziehungen zu Brunei, Singapur, Malaysia und Thailand. Die aus der Sicht der USA relativ simple Aufteilung der Region in pro-westliche und pro-sowjetische Staaten wurde mit dem Ende des bipolaren Systems jedoch hinfällig. Seit Ende der 1980er Jahre haben eine Reihe von Umwälzungen die zuvor eindimensional auf die Eindämmung des Kommunismus ausgerichtete US-amerikanische Außenpolitik vor neue Herausforderungen gestellt. Ab Ende der 1980er Jahre kam es auf den Philippinen, Indonesien und Thailand zu politischen Transformationsprozessen, die sowohl Übergänge zu demokratischen Systemen einleiteten als auch zum gewalttätigen Ausbruch innergesellschaftlicher Konflikte führten. Wahlweise religiös oder ethnisch motivierte Gewaltkonflikte ließen aus Sicht der USA zuvor politisch stabil geltende Staaten nunmehr äußerst fragil erscheinen. Begünstigt wurde diese Entwicklung durch die Asienkrise 1997/98, die in nahezu allen Staaten der Region zu einem Absinken des Lebensstandards großer Teile der Bevölkerung führte. Die zögerliche Reaktion der USA unter Präsident Clinton auf die Hilfegesuche Thailands, Indonesiens und der Philippinen während der Asienkrise ließen viele Beobachter zu der Schlussfolgerung kommen, dass die Vereinigten Staaten der Subregion keine nennenswerte strategische Bedeutung mehr zumaßen. Dies änderte sich mit den von dem transnationalen Terrornetzwerk *Jemaah Islamiyah* (Islamische Gemeinschaft) durchgeführten Attentaten auf zwei Nachtclubs in Bali 2002, die mehr als 200 Todesopfer forderten. Die Bekämpfung des Terrorismus in Südostasien gestaltet sich jedoch trotz einiger Erfolge durch Verhaftungen einiger zentraler Figuren der *Jemaah Islamiyah* als extrem schwierig. Die Vermischung lokaler Konflikte zwischen Muslimen und anderen religiösen Gruppierungen mit sezessionistischen Bestrebungen diverser Guerillabewegungen und den Aktivitäten transnationaler Terrornetzwerke erschwert vor allem die Identifikation der zu bekämpfenden Akteure. Zudem werden die Kriege der USA in Afghanistan und Irak selbst von moderaten Muslimen in der Region als Kriege gegen den Islam wahrgenommen. Das einstmals positive Image der Vereinigten Staaten hat darunter stark gelitten, was insbesondere die Kooperation mit den mehrheitlich muslimischen Staaten Malaysia und Indonesien erschwert.

Ein weiterer Faktor für die gestiegene Aufmerksamkeit ist der zunehmende Einfluss Chinas in der Region. Während die US-amerikanische Außenpolitik gegenüber der Subregion bislang auf bilaterale Abkommen und Partnerschaften mit einzelnen ASEAN-Staaten abzielte, wohingegen andere ASEAN-Mitglieder wie z.B. Myanmar oder Vietnam mit Sanktionen belegt wurden, fährt China seit Beginn der 1990er einen zunehmend auf die ASEAN ganzheitlich ausgerichteten multilateralen Kurs. Beispiele hierfür sind das Inkrafttreten einer *ASEAN-China Free Trade Area* im Januar 2010, welches von der Bevölkerungszahl her die größte Freihandelszone der Welt darstellt, sowie die Etablierung einer strategischen Partnerschaft zwischen der ASEAN und China. Dabei tritt China in der Region, anders als die auf Wahrung ihrer eigenen Sicherheitsinteressen abhebenden USA, überwiegend als wirtschaftlicher Akteur in Erscheinung.

Australien und Neuseeland

Australien und Neuseeland sind die traditionell engsten Verbündeten der USA im pazifischen Raum. Insbesondere seit dem Ende der britischen Kolonialherrschaft in Asien am Ende des Zweiten Weltkrieges haben sich beide Staaten eng an die USA angelehnt. Aus ihrer Sicht sind die Vereinigten Staaten aufgrund ihrer militärischen Macht und einer historisch-kulturellen Affinität zentraler Garant für Sicherheit und Stabilität in der Region. Das 1951 geschlossene ANZUS-Abkommen formalisierte dies durch Etablierung einer militärischen Allianz zwischen den drei Staaten, bei der sich die Vertragspartner gegenseitigen militärischen Beistand im Falle eines Angriffs zusichern. Australische und neuseeländische Truppen kämpften in der Folge an der Seite der USA in Korea, Vietnam, dem Golfkrieg, Afghanistan sowie dem Irak.

Mit Ausnahme des 11. Septembers 2001 und der darauf folgenden Invasion in Afghanistan wurde das ANZUS-Abkommen jedoch nie genutzt. Unter dem Eindruck der Terroranschläge des 11. Septembers sowie des Attentats in Bali 2002, bei dem 88 Australier ums Leben kamen, rückte Australien unter der konservativen Howard-Regierung außenpolitisch noch enger an die USA und wurde zu einem zentralen Partner im Kampf gegen den Terror. Neben der Beteiligung Canberras am Irak-Krieg der USA äußerte sich dies unter anderem auch auf klimapolitischer Ebene: Australien war unter der Howard-Regierung neben den USA das einzige Industrieland, welches sich weigerte, das Kyoto-Klimaschutzprotokoll zu unterzeichnen. Auch auf handelspolitischer Ebene wurde durch Unterzeichnung eines Freihandelsabkommens zwischen Washington und Canberra die wirtschaftliche Integration vorangetrieben.

Nach der Übernahme der Regierungsgeschäfte durch die australische Labor-Partei 2007 kam es zu keinem fundamentalen Kurswechsel in der australischen Außenpolitik. Führende Labor-Politiker haben wiederholt öffentlich auf die zentrale Bedeutung der außenpolitischen Partnerschaft mit den USA verwiesen. Jedoch hatte Kevin Rudd 2007 in seiner Kampagne zur Präsidentenwahl im Falle eines Sieges eine starke Verringerung der im Irak stationierten australischen Truppen angekündigt. Dies wurde nach dem Regierungswechsel auch umgesetzt. Ebenso unterzeichnete Canberra unter Labor das Kyoto-Protokoll. Zudem ist unter der derzeitigen Labor-Regierung, ebenso wie unter den vorigen Labor-Regierungen, eine stärker auf Asien orientierte Außenpolitik Australiens zu beobachten.

Die aktuell unterschiedlichen Interessen zwischen Australien und den USA in Fragen des Klimaschutzes, des Irak-Krieges und bezüglich der Rolle Chinas in der Region sind keineswegs Ausdruck eines fundamentalen Wandels ihrer engen Bindungen. Sie verdeutlichen jedoch erneut einige der zentralen Herausforderungen, denen sich die US-amerikanische Außenpolitik in Asien im 21. Jahrhundert gegenübersieht.

Aktuelle politische Trends

Diese Herausforderungen lassen sich am besten in Bezug auf die zuvor herausgearbeiteten Grundzüge US-amerikanischer Außenpolitik in Asien darstellen. Erstens ist die Absicherung der US-amerikanischen Hegemonie mit militärischen Mitteln, die zu den Grundmustern der US-amerikanischen Außenpolitik in Asien nach 1945 gehörte, durch den „friedlichen", vor allem auf ökonomischem Wachstum gründenden, Aufstieg Chinas infrage gestellt worden. Die Vormachtstellung der USA als militärisch stärkster Akteur bleibt zwar nach wie vor bestehen. Jedoch äußert sich bereits jetzt der Einfluss Chinas nicht allein auf wirtschaftlicher Ebene. Für viele Staaten in Asien und darüber hinaus stellt sich das auf einer Einparteiendiktatur fußende Model rasanter ökonomischer Entwicklung als Alternative zu dem von den USA propagierten Modell von Demokratie und freier Marktwirtschaft dar. Weiterhin setzten die USA bei der militärischen Absicherung ihrer regionalen Hegemonie vor allem auf die Abwehr traditioneller zwischenstaatlicher Konflikte. Dieses traditionelle Verständnis von Sicherheit hat allerdings neuen Bedrohungsszenarien Platz gemacht, die vor allem auf der transnationalen Ebene angesiedelt sind. Terrorismus, Piraterie oder auch die Weiterverbreitung von Massenvernichtungswaffen sind nicht allein durch militärisches Eingreifen einzudämmen. Diese neuen sicherheitspolitischen Herausforderungen machen eine stärkere Kooperation zwischen den USA und den Staaten der Region notwendig. Die Antwort der regionalen Akteure hierauf ist bisher eine Mischung aus Erneuerung bestehender Bindungen mit den USA und einem in wirtschaftlicher und politischer Hinsicht erstarkenden asiatischen Regionalismus. Die traditionell auf selektiven bilateralen Partnerschaften basierende Bündnispolitik der USA in Asien steht daher vor der Herausforderung, der regionalen Integration Asiens stärker als bisher zu entsprechen, um nicht weiter an Einfluss zu verlieren.

Übungsfragen

1. Welches waren die zentralen Herausforderungen für die US-amerikanische Außenpolitik in Asien während des Kalten Krieges und wie unterscheiden sich diese von den aktuellen Herausforderungen?
2. Diskutieren Sie den Aufstieg Chinas analog zu einer Sichtweise, die diesen primär als Bedrohung für die Interessen der USA ansieht. Präsentieren Sie anschließend die entsprechenden Gegenargumente.
3. Welches sind die regionalen und welches die globalen Faktoren, die zu einer Veränderung der Machtverhältnisse in Asien in den letzten zwei Jahrzehnten geführt haben?

Weiterführende Literatur

Johnson, Chalmers A. (2004) The Sorrows of Empire: Militarism, Secrecy, and the End of the Republic. New York, NY: Metropolitan Books.
Der Autor erläutert auf der Basis einer historischen Analyse nicht allein die Grundzüge der US-amerikanischen Außenpolitik in der Region Asien und ihrer für die US-amerikanischen Interessen negativen Auswirkungen, sondern verweist zudem auf die Unterminierung zentraler demokratischer Werte durch undemokratische außenpolitische Praktiken in den USA selbst.

Overholt, William H. (2008) Asia, America and the Transformation of Geopolitics. Cambridge: Cambridge University Press.
Das Buch beschreibt detailliert den zunehmenden Machtverlust der USA in Asien. Der Autor vertritt diesbezüglich die These, dass die während des Kalten Krieges entwickelten militaristischen Grundmuster der US-amerikanischen Außenpolitik mittlerweile nicht mehr den veränderten geopolitischen Gegebenheiten in Asien entsprechen.

Ikenberry, G. John und Michael Mastanduno (Hg.) (2004) International Relations Theory and the Asia-Pacific. New York, NY: Columbia University Press.
Die verschiedenen Beiträge in diesem Sammelband nähern sich den internationalen Beziehungen Asiens aus unterschiedlichen theoretischen Perspektiven, die von Realismus über Institutionalismus bis hin zum Konstruktivismus reichen. Sie bieten Studierenden daher einen interessanten Überblick über die rivalisierenden theoretischen Erklärungsansätze und ihrer Vertreter.

Verwendete Literatur

Christensen, Thomas J. (2006) Fostering Stability or Creating a Monster? The Rise of China and U.S. Policy toward East Asia, in: International Security 31(1), S. 81-126.

Ciorciari, John David (2009) The Balance of Great-Power Influence in Contemporary Southeast Asia, in: International Relations of the Asia-Pacific 9(1), S. 157-196.

Glosny, Michael (2006) Heading Toward a Win-Win Future? Recent Developments in China's Policy Towards Southeast Asia, in: Asian Security 2(1), S. 24-57.

Hacke, Christian (2010) Obamas Russland- und Chinapolitik, in: Aus Politik und Zeitgeschichte 4, S. 13-19.

Rüland, Jürgen und Anja Jetschke (2008) 40 Years of ASEAN: Perspectives, Performance and Lessons for Chance, in: Pacific Review 21(4), S. 397-409.

Mastanduno, Michael (2005) Hegemonic Order, September 11, and the Consequences of the Bush Revolution, in: International Relations of the Asia-Pacific 5(2), S. 177-196.

Maull, Hanns (2009) Prekäre Macht, fragiler Wohlstand? Globalisierung und Politik in Ostasien, in: Hanns W. Maull und Martin Wagener (Hrsg.) Ostasien in der Globalisierung. Baden-Baden: Nomos Verlag, S. 363-384.

Pempel, T.J. (2008) How Bush Bungled Asia: Unilateralism, Militarism, and Economic Abdication Have Weakened the U.S. Across Asia, in: Pacific Review 25(5), S. 547-582.

Shambaugh, David (2004) China Engages Asia: Reshaping the Regional Order, in: International Security 29(3), S. 64-99.

Voll, Klaus (2002) Indiens Sicherheitsinteressen und die GASP, in: Hans-Georg Ehrhardt (Hrsg.) Die Europäische Sicherheits- und Verteidigungspolitik. Baden-Baden: Nomos Verlag, S. 163-180.

Zarthe, Sascha (1999) Der asiatisch-pazifische Raum in der Perzeption US-amerikanischer Außenpolitik. München: Universität der Bundeswehr.

Europa und Russland

Markus Kaim

Zusammenfassung

Die US-amerikanische Außenpolitik gegenüber Europa und Russland unterliegt seit dem ersten sicherheitspolitischen Auftreten der USA in Europa, nämlich dem Kriegseintritt im Jahr 1917, bis in die Gegenwart hinein widerstreitenden Paradigmen. Einerseits messen die USA der politischen und wirtschaftlichen Stärkung beider Regionen, die in letzter Konsequenz die Rolle der Vereinigten Staaten in diesen immer bedeutungsloser macht, einen hohen sicherheitspolitischen Stellenwert bei. Gleichzeitig verfolgt Washington jedoch bis heute immer wieder eine Politik, die zum Ziel hat, die eigene Machtposition in Europa und im post-sowjetischen Raum zu erhalten und auszubauen.

Dieses breite Handlungsspektrum leitet sich strukturell aus der Rolle einer externen Hegemonialmacht ab, die in historischer Sicht erst die Politik zwischen den Staaten Europas zu regulieren suchte (bis 1945), dann während des Ost-West-Konfliktes Westeuropa im Systemwettstreit mit der Sowjetunion eng an sich band und zugleich den europäischen Integrationsprozess förderte (bis 1989), um schließlich die erweiterte, vertiefte und selbstbewusst auftretende Europäische Union nach dem Kalten Krieg als einen Partner bei der Gestaltung der internationalen Ordnung im Sinne der Vereinigten Staaten zu nutzen. Nicht zuletzt zu diesem Zweck haben die Vereinigten Staaten diesen Erweiterungsprozess und den nahezu parallel dazu ablaufenden der NATO aktiv unterstützt, um die Demokratisierung der mittelosteuropäischen Staaten zu unterstützen und sie in existierende sicherheitspolitische Institutionen einzubinden. Während dieses zwischen Kooperation und Emanzipation oszillierende Beziehungsmuster nach wie vor die US-amerikanisch-europäischen Beziehungen bestimmt, dominieren im Falle der US-amerikanisch-russischen Beziehungen Elemente klassischer Großmachtrivalität, vor allem bezüglich der US-amerikanischen Politik im post-sowjetischen Raum, den weite Teile der Moskauer Eliten nach wie vor als Einflusssphäre Russlands betrachten.

In der gebotenen knappen Form wird der Beitrag die wichtigsten Paradigmen der US-amerikanischen Politik gegenüber Europa und der Sowjetunion bzw. Russland nach 1945 skizzieren und dabei in besonderer Weise auf zwei ausgewählte Politikfelder bzw. Krisensituationen in den Beziehungen eingehen, nämlich die US-amerikanische Haltung gegenüber der Entstehung der Gemeinsamen Sicherheits- und Verteidigungspolitik der Europäischen Union sowie auf die US-amerikanisch-russischen Spannungen während der Amtszeit von Präsident George W. Bush.

Die US-amerikanischen Interessen gegenüber Europa und Russland in historischer Perspektive

Auch nach dem Ende des Zweiten Weltkrieges blieb der sicherheitspolitische Fokus der USA fest auf Europa und Russland gerichtet. Durch die Schaffung einer dauerhaften innereuropäischen Friedensordnung sollten zwei Ziele gleichermaßen erreicht werden: Einerseits sollte die Gefahr eines erneuten zwischenstaatlichen Konflikts, der im 20. Jahrhundert zweimal eine militärische Intervention der Vereinigten Staaten in Europa notwendig gemacht hatte, durch einen Prozess der politischen Integration eingehegt werden. Vor diesem Hintergrund förderten die Vereinigten Staaten seit 1947 den europäischen Integrationsprozess (Neuss 2000). Andererseits zielte Washington darauf, eine Grundlage für eine starke sicherheitspolitische Allianz zu erzeugen. Integration und der Aufbau europäischer Märkte standen im Mittelpunkt US-amerikanischer Europapolitik. Demokratie und Frieden, so die US-amerikanische Regierung in den, den Marshall-Plan begründenden Dokumenten, seien nur durch Integration, Stabilität und der daraus folgenden wirtschaftlichen Stärke realisierbar. Dabei hatte die Unterstützung für die ökonomische Integration Europas auch ganz egoistische Motive. So zielte die US-amerikanische Regierung auf die Schaffung eines starken europäischen Marktes, der offen für US-amerikanische Investitionen und Güter war. Darüber hinaus befürwortete die USA die Kooperation und Integration in Europa, da diese ein transatlantisches Wirtschaftssystem ermöglichte und so die ökonomisch erschütterten europäischen Staaten davon abhielt, sich in ihrer Suche nach Hilfe und Unterstützung politisch wie ökonomisch an die Sowjetunion zu richten (Knapp 1990).

Für die Regierung von Präsident Truman war klar, dass die gesamte Entwicklung der Nachkriegsordnung (und der Machtposition der Vereinigten Staaten in dieser) in entscheidendem Maße vom Ausgang der Auseinandersetzung mit der Sowjetunion abhängig wäre. Die Sicherheit der USA war in dieser Perspektive daran gebunden, in welche Richtung sich Europa politisch entwickeln würde. Dies hatte drei Entwicklungen zur Folge: Zum einen zerfiel die Anti-Hitler-Koalition der Alliierten in kürzester Zeit und machte einer Großmachtrivalität zwischen den früheren Verbündeten Platz. Zum Zweiten begann der Systemgegensatz zwischen den liberal-demokratischen und marktwirtschaftlich orientierten Staaten des Westens und den kommunistischen Systemen Europa zu teilen. Schließlich verhinderte der Ost-West-Konflikt einen Rückzug Washingtons aus Europa wie noch im Anschluss an den Ersten Weltkrieg. Erst die Verpflichtung zur gemeinsamen Sicherheit mit Europa brach mit dem US-amerikanischen Isolationismus und machte die Vereinigten Staaten auf Dauer zu einer internationalen Führungsmacht.

Die im Jahr 1949 in Washington als System kollektiver Verteidigung gegründete *North Atlantic Treaty Organization* (NATO) sollte vor allem die Eindämmung (*containment*) der politisch hegemonialen und militärisch expansiven Sowjetunion garantieren (Miscamble 2009; Kennan 1947). Durch die dauerhafte Stationierung US-amerikanischer Truppen in Europa und die Bewaffnung der europäischen Staaten strebte Washington ein starkes sicherheitspolitisches Bündnis gegen den Warschauer Pakt unter Führung der Sowjetunion an. Dabei handelt es sich bis heute um eine intergouvernementale Organisation, die ihre Entscheidungen im Konsens trifft. Nicht nur dadurch unterwarf sich Washington in formaler Perspektive den Entscheidungen des Nordatlantikrates und billigte den europäischen Verbündeten Einflussmöglichkeiten auf die Politik der USA zu, sondern auch durch die Gewährung nuklearer Teilhabe an die Alliierten und schließlich durch die integrierte militärische Kommandostruktur der NATO.

Auch nach dem Zusammenbruch der Sowjetunion hielt das Weiße Haus an einem intensiven politischen wie militärischen Engagement in Europa bzw. gegenüber Russland fest. Der Erhalt sowie die Erweiterung der NATO sollte den nunmehr unabhängigen Staaten Mittelosteuropas einen Kooperations- und Integrationsrahmen bieten, der nationale Alleingänge im Bereich der Sicherheitspolitik verhindern und zugleich den Einfluss der Vereinigten Staaten in der Region auf lange Sicht festigen sollte. Der Gleichklang von innereuropäischer Konflikteinhegung und US-amerikanischem Hegemonialstreben dominiert also auch sechzig Jahre später nach wie vor die US-amerikanische Europapolitik. Hinzu getreten ist aber die Einsicht Washingtons, dass die von den USA geförderte europäische Integration einen unintendierten Effekt zur Folge gehabt hat, nämlich eine vertiefte und formalisierte Kooperation der EU-Mitglieder im Bereich der Außen- und Sicherheitspolitik, die die Europäische Union seit den 1990er Jahren immer mehr zu einem sicherheitspolitischen Partner der Vereinigten Staaten gemacht hat.

Die Vereinigten Staaten und die europäische Sicherheitspolitik

Der Prozess der europäischen Integration und besonders die Weiterentwicklung der 1970 begründeten Europäischen Politischen Zusammenarbeit (EPZ) über die Gemeinsame Außen- und Sicherheitspolitik (GASP) des Maastrichter Vertrages bis hin zur im Lissaboner Vertrag vereinbarten Gemeinsamen Sicherheits- und Verteidigungspolitik (GSVP) der Europäischen Union haben ein Spannungsverhältnis in den Prioritäten der Vereinigten Staaten begründet: Einerseits haben die USA aus den oben genannten Gründen ein sicherheitspolitisches Interesse an der vertieften Kooperation und Integration Europas. Andererseits hat dies ungewollt zur Folge gehabt, dass sich die Mitgliedsstaaten der EU seit dem Ende des Ost-West-Konfliktes von „treuen Vasallen" der Vereinigten Staaten zu einem zunehmend selbstbewusst und autonom handelnden Akteur zusammengeschlossen haben, der trotz vieler identischer Interessen die außen- und sicherheitspolitischen Ordnungsvorstellungen Washingtons nichts mehr durchgängig teilt. In Einzelfällen war dies bereits auch während des Ost-West-Konfliktes der Fall gewesen, z.B. während der Suez-Krise. Die Spannungen bezüglich des Irak-Krieges 2003 illustrieren diesen Punkt. Aus jüngerer Zeit ließe sich auf die transatlantischen Spannungen bezüglich der bilateralen Raketenabwehrpläne der Regierung Bush für Osteuropa verweisen. Dieses Muster von Kooperation und Konfrontation changiert und wechselt je nach Regierungen auf beiden Seiten des Atlantiks die Richtung und Intensität. Die zunehmende sicherheitspolitische Akteurswerdung der EU stellt jedoch die Vereinigten Staaten durchgängig vor die Herausforderung sicherheitspolitischer Kooperation zwischen Europa und den USA. Trotz des strategischen Potentials einer immer kohärenter auftretenden EU für Amerikas globale Interessen (*burden sharing*) hemmten jedoch lange Zeit US-amerikanische Bedenken über den politischen Machtzuwachs der EU sowie Differenzen in außen- und sicherheitspolitischen Fragen Amerikas Unterstützung der EU und schränkten die Basis für die Kooperation ein.

Zwar ist das Hauptziel der GSVP die Fähigkeit der EU zu autonomem Handeln in Krisensituationen, doch wird gerade an diesem Anspruch eines der Grundprobleme der GSVP deutlich, nämlich die weitgehende politische und militärische Abhängigkeit dieses Politikfeldes von der NATO und damit indirekt von den USA. Somit befindet sich die EU in einer Dilemmasituation: Einerseits soll die GSVP das seit mehr als sechzig Jahren existierende Netz der transatlantischen Sicherheitsbeziehungen nicht beeinträchtigen und keiner sicherheitspolitischen Abkopplung Europas von den USA Vorschub leisten. Andererseits ist aber eine wirklich autonome Handlungsfähigkeit nicht ohne eine minimale Duplizierung der institutionellen Strukturen und militärischen Kapazitäten der NATO denkbar.

Die Haltung der Vereinigten Staaten gegenüber der GSVP ist vor diesem Hintergrund ambivalent und widersprüchlich: Einerseits fordern die USA seit Jahren eine effektivere Lastenteilung in der Sicherheitspolitik zwischen den Vereinigten Staaten und den Europäern, nachdem Washington die sicherheitspolitische Hauptverantwortung für die Verteidigung des nordatlantischen Raumes während des Ost-West-Konfliktes getragen hatte. Dies betrifft vor allem militärische Operationen in Europa und in Europas unmittelbarer Nachbarschaft und läuft in US-amerikanischer Perspektive auf eine Verbesserung bzw. Erhöhung der militärischen Kapazitäten der Europäer hinaus. Die nationalen Verteidigungsausgaben fast aller EU-Mitglieder stagnieren bzw. sind angesichts der Auswirkungen der Finanzkrise auf die nationalen Haushalte rückläufig – eine Entwicklung, die auf eine stille Zustimmung großer Bevölkerungsgruppen in den europäischen Gesellschaften stößt. Zusammen bringen die 27 EU-Mitgliedstaaten nur rund ein Viertel des US-amerikanischen Verteidigungsbudgets auf. Damit ist die EU militärisch weiterhin auf die USA angewiesen (Chao/Sanders/Ben-Ari 2008: 2).

Andererseits soll die von den USA erwartete größere Verantwortung der Europäer für die internationale Sicherheit jedoch nicht ein erster Schritt für die Abkopplung Europas von der nordatlantischen Allianz sein. Die erkennbare militärische Zurückhaltung der EU in Krisensituationen hat jedoch die US-amerikanische Befürchtung reduziert, dass der NATO mit der GSVP ein ernst zu nehmender Rivale erwachse. Nach der Kriseninterventions-„Euphorie" der 1990er Jahre ist auch in der Europäischen Union eine gewisse Ernüchterung bezüglich der Frage erkennbar, welche politischen Ziele mit einer externen, militärischen Krisenintervention erreicht werden können. Dass die seit dem Jahr 2007 als einsatzfähig deklarierten *EU-Battlegroups* bis heute noch nicht eingesetzt worden sind, illustriert diese Zurückhaltung.

Trotz der US-amerikanischen Besorgnis betrachten weite Teile der außenpolitischen Eliten in Washington mittlerweile die Europäische Union bzw. die Staaten Europas als einen Partner bei vielen Fragen der Gewährleistung der internationalen Ordnung: Im Nahostquartett beraten die USA zusammen mit den Vereinten Nationen, Russland und der EU Wege zur Wiederbelebung des Nahostfriedensprozesses; im P-5+1-Format verhandeln die USA zusammen mit unter anderen Großbritannien, Frankreich und Deutschland mit Teheran über das iranische Nuklearprogramm; im Rahmen des G8- und G20-Formats diskutieren die Vereinigten Staaten sowohl mit der EU als auch einzelnen europäischen Staaten Fragen der internationalen Finanz- und Handelsordnung, um nur drei Beispiele zu nennen.

Dieses Vorgehen ist jedoch selektiv und pragmatisch ausgerichtet: Sofern die Europäer den USA von Nutzen sind und US-amerikanische sowie europäische Interessen in Einklang gebracht werden können, setzen die Vereinigten Staaten bereitwillig auf Kooperation. Stellt sich jedoch der Eindruck ein, die Europäer hätten in einem spezifischen Politikfeld keine Interessen, die sie gemeinsam vertreten, oder aber sie seien nicht bereit, die notwendigen Mittel für eine bestimmte Politik zur Verfügung zu stellen, setzt Washington unter demokratischen wie unter republikanischen Präsidenten gleichermaßen auf einzelne Staaten in Europa (Polen im Fall der Raketenabwehr oder Großbritannien im Fall des Irak-Krieges sind entsprechende Beispiele) oder andere Akteure im internationalen System bzw. schlägt unter Umständen einen unilateralen Kurs ein.[1] So pries Präsident Clinton zu Beginn seiner Amtszeit zwar den strategischen Nutzen einer starken Europäischen Union, setzte dann aber am Ende der 1990er Jahre zunehmend auf eine unilaterale Außenpolitik und bilaterale Beziehungen mit ausge-

1 Vgl. dazu beispielhaft die Nationale Sicherheitsstrategie (NSS) der USA von 2002, S. 6: „While the United States will constantly strive to enlist the support of the international community, we will not hesitate to act alone, if necessary, to exercise our right of self defense by acting preemptively against such terrorists, to prevent them from doing harm against our people and our country". Diese Bereitschaft lässt sich auch in der aktuellen NSS nachvollziehen: „The United States must reserve the right to act unilaterally if necessary to defend our nation and our interests" (S. 22).

wählten Staaten Europas. Auch die Administration George W. Bushs versuchte häufiger, die Staaten der EU in außenpolitischen Fragen auseinanderzudividieren und betonte durch ihre Rhetorik und Politik die – aus ihrer Sicht – politische Irrelevanz der Union.

Umgekehrt gilt, dass Probleme bei der Umsetzung bestimmter Politikziele die Vereinigten Staaten (wieder) zur Kooperation mit den Staaten der EU veranlasst haben. Beispiele dafür sind die Hinwendung der Bush-Administration zum Multilateralismus während ihrer zweiten Amtszeit (2005-2009). Die eskalierende Gewalt im Irak, die mangelnde Legitimität des Irak-Krieges in den Augen vieler Verbündeter und ein steigendes Konfliktpotential in verschiedenen regionalen Ordnungen des internationalen Systems beförderten die Einsicht, dass auch die USA als mächtigster Akteur der Weltpolitik an die Grenzen ihres Steuerungspotentials gestoßen waren und Partner benötigten. Eine erhöhte Kooperationsbereitschaft war die Folge.

Der Irak-Krieg und die transatlantischen Beziehungen

Nur wenige außenpolitische Entscheidungen der USA haben seit dem Zweiten Weltkrieg eine solche Interessendivergenz mit den Staaten Europas und konfliktive Rhetorik hervorgebracht wie die Invasion des Irak durch eine Koalition unter Führung der Vereinigten Staaten im März 2003. Schon Wochen vor den Luftangriffen auf Bagdad sprachen sich die meisten Staaten der EU gegen die militärischen Pläne der Regierung Bush aus. Konflikte hatte es in den transatlantischen Beziehungen seit 1949 zwar immer wieder gegeben und sie waren mit einer gewissen Regelmäßigkeit selbst während des Ost-West-Konfliktes anzutreffen, als die Bedrohung durch den Warschauer Pakt eigentlich keine Konflikte unter den Verbündeten zuließ. Was im Jahr 2003 neuartig war, war die bewusste öffentliche Austragung des Konflikts und seine innenpolitische Instrumentalisierung: Zum ersten Mal seit dem Zweiten Weltkrieg widersetzte sich ein deutscher Kanzler in aller Öffentlichkeit einer außenpolitischen Grundentscheidung der Vereinigten Staaten und machte seine Opposition sogar zum Gegenstand des Bundestagswahlkampfes 2002.

Sowohl die kurz- als auch die langfristigen Konsequenzen der Auseinandersetzung erwiesen sich als dramatisch. Die gemeinsame Handlungsfähigkeit der traditionellen Verbündeten in diversen internationalen Organisationen war für die nächsten Jahre geschwächt. Das betraf zuerst den VN-Sicherheitsrat, in dem die Regierung Bush und zahlreiche europäische Staaten gegeneinanderstanden. Das betraf vor allem aber die NATO, die im Frühjahr 2003 aufgrund dieses Konfliktes faktisch gelähmt war. Schließlich weckte der Konflikt bis weit in die bürgerliche Mitte der europäischen Gesellschaften hinein reichende antiamerikanische Stereotypen und Feindbilder: Während die EU in den Augen der Bush-Administration zunehmend an Relevanz verlor, betrachteten viele EU-Staaten Washington als Bedrohung, die durch eine scharfe Opposition im Zaum gehalten werden müsste. Eine gemeinsame sicherheitspolitische Bedrohungsperzeption oder gar ein gemeinsames Handeln schien in weite Ferne gerückt, was eine signifikante Verschiebung in der transatlantischen Ordnung verursachte.

Nach dem Ost-West-Konflikt: die US-amerikanische Sicherheitspolitik und Russland

Ein Paradigma dominierte die US-amerikanische Russlandpolitik unmittelbar nach dem Ende der Supermachtrivalität und dem Zerfall der Sowjetunion: Mit der Stabilisierung Russlands suchte Washington die politischen, wirtschaftlichen und militärischen Folgen dieser Epochenwende abzumildern und zielte auf eine sicherheitspolitische Partnerschaft mit der militärisch immer noch einflussreichen Supermacht. Dies sollte unter anderem die Reduzierung von US-amerikanischen Militärausgaben ermöglichen und zugleich die US-amerikanische Hegemonialstellung in der internationalen Politik perpetuieren. Ziel war es, ähnlich wie im Fall der Europäischen Union, die Beziehungen zu Russland im US-amerikanischen Interesse zu nutzen und dabei neue Herausforderungen globaler Ordnungspolitik zu bewältigen. Beispielhaft für diese zuversichtliche Haltung ist das Diktum von Präsident George H. W. Bush vom September 1990, demzufolge nunmehr eine neue Weltordnung im Entstehen begriffen sei.

Zunächst koordinierte die Clinton-Administration seit 1993 unter Einbeziehung anderer westlicher Staaten ein massives Hilfsprogramm mit umfangreichen Krediten und Investitionen und assistierte Russland sowie den postsowjetischen Staaten bei ihrem politischen Reformprozess. Daneben fungierte die Clinton-Administration als Vermittler in den zahlreichen Konflikten des sowjetischen Territorialzerfalls und erreichte so unter anderem den Rückzug nuklearer Waffen aus der Ukraine. Im Jahr 1994 trat zudem der 1991 unterzeichnete *Strategic Arms Reduction Treaty* (START) in Kraft, welcher eine dramatische Reduzierung der US-amerikanischen und russischen Nuklearwaffenarsenale zur Folge hatte.

Die vonseiten der USA nach anfänglichem Zögern forcierte Osterweiterung der NATO seit dem Ende der 1990er Jahre und die veränderte Moskauer Politik unter Präsident Putin, der nach Jahren des wirtschaftlichen und politischen Niedergangs Russlands seit dem Jahr 2000 nicht nur in der russischen Innenpolitik die Macht des Kreml wieder herstellte, sondern auch in der Außen- und Sicherheitspolitik an frühere hegemoniale Ordnungsvorstellungen anknüpfte, verursachte zahlreiche Konflikte in den US-amerikanisch-russischen Beziehungen, vor allem während der Regierungszeit von Präsident George W. Bush. Bereits im Jahr 1994 hatte die NATO das *Partnership for Peace-Program* ins Leben gerufen, das die militärische Transformation zahlreicher Satellitenstaaten der Sowjetunion sowie ihrer Nachfolgestaaten unterstützen und diese an die nordatlantische Allianz binden sollte. Trotz russischer Einwände gegen die Erweiterung der NATO, diese trage russischen Sicherheitsbedenken nicht ausreichend Rechnung, nahm die NATO im Jahr 1999 die Tschechische Republik, Ungarn und Polen in die Allianz auf. Bald darauf folgten die baltischen Staaten und andere Länder Ostmitteleuropas. Die im Jahr 1997 erfolgte Einbindung Russlands in die G8-Gruppe der weltweit wichtigsten Industrienationen erfüllte hingegen kaum den Moskauer Wunsch nach einer Berücksichtigung russischer Interessen in Osteuropa. Angesichts der sich durch steigende Ölpreise verbessernden russischen Wirtschaftslage verschärfte die neue Regierung Putins ihre außenpolitische Haltung und wandte sich scharf gegen den besonders von der Regierung Bush forcierten Gedanken einer NATO-Mitgliedschaft Georgiens und der Ukraine.

Auch die Kooperation zwischen Russland und den USA im Bereich der Abrüstung und Rüstungskontrolle erlitt während der Bush-Administration herbe Rückschläge. So hatte die US-amerikanische Regierung gehofft, eine Änderung des 1972 abgeschlossenen ABM-Vertrages durchsetzen zu können, wodurch das Verbot von nationalen Raketenabwehrsystemen aufgehoben oder zumindest modifiziert worden wäre. Weil sich die russische Regierung gegen diese Pläne wandte, traten die USA im Juni 2002 von dem Vertrag zurück. Da das russische Parlament im April 2000 den Folgevertrag zur Verringerung strategischer Waffen (START II) jedoch nur unter der Bedingung des Verbleibs der USA im ABM-Vertrag ratifiziert hatte, trat dieses Abrüstungsabkommen niemals in Kraft.

Angesichts neuer, von den Vereinigten Staaten wahrgenommener Bedrohungen durch iranische und nordkoreanische Interkontinentalraketen bereitete das Weiße Haus seit dem Jahr 2006 bilaterale Abkommen vor, die den Aufbau eines Raketenabwehrsystems in Polen und der Tschechischen Republik ermöglichen sollten. Angesichts der Opposition Russlands, aber auch vieler europäischer Verbündeter konnte die Regierung Bush diese Pläne aber bis zum Ende ihrer Amtszeit nicht umsetzen. Im September 2009 erklärte Präsident

Obama schließlich, auf die Pläne für ein bilaterales Raketenabwehrsystem zu Gunsten eines Systems im Rahmen der NATO verzichten zu wollen. Dies wurde von der Allianz auf dem Gipfel in Lissabon 2010 verabschiedet.

Der Georgien-Krieg und seine Auswirkungen auf das US-amerikanisch-russische Verhältnis

Der Krieg zwischen Georgien und Russland im August 2008 brachte das US-amerikanisch-russische Verhältnis an einen dramatischen Tiefpunkt. Während die russische Regierung die Offensive gegen Georgien mit dem Motiv des Schutzes russischer Staatsbürger in Südossetien rechtfertigte, übte die US-amerikanische Regierung vor allem Kritik an der russischen Missachtung georgischer Souveränität. In den USA wuchs zudem der Verdacht, der Kreml habe in Georgien eine Gelegenheit ergriffen, seine hegemonialen Ansprüche im postsowjetischen Raum geltend zu machen und dadurch nicht zuletzt den US-amerikanischen Plänen entgegenzuwirken, Georgien in die in die NATO aufzunehmen (McFaul 2008).
In Georgien spiegelte sich mehr denn je die politische Rivalität zwischen den USA und Russland in Osteuropa wider. Schon seit Beginn seiner Amtszeit hatte Präsident Putin es sich zur Absicht gemacht, Russlands Position als wichtigste Macht in Osteuropa wiederherzustellen. Ziel war es dabei, alle politischen, militärischen und ökonomischen Mittel zu nutzen, um Druck auf die Nachbarstaaten Russlands auszuüben und die Dominanz der Vereinigten Staaten in Osteuropa durch weitere NATO-Erweiterungsrunden zu verhindern (Kanet 2010). So verwundert es nicht, dass in Washington diejenigen Auftrieb erfuhren, die die USA in der Auseinandersetzung mit einem imperialen Russland sahen. Zwar sei eine begrenzte Kooperation mit Moskau durchaus möglich und teils auch nötig – so die übereinstimmende Ansicht vieler Beobachter –, um bestimmte US-amerikanische Ordnungsvorstellungen in der internationalen Politik durchzusetzen. Der Gedanke einer auf gemeinsamen Werten basierenden strategischen Partnerschaft mit Russland, den zahlreiche europäische Regierungen hegen, ist der US-amerikanischen Debatte jedoch weitgehend fremd geblieben. Daher trug der Georgien-Krieg entscheidend zur Verschärfung der US-amerikanisch-russischen Rivalität bei. Im Gegenzug veranschaulichte er aber vielen europäischen Staaten die Notwendigkeit, die Interessen Russlands in der westlichen, und vor allem der US-amerikanischen Politik, stärker zu berücksichtigen.

Aktuelle Entwicklungen

Die Wahl von Präsident Obama im Herbst 2008 hat den transatlantischen Beziehungen gerade aus europäischer Sicht neue Perspektiven verliehen. Allerdings stellt sich die Frage, ob sich die modifizierte US-amerikanische Außenpolitik in reale US-amerikanisch-europäische Kooperationsformen umsetzen lässt.

Insbesondere ist fraglich, wie stark die EU den Erwartungen der neuen Administration gerecht werden kann. Nur wenige europäische Staaten haben sich z.B. zu einem größeren militärischen Engagement in Afghanistan bewegen lassen. Auch haben die jüngsten umfangreichen Kürzungen in den europäischen Verteidigungshaushalten den Eindruck in Washington verstärkt, dass die Europäer nicht länger in tradierter Weise bestimmte sicherheitspolitische Lasten aufzubringen bereit sind. Und für zahlreiche Länder und Regionen des internationalen Systems fehlt der EU schlicht die konzeptionelle Fundierung ihrer Politik (Hamilton 2010). Zudem bleibt Dissens in strategischen Fragen, z.B. in der Frage einer EU-Mitgliedschaft der Türkei, um nur ein Beispiel zu nennen. Jedoch ist offensichtlich, dass die Obama-Administration und die EU-Regierungen die Notwendigkeit engerer transatlantischer Beziehungen verstanden haben (Shapiro/Witney 2009).

Auch in der Russlandpolitik der USA zeichnet sich seit der Amtseinführung der Obama-Regierung ein Paradigmenwechsel ab. Dieser hat insofern unmittelbare Bedeutung für die NATO und damit für Europa, da das Verhältnis zwischen der Atlantischen Allianz und Moskau letztlich eine Ableitung der US-amerikanisch-russischen Beziehungen ist: Sind die Vereinigten Staaten und Russland zur Kooperation in unterschiedlichen Politikfeldern bereit, so erleichtert dies auch die Zusammenarbeit der NATO mit Moskau. Dafür ist vor allem die Führungsrolle Washingtons im Bündnis verantwortlich, die in Russland allerdings überzeichnet wahrgenommen wird: Die NATO sei letztlich ein Instrument US-amerikanischer Außen- und Sicherheitspolitik, in dem die anderen Bündnismitglieder nur eine untergeordnete bzw. zu vernachlässigende Rolle spielten (Kaim 2009a).

Von Beginn an hat sich die Obama-Regierung um eine Neuorientierung der US-amerikanisch-russischen Beziehungen bemüht – Außenministerin Clinton sprach mit Blick auf Russland von einem „konstruktiven Verhältnis" der beiden Staaten: Zu den ersten Signalen gegenüber Moskau gehörte dementsprechend, dass Präsident Obama im Februar 2009 in einem Brief an Präsident Medwedew seine prinzipielle Bereitschaft bekundete, das NATO gestützte Raketenabwehrsystem in enger Kooperation mit Russland aufzubauen, sofern Russland seine Unterstützung für iranische Waffenprogramme einstelle (Baker 2009; Fletcher 2009). Ein weiteres Zeichen des Entgegenkommens ist die ebenfalls zögerliche Behandlung der möglichen NATO-Erweiterung um Georgien und die Ukraine sowie der Abschluss des sogenannten *New START Treaty* über Maßnahmen zur weiteren Reduzierung und Begrenzung der strategischen Angriffswaffen im April 2010, der im Februar 2011 in Kraft getreten ist. Zwar haben Vertreter der Obama-Administration betont, dass man keine russischen Einflusssphären akzeptieren werde und stattdessen das Recht souveräner Staaten wiederholt, über ihre Bündniszugehörigkeit frei zu entscheiden. Gleichzeitig haben sie jedoch unterstrichen, dass diese erst dann erfolgen könne, wenn die beiden Staaten dazu politisch wie militärisch in der Lage seien. Zugleich hat Vizepräsident Biden unterstrichen, dass dieser Streitpunkt nicht der Zusammenarbeit zwischen Moskau und Washington in der Abrüstungs-, der Iran- und der Afghanistanpolitik im Weg stehen solle. Damit erklärt sich die neue Administration bereit, russische Interessen stärker in ihre sicherheitspolitischen Überlegungen einzubeziehen und mögliche Konflikte in einem Politikfeld nicht zu Hindernissen in einem anderen werden zu lassen (Kaim 2009b; Kaim 2010).

Übungsfragen

1. Skizzieren Sie die Gründe für das US-amerikanische Engagement in Europa nach 1945!
2. Diskutieren Sie das Für und Wider eigenständiger militärischer Fähigkeiten der Europäischen Union aus transatlantischer Perspektive!
3. Mit welchen konkreten Schritten lässt sich der Paradigmenwechsel in den US-amerikanisch-russischen Beziehungen unter Präsident Obama illustrieren?

Weiterführende Literatur

Knapp, Manfred (Hrsg.) (1990) Transatlantische Beziehungen. Die USA und Europa zwischen gemeinsamen Interessen und Konflikt. Stuttgart: Steiner Verlag.
Immer noch hervorragend zu den historischen Wurzeln der transatlantischen Beziehungen.

Janes, Jackson und Marianne Schneider (2010) Ein Jahr Obama: Errungenschaften und Erwartungen in den transatlantischen Beziehungen, in: Zeitschrift für Außen- und Sicherheitspolitik 3 (1), S. 47-57.
Eine sehr aktuelle Darstellung.
Witney, Nick und Jeremy Shapiro (2009) Towards a post-American Europe: A Power Audit of EU-US Relations, http://ecfr.eu/page/-/documents/towards-a-post-american-europe.pdf (Zugriff am 15.2.2011).
Aus politikberatender Perspektive.

Webseiten

U.S. Department of State, Arms Control and International Security: www.state.gov/t
U.S. Department of State, Bureau of European and Eurasian Affairs: www.state.gov/p/eur/ index.htm
NATO: www.nato.int
U.S. Embassy in Moscow: http://moscow.usembassy.gov
U.S. Mission to the European Union: http://useu.usmission.gov/index.html

Verwendete Literatur

Baker, Peter (2009) Obama Offered Deal to Russia in Secret Letter, in: New York Times, 3 March, http://www.nytimes.com/2009/03/03/washington/03prexy.html (Zugriff am 15.3.2011).
Chao, Wan-Jung, Gregory Sanders und Guy Ben-Ari (2008) Trends in European Defense Spending 2001-2006. A Report of the Center for Strategic and International Studies (CSIS) Defense-Industrial Initiatives Group. Washington, D.C.: CSIS Press.
Fletcher, Michael A. (2009) Obama Makes Overtures to Russia on Missile Defense, in: Washington Post, 3 March, http://www.washingtonpost.com/wp-dyn/content/article/2009/03/03/ AR2009030300028. html (Zugriff am 15.3.2011).
Hamilton, Daniel S. (2010) Obama und Europa, in: Aus Politik und Zeitgeschichte 4, S. 20-26.
Kaim, Markus (2009a) Back to the Future. Die amerikanische NATO-Debatte zu Beginn der Präsidentschaft Barack Obamas, in: Zeitschrift für Außen- und Sicherheitspolitik 2(2), S. 212-233.
Kaim, Markus (2009b) Präsident Obama und die transatlantischen Sicherheitsbeziehungen, in: Aus Politik und Zeitgeschichte 15-16, S. 9-15.
Kaim, Markus (2010) Russland und die nordatlantische Allianz. Begrenzte Chancen für einen Neubeginn, in: Welttrends 18(70), S. 9-14.
Kanet, Roger E. (2010) The „New“ Member and Future Enlargement: The Impact of NATO-Russia Relations, in: Günur Aybet und Rebecca R. Moore (Hrsg.) NATO: In Search of a Vision. Washington, D.C.: Georgetown University Press, S. 153-174.
Kennan, George F. (1947) The Sources of Soviet Conduct, in: Foreign Affairs 25(4), S. 566-582.
Knapp, Manfred (Hrsg.) (1990) Transatlantische Beziehungen. Die USA und Europa zwischen gemeinsamen Interessen und Konflikt. Stuttgart: Steiner Verlag.
McFaul, Michael (2008) U.S.-Russia Relations in the Aftermath of the Georgia Crisis. Testimony of Professor Michael A. McFaul. House Committee on Foreign Affairs, 9 September, http://foreignaffairs.house.gov/110/mcf090908.pdf (Zugriff am 19.06.2011).
Miscamble, Wilson D. (2009) Roosevelt, Truman and the Development of Postwar Grand Strategy, in: Orbis 53(4), S. 553-570.
Neuss, Beate (2000) Geburtshelfer Europas?: Die Rolle der Vereinigten Staaten im europäischen Integrationsprozeß, 1945-1958. Baden-Baden: Nomos Verlag.
Shapiro, Jeremy und Nick Witney (2009) Towards a Post-American Europe: A Power Audit of EU-US Relations. London: European Council on Foreign Relations.

Lateinamerika

Detlef Nolte

Zusammenfassung

Traditionell ist die Außenpolitik Lateinamerikas wesentlich durch die Beziehungen zu den USA geprägt. Lateinamerika wurde als unmittelbare Einflusszone der USA angesehen (Monroedoktrin). Der Einfluss von Staaten außerhalb der westlichen Hemisphäre sollte begrenzt und ein möglichst ungehinderter Zugang für den Handel und die Investitionen von US-amerikanischen Unternehmen garantiert werden. Lateinamerika kam in der US-amerikanischen Außenpolitik allerdings nur selten eine hohe Priorität zu. In der Regel reagierten die USA auf Entwicklungen in der Region, die ihre Interessen tangierten. Nach dem Ende des Zweiten Weltkrieges bis in die 1970er Jahre war die Stellung der USA in Lateinamerika am stärksten. Dabei gilt generell, dass der Einfluss der USA in Zentralamerika größer war als in Südamerika und die Einflussmöglichkeiten nach der Größe des Landes variierten. Seit den 1990er Jahren und verstärkt seit der Jahrtausendwende ist ein Einflussverlust der USA in Lateinamerika zu verzeichnen, der im Kontext globaler Machtverschiebungen und wirtschaftlicher Transformationen zu verorten ist.

US-amerikanische Außenpolitik in Lateinamerika, 1945-1990

In der weltweiten Konfrontation mit der UdSSR galt Lateinamerika als der „weiche Unterleib" der USA. Deshalb waren alle US-amerikanischen Regierungen bemüht, die Etablierung von Regierungen zu verhindern, denen Sympathien für die Sowjetunion unterstellt wurden. Dazu bedienten sich die Administrationen verschiedener Instrumente. Im Zweifel wurden starke rechte autoritäre Regime schwachen demokratischen Regierungen vorgezogen. Erstere wurden im Kampf gegen linke Aufstandsbewegungen aktiv von den USA unterstützt. Missliebige Regierungen versuchten die USA offen oder verdeckt zu stürzen, wie etwa in Guatemala (1954) oder Chile (1973). Kurzfristig versuchten die USA während der 1960er Jahre auch, durch die Unterstützung von gesellschaftlichen Reformen linken Aufstandsbewegungen den Wind aus den Segeln zu nehmen (Allianz für den Fortschritt).

Einen deutlichen Rückschlag erfuhren die USA mit der Kubanischen Revolution (1959) und den gescheiterten Versuchen wechselnder Präsidenten, das Castro-Regime zu destabilisieren oder zu stürzen. 1962 brachte die Stationierung von sowjetischen Mittelstreckenraketen in Kuba die Welt an den Rand einer nuklearen Katastrophe. Bis zu ihrem Ende unterhielt die Sowjetunion Spionageeinrichtungen und eine militärische Präsenz auf der Karibikinsel. Die nachfolgenden Versuche, die Kubanische Revolution in andere lateinamerikanische Länder zu exportieren, konnten die USA und ihre Verbündeten weitgehend verhindern. Erst 1979 war in Nicaragua erneut eine revolutionäre Bewegung erfolgreich.

Die 1980er Jahre und die Präsidentschaften von Ronald Reagan (1981-1989) waren davon geprägt, den Erfolg revolutionärer Bewegungen in anderen zentralamerikanischen Ländern zu verhindern und das sandinistische Regime in Nicaragua zu destabilisieren. 1983 intervenierten die USA direkt gegen eine linke Regierung auf der Insel Grenada. Später wurde auch der Demokratisierungsprozess im südlichen Lateinamerika aktiv unterstützt. Insgesamt kam es in den 1980er Jahren zu einer Schwächung der internationalen Position Lateinamerikas. Wirtschaftliche Stagnation („verlorene Dekade") und hohe Auslandschulden schränkten den Handlungsspielraum der meisten lateinamerikanischen Regierungen ein.

Nach 1990

Nach dem Ende des Kalten Krieges eröffneten sich Möglichkeiten für eine Neubestimmung der Beziehungen zwischen den USA und Lateinamerika. Unter den Vorzeichen von Marktwirtschaft und Demokratie rückten die USA und Lateinamerika in den 1990er Jahren enger zusammen. Wirtschaftlich liberalisierte und öffnete sich der Subkontinent. Dazu trugen nicht zuletzt auch die Vorgaben der in Washington ansässigen internationalen Finanzorganisationen (IWF, Weltbank) und der US-amerikanischen Regierung bei, weshalb für diese Periode vom so genannten „Washington Konsensus" in der Wirtschaftpolitik gesprochen wird.

Am Beginn der Amtszeit von Präsident George H. W. Bush (1989-1993) stand eine Militärintervention in Lateinamerika. US-amerikanische Truppen landeten 1989 in Panama, um den dortigen Diktator Manuel Noriega festzunehmen. Noriega wurde des Drogenschmuggels in die USA beschuldigt und später auch für dieses Vergehen verurteilt. Damit markierte diese Intervention den Übergang zum Anti-Dogenkrieg, der die US-amerikanische Lateinamerikapolitik seit diesem Zeitpunkt kennzeichnen sollte. Seit den 1990er Jahren sind die Aktivitäten der lateinamerikanischen Regierungen im Kampf gegen den Drogenhandel ein Lackmustest für die Beziehungen mit den USA.

Ein weiteres Vermächtnis der Präsidentschaft von George H. W. Bush war der Abschluss (1992) des Nordamerikanischen Freihandelsabkommens (NAFTA) zwischen den Regierungen der USA, Kanadas und Mexikos. Ohne den persönlichen Einsatz von Präsident Bill Clinton (1993-2001) wäre das Abkommen vom Kongress (mit einem äußerst knappen Abstimmungsergebnis) 1993 nicht ratifiziert worden. Es trat am 1. Januar 1994 in Kraft und umfasst aktuell einen Wirtschaftsraum von ca. 460 Millionen Personen. Clinton führte auch die Initiative seines Vorgängers zur Schaffung einer gesamtamerikanischen Freihandelszone (*Free Trade Area of the Americas*, FTAA) fort. Diesem Ziel dienten unter anderem die Gipfel der Amerikas – insgesamt fünf seit 1994 (Miami 1994, Santiago de Chile 1998, Québec 2001, Buenos Aires 2005, Trinidad und Tobago 2009).

Als George W. Bush (2001-2009) sein Amt antrat, wurden zunächst positive Erwartungen in Lateinamerika geweckt. Noch im Wahlkampf hatte er angekündigt, Lateinamerika zu einem Schwerpunkt seiner Außenpolitik zu machen. Symbolisch galt sein erster Staatsbesuch deshalb im Februar 2001 Mexiko. Es kann darüber spekuliert werden, wie die Bilanz seiner Lateinamerikapolitik ohne den 11. September und den Irak-Konflikt ausgefallen wäre. Letzterer hat die Position der USA in Lateinamerika nachhaltig geschwächt. Nur wenige zentralamerikanische Staaten (Honduras, die Dominikanische Republik und Nicaragua), die sich dem Druck der USA nicht entziehen konnten, haben die militärische Intervention unterstützt und zeitweilig Truppen entsandt. El Salvador hatte von 2003 bis Januar 2009 Truppen im Irak stationiert. Die großen Länder, wie etwa Brasilien oder Argentinien, haben jedoch die US-amerikanische Politik verurteilt. Mexiko und Chile als damalige nicht-ständige Mitglieder des VN-Sicherheitsrates verweigerten ihre Zustimmung zur US-amerikanischen Militärintervention.

Aber es war nicht nur der Irak-Konflikt, der die Beziehungen der USA mit Lateinamerika belastete. In Lateinamerika kamen seit Ende der 1990er Jahre – beginnend in Venezuela mit Hugo Chávez – immer häufiger linke Regierungen an die Macht, die den wirtschaftspolitischen Grundkonsens mit Washington und die Vorzüge eines Freihandelsabkommens mit den USA infrage stellten. Brasilien hatte sich mehr und mehr zu einem Blockierer eines gesamtamerikanischen Feihandelsabkommens entwickelt. Die Brasilianer befürchteten eine übermäßige Konkurrenz der USA für die eigene Industrie und eine Gefährdung ihres Projekts einer regionalen Vormachtsposition in Südamerika. Außerdem beklagten sie den unfairen Wettbewerb der USA bei Agrarprodukten. Als sich ein Scheitern der FTAA abzeichnete, setzten die USA auf bilaterale Abkommen. Während der Amtszeit von Präsident Bush wurden Freihandelabkommen mit der Dominikanischen Republik und den zentralamerikanischen Staaten (*Dominican Republic-Central America Free Trade Agreement*, DR-CAFTA) (2005), Chile (2004), Peru (2006) und Kolumbien unterzeichnet (Letzteres wurde erst im Oktober 2011 vom Kongress ratifiziert).

Präsident Barack Obama (seit 2009) wurde mit vielen Vorschusslorbeeren und Erwartungen in Lateinamerika empfangen. Nur wenige Monate nach seinem Amtsantritt fand vom 17. bis 19. April 2009 in Trinidad und Tobago der 5. Gipfel der Amerikas statt. Das Gipfeltreffen trug ohne Zweifel zu einer Verbesserung des Gesprächsklimas zwischen den USA und den lateinamerikanischen Nachbarn bei. Selbst in der Kuba-Politik deutete die neue Regierung an, sich bewegen zu wollen. Zur Mitte der (ersten) Amtszeit von Präsident Obama fiel die Bilanz in Lateinamerika jedoch eher ernüchternd aus. Lateinamerika gehörte bis zu diesem Zeitpunkt nicht zu den Prioritäten der Obama-Administration.

Zentrale Akteure und Institutionen in der Region

Organisation Amerikanischer Staaten (OAS)

Eines der zentralen Instrumente US-amerikanischer Lateinamerikapolitik während des Kalten Krieges war die Organisation Amerikanischer Staaten (OAS). Die OAS war 1948 in Bogotá als Regionalorganisation zur Sicherung des Friedens und zur Abwehr externer Einflussnahmen in der Region gegründet worden. Sie hat ihren Sitz in Washington, und ihr Budget wird bis heute überwiegend von den USA bestritten. Der OAS gehören alle Staaten Lateinamerikas, Nordamerikas und der Karibik an. Die Mitgliedschaft Kubas wurde im Jahr 1962 suspendiert (die Suspendierung wurde 2009 aufgehoben), die von Honduras 2009 (aufgehoben 2011).

In den 1990er Jahren war eine Neudefinition der Rolle der OAS zu verzeichnen. So hat die OAS einen wichtigen Beitrag zur Konsolidierung der Demokratie in Lateinamerika geleistet unter anderem über die Entsendung von Wahlbeobachtungsmissionen, Vermittlungseinsätzen bei Konflikten und die Weiterentwicklung des interamerikanischen Menschenrechtssystems. In der vergangenen Dekade ist jedoch ein Einflussverlust der OAS und der USA innerhalb der OAS zu verzeichnen. Dies zeigte sich symptomatisch bei der Wahl eines neuen Generalsekretärs im Mai 2005. In einer Kampfabstimmung setzte sich der von

Brasilien bevorzugte chilenische Kandidat José Miguel Insulza gegen den mexikanischen Außenminister Luis Ernesto Derbez durch, der massiv von den USA unterstützt worden war. Damit verlor erstmals der von den USA bevorzugte Kandidat. Die Amtszeit von Insulza wurde 2010 trotz Vorbehalten der USA um weitere fünf Jahre verlängert. Als im Juni 2009 der Präsident von Honduras, Manual Zelaya, von Militärs aus seinem Amtssitz gezerrt und zwangsweise ins Flugzeug nach Costa Rica gesetzt wurde, kam es zu einer ernsten Belastungsprobe für die OAS. Zwar wurden rasch Sanktionen verhängt und die Rückkehr des abgesetzten Präsidenten verlangt. Letztlich konnte sich die OAS aber nicht durchsetzen, auch weil die USA keine harte Sanktionspolitik unterstützten und der innenpolitische Druck auf Präsident Obama zunahm, die neue Regierung anzuerkennen. Während der Krise hatten republikanische Senatoren die Ernennung des für Lateinamerika zuständigen Vize-Außenministers blockiert und eine Nebenaußenpolitik gegenüber Honduras betrieben.

Während sich ein Machtverlust der USA in der OAS abzeichnet, haben die lateinamerikanischen Regierungen eine große Zahl politischer Kooperationsforen geschaffen, welche die USA explizit ausschließen. Es handelt sich dabei um einen Prozess der Emanzipation und größeren Eigenständigkeit Lateinamerikas. Nach einem ersten Gipfeltreffen im Dezember 2008 in Brasilien wurde im Februar 2010 in Cancún (Mexiko) die Gemeinschaft der lateinamerikanischen und karibischen Staaten (CELAC) gegründet, der die USA und Kanada nicht angehören. Sie tritt in gewisser Weise die Nachfolge der bereits 1990 gegründeten Rio-Gruppe an. Diese diente als politisches Beratungs- und Konzertierungsinstrument der lateinamerikanischen Regierungen. Beiden Organisationen gehört auch Kuba an. Wesentlich weiter fortgeschritten im Prozess ihrer Institutionalisierung ist die Union Südamerikanischer Staaten (UNASUR), der alle 12 südamerikanischen Staaten angehören – einschließlich Surinam und Guyana. Mittlerweile konkurriert die UNASUR mit anderen regionalen Organisationen, wie etwa der OAS, um die Vorherrschaft in verschiedenen Politikfeldern. Während UNASUR vor allem als ein Projekt Brasiliens angesehen werden kann, mit dem das Land seinen Führungsanspruch in Südamerika untermauern will, haben Hugo Chávez und Fidel Castro 2004 das Integrationsprojekt ALBA (*Alternativa Bolivariana para América Latina y el Caribe*) als ein Gegenbündnis zu den als „neoliberal" kritisierten Handelsabkommen mit den USA gegründet, dem sich bis 2010 auch Bolivien, Ekuador, Nicaragua, Dominica, Antigua und Barbuda sowie St. Vincent und die Grenadinen angeschlossen haben. Kurzfristig war auch Honduras Mitglied.

Neben den genannten Organisationen hatten in den 1990er Jahren die subregionalen wirtschaftlichen Integrationszusammenschlüsse in Lateinamerika neuen Auftrieb erhalten. Die USA bezogen eine ambivalente Position gegenüber diesen Integrationsbündnissen. Einerseits begrüßten sie eine engere Kooperation zwischen den lateinamerikanischen und karibischen Staaten, insofern dies zu politischer Stabilität und wirtschaftlicher Entwicklung beitragen würde. Sie befürchteten jedoch eine wirtschaftliche Abschottung und eine größere politische Autonomie der lateinamerikanischen Staaten.

Für die USA sind aufgrund ihrer wirtschaftlichen und/oder sicherheitspolitischen Bedeutung Mexiko, Kuba, Venezuela, Kolumbien und Brasilien die wichtigsten lateinamerikanischen Staaten. Dabei ist im Falle Mexikos, Kubas und Kolumbiens eine besonders enge Verknüpfung zwischen Außen- und Innenpolitik gegeben.

Mexiko

Mit Mexiko sind die USA historisch, geographisch und wirtschaftlich eng verknüpft. Beide Länder teilen eine gemeinsame Grenze von 3.144 Kilometern. Täglich kommt es zu fast einer Million legaler Grenzübertritte zwischen beiden Ländern. Fast 5 Millionen Lastwagen überqueren jährlich die Grenzen von Mexiko in die USA, wo die Waren dann umgeladen werden. Durchschnittlich 55 Prozent der ausländischen Investitionen in Mexiko wurden zwischen 2000 und 2008 von US-amerikanischen Unternehmen getätigt. Nimmt man die Importe und Exporte zusammen, so bleibt Mexiko nach Kanada der zweitwichtigste Handelspartner der USA. Mehr als 80 Prozent der mexikanischen Exporte gehen in die USA und die Hälfte der mexikanischen Importe kommen aus den USA. Auch 80 Prozent der mexikanischen Erdölexporte entfallen auf den nördlichen Nachbarn. Das Land gehört damit zu den wichtigsten Erdöllieferanten der USA. Allerdings sind die mexikanische Erdölproduktion und die bekannten Reserven rückläufig.

Die USA sind das Hauptziel legaler und illegaler Migration von Mexikanern. Mexiko unterhält insgesamt 48 Konsulate in den USA, um seinen dort lebenden Bürgern Unterstützung zu gewährleisten. Schätzungsweise 6,7 Millionen Mexikaner leben illegal in den USA. Außerdem ist Mexiko Transitland für illegale Migranten aus anderen lateinamerikanischen Ländern, vor allem aus Zentralamerika. Schätzungen reichen von 450.000 im Jahr 2005 bis 170.000 im Jahr 2008 illegalen Einwanderern, die Mexiko als Transitland durchqueren. Nach Meinungsumfragen wird die illegale Einwanderung von einer großen Mehrheit der US-Amerikaner als wichtiges Problem und als Bedrohung wahrgenommen, zugleich werden strengere Maßnahmen zur Einwanderungskontrolle befürwortet.

Unter Präsident Vicente Fox (2000-2006) hatte sich zunächst ein enges Verhältnis zwischen den USA und Mexiko entwickelt. Fox hatte seine berufliche Karriere bei Coca Cola begonnen. Vonseiten der mexikanischen Regierung wurden große, letztlich aber unrealistische Erwartungen im Hinblick auf eine umfassende Lösung des Problems der illegalen Immigranten und eine Regelung der legalen Zuwanderung gehegt. Diese waren innenpolitisch in den USA nicht durchsetzbar. Mit dem 11. September rückte eine gesetzliche Regelung in weite Ferne. Stattdessen wurden im Rahmen des Kampfes gegen den internationalen Terrorismus die Grenzkontrollen verschärft.

Unter Präsident Felipe Calderón (2006-2012) hat Mexiko eine deutlich distanziertere Politik gegenüber den USA betrieben. Dazu haben nicht erfüllte Erwartungen an die USA, aber auch verschiedene Maßnahmen der US-amerikanischen Regierung beigetragen, die als gegen Mexiko gerichtet angesehen werden. Dazu gehören der Bau eines durch den *Secure Fence Act* von 2006 autorisierten 700 Meilen langen Grenzzauns zwischen beiden Ländern (bereits 1990 war ein Zaun zwischen San Diego und Tijuana errichtet worden), die Verschärfung der Grenzkontrollen (so hat Präsident Obama zusätzlich 1.200 Mann der Nationalgarde an die Grenze entsandt) und eine die illegalen Einwanderer diskriminierende Gesetzgebung in einzelnen Staaten der USA (etwa in Arizona). Zudem besteht Unzufriedenheit im Hinblick auf die Ergebnisse der NAFTA. So kritisieren die Mexikaner beispielsweise, dass aufgrund der Lobbyaktivitäten US-amerikanischer Transportunternehmen bisher entgegen den Vorgaben des NAFTA-Vertrags mexikanischen Lastwagen der Zugang für Transporte in die USA verwehrt wird.

Auf US-amerikanischer Seite macht der Machtzuwachs der Drogenkartelle und der Drogenkrieg in Mexiko Sorge, dem in den vergangenen Jahren Tausende von Mexikanern und vereinzelt auch US-amerikanische Staatsbürger zum Opfer gefallen sind. Mexiko ist das wichtigste Transitland für Drogen in die USA. Von Mexikanern wird demgegenüber auf die Nachfrageseite für Drogen (die USA als Hauptkonsument) verwiesen und auf die Tatsache, dass mehr als 80 Prozent der bei Drogengangstern in Mexiko beschlagnahmten Waffen aus den USA stammen, nach mexikanischer Sicht begünstigt durch die laxen Waffenkontrollen und eine liberale Waffengesetzgebung im Nachbarland. Seit 2008 hat der US-amerikanische Kongress im Rahmen der *Mérida Initiative* die Zahlung von 1,5 Milliarden US-Dollar an Mexiko für den Kampf gegen den Drogenhandel und die organisierte Kriminalität bewilligt. Nach der nationalen Meinungsumfrage zur Außenpolitik des *Chicago*

Council on Global Affairs von 2010 erwartet fast die Hälfte der Befragten US-amerikanischen Bürger eine Verschlechterung der Beziehungen mit Mexiko. 45 Prozent der Befragten sehen in der mit dem Drogenhandel verbundenen Gewalt und Instabilität in Mexiko eine Bedrohung vitaler Interessen der USA.

Kuba

Die Beziehungen zu Kuba sind besonders kompliziert und konfliktträchtig, weil der ideologischen Komponente besonders viel Bedeutung zu kommt und sich auch hier Innen- und Außenpolitik stark vermischen. Die Kubanische Revolution von 1959 war für die USA ein Schock. In 50 Jahren ist es den USA trotz vielfältiger Maßnahmen nicht gelungen, das Castro-Regime zu destabilisieren oder gar zu stürzen. Während des Kalten Krieges war Kuba auch international ein ernstzunehmender Gegenspieler der USA, sei es in Afrika oder durch die Unterstützung von revolutionären Bewegungen in Lateinamerika. Nach dem Schulterschluss mit der UdSSR suspendierte die OAS die Mitgliedschaft Kubas. Die USA hatten nach der Verstaatlichung des Eigentums von US-amerikanischen Bürgern ein Wirtschaftsembargo gegen die Insel verhängt, das den Handel, Finanztransaktionen und Reisen von und nach Kuba untersagte. Das Wirtschaftsembargo hat seitdem Bestand, und wird nur von Zeit zu Zeit verschärft oder gelockert (z.B. im Hinblick auf den Export von US-amerikanischen Agrarprodukten und die Möglichkeiten von Exilkubanern, Geldüberweisungen auf die Insel vorzunehmen oder Verwandte zu besuchen) wie zuletzt von Präsident Obama. Seit der Verabschiedung des *Helms-Burton-Act* im Jahr 1996 können die USA auch gegen Bürger und Unternehmen in Drittstaaten (etwa in Europa) Sanktionen verhängen, falls diese mit enteignetem US-amerikanischen Besitz in Kuba Geschäfte betreiben. Was die Beziehungen zu Kuba betrifft, so sind nach der Umfrage des *Chicago Council on Global Affairs* 2010 weiterhin 54 Prozent der US-Amerikaner gegen Handelsbeziehungen (dafür 43 Prozent). Demgegenüber sind 57 Prozent für die (Wieder-)Aufnahme von diplomatischen Beziehungen (dagegen 39 Prozent). Als vor acht Jahren (2002) das letzte Mal diese Frage gestellt wurde, waren noch 65 Prozent für eine Wiederaufnahme der Beziehungen gewesen.

Nach der Revolution sind viele Kubaner in die USA ausgewandert und auch später gab es immer wieder Auswanderungswellen und Bestrebungen, die Auswanderung von Kubanern zwischen beiden Ländern rechtlich zu regeln (neben den Versuchen, illegal auf dem Seeweg nach Florida zu gelangen). Die starke kubanische Exilgemeinschaft bewirkt, dass eine Neuausrichtung in der Kubapolitik ohne Veränderungen in den Einstellungen der kubanischen Gemeinschaft in den USA nur schwer durchsetzbar ist. Allerdings gibt es Anzeichen für einen Wandel, da die Zahl der Hardliner und Exilanten der ersten Generation langsam abnimmt. In Lateinamerika haben sich die USA mit ihrer Kubapolitik seit einigen Jahren isoliert, sie wird als Anachronismus angesehen. Mittlerweile unterhalten wieder alle lateinamerikanischen Regierungen diplomatische Beziehungen mit Kuba. Dadurch nahm der Druck auf die USA zu, Kuba wieder in die OAS aufzunehmen. Im Juni 2009 wurde die Suspendierung der Mitgliedschaft aufgehoben, eine formelle Wiederaufnahme jedoch von der Initiative der kubanischen Regierung und der Respektierung der Prinzipien der OAS-Charta abhängig gemacht (auf diese Weise konnten auch die USA dem Vorschlag zustimmen).

Venezuela

Traditionell waren die Beziehungen zwischen den USA und Venezuela freundschaftlich. Dies endete mit dem Regierungsantritt von Hugo Chávez (1998), der seine Außenpolitik auf eine Abgrenzung gegenüber den USA ausgelegt hat und versucht, in Lateinamerika eine Allianz gegen den nördlichen Nachbarn zu schmieden. Gleichwohl gehört Venezuela weiterhin zu den fünf wichtigsten Erdöllieferanten der USA (Anteil 2009: 11 Prozent), mehr als die Hälfte der Erdölexporte Venezuelas haben die USA als Ziel, auch weil es vor allem dort Raffinerien für das venezolanische Schweröl gibt. Sicherheitspolitisch bedenklich für die USA sind die massive wirtschaftliche Unterstützung Venezuelas für das kubanische Regime, die engen Beziehungen zur iranischen Regierung, die vermutete venezolanische Unterstützung für die Guerilla in Kolumbien, die massiven Waffenkäufe Venezuelas in Russland, die aktive Einmischung der venezolanischen Regierung in die Innenpolitik anderer lateinamerikanischer Staaten (auch in Wahlkämpfe) sowie die Aussetzung der Kooperation mit der amerikanischen Drogenbehörde (DEA) bei Drogenbekämpfung (2005), wodurch die Bedeutung Venezuelas als Transitland zugenommen hat. Die USA haben schon früh die Lieferung von Ersatzteilen für Rüstungsgüter und die Lieferung von Waffensystemen unterbunden, die in den USA produzierte oder lizenzierte Komponenten enthalten. Beim gescheiterten Umsturzversuch gegen Chávez 2002 reagierten die USA mit positiven Signalen gegenüber den Putschisten während die lateinamerikanischen Regierungen den Putsch unzweideutig verurteilten.

Kolumbien

Die Bedeutung Kolumbiens für die USA basiert auf dem Drogenhandel. Seit den 1980er Jahren destabilisieren Drogenkartelle das Land. Daneben war und ist in Kolumbien die älteste Guerillabewegung Lateinamerikas aktiv, die ihrerseits von paramilitärischen Gruppen bekämpft wurde. In der Folge verlor die kolumbianische Regierung in den 1990er Jahren die Kontrolle über weite Teile des Staatsgebietes. Kolumbien ist der Hauptlieferant für Kokain und in geringerem Ausmaß von Heroin auf dem US-amerikanischen Markt. Seit 1999 haben die USA die Zusammenarbeit mit der kolumbianischen Regierung bei der Bekämpfung des Drogenhandels intensiviert. Allein zwischen 2002 und 2009 wurden über 900 Kolumbianer an die USA ausgeliefert, die Mehrzahl wegen Drogenhandels. Von 2000 bis 2009 sind im Rahmen des *Plan Colombia* mehr als 7 Milliarden US-Dollar an Unterstützung nach Kolumbien geflossen, davon 80 Prozent für die Sicherheitskräfte. Der *Plan Colombia* war ursprünglich als eine umfassende Strategie zur Bekämpfung des Drogenhandels, zur Befriedung und Entwicklung des Landes sowie zur Stärkung der demokratischen Strukturen konzipiert worden. Nach dem Scheitern der Friedensgespräche mit der kolumbianischen Guerilla im Jahr 2002 kam es jedoch zu einer weiteren Militarisierung der Kooperation zwischen den USA und Kolumbien. Zugleich wurden Antidrogen- und Antiterrorismuspolitik (gegen die Guerilla) miteinander verknüpft. Während es unter Präsident Álvaro Uribe (2002-2010) gelang, mit US-amerikanischer Unterstützung die Guerilla entscheidend zu schwächen und die staatliche Präsenz in Kolumbien zu stärken, kam es bei der Drogenbekämpfung zu keiner entscheidenden Wende. Die Bemühungen zur Ratifizierung eines Freihandelsabkommens mit Kolumbien stießen im US-amerikanischen Kongress auf Widerstand, der erst Ende 2011 überwunden werden konnte. Dazu hat auch die negative Menschenrechtsbilanz der Uribe-Regierung beigetragen. Mehr als 470 Gewerkschafter wurden während seiner Amtszeit ermordet. Dies wurde von US-amerikanischen Gewerkschaften gegen ein Abkommen ins Feld geführt.

Brasilien

Brasilien ist mit 190 Millionen Einwohnern das bevölkerungsreichste Land und die stärkste Volkswirtschaft Lateinamerikas. In der *National Security Strategy* vom Mai 2010 wird Brasilien als eines der „emerging centers of influence“ aufgelistet und Brasiliens wachsende Rolle in der internationalen Politik und der westlichen Hemisphäre begrüßt. Die größere Eigenständigkeit Brasiliens wird dadurch begünstigt, dass der Anteil der USA am brasilianischen Außenhandel in den vergangenen beiden Dekaden deutlich zurückgegangen ist. Lag er im Jahr 2000 bei den brasilianischen Exporten noch bei 24 Prozent, so waren es 2009 nur noch 10 Prozent. Aufgrund der großen Erdölfunde vor der brasilianischen Küste könnte Brasilien zukünftig als Erdöllieferant für die USA interessant werden.

Brasilien vertritt in der Regel gegenüber den USA eine pragmatische und interessengeleitete Außenpolitik, die Konflikte nicht ausschließt. Brasilien erwartet von der US-amerikanischen Regierung, dass sie Südamerika als brasilianische Interessenssphäre respektiert und beide Regierungen ihre Politik abstimmen. Das 2009 ausgehandelte Stützpunktabkommen zwischen den USA und Kolumbien stieß deshalb auf Ablehnung in Brasilia. Überdies ist Brasilien generell gegen die Präsenz von US-amerikanischen Truppen in Südamerika. Die USA sind durchaus bereit, Brasilien in Lateinamerika eine Führungsrolle einzuräumen, unter anderem um ein Gegengewicht zu Hugo Chávez und den radikaleren Regierungen in der Region (Bolivien, Ekuador) zu schaffen. Allerdings stoßen die guten Beziehungen Brasiliens mit Kuba und Venezuela auf Vorbehalte. Die Leitung und aktive Beteiligung der Brasilianer an der VN-Friedensmission in Haiti (MINUSTAH) wird demgegenüber begrüßt. Auch außerhalb Lateinamerikas strebt Brasilien eine stärkere Rolle in der internationalen Politik an, die zuweilen zu Konflikten mit den USA führt. 2010 hat die gemeinsame Initiative Brasiliens und der Türkei zum Iran für Aufsehen gesorgt. Als die USA die Initiative beider Länder abblockten, stimmte Brasilien als nicht-ständiges Mitglied im VN-Sicherheitsrat gegen die erweiterten Sanktionen der USA. Brasilien ist wie auch Mexiko (und Argentinien) Mitglied der G20 der wichtigsten Industrie- und Schwellenländer und strebt einen ständigen Sitz im VN-Sicherheitsrat an. Bei diesem Bestreben fühlt sich die brasilianische Regierung nicht ausreichend von den USA unterstützt. Sie stößt allerdings auch bei etlichen lateinamerikanischen Regierungen auf Vorbehalte.

Interessengegensätze zwischen den USA und Brasilien zeigen sich immer wieder in der Handelspolitik. Das Projekt einer gesamtamerikanischen Freihandelszone ist nicht zuletzt am Widerstand Brasiliens gescheitert. Brasilien beklagt die US-amerikanischen Agrarsubventionen und hat im Rahmen der WTO-Verhandlungen die Gruppe der 20 (ein Zusammenschluss von Entwicklungs- und Schwellenländern) gegründet, um eine gemeinsame Front von aufstrebenden Ländern gegen die Agrarpolitik der EU und der USA aufzubauen. Im Fall der Subventionen für die US-amerikanischen Baumwollfarmer hat Brasilien ein Verfahren vor der WTO gewonnen und die USA auf Kompensationsleistungen verpflichtet. Trotz einer engen Kooperation (auch in Zentralamerika) bei der Ausweitung der Produktion von Biokraftstoff beklagt Brasilien die US-amerikanischen Sonderabgaben beim Import brasilianischen Ethanols. Die USA stehen wiederum den Bestrebungen der brasilianischen Regierung kritisch gegenüber, internationale Patente auszuhebeln (vor allem wenn US-amerikanische Unternehmen betroffen sind), um in Brasilien billigere Generika zur Behandlung von AIDS-Kranken zu produzieren.

Aktuelle politische Trends

In der US-amerikanischen Lateinamerikapolitik gibt es eine enge Vernetzung von Innen- und Außenpolitik. Im wissenschaftlichen Sprachgebrauch hat sich dafür der Terminus *intermestic politics* (eine Kombination aus *international* und *domestic*) eingebürgert. Darunter sind verschiedene Entwicklungen zu verstehen: Außenpolitische Entscheidungen werden stark von innenpolitischen Machtkalkülen und Einflüssen bestimmt, und externe Akteure nehmen Einfluss auf die innenpolitischen Entscheidungsprozesse. So hat die mexikanische Regierung eine aktive Lobbypolitik in den USA zur Durchsetzung des NAFTA-Vertrages betrieben. Die kolumbianische Regierung hat intensiv für die Unterstützung des *Plan Colombia* und die Aufnahme von Verhandlungen über ein Freihandelsabkommen geworben. Bei den Verhandlungen über Freihandelsabkommen mit Lateinamerika bilden sich in der Regel Koalitionen von Lobbygruppen in den USA, deren Klientel Nachteile von einer Marktöffnung befürchten. In der Folge werden in die Abkommen häufig Umwelt- oder Arbeitsstandards aufgenommen, mit denen sich nachfolgend die lateinamerikanischen Partnerländer auseinandersetzen müssen. Auf die Lateinamerikapolitik der USA nimmt eine große Zahl von Akteuren Einfluss. Viele Initiativen gehen vom Kongress aus, der mit Gesetzen wie z. B. in der Drogen-, Migrations- oder auch Menschenrechtspolitik den Handlungsspielraum des Präsidenten einschränkt oder diesen zu außenpolitischen Handlungen zwingt (z.B. hinsichtlich der Verhängung von Sanktionen). So gingen z.B. viele der Strafmaßnahmen gegen Kuba auf Initiativen von Abgeordneten oder Senatoren zurück.

Die enge Vernetzung zwischen Innen- und Außenpolitik in den USA und in Lateinamerika wird durch die Migration vieler Lateinamerikaner in die USA und deren finanzielle Rücküberweisungen (*remittances*) in ihre Heimatländer zusätzlich verstärkt. Letztere sind für viele Staaten in Zentralamerika und der Karibik ein wichtiger Wirtschaftsfaktor. In den USA nimmt der Einfluss der *Hispanics* – so die offizielle Bezeichnung in den Statistiken für US-Amerikaner mit lateinamerikanischen Wurzeln – zu und erzeugt Widerstände. Lag der Anteil der *Hispanics* 1990 noch bei 9 Prozent der Bevölkerung, so stieg er bis 2000 auf fast 11 Prozent an. Im Jahr 2003 war es dann so weit: Gemäß den Daten der US-amerikanischen Zensusbehörde waren die *Latinos* zur größten Minderheit in den USA geworden, noch vor den Afroamerikanern. Einwohner lateinamerikanischer Herkunft machen inzwischen (2010) 16,3 Prozent der Gesamtbevölkerung der USA aus. Aus einem anderen Blickwinkel betrachtet sind die USA mit 50 Millionen *Hispanics* das drittgrößte „lateinamerikanische“ Land, nach Brasilien und Mexiko und noch vor Kolumbien und Argentinien. Starke Minderheiten lateinamerikanischer Herkunft können als Wähler die US-amerikanische Politik gegenüber ihren Herkunftsländern beeinflussen. Besonders effizient war in dieser Hinsicht die vor allem in Florida starke Lobby der Exil-Kubaner (CANF), die für eine harte Haltung und Sanktionen gegenüber dem Castro-Regime eintritt. Möglicherweise haben sogar die Wähler kubanischer Herkunft in Florida 2000 die Präsidentschaftswahl für George W. Bush entschieden.

Lateinamerika ist für die USA weiterhin ein wichtiger Exportmarkt. Zwischen 2000 und 2009 ging durchgehend knapp über ein Fünftel der US-amerikanischen Exporte nach Lateinamerika. Auch für die lateinamerikanischen Staaten sind die USA ein wichtiger Handelspartner. Allerdings ist der Anteil der USA am Außenhandel Lateinamerikas rückläufig: Gingen im Jahr 2000 noch über 60 Prozent der lateinamerikanischen Exporte in die USA, so waren es am Ende der Dekade weniger als 40 Prozent. Noch deutlicher fällt der Trend beim Anteil der lateinamerikanischen Importe aus, die aus den USA kommen und die von 55 Prozent auf weniger als 30 Prozent zurückgingen. Allerdings sind die USA für Mexiko, die meisten zentralamerikanischen Länder und die Länder im nördlichen Südamerika immer noch der bei weitem wichtigste Handelspartner. Demgegenüber ist der Anteil der USA an den Exporten in Chile und den MERCOSUR-Ländern mit ungefähr 10 Prozent aktuell (2009) relativ niedrig.

Tabelle 1: Anteil verschiedener Handelspartner am Außenhandel Lateinamerikas (in %)

Exporte	2000	2006	2008	2009
Lateinamerika und Karibik	19,0	16,4	18,4	17,2
Asien (ohne China)	5,0	9,7	11,8	14,5
China	1,1	3,4	5,0	6,9
USA	61,0	47,6	41,4	39,8
EU	11,8	12,8	13,7	12,8
Importe	2000	2006	2008	2009
Lateinamerika und Karibik	15,1	18,9	18,9	18,8
Asien (ohne China)	10,9	22,2	23,5	24,9
China	1,8	8,4	10,4	11,8
USA	55,0	32,4	29,0	29,2
EU	12,1	12,8	13,5	13,8

Quelle: CEPAL (2010) Panorama de la Inserción Internacional de América Latina y el Caribe 2009-2010, Santiago de Chile, S. 114

Entscheidend für die Veränderung der Handelsströme von und nach Lateinamerika ist das wachsende Gewicht Asiens und vor allem Chinas. Schon 2009 gingen in vier von zehn südamerikanischen Ländern (Argentinien, Brasilien, Chile und Uruguay) mehr Exporte nach China als in die USA. Für manche Kommentatoren ist die chinesische Präsenz in Lateinamerika symptomatisch für die Erosion der Macht und der geopolitischen Position der USA in der Region.

Ohne Zweifel hat der Aufstieg Chinas als Wirtschaftsmacht und Abnehmer lateinamerikanischer Exporte den Raum für eine größere Eigenständigkeit Lateinamerikas gegenüber den USA erweitert. Der wirtschaftliche Aufschwung in Lateinamerika und die abnehmende Bedeutung der USA als Wirtschaftspartner – vor allem in Südamerika – haben auch zu einem Einflussverlust der in Washington ansässigen internationalen Finanzorganisationen wie der Weltbank und des IWF geführt, die einst den sogenannten ‚Washington Konsensus' liberaler Wirtschaftspolitik in Lateinamerika geprägt und den südlichen Nachbarn diktiert hatten. Viele lateinamerikanische Regierungen haben ihre Schulden gegenüber dem IWF vorzeitig getilgt und seit Mitte der vergangenen Dekade keine neuen Abkommen abgeschlossen.

Neben Asien bleibt auch die EU ein wichtiger Konkurrent der USA in Lateinamerika, wobei sich die Wirtschaftsinteressen der EU stark auf den MERCOSUR konzentrieren, der einzigen Subregion mit der die USA keine Freihandelsabkommen abgeschlossen haben. Nach über einer Dekade Abwesenheit in Lateinamerika nach 1990 hat Russland wieder seine Präsenz in der Region verstärkt. Das Land ist mittlerweile ein wichtiger Waffenlieferant, vor allem für Venezuela. 2008 statteten – als eine symbolische Geste gegenüber den USA – russische Kriegsschiffe und strategische Bomber Venezuela einen Besuch ab und führten gemeinsame Manöver durch. Außerdem wurden die Beziehungen mit Kuba reaktiviert und mit Brasilien ausgebaut. Insgesamt haben die lateinamerikanischen Staaten ihre internationalen Beziehungen ausdifferenziert und unterhalten enge Beziehungen zu Europa, Asien, Afrika und in den Nahen und Mittleren Osten, auch mit Staaten, die ein gespanntes Verhältnis zu den USA haben. Es ist mittlerweile ein Teil der Normalität, dass der chinesische Regierungschef oder sogar der iranische Präsident Lateinamerika bereisen. Und die erste

Auslandsreise eines lateinamerikanischen Präsidenten außerhalb der Region führt nicht mehr notwendigerweise in die USA.

Übungsfragen

1. Was verstehen Sie unter *intermestic politics*? Warum kommt diesem Konzept in den Beziehungen zwischen den USA und Lateinamerika besondere Bedeutung zu?
2. Welches ist der Stellenwert Lateinamerikas in der US-amerikanischen Außenpolitik? Welchen Ländern kommt besondere Bedeutung in den Beziehungen mit Lateinamerika zu?
3. Überwiegen die Kontinuitätslinien oder die Brüche in der Lateinamerikapolitik der US-amerikanischen Präsidenten seit 1990? Welche Themenfelder sind für die US-amerikanische Politik gegenüber Lateinamerika von Bedeutung?

Weiterführende Literatur

Crandall, Russell C. (2008) The United States and Latin America After the Cold War. Cambridge: Cambridge University Press.
Ausführlicher Überblick nach Themen und Präsidentschaften über die US-amerikanische Lateinamerikapolitik von 1989 bis ca. 2006.

Domínguez, Jorge und Rafael Fernández de Castro (Hrsg.) (2010) Contemporary U.S. Latin American Relations. New York/London: Routledge.
Nach Ländern gegliederter Überblick über die Beziehungen zwischen den USA und Lateinamerika 2000-2009.

Kryzanek, Michael J. (2008) U.S.-Latin American Relations. Fourth Edition. Westport, CT/London: Praeger.
Breiter historischer Überblick über die Entwicklung der US-amerikanischen Lateinamerikapolitik bis in die Gegenwart.

Webseiten

Council on Hemispheric Affairs (COHA): www.coha.org
Inter-American Dialogue: www.thedialogue.org
Congressional Research Service (CRS), Reports on Foreign Policy and Regional Affairs: www.fas.org/sgp/crs/row/index.html

Verwendete Literatur

Brands, Hal (2010) Latin America's Cold War. Cambridge, MA: Harvard University Press.

Herz, Monica (2011) The Organization of American States (OAS). London/New York, NY: Routledge.

Lowenthal, Abraham F., Theodore J. Piccone und Laurence Whitehead (Hrsg.) (2011) Shifting the Balance. Obama and the Americas. Washington D.C.: The Brookings Institution.

The Chicago Council on Global Affairs (2010) Constrained Internationalism: Adapting to New Realities. Chicago, IL: The Chicago Council on Global Affairs.

Sub-Sahara Afrika

Julia Leininger[1]

Zusammenfassung

Die US-amerikanische Außenpolitik gegenüber den Staaten Sub-Sahara-Afrikas basiert auf sicherheitspolitischen und außenwirtschaftlichen Interessen. Zwar nehmen die Sahelzone und Teile Ostafrikas seit 2001 geostrategisch einen hohen Stellenwert im Kampf gegen den internationalen Terrorismus ein, doch kommt der Afrikapolitik im Gesamtkontext US-amerikanischer Außenpolitik noch immer eine untergeordnete Bedeutung zu. So verfolgte bis 2011 keine der US-amerikanischen Regierungen eine langfristige Afrikastrategie. Der globale Wettbewerb um wirtschaftlichen und politischen Einfluss, den die USA zunehmend mit China austrägt, kann sich weiterhin zu einem wichtigen Parameter für die US-amerikanischen Beziehungen mit rohstoffreichen afrikanischen Staaten entwickeln. Sicherheitspolitisch wird die Legitimität und Effektivität des 2008 geschaffenen Regionalkommandos für Afrika (AFRICOM) ein Thema auf der außenpolitischen Agenda bleiben.

Einleitung

Die US-amerikanische Außenpolitik gegenüber Sub-Sahara Afrika bezieht sich auf insgesamt 48 Staaten.[2] Sie sind geographisch in vier Subregionen gruppiert: West-, Ost, Zentral- und Südliches Afrika.[3] Insgesamt besteht die US-amerikanische Politik in dieser Region aus unterschiedlichen *policies*, die von kurz- bis mittelfristigen Interessen geleitet werden. Eine strategisch ausgerichtete und kohärente Afrikapolitik[4] ist bislang kaum zu erkennen.

Die Beziehungen zwischen den USA und den meisten Staaten Sub-Sahara Afrikas sind von einem außerordentlich asymmetrischen Machtverhältnis geprägt. Dies spiegelt sich z.B. in der wirtschaftlichen Stärke, dem Anteil an der globalen Ökonomie und dem Wohl-

---

1 Ich danke Antonia van Delden für die Datenbearbeitung und Erstellung der Tabellen.

2 Diese Zählung beinhaltet den seit 9. Juli 2011 existierenden Südsudan.

3 Westafrika: Benin, Burkina Faso, Elfenbeinküste, Gambia, Ghana, Guinea, Guinea-Bissau, Kapverdische Inseln, Liberia, Mali, Mauretanien, Niger, Nigeria, São Tomé und Príncipe, Senegal, Sierra Leone, Togo. Zentralafrika: Äquatorialguinea, Burundi, Kamerun, Demokratische Republik Kongo, Republik Kongo, Gabun, Ruanda, Seychellen, Tschad, Zentralafrikanische Republik. Ostafrika: Äthiopien, Dschibuti, Eritrea, Kenia, Komoren, Mauritius, Somalia, Südsudan, Tansania, Uganda. Südliches Afrika: Angola, Botswana, Lesotho, Madagaskar, Malawi, Mosambik, Namibia, Sambia, Simbabwe, Südafrika, Swasiland.

4 „Afrika/afrikanisch" wird in diesem Beitrag synonym zu den Staaten Sub-Sahara Afrikas verwendet und schließt die nordafrikanischen Staaten aus (vgl. zu Nordafrika den Beitrag von Carola Richter in diesem Band).

stand der Bevölkerung wider. Während die USA laut Zahlen des Internationalen Währungsfonds ein jährliches Bruttoinlandsprodukt (BIP) von 13.245,7 Milliarden US-Dollar (2010) aufbringt, entfällt auf 44 Staaten Sub-Saharas ein BIP von ca. 4.971 Milliarden US-Dollar (2010), davon ein Drittel (37 Prozent) auf Südafrika. International ergibt sich ein ähnliches Bild beim Anteil am Welthandel. Innerstaatlich bleiben Armut und gewaltsam ausgetragene Konflikte in Afrika hoch sowie institutionelle Kapazitäten zur Erfüllung von Staatsaufgaben relativ zu anderen Regionen niedrig – trotz des hohen makroökonomischen Wachstums, das 17 afrikanische Staaten im vergangenen Jahrzehnt verzeichneten.

Genese außenpolitischer Interessen der USA in der Region

In der US-amerikanischen Außenpolitik nehmen die Beziehungen zu den Staaten Sub-Sahara Afrikas eine nachrangige Bedeutung ein. Dabei stellen geostrategische Überlegungen im Zeichen wirtschaftlicher und sicherheitspolitischer Interessen die wichtigste Grundlage für die US-amerikanische Afrikapolitik dar. Während ökonomische Interessen nahezu eine Konstante in der Geschichte US-amerikanischer Beziehung zu Afrika bilden, war der Subkontinent bis weit in das 20. Jahrhundert von geringem geostrategischen und sicherheitspolitischen Gewicht für die USA. Entwicklungspolitische und humanitäre Belange machen im Vergleich zu anderen OECD-Staaten einen geringen Anteil der Außenpolitik gegenüber afrikanischen Staaten aus (z.B. 2009: 0,002 Prozent des BIP), gewannen dann seit den 1990er Jahren zeitweise aber an Relevanz.

Soziokulturelle Bande zwischen den Gesellschaften Sub-Sahara-Afrikas und Nordamerikas bestanden schon vor der Gründung der USA (1776). Der Sklavenhandel mit Europa und Afrika trug zur Entstehung der US-amerikanischen Gesellschaft bei und formte ihre Struktur nachhaltig. Schätzungsweise haben 10 bis 12 Prozent der US-amerikanischen Bevölkerung afrikanische Wurzeln (Duigan/Gann 1987: 7). Etwa 11 Millionen Afrikanerinnen und Afrikaner wurden seit 1619 eingesetzt, um die spätere US-amerikanische Volkswirtschaft aufzubauen. Insbesondere die Expansion der Plantagenwirtschaft im Süden der USA (Tabak, Reis, Indigo, ab 1793 Baumwolle) hat seit Ende des 17. Jahrhunderts Sklaven überwiegend von der afrikanischen Westküste (heute Benin, Elfenbeinküste, Liberia, Nigeria, und Guinea) und Zentral- und Südliches Afrika (Kongo und Angola) in die USA gebracht. Produkte, die von Sklaven auf den Plantagen erwirtschaftet wurden, dienten vor allem dem Export nach Europa. Dementsprechend waren die US-afrikanischen Beziehungen eine feste Komponente im transatlantischen Handelsdreieck mit Europa. Als 1808 das erste Gesetz zum Verbot des Imports und Exports von Sklaven erlassen wurde, begann eine langsame Umkehrbewegung, die in Rücksiedlungsprogramme für afrikanischstämmige Sklaven mündete. Zu diesem Zwecke gründeten die USA 1822 die Kolonie Liberia. Wider diese offizielle Politik wurde der Sklavenhandel von Geschäftsleuten informell weiter betrieben. Erst in Folge des Sezessionskriegs verebbte der Kommerz mit Sklaven 1867.

Geostrategisch nahm die Bedeutung des afrikanischen Kontinents daraufhin bis in die 1950er Jahre ab. Im 20. Jahrhundert bekam Afrika erst in der Blockkonfrontation zwischen West und Ost als fester Bestandteil der globalen Eindämmungspolitik (*containment*) einen Platz auf der außenpolitischen Agenda der USA. Mittel, um die Vorherrschaft gegenüber der UdSSR zu sichern bestanden (a) in der Einrichtung von Militärbasen in Äthiopien, Liberia und Sudan oder in der Sicherung des Meerzugangs wie im Falle Südafrikas; (b) im Rohstoffabbau als Grundlage für militärische Aufrüstung, insbesondere in Zaire (heutiges Kongo-Kinshasa), Liberia, Rhodesien (heute Zimbabwe); (c) in der wirtschaftlichen Unterstützung von Staaten, die als pro-westlich galten und ressourcenreich waren. Diesen Kriterien folgend definierten die USA 1977 die Elfenbeinküste, Kenia, Nigeria, Sudan, Südafrika und Zaire als Staaten mit einem herausragenden Investitionsklima; (d) in der Unterstützung politischer und militärischer Akteure im Kampf gegen den Feind im Osten wie dies im angolanischen Bürgerkrieg ab 1975 deutlich wurde. Um den sowjetischen Systemeinfluss zu verringern, förderten die USA bis in die 1960er Jahre auch die Kolonialpolitik europäischer Staaten. Im Gegenzug sollten die Alliierten aus dem Zweiten Weltkrieg Stabilität in ihren Kolonien gewährleisten und den sowjetischen Einfluss auf europäische Staaten zurückdrängen (Dobson/Gann 2006: 111). Diese europagewandte Politik nahm in den 1960er Jahren ab als afrikanische Freiheitsbewegungen begannen, für die Unabhängigkeit zu kämpfen. Je nach ihrer ideologischen und politischen Ausrichtung erhielten sie wirtschaftliche und militärische Rückendeckung von den USA.

Constructive Engagement (1980-1985): Die Sonderrolle Südafrikas

Bezeichnung für die erfolglose US-amerikanische Politik der Reagan-Administration gegenüber dem Apartheidsregime in Südafrika. Durch eine Auflockerung und Missachtung der VN-Sanktionen gegen Südafrika versuchten die USA über einen steten diplomatischen, wirtschaftlichen und sicherheitspolitischen Dialog auf die Auflösung des Apartheidsregimes hinzuwirken. Durch diese Politik konnten zwar die strategisch wichtigen Beziehungen Aufrecht erhalten werden, einen Beitrag zur Abschaffung der Apartheid wurde jedoch nicht geleistet. Auf Druck des Kongresses und zivilgesellschaftlicher Gruppen wurde das *constructive engagement* 1985 beendet. *Constructive Engagement* ist nicht zu verwechseln mit dem Ansatz des *active engagement*, das unter Präsident George H. W. Bush 1991-1994 in Afrika betrieben wurde und auf humanitäre Ziele abhebt.

Die insgesamt geringe strategische Bedeutung Sub-Sahara Afrikas für die USA führt zu einer hohen Volatilität in der Ressourcenallokation gegenüber einzelnen Staaten. Relativ konstante, intensive Beziehungen unterhalten die USA vor allem mit den genannten Staaten mit „herausragendem Investitionsklima" (vgl. a-d), die sich bereits im Kalten Krieg zu wichtigen Partnern entwickelt hatten. Hervorzuheben sind hier die sicherheitspolitische Ausrichtung in Ost- und Westafrika einschließlich der Sahelzone, wirtschaftliche Beziehungen mit Südafrika und rohstoffexportierenden Staaten wie Angola, Kongo (Kinshasa) und Nigeria sowie humanitäre und entwicklungspolitische Unterstützung, die ebenfalls Ost-, West und das Südliche Afrika fokussiert und teilweise die Wahrnehmung sicherheitspolitischer Interessen erleichtern soll.

Zentrale Akteure, Institutionen und Politikfelder

In der außenpolitischen Elite der USA kommt Sub-Sahara Afrika im Vergleich zu anderen Weltregionen geringe Aufmerksamkeit zu. Selbst im Außenministerium erfolgte die Institutionalisierung der Afrikapolitik durch die Einrichtung des *Africa Bureaus* im Jahr 1958 relativ spät.[5] Es herrscht eine fragmentierte Afrikapolitik vor, die von einer Vielzahl an Akteuren und Institutionen in unterschiedlichen Politikfeldern formuliert und umgesetzt wird (van de Walle 2009: 11). Zentrale Akteure sind hirebei (1) die Regierung, vertreten durch

5 Das *Africa Bureau* wurde auf Initiative des Außenministers Robert Nixon in der Regierung Eisenhower 1958 gegründet, um der geostrategischen Stellung Afrikas im Kalten Krieg Rechnung zu tragen.

unterschiedliche Fachministerien, insbesondere das Außen-, Verteidigungs- und Landwirtschaftsministerium sowie USAID; (2) der *Black Caucus* im Kongress und (3) wohlfahrtsorientierte sowie privatwirtschaftliche Lobbygruppen.

Das US-amerikanische Regierungshandeln gegenüber Sub-Sahara Afrika kann nach dem Kalten Krieg in vier Phasen eingeteilt werden (z.B. Gänzle 2011: 73): In der ersten, kurzen Phase zeichnete Präsident George H. W. Bush seine Afrikapolitik 1991 bis 1994 durch ein *active engagement* aus, das humanitäre Ziele zum Gegenstand hat und in einer Beteiligung der USA an der VN-Mission in Somalia im Jahr 1992 mündete. Nach dem Versagen der internationalen Politik in Somalia verkündete Präsident Bill Clinton, dass Afrika von geringem Interesse für die USA sei und reduzierte die Kooperation. Damit läutete er eine zweite Phase des Rückzugs ein (1994-1998). Diese äußerte sich nicht nur durch einen geringen Einsatz finanzieller Mittel, sondern auch durch humanitäre ad-hoc- anstatt strategische Maßnahmen in Krisensituationen und die Reduzierung der US-amerikanischen Präsenz in Afrika (Halbierung der *Peace Corps*[6]-Mitarbeiter seit Ende der 1960er Jahre; Schließung der Informationsagentur USIA und Minimierung von USAID-Büros auf 22 Staaten).

Erst mit den Anschlägen auf die Botschaften in Tansania und Kenia (1998) und auf das *World Trade Center* in New York (2001) begann mit der dritten Phase (1999-) eine Intensivierung sicherheitspolitisch motivierter Aktivitäten der USA in Afrika. Präsident George W. Bush setzte Afrika – im Vergleich zur vorhergehenden Politik – hoch auf die außenpolitische Agenda. Seine Afrikapolitik wird trotz des massiven Stellenabbaus im zivilen und administrativen Bereich auch von seinen Kritikern – mit Ausnahme von van de Walle (2009) – als einer seiner wenigen Erfolge anerkannt. Daran anschließend stiegen die Erwartungen an die Folgeregierung, zumal Barack Obama als erster US-amerikanischer Präsident mit afrikanischen Wurzeln eine enge Verbundenheit und Bereitschaft zu hohem Engagement in Sub-Sahara Afrika signalisierte. Jedoch sind diese Erwartungen in der vierten Phase schnell der Erkenntnis gewichen, dass der politische und finanzielle Spielraum von Obama nicht ausreicht, um den Mittelaufbau weiter zu verfolgen. Im Einklang mit einer allgemeinen Stärkung ziviler Kräfte in der US-amerikanischen Außenpolitik arbeitet die Obama-Regierung seit 2009 an einer Entmilitarisierung der Afrikapolitik. Eine besondere Herausforderung stellt für Obama der geringe Personalbestand dar, der die effektive Implementierung von Programmen und Initiativen fast unmöglich macht.

In der US-amerikanischen Öffentlichkeit wird häufig davon ausgegangenen, dass demokratische Administrationen ein höheres Afrikaengagement ausweisen als republikanische. Diese Wahrnehmung nahm mit medienwirksamen Afrikareisen des demokratischen Präsidenten Jimmy Carter (1977-1981) ihren Anfang und setzte sich bis in die 2000er Jahre fort. Empirisch kann die Abhängigkeit der Afrikapolitik von Parteiprogrammen jedoch nicht belegt werden. Vielmehr sind parteipolitische Konstellationen zwischen Kongress und Präsident die entscheidenden Parameter für die politische Ausrichtung gegenüber Sub-Sahara Afrika (Goldstein/Moss 2003: 13). Dies wird auch belegt durch den erheblichen Mittelzuwachs unter der Bush-Regierung seit 2001. Die Obama-Regierung agiert pfadabhängig und führt seit 2009 das Erbe aus der Bush-Regierung fort.

Nichtstaatliche Lobbygruppen beeinflussen den Kongress, insbesondere den *Black Caucus*, und die Regierung in ihrer Politikausrichtung. Bürgerrechtsgruppen und Nichtregierungsorganisationen – wie *Transafrica* in erfolgreichen Anti-Apartheidskampagnen – berufen sich auf das afrikanische Erbe der US-amerikanischen Gesellschaft und appellieren an die

---

6 Die *Peace Corps* wurden 1961 unter Präsident John F. Kennedy gegründet. Das Programm entsendet Ehrenamtliche für 27 Monate in ein Entwicklungsland, um dort Projekte durchzuführen, die auf die Verbesserung der Lebensbedingungen abzielen.

Pflicht zur Solidarität der USA gegenüber Afrika. Sie setzen sich oft für bessere Lebensbedingungen und Freiheitsrechte ein und fordern eine altruistische und karitative Afrikapolitik der USA. Seit Ende der 1990er Jahre nehmen evangelikale, dem republikanischen Spektrum nahestehende Gruppierungen zunehmend Einfluss auf die Außenpolitik. Sie sehen es als christliche Pflicht der USA, die Beziehungen mit afrikanischen Staaten in den Dienst gegen die Armut zu stellen. Außerdem wächst das Interesse der US-amerikanischen Privatwirtschaft an Investitionen in Afrika. Hier entsteht seit den 1990er Jahren eine weitere Lobbygruppe, die bessere infrastrukturelle und rechtsstaatliche Rahmenbedingungen für unternehmerische Tätigkeiten in Afrika fordert. Sie wird teilweise durch den *Corporate Council on Africa* (CCA) vertreten. Auch die *US Global Leadership Campaign* spielt hier eine wichtige Rolle. Die wichtigsten Elemente der Afrikapolitik werden im Folgenden in den drei zentralen Politikfeldern Wirtschaft, Sicherheit und Entwicklung analysiert.

Wirtschaftspolitik

Wirtschaftliche Beziehungen zwischen Afrika und den USA haben einen handelspolitischen Schwerpunkt. Dabei spielt aus US-amerikanischer Sicht der Warenimport aus Afrika eine größere Rolle als umgekehrt. Die Interessen der USA sind hier energiepolitisch und auf die Rohstoffversorgung der eigenen Volkswirtschaft ausgerichtet. Die wichtigsten Importe sind Erdöl, Titan, Kobalt, Bauxit, Kupfer und Eisen. Entsprechend unterstützen die USA ihre afrikanischen Handelspartner. Dahingegen werden afrikanische Volkswirtschaften kaum als Absatzmärkte begriffen. Diese Perspektive gewinnt erst seit den 2000er Jahren mit dem wachsenden Engagement Chinas und Indiens in Afrika an Bedeutung. Eine Ausnahme bildet Südafrika als wichtigster afrikanischer Handelspartner der USA.

Zentrale Akteure sind das Handels- und Außenministerium sowie privatwirtschaftliche Akteure. Die Regierung wird bei der Umsetzung der Handelspolitik und afrikaspezifischen Programmen durch eine Außenhandelsagentur (*Private Investment Corporation*) und die entwicklungspolitische USAID unterstützt. Im privatwirtschaftlichen Sektor überwiegen Unternehmen, die im Abbau von Rohstoffen (z.B. Bergbau, Gas und Erdöl) und deren Weiterverarbeitung tätig sind. Jüngst nimmt der Landkauf für kommerzielle Zwecke durch US-amerikanischen Firmen im landwirtschaftlichen Bereich zu.

Ab 2001 und spätestens mit dem *Cheney Report* von 2001 drang im Außen- und Verteidigungsministerium die Überzeugung durch, dass afrikanische Öl- und Gasressourcen ein vitales Interesse für die Versorgung der US-amerikanischen Volkswirtschaft sind. 2010 stammte rund ein Fünftel aller Erdölimporte der USA aus Afrika. Bis 2015 soll dies auf mindestens 25 Prozent anwachsen. Die Summe aus nigerianischen und angolanischen Ölimporten überstieg bereits 2007 die Lieferungen Saudi Arabiens. 2002 folgte mit der *African Oil Policy Initiative* eine Diversifizierungsstrategie, die neue Handlungsfelder für US-amerikanische Unternehmen identifizierte. Zum einen sollen bewährte Lieferanten im Erdöl- und Gasgeschäft wie Nigeria und Angola ihre Exportzahlen steigern. In anderen Staaten, insbesondere am Golf von Guinea, Äquatorial-Guinea, Gabun, Kongo (Brazaville) und Tschad wird ausgelotet, welche Explorationsmöglichkeiten für Erdöl und andere Rohstoffe bestehen.

Die internationale Energiepolitik der USA ist nicht – wie die Entwicklungspolitik – an Auflagen gebunden. So werden Ölgeschäfte mit autoritären afrikanischen Staaten abgeschlossen und die Beziehungen mit ihnen vertieft. Auch der Korruption wird durch US-amerikanische Firmen im Rohstoffsektor teilweise Vorschub geleistet. Firmen bestechen Politiker und den Staat für bestimmte Dienste wie Genehmigungen und beschleunigte Verfahren. Laut einem Gesetzesbeschluss vom Juli 2010 müssen US-amerikanische Firmen im Erdöl- und Bergbausektor Zahlungsströme an Förderländer offen legen. Die Wirkungen dieses Gesetzes sind 2011 noch nicht absehbar.

Ein zweiter Pfeiler im ökonomischen Bereich ist die US-amerikanische Förderung des Handels mit afrikanischen Wirtschaften. Im Jahr 2000 verabschiedete der Kongress das Freihandelsabkommen *African Growth and Opportunity Act* (AGOA). Durch Zollpräferenzen soll afrikanischen Händlern der Zugang auf den US-amerikanischen Markt gesichert werden. Der Handel zwischen den USA und Sub-Sahara Afrika ist zwischen 2005 und 2008 zwar um 28 Prozent gestiegen, doch ist dies nicht nur auf AGOA zurückzuführen (Zappile 2011). Vielmehr bleibt der Handelszuwachs durch AGOA hinter den ursprünglichen Erwartungen zurück. AGOA geht mit entwicklungspolitischen Programmen einher, die die Fähigkeiten und das Wissen von afrikanischen Händlern über Verarbeitungsprozesse und die Einspeisung von Gütern in die globale Warenkette stärken sollen.

Schließlich ist die Außenwirtschaftspolitik mit Afrika an sicherheitspolitische Fragen geknüpft. Die vulnerable Lage in ressourcenreichen Staaten wie Angola oder Äquatorialguinea erfordert den Einsatz militärischer Mittel, um das Produktionsniveau auf einem gleichmäßigen Stand zu halten. Insgesamt bleiben die konträren Prioritäten auf der wirtschaftspolitischen Agenda gegenüber anderen Politikfeldern (z.B. Rohstoffsicherung auf Kosten von Menschenrechten gegenüber der entwicklungspolitischen Demokratieförderung) mittelfristig ein Hemmnis für die Formulierung einer kohärenten Afrikastrategie.

Sicherheitspolitik

Sicherheitspolitisch rückte Afrika zu Beginn der 2000er Jahre in den Fokus der USA. Die vorhergehende Dekade war von Zurückhaltung geprägt nachdem Präsident Bill Clinton 1993 Truppen aus Somalia abgezogen hatte, weil 18 US-amerikanische Soldaten in Mogadischu in Kampfhandlungen getötet worden waren. Dieser Verlust an Menschenleben wird oft als Ausgangspunkt für eine außenpolitische Wende bezeichnet. Sie führte ein Jahr später mit zur Entscheidung Bill Clintons, nicht gegen den Genozid in Ruanda zu intervenieren. Erst die Bombenanschläge auf US-amerikanische Botschaften in Kenia und Tansania 1998 verschoben die Aufmerksamkeit der außenpolitischen Elite wieder auf die Staaten Sub-Sahara Afrikas. Als die USA dann im Nachklang zu den Anschlägen auf das *World Trade Center* 2001 ihren globalen Kampf gegen den Terrorismus begann, wurden die unregierten Räume und unkontrollierten Grenzregionen Afrikas als geeigneter Nährboden und Handlungsstätten für transnational agierende Terrorismusgruppen identifiziert.

Die Schwerpunktsetzung auf Terrorismusbekämpfung ab 2002 induzierte einen institutionellen Wandel in den Außenbeziehungen mit Afrika. Als zentraler Akteur rückte das *Pentagon* vor das Außenministerium auf. Die Umsetzung der im Verteidigungsministerium formulierten Politik wurde unterschiedlichen Agenturen wie der *Defense Security Cooperation Agency* (DSCA) oder bei Ausbildungsprogrammen dem *Africa Center for Strategic Studies* aufgetragen. Die größte institutionelle Neuerung stellte 2007 die Errichtung des *Africa Commands* (AFRICOM) mit Hauptsitz in Stuttgart dar. Eine zusätzliche Schwächung des Außenministeriums erfolgte durch den Einsatz privater Firmen, die logistische und informationstechnologische Aufgaben übernehmen (Malan 2008). In der Folge der Reorientierung auf sicherheitspolitische Fragen stieg die Relevanz des afrikanischen Militärs als Kooperationspartner.

Finanziell schlug sich die neue Sicherheitspolitik der USA in einer Etaterhöhung der Militärhilfe nieder.[7] In den 1990er Jahren lag sie in der Regel unter 100 Millionen US-Dollar. Diese Grenze wird ab 2001 konstant überschritten und wächst von 277,6 Millionen US-Dollar 2005 auf 738,6 Millionen US-Dollar 2008 an (vgl. Tabelle 1). Diese Versieben-

7 Bei dieser Bewertung ist zu beachten, dass die Einheitlichkeit der verfügbaren Daten aufgrund unterschiedlicher Berichtssysteme in der vielfältigen Akteurslandschaft nicht gegeben ist und hier von einem Trend ausgegangen wird.

fachung der Mittel ist unter anderem auf die Gründung der AFRICOM und die erhöhten Einsätze im Sudan, Kongo (Brazaville) und Liberia in diesem Zeitraum zu erklären. Relativ zur weltweit von den USA geleisteten Militärhilfe nehmen die Transfers nach Sub-Sahara Afrika – ähnlich wie während der Ost-West-Konfrontation – konstant einen geringen Anteil zwischen 2,1 Prozent (2001) und 4,7 Prozent (2008) ein. Wie die Entwicklungspolitik wird die Vergabe von Militärhilfe häufig an Konditionen gebunden, z.B. sollten 35 afrikanische Staaten einen Zusatzvertrag zu den Rom Statuten des Internationalen Strafgerichtshofs unterschreiben, der eine Strafverfolgung US-amerikanischer Soldaten ausschließt.

Tabelle 1: US-amerikanische Militärhilfe an Sub-Sahara Afrika (1980 bis 2009)*

Jahr**	Militärhilfe (in Millionen US-Dollar)	Anteil an weltweiter Militärhilfe (in %)	Jahr**	Militärhilfe (in Millionen U S-Dollar)	Anteil an weltweiter Militärhilfe (in %)
1980	77,28	3,64	2003	118,90	1,78
1985	163,02	2,81	2004	64,50	1,05
1990	25,49	0,51	2005	277,60	3,78
1995	13,75	0,33	2006	238,10	1,94
2000	55,90	1,15	2007	518,30	3,93
2001	83,10	2,11	2008	738,60	4,65
2002	100,90	2,10	2009	260,40	1,90

Quelle: Agency for International Development (USAID) U.S. overseas loans and grants: obligations and loan authorizations (jährlich).
* USAID erfasst vor allem Mittel, die ODA-anrechnungsfähig sind. Tabelle 1 zeigt demnach nicht den vollen Umfang der Militärausgaben in Sub-Sahara Afrika, sondern lediglich einen Entwicklungstrend.
** Jahre sind berechnet bis zum 30. September eines jeden Jahres.

Angesichts hoher Kosten und der aus Sicht der USA notwendigen Präsenz in Afrika, initiierte das *Pentagon* 2004 eine Debatte über die Einrichtung eines US-amerikanischen Afrika-Kommandos. Es sollte die bis dahin von vier Standorten aus organisierte Militärunterstützung in Afrika ablösen. 2007 wurde die AFRICOM mit einer militärischen und zivilen Leitung gegründet. Dieser integrative Ansatz sollte die unterschiedlichen Notwendigkeiten für die Terrorismusbekämpfung zusammenführen. Die AFRICOM agiert in Afrika über 18 Verbindungsbüros, die in den Botschaften vor Ort angesiedelt sind. Der Zuständigkeitsbereich der AFRCIOM ist umfassend und bezieht 53 afrikanische Staaten in Nord- und Sub-Sahara Afrikas ein. Zudem soll die AFRICOM einer weiteren Fragmentierung der US-amerikanischen Außenpolitik in Afrika vorbeugen und die Arbeiten verschiedener staatlicher Institutionen (FBI, Verteidigungs- und Außenministerium, Durchführungsorganisationen) koordinieren. Dieses Ziel und die Umsetzung eines effektiveren, integrativen Ansatzes wurden bislang verfehlt (US Department of State 2009). Hinzukommt, dass die Einrichtung der AFRICOM von afrikanischen und westlichen Akteuren als „diplomatisches Desaster“ bezeichnet wird (van de Walle 2009: 14). Die AFRICOM wird oft als Projektion US-amerikanischer Interessen auf Afrika verstanden, ohne die Belange der Regierungen und Gesellschaften vor Ort zu berücksichtigen. Hierauf begründet sich auch – mit der Ausnahme Liberias – die starke Ablehnung afrikanischer Staaten, ein Hauptquartier für die AFRICOM einzurichten.

Die USA verfolgen unterschiedliche Strategien, um ihre sicherheitspolitische Agenda in Afrika zu verfolgen (Bah/Aning 2008: 122). Die AFRICOM deckt die meisten davon ab. Zum einen bilden die USA Allianzen mit europäischen und internationalen Institutionen, um Konfliktmediation und -management sowie *peace-building* voranzubringen. Zum anderen werden bilaterale Kooperationen mit einzelnen Staaten und Regionalorganisationen wie der AU oder ECOWAS eingegangen. Die Zusammenarbeit kann sieben Formen annehmen:

1) Training und Unterstützung von *Peacekeeping*-Missionen, insbesondere im Rahmen der *Global Peace Operations Initiative* (GPOI), die auf dem G8-Gipfel von 2006 als Nachfolger der *African Crisis Response Initiative* (ACRI) gegründet wurde. Die GPOI zielt darauf ab bis 2014 insgesamt 75.000 *Peacekeeper* auszubilden. Dafür wurden zwischen 2005 und 2009 mindestens 480 Millionen US-Dollar eingesetzt. Außerdem unterstützen die USA die AU-Missionen in Burundi (AMIB, 2003), Somalia (AMISOM) und Sudan (AMIS/AMID) sowie die ECOWAS-Mission in Liberia (ECOMIL) mit finanziellen und logistischen Mitteln.
2) Training afrikanischer Militärs, das auf die Stärkung militärischer Fähigkeiten abzielt und vielfältig ausgestaltet ist. Es reicht von praktischen Kampfübungen über logistische Ausbildung bis zu Lehrgängen zur Bedienung von Waffen.
3) Gemeinsame Militärübungen mit afrikanischen Staaten (*Joint Combined Exchange Training*, JCET). Sie wurden seit 2001 vor allem mit zehn Staaten durchgeführt[8] und sollen dazu dienen, die USA und afrikanische Partner auf Kampfhandlungen vorzubereiten.
4) Nachrichtendienstliche Seminare, die afrikanische Militärs und Regierungen mit dem Umgang neuer Informationstechnologien vertraut machen sollen. Sie werden überwiegend vom *Africa Center for Strategic Studies* durchgeführt.
5) Aufrüstungsprogramme mit denen alliierten Kräften entweder Waffen bereitgestellt oder vom *Pentagon* Lizenzen für den Waffenverkauf ausgestellt werden. Im Zeitraum 2002 bis 2005 betrug diese Komponente 211 Millionen US-Dollar, macht aber im weltweiten Vergleich einen geringeren Anteil als 5 Prozent am US-amerikanischen Waffenhandel aus.
6) Militärbasen, die die Stationierung von US-amerikanischem Militär erlauben wie in São Tomé und Príncipe, Senegal und Uganda. Die größte Militärbasis ist das ehemals französische Camp Lemonnier in Djibouti, das die 1.500 starke *Combined Joint Task Force Horn of Africa* (CJTF-HOA) beherbergt. Im Gegenzug zur Einrichtung des Camps hat Djibouti 31 Millionen US-Dollar Entwicklungshilfe erhalten. Desweiteren existieren Abkommen über die militärische Nutzung von Infrastruktur wie in Gabun, Ghana, Kenia, Mali, Namibia und Sambia.
7) Programme technischer Zusammenarbeit, die auf den Aufbau von Rahmenbedingungen abzielen gehören ebenfalls zum Repertoire, z.B. die Unterstützung beim Verfassen von Anti-Terrorgesetzgebungen in Kenia, Tansania und Uganda.

Die globale Terrorismusbekämpfung bedient sich den meisten dieser sieben Elemente und setzt die AFRICOM ein. Regional und programmatisch fokussieren die USA hierbei (1) den Sahelraum in den Grenzregionen zwischen Niger, Mali, Mauretanien und Algerien. Auf Anregung des *Pentagon* startete 2002 die *Pan-Sahelian Initiative* (PSI), die 2005 in die *Trans-Sahara Counterterrorism Initiative* (TSCTI) überging. Hieran wurden zudem Marokko, Mauretanien, Nigeria, Senegal, Tschad und Tunesien beteiligt. Militärisch wird die Initiative von der *Operation Enduring Freedom Trans Sahara* (OEF-TS) unterstützt, die seit 2007 dem Kommando der AFRICOM untersteht. (2) Äthiopien, Kenia, Somalia und Uganda am Horn von Afrika. Zentral ist hier die in Djibouti stationierte und zivil-militärisch organisierte CJTF-HOA. (3) Der Sudan spielt eine hervorgehobene Rolle, weil die USA bei der Beilegung des Nord-Südkonflikts tragend waren. Ein Sondergesandter (*Special Presidential Envoy for Sudan*) soll die unterschiedlichen Interessen im Sudan vertreten.

Im Vergleich zu anderen Weltregionen spielen Massenvernichtungswaffen aufgrund geringer Ressourcen in Sub-Sahara Afrika kaum eine Rolle. Eine Ausnahme bildet Südafri-

8 Benin, Elfenbeinküste, Ghana, Guinea, Kenia, Malawi, Mali, Nigeria, Senegal, Uganda.

ka, das von den 1960er Jahren bis 1991 über ein Nuklearprogramm verfügte. Auf Druck der USA hat die südafrikanische Regierung 1991 ein Nonproliferations-Abkommen unterschrieben. Die Aufrechterhaltung dieser Verpflichtung wird von den USA regelmäßig öffentlich anerkannt.

Die Etablierung dieser Programme und der AFRICOM waren von der Überzeugung getragen, dass „(...) countries both wanted and needed US leadership" (Lindsay 2011: 765). Dabei standen aber die Interessen der USA und nicht die afrikanischer Staaten im Vordergrund. Die von afrikanischen Akteuren perzipierte Missachtung ihrer Sicherheitsbedürfnisse führte zu einer konstanten Verschlechterung der US-amerikanischen Reputation und Legitimität in der ersten Dekade der 2000er Jahre. Die Obama-Regierung versucht, dieser Entwicklung entgegenzusteuern, indem sie der AFRICOM eine geringere Bedeutung zumisst, militärische Aufgaben stärker von zivilen trennt und zumindest rhetorisch den Belangen der afrikanischen Bevölkerungen einen Vorrang einräumt.

Entwicklungspolitik

Entwicklungspolitik wird in der außenpolitischen Elite der USA explizit als *soft power*-Instrument zur Verfolgung nationaler Interessen verstanden (Lancaster 2008: 33; vgl. hierzu auch den Beitrag von Anna Schwan in diesem Band). Entsprechend unterliegen die Bedeutung Afrikas und die Mittelallokation im Haushalt nicht primär entwicklungsspezifischen, sondern sicherheits- und wirtschaftspolitischen Kalkülen. Beispiele hierfür sind zum einen Konditionalitäten wie die Lieferbindung von Entwicklungshilfe. Zum anderen fließen die höchsten Summen von Entwicklungsgeldern an wirtschaftlich und sicherheitspolitisch strategisch wichtige Partner. So sind der Sudan (Platz 3)[9], Äthiopien (4), Kenia (8) und Südafrika (10) unter den zehn Staaten, die am meisten Entwicklungshilfe erhalten.[10] Insgesamt bekommt Sub-Sahara Afrika im Vergleich zu anderen Weltregionen die meisten Entwicklungsgelder.

Zentraler Akteur für die Umsetzung entwicklungspolitischer Maßnahmen ist die im Außenministerium angesiedelte USAID. Im Zuge der Mittelerhöhung von Präsident George W. Bush wurde sie durch die Etablierung anderer Institutionen und Programme geschwächt (Gänzle 2009: 14). Neben staatlichen Einrichtungen nimmt die private *African Development Foundation* (ADF), die 1980 unter dem Demokraten Jimmy Carter gegründet wurde, einen wichtigen Stellenwert ein. Die Budgetierung der Entwicklungshilfe unterliegt der Zustimmung durch den Kongress, wo afrikaspezifische Politik in einem Unterausschuss des Auswärtigen Komitees (*Committee on Foreign Affairs*), dem *Subcommittee on Africa, Global Health, and Human Rights* (seit 2009) behandelt, kontrolliert und mitbestimmt werden.

In absoluten Zahlen ist die USA seit Jahrzehnten der größte Geber offizieller Entwicklungshilfe (*Official Development Assistance*, ODA) an afrikanische Staaten. Die US-amerikanische ODA an afrikanische Staaten ist mit der demokratischen Regierung von Jimmy Carter seit den 1980er Jahren auf 12.455 Millionen US-Dollar (1989-1992) angestiegen und sank während der demokratischen Präsidentschaft von Bill Clinton, insbesondere in seiner zweiten Amtszeit (1997-2000), auf 7847,3 Millionen US-Dollar (vgl. Abbildungen 1 und 2).[11] Dies beinhaltet auch militärische Unterstützung, z.B. Trainings- und Polizeiunterstützung. Insgesamt bleiben die USA angesichts des sehr geringen Anteils der ODA am BIP noch 2011 weit hinter ihren Möglichkeiten, anderen OECD-Gebern und den Erwartungen der Entwicklungsländer sowie multilateraler Organisationen zurück.

---

9 Dies bezieht sich vor allem auf den Südsudan.

10 Die anderen Top Ten-Staaten sind: Afghanistan (1), Irak (2), Palästinensische Gebiete (5), Kolumbien (6), Ägypten (7) und Pakistan (9). Der afrikanische Anteil verdichtet sich in der „Top 20", in der 12 Staaten Sub-Sahara Afrikas rangieren.

11 Davon sind die weitreichenden, oben genannten, wirtschaftlichen Initiativen der Clinton-Regierung unbenommen.

Abbildungen 1 und 2: Entwicklungshilfe der USA an Sub-Sahara Afrika (1961-2008)*

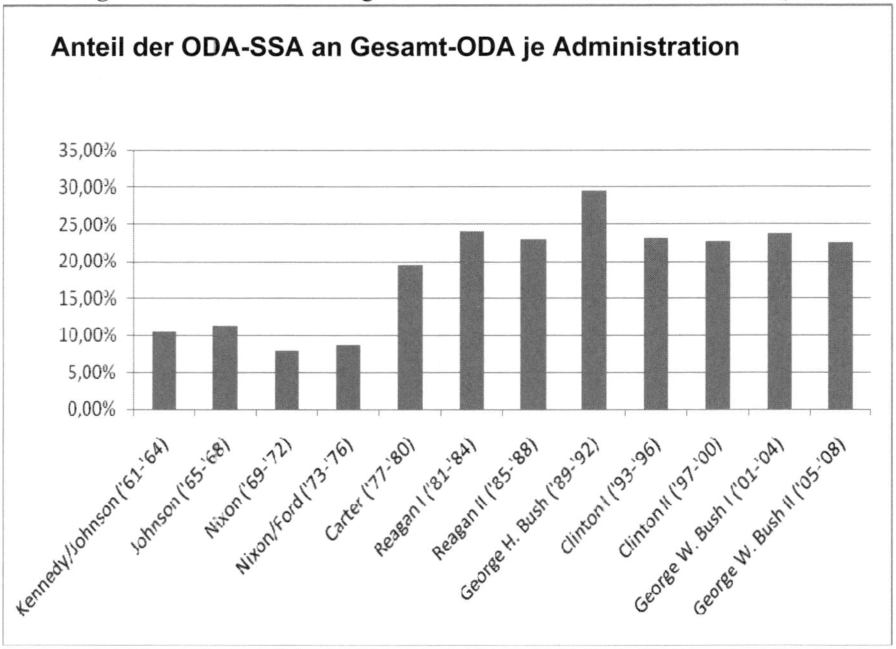

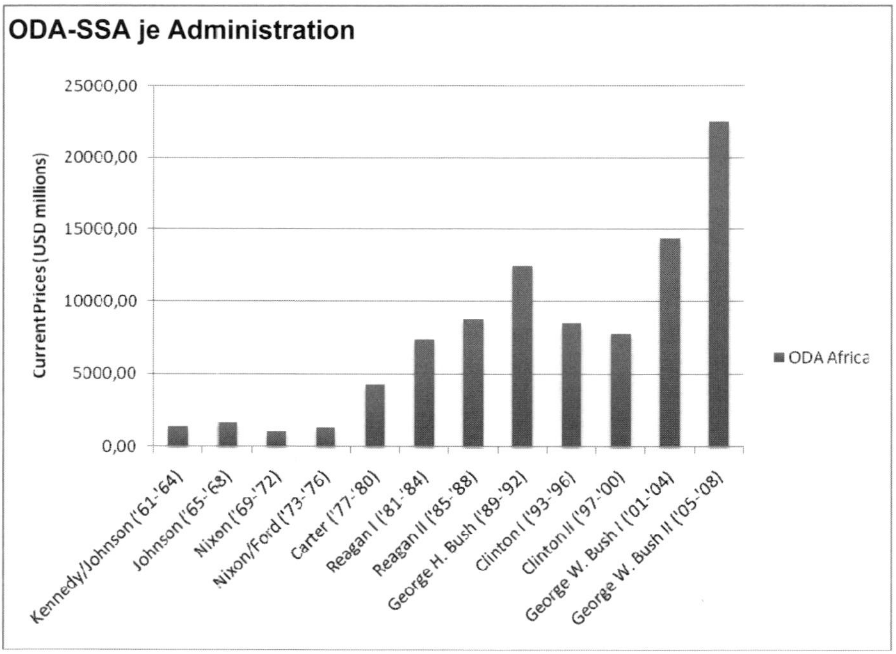

Quelle: Berechnung der Autorin auf Grundlage von OECD-Daten
* Zuverlässige Daten für die Obama-Regierung (2009-) lagen bei Redaktionsschluss nicht vor.

Für viele Beobachter unerwartet, erfolgte unter Präsident George W. Bush eine Verdopplung des entwicklungspolitischen Haushalts der USA, der zu einer Verdreifachung des Afrika-Etats (2005-2008) in absoluten Zahlen führte. Allerdings blieb der Anteil am Gesamthaushalt der ODA von 22,5 Prozent bis 23,7 Prozent stabil zwischen 1993 und 2008 (vgl. Abbildung 2). Der Mittelzuwachs ergab sich zum einen aus der gestiegenen sicherheitspolitischen Relevanz Afrikas seit 2000. Die Entwicklungspolitik sollte genutzt werden, um Sicherheits- und Terrorismusbedrohungen vorzubeugen, indem rechtsstaatliche Strukturen gestärkt und die Armut bekämpft werden sollen. Diese Kopplung entwicklungspolitischer Maßnahmen an sicherheitspolitische Interessen führte zu einer „securitization of aid". Kritiker fürchten, dass dieser sicherheitspolitische Primat langfristig die Erreichung von Entwicklungszielen unterminiert. Zum anderen agierte die Bush-Regierung zwischen 2001 und 2008 im Kontext des *compassionate conservatism*, der von den Republikanern nahestehenden evangelikalen Gruppierungen erfolgreich verfolgt wurde. So setzte er sich im Kontext sicherheitspolitischer Interessen auch für eine karitative Ausrichtung US-amerikanischer Außenpolitik gegenüber armen Staaten ein.

Die Erhöhung des Entwicklungshilfe-Etats ab Anfang der 2000er Jahre ging mit der Etablierung neuer Programme und Initiativen einher, die von Präsident Barack Obama ab 2009 weitgehend fortgeführt wurden. Neben den von USAID durchgeführten Sektorprogrammen in den Bereichen Landwirtschaft, Konfliktmanagement, Demokratie, Wirtschaft und Handel, Bildung, Umwelt und Gesundheit, haben zwei Bereiche einen sehr hohen Stellenwert erlangt:

1) Die *Global Health Initiative* des US-amerikanischen Präsidenten wurde 2003 gegründet.[12] Kernbestandteil ist der *U.S. President's Emergency Plan for AIDS Relief* (PEPFAR), der auf die Bekämpfung von HIV/AIDS abzielt. Zwischen 2004 und 2010 investierten die USA 32,3 Milliarden US-Dollar in PEPFAR. Global entwickelte sich die Bush-Regierung im Rahmen der G8 als Agendasetter für die internationale AIDS-Bekämpfung. Im Juni 2005 wurde dies durch die *U.S. President's Malaria Initiative* (PMI) ergänzt. Obama schaffte zudem die *Feed the Future*-Initiative, bei der Landwirtschaft und Ernährungssicherheit im Mittelpunkt stehen. Trotz der Anerkennung guter Absichten, wird der effiziente und effektive Mitteleinsatz im Gesundheitsbereich angezweifelt, da diese Maßnahmen unverknüpft zum Arbeitsschwerpunkt „Gesundheit" von USAID durchgeführt werden. Die Obama-Regierung hat hier erste Anstrengungen unternommen, um die unterschiedlichen Organisationseinheiten in einem *whole-of-government-approach* zusammenzubringen und damit für Kohärenz zu sorgen.
2) Zur Fragmentierung der US-amerikanischen Entwicklungspolitik trägt zudem die Gründung einer eigenständigen Organisation, des *Millennium Challenge Account* (MCC), im Jahr 2004 bei. Er soll die Zusammenarbeit mit Staaten mit sehr niedrigem Einkommen stärken und sie durch fünfjährige Programme (*compact*) bei der Armutsbekämpfung stützen. Die Neuerung des MCC besteht in expliziter Konditionalität. Für eine Förderung durch den MCC kommen nur Staaten in Betracht, die eine gute Regierungsführung ausüben, in ihre Bevölkerung „investieren" und eine freie Marktwirtschaft pflegen. Nach diesen Förderkriterien wurden 22 Empfängerstaaten ausgewählt, davon ist die Hälfte afrikanisch. Unterstützungsmaßnahmen werden in der Regel eingestellt sobald eines der Kriterien missachtet wird, z.B. jüngst im Juli 2011 im Falle Malawis, wo die Regierung gewaltsam gegen Proteste der Bevölkerung gegen den Anstieg der Lebenshaltungskosten vorgegangen ist.

12 Seit 2011 werden unter den 80 Empfängerstaaten sieben Schwerpunktländer ausgewählt; fünf davon sind afrikanisch (Äthiopien, Kenia, Malawi, Mali und Ruanda).

Aktuelle politische Trends

Eine *Grand Strategy* für Afrika ist mittelfristig nicht zu erwarten. Vielmehr ist davon auszugehen, dass die Akteursvielfalt und Heterogenität politischer Programme weiterhin zu einer fragmentierten US-amerikanischen Außenpolitik gegenüber Afrika beitragen wird. Dabei werden wirtschaftliche und sicherheitspolitische Interessen die wichtigsten Parameter sein, die die außenpolitische Ausrichtung bestimmen werden. Auch entwicklungspolitische Ziele werden auf der Agenda bleiben, wenngleich weder mit signifikanten Mittelerhöhungen, noch einer Priorisierung humanitärer Belange zu rechnen ist. Insgesamt werden historische und ökonomische Pfadabhängigkeiten die bilateralen Beziehungen mit einzelnen Staaten prägen, z.B. der ehemaligen Kolonie Liberia, Südafrika, den ressourcenreichen Ölexporteuren Angola und Nigeria oder den geostrategisch bedeutenden Staaten des Horns von Afrika. Eine Intensivierung der Beziehungen findet seit 2011 mit dem jüngsten Staat Afrikas statt, dem Südsudan.

Im globalen Wirtschaftsystem wird die Bedeutung afrikanischer Rohstoffe weiter zunehmen. Ihr Ressourcenreichtum trägt dazu bei, dass viele afrikanische Staaten zum „Zünglein an der Waage" im globalen Wettbewerb um Rohstoffe geworden sind. Insbesondere das exponentielle Wachstum von China und Indien sowie die Ölabhängigkeit der US-amerikanischen Volkswirtschaft schüren die Konkurrenz dieser wirtschaftlichen und politischen Großmächte. Einige Beobachter interpretieren das chinesische und US-amerikanische Engagement in Afrika nicht nur als wirtschaftlichen Wettbewerb, sondern sehen auch einen Wettstreit um ein gesellschaftlich-politisches Modell. Zwar stellt sich aus der Perspektive afrikanischer Staaten oft die Frage, welche politischen und sozio-ökonomischen Entwicklungsmodelle am tragfähigsten sind, doch zeichnet sich bislang kein Systemwettbewerb wie in der Ost-West-Konfrontation ab. Vielmehr haben einige afrikanische Staatschefs in den vergangenen Jahren eine pragmatische Diversifizierungsstrategie verfolgt, die Kooperationsmöglichkeiten mit allen wirtschaftlich wichtigen Akteuren eröffnen.

Sicherheitspolitisch wird Sub-Sahara Afrika ein Pfeiler im Kampf gegen den internationalen Terrorismus bleiben, insbesondere die schwer regierbare Sahelzone im Grenzbereich zu Nordafrika und die Räume fragiler Staatlichkeit am Horn von Afrika. Während die räumliche Fokussierung in der Sicherheitspolitik unbestritten ist, wird diskutiert, mit welchen Mitteln und Instrumenten die USA ihre Ziele in Zukunft am effektivsten verfolgen kann. Umstritten ist hierbei die Rolle des AFRICOM. Die Legitimität und Effektivität des US-amerikanischen Kommandos ist in Krisensituationen aufgrund seines geringen Rückhalts in der afrikanischen Staatengemeinschaft eingeschränkt. Auch innerhalb der außenpolitischen Elite der USA wird regelmäßig in Zweifel gezogen, ob die hohen Kosten des AFRICOM gerechtfertigt sind und Präventionsaufgaben nicht durch kleinere Einheiten und Unterstützungsprogramme bewerkstelligt werden könnten. Als Alternative zur AFRICOM wird eine Stärkung der Unterstützung für afrikanische Initiativen und Regionalorganisationen gefordert.

Übungsfragen

1. Welche Staaten und Subregionen Afrikas werden von allen US-amerikanischen Administrationen bevorzugt behandelt?
2. Welche Hauptinteressen verfolgen die USA in Sub-Sahara Afrika? Wer sind die Akteure und Institutionen, die die US-amerikanische Afrikapolitik formulieren und umsetzen?
3. Beschreiben Sie drei Herausforderungen, die sich US-amerikanischen Entscheidungsträgern in der Gestaltung der Beziehungen mit Sub-Sahara Afrika stellen.

Weiterführende Literatur

Bah, A. Sarjoh und Kwesi Aning (2008) US Operations Policy in Africa: From ACRI to Africom, in: International Peacekeeping 5(1), S. 118-32.
Überblicksbeitrag zur Entstehungsgeschichte, Errungenschaften und Herausforderungen militärischer Operationen und Institutionen der USA in Afrika.

Cooke, Jennifer und Steven Morrision (Hrsg.) (2009) U.S. Africa Policy Beyond the Bush Years. Critical Challenges for the Obama Administration. Washington, D.C.: Center for Strategic and International Studies.
Analyse der US-amerikanischen Afrikapolitik nach den Terroranschlägen vom 11. September 2001 und Identifizierung von Herausforderungen für die Zukunft.

Schraeder, Peter (1994) United States Foreign Policy toward Africa: Incrementalism, Crisis, and Change. Cambridge: Cambridge University Press.
Breit angelegte Studie zur US-amerikanischen Afrikapolitik vor und nach dem Kalten Krieg. Gilt in der politikwissenschaftlichen Forschung als „Klassiker".

Webseiten

African Growth and Opportunity Act: www.agoa.gov

Africa Bureau des US-amerikanischen Außenministeriums; enthält ein Archiv ab 1993: www.state.gov/p/af/

Corporate Council on Africa: www.africacncl.org

Verwendete Literatur

Bah, A. Sarjoh und Kwesi Aning (2008) US Operations Policy in Africa: From ACRI to Africom, in: International Peacekeeping 5(1), S. 118-32.

Cooke, Jennifer und Steven Morrision (Hrsg.) (2009) U.S. Africa Policy Beyond the Bush Years. Critical Challenges for the Obama Administration. Washington, D.C.: Center for Strategic and International Studies.

Dobson, Alan P. und Steve Marsh (2006) US Foreign Policy since 1945. New York, NY: Routledge.

Duigan, Peter und Lewis H. Gann (1987) The United States and Africa: A History. Cambridge: Cambridge University Press.

Gänzle, Stefan (2011) AFRICOM and US Africa Policy: "Pentagonising" Foreign Policy or Providing a Model for Joint Approaches?, in: African Security Review 21(1), S. 70-82.

Lindsay, James M. (2011) George W. Bush. Barack Obama and the Future of US Global Leadership, in: International Affairs 87(4), S. 765-779.

Malan, Mark (2008) U.S. Civil.Military Imbalance for Global Engagement. Lessons from the Operational Level in Africa. Washington, D.C.: Refugees International.

U.S. Department of State and the Broadcasting Board of Governors Office of Inspector General (2009) Report of Inspection: The Bureau of African Affairs, Report No. ISP-I-09-63, August.

Van de Walle, Nicolas (2009) US Policy Towards Africa: The Bush Legacy and the Obama Administration, in: African Affairs 109(434), S. 1-21.

Zappile, Tina M. (2011) Nonreciprocal Trade Agreements and Trade: Does the African Growth and Opportunity Act (AGOA) Increase Trade?, in: International Studies Perspectives 12(1), S. 46-67.

Die Autorinnen und Autoren

Sascha Arnautović, M.A., Doktorand, Institut für Politische Wissenschaft, Universität Erlangen-Nürnberg; Vorsitzender und Geschäftsführer, Kölner Forum für Internationale Beziehungen und Sicherheitspolitik e.V. (KFIBS); Forschungsschwerpunkte (Auswahl): US-amerikanische Innen-, Außen- und Sicherheitspolitik, transatlantische Beziehungen, der Faktor Religion in der US-Außenpolitik, die Christliche Rechte im politischen System der USA und die daraus resultierenden innen- und außenpolitischen Folgen.

Lars Berger, Dr., Lecturer in Politics and Contemporary History of the Middle East an der Salford University/Greater Manchester, UK; Studium der Politikwissenschaft, Islamwissenschaft und Soziologie in Jena und Kairo, Congressional Fellow der American Political Science Association 2002/03, Promotionsstipendiat der Studienstiftung des Deutschen Volkes in Jena, Forschungen zu US-Nahostpolitik und US-Terrorismusbekämpfung, arabischer öffentlicher Meinung, Demokratisierung in der arabischen Welt.

Philipp C. Bleek, Dr., ist Assistant Professor am Monterey Institute of International Studies, einer Graduiertenschule des Middlebury College, und Fellow am James Martin Center for Nonproliferation Studies. Im Wahlkampf 2008 arbeitete er zu Abrüstungsfragen im außenpolitischen Beraterstab von Barack Obama. Seine Forschungsschwerpunkte sind die Ursachen, Wirkungen und Eindämmung der Verbreitung von nuklearen, biologischen und chemischen Waffen.

Josef Braml, Dr., ist seit Oktober 2006 wissenschaftlicher Mitarbeiter des Programms USA/ Transatlantische Beziehungen der Deutschen Gesellschaft für Auswärtige Politik (DGAP) in Berlin. Er leitet außerdem die Redaktion „Jahrbuch Internationale Politik". Zuvor war er wissenschaftlicher Mitarbeiter der Stiftung Wissenschaft und Politik (2002-2006), Projektleiter des Aspen Institute Berlin (2001), Visiting Scholar am German-American Center (2000), Consultant der Weltbank (1999), Guest Scholar der Brookings Institution (1998-1999), Congressional Fellow der American Political Science Association (APSA) und legislativer Berater im US-Abgeordnetenhaus (1997-1998).

Tobias Hecht, M.A., arbeitet bei Transparency International Deutschland und ist Doktorand an der Universität Erlangen-Nürnberg. Er studierte Regionalwissenschaften Nordamerika, Politische Wissenschaft und Völkerrecht an den Universitäten Bonn und Southern Mississippi. Anschließend war er für die Deutsche Atlantische Gesellschaft und das International Office der Universität Bonn tätig. Seine Forschungsschwerpunkte liegen im Bereich der transatlantischen Beziehungen.

Felix Heiduk, Dr., Lecturer am Department for Political Science and International Studies an der Universität Birmingham; Promotion an der Freien Universität Berlin danach wissenschaftlicher Mitarbeiter der Stiftung Wissenschaft und Politik sowie Post-doc Fellow an der Harvard University; Forschungsschwerpunkte umfassen Sicherheitspolitik Asiens, zivilmilitärische Beziehungen sowie Sicherheitssektorreform.

Thomas Horlohe, Dipl.-Pol., Ministerialrat und Referatsleiter im Ministerium für Wissenschaft, Wirtschaft und Verkehr des Landes Schleswig-Holstein in Kiel, Studium der Internationalen Beziehungen und Volkswirtschaftspolitik in Hamburg, Berlin und Washington, D.C. (Fulbright-Stipendiat), Veröffentlichungen zur US-Außen- und Sicherheitspolitik und zu Strategiefragen, gelegentliche Autorenbeiträge zur Sendung „Streitkräfte & Strategien" des Norddeutschen Rundfunks.

Markus Kaim, PD Dr. habil., Leiter der Forschungsgruppe Sicherheitspolitik, Stiftung Wissenschaft und Politik (SWP), Berlin; Gastprofessor, University of Toronto; Lehrstuhlvertretung, Universität Konstanz; Visiting Fellow, American Institute for Contemporary German Studies, Johns Hopkins University, Washington, D.C. Forschungsschwerpunkte: Transatlantische sicherheitspolitische Zusammenarbeit, Beziehungen zwischen transatlantischen und europäischen Sicherheitsstrukturen, Kooperation von NATO und EU mit Russland.

Patrick Keller, Dr. phil., Koordinator Außen- und Sicherheitspolitik, Konrad-Adenauer-Stiftung e.V., geb. 1978. Studium der Politikwissenschaft sowie der amerikanischen und deutschen Literatur in Bonn und Georgetown, 2007 Promotion in Bonn. Zuvor wissenschaftlicher Mitarbeiter am Bonner Nordamerikastudienprogramm, seit 2010 Lehrbeauftragter für Sicherheitspolitik an der Zeppelin University. Verschiedene Fellowships und Veröffentlichungen zur internationalen Politik, darunter fünf Bücher.

Hans J. Kleinsteuber, Prof. Dr. (em.) für Politische Wissenschaft (seit 1976) und Journalistik (seit 1982) an der Universität Hamburg. Studium an der FU Berlin und in USA, Assistent Kennedy-Institut, FU Berlin. Promotion zu Regulierungspolitik in den USA, Bücher zum politischen System, zur Mediensituation in den USA. Leiter der Arbeitsstelle Medien und Politik, Mitglied Euromedia Research Group. Derzeitige Arbeitsgebiete: Mediensysteme in Deutschland, Europa und Nordamerika im Vergleich, Medienpolitik und –technik, Radio, Media Governance, Reisejournalismus.

Simon Koschut, Dr. rer. pol., Akademischer Rat am Lehrstuhl für Auslandswissenschaft, Universität Erlangen-Nürnberg; Promotion an der Universität Potsdam (2009); Fritz Thyssen Fellow an der Harvard University (2010-11), Vertretung der Juniorprofessur für die Außen- und Sicherheitspolitik Nordamerikas an der Freien Universität Berlin (2009-2010), wissenschaftlicher Mitarbeiter der Deutschen Gesellschaft für Auswärtige Politik (2006-2009); Forschungsschwerpunkte: US-amerikanische Außen- und Sicherheitspolitik, Internationale Beziehungen und Regionen, Friedens- und Konfliktforschung.

Magnus-Sebastian Kutz, Dr., Betriebswirt (Wirtschaftsakademie Hamburg). Studium der Politikwissenschaft und Informatik an der Universität Hamburg, parallel freiberufliche IT- und Organisationsberatung. Seit 2005 Mitglied der Arbeitsstelle Medien und Politik, 2007-2011. Promotion mit Stipendien der Friedrich-Ebert-Stiftung und der Graduate School Media & Communication. Lehre am Institut für Politikwissenschaft, Institut für Anglistik und Amerikanistik und am Institut für Medien und Kommunikation der Universität Hamburg. Forschungsaufenthalte in Dublin, Berlin und Washington, D.C. Seit Mai 2011 Persönlicher Referent der Senatorin für Stadtentwicklung und Umwelt in Hamburg. Forschungsschwerpunkte: US-Außen- und Sicherheitspolitik, Politische Kommunikation, Medienentwicklung und Medienmärkte.

Christian Lammert, Dr., Gastprofessor für die Politik Nordamerikas am John F. Kennedy-Institut der FU Berlin. Promoviert wurde er 2002 an der Goethe-Universität in Frankfurt am Main. Bevor Lammert nach Berlin kam, hat der mehrere Jahre am Zentrum für Nordamerika Forschung (ZENAF) gerarbeitet. Zu seinen Forschungsschwerpunkten gehören die politischen Systeme Nordamerikas und die vergleichende Wohlfahrtsstaatsforschung.

Julia Leininger, Dr., Politikwissenschaftlerin, wissenschaftliche Mitarbeiterin in der Abteilung Governance, Sicherheit und Staatlichkeit des Deutschen Instituts für Entwicklungspolitik (DIE) und Afrikakoordinatorin des DIE. Ihre Forschungsschwerpunkte umfassen Regimewandel, insbesondere in Afrika, state-building und Demokratieförderung sowie Fragen der Entwicklungs- und Außenpolitik.

Stormy-Annika Mildner, Dr., ist Mitglied der Institutsleitung der Stiftung Wissenschaft und Politik (SWP) und lehrt an der Hertie School of Governance und an der Freien Universität Berlin. Master an der London School of Economics (2000); Promotion an der Freien Universität Berlin (2006); Programmleiterin „Globalisierung und Weltwirtschaft" bei der Deutschen Gesellschaft für Auswärtige Politik (2000-2002); Wissenschaftliche Mitarbeiterin am John-F.-Kennedy-Institut der Freien Universität Berlin (2005-2006); Forschungsaufenthalte an der Yale University und der John Hopkins University; Forschungsschwerpunkte: transatlantische Handels- und Finanzbeziehungen.

Zoé Nautré, Dr. rer. pol., Referentin für Syrien und Libanon, Auswärtiges Amt. 2010 Promotion zum Thema Demokratieförderung in der arabischen Welt an der Freien Universität Berlin. 2007-2010 war sie Gastwissenschaftlerin an der Deutschen Gesellschaft für Auswärtige Politik und am Centre for Contemporary Arab Studies (CCAS) an der Georgetown University. Dr. Nautré hat u.a. für die American Academy in Berlin als Director Public Policy Program und für die Gesellschaft für Technische Zusammenarbeit (GTZ) in Sana'a (Jemen) gearbeitet.

Detlef Nolte, Prof. Dr., Vize-Präsident GIGA German Institute of Global and Area Studies; Direktor GIGA Institut für Lateinamerika-Studien; Vorsitzender Arbeitsgemeinschaft Deutsche Lateinamerikaforschung; Professor für Politische Wissenschaft und Mitglied der Gemeinsamen Kommission Lateinamerika-Studien an der Universität Hamburg; Sprecher der Hamburg International Graduate School for the Study of Regional Powers (HIGS); Forschungsschwerpunkte: Politische Systeme und Verfassungswandel in Lateinamerika, Regionale Führungsmächte, Außenpolitik und Regional Integration in Lateinamerika.

Carola Richter, Dr., Junior-Professorin für internationale Kommunikation an der Freien Universität Berlin. Studium der Arabistik, Journalistik und Politikwissenschaft in Leipzig und Birzeit (Palästina). 2004-2010 Wissenschaftliche Mitarbeiterin an der Universität Erfurt. Promotion zu „Medienstrategien ägyptischer Islamisten im Kontext von Demokratisierung". Forschungsschwerpunkte: Transformationsprozesse in der islamischen Welt, außereuropäische Mediensysteme und Kommunikationskulturen

Thomas Rid, Dr. phil., Reader in War Studies, King's College London, sowie Fellow an der School for Advanced International Studies, Johns Hopkins University, Washington, DC. Von 2004 bis 2010 arbeitete Rid an führenden Think Tanks, z.B. der RAND Corporation, am Institut français des relations internationales in Paris, bei der Stiftung Wissenschaft und Politik in Berlin und am Shalem Centre in Jerusalem. Rid forscht über irreguläre Konflikte, Subversion, neue Medien und zivil-militärische Beziehungen. Mehr unter http://thomasrid.org

Miranda Schreurs, Prof. PhD, Leiterin des Forschungszentrums für Umweltpolitik der Freien Universität Berlin; Bis Oktober 2007 war sie Professorin am Dept. of Government and Politics der University of Maryland. Sie war Gastforscherin und Gastprofessorin an der Harvard University, Utrecht University, Keio University, Chuo University und Rikkyo University; Research Fellowships von der SSRC-MacArthur Foundation, der Fulbright Foundation und der National Science Foundation/Japan Society for the Promotion of Science. Miranda Schreurs wurde in den Sachverständigenrat für Umweltfragen (SRU) des Bundesumweltministeriums und in die Ethikkommission der Bundesregierung für sichere Energieversorgung berufen.

Anna Schwan, Dr., forscht und arbeitet auf den Gebieten der Standortkommunikation und PR. Die gebürtige Londonerin studierte in Hamburg und Sevilla Geschichtswissenschaften, Kommunikationswissenschaften und Germanistik, bevor sie für drei Jahre in die USA ging, um in New York und Washington, D.C. als Referentin für Politische Öffentlichkeitsarbeit an der Deutschen Botschaft zu arbeiten. Zurück in Deutschland leitete sie für die Agentur Scholz&Friends Agenda die Kampagne „Deutschland – Land der Ideen". Ihre Praxisarbeit im Bereich der Standortkommunikation veranlasste sie im Jahr 2007, sich dem Thema in ihrer Promotion bei Prof. Hans J. Kleinsteuber wissenschaftlich zu nähern.

David Sirakov, Dr. phil., Studienleiter, Atlantische Akademie Rheinland-Pfalz e.V. in Kaiserslautern, und Lehrbeauftragter an der TU Kaiserslautern, Studium der Politikwissenschaft und des Öffentliches Recht an der Universität Trier, 2004 bis 2010 wissenschaftlicher Mitarbeiter an der TU Kaiserslautern, 2009 Promotion über die russisch-amerikanischen Beziehungen, Forschungsschwerpunkte: Innen-, Außen- und Sicherheitspolitik der USA und Russlands und Theorien der Internationalen Beziehungen.

Johannes Varwick, Prof. Dr., Professor für Politische Wissenschaft an der Universität Erlangen-Nürnberg. Zuvor u.a. Tätigkeiten an der Universität Kiel, der Universität der Bundeswehr in Hamburg und im Forschungsinstitut der Deutschen Gesellschaft für Auswärtige Politik in Berlin. Forschungsschwerpunkte im Bereich Sicherheitspolitik, transatlantische Sicherheitsbeziehungen, strategische Fragen und internationale Organisationen.

David Vielhaber, M.A., wissenschaftlicher Mitarbeiter am National Consortium for the Study of Terrorism and Responses to Terrorism. Er hat einen Bachelor-Abschluss in Internationalen Beziehungen von der Universität Bradford und einen Master-Abschluss in Nichtweiterverbreitung und Terrorismusstudien vom Monterey Institut für Internationale Studien. Zuvor u.a. Tätigkeiten am James Martin Center for Nonproliferation Studies und in der Abteilung für Massenvernichtungswaffen im UN-Büro für Abrüstungsfragen in New York. Sein Forschungsschwerpunkt ist die Sicherheitspolitik im Mittleren Osten.

Michael Wala, Prof. Dr., lehrt Geschichte Nordamerikas an der Ruhr-Universität Bochum, ist Diplom-Volkswirt und hat einen M.A. in History an der UW-Madison erworben, bevor er in Hamburg promovierte und sich an der Universität Erlangen-Nürnberg habilitierte. Er hat in Köln, in den USA und an der LMU in München gelehrt, zahlreiche Bücher und Aufsätze veröffentlich, gibt Schriftenreihen heraus und hat u.a. das Journal of Intelligence History gegründet, das er in den letzten zehn Jahren herausgegeben hat. 1993 gehörte er zu den Gründungsmitgliedern der International Intelligence History Association.

Index

Politik
Verlag Barbara Budrich

Erik Antonczyk/ Susanne Feske/ Simon Oerding (Hrsg.)
Einführung in die Internationalen Beziehungen
Ein Lehrbuch. 2012. Ca. 240 S. Kt. 19,90 € (D), 20,50 € (A), 30,50 SFr
ISBN 978-3-86649-257-8

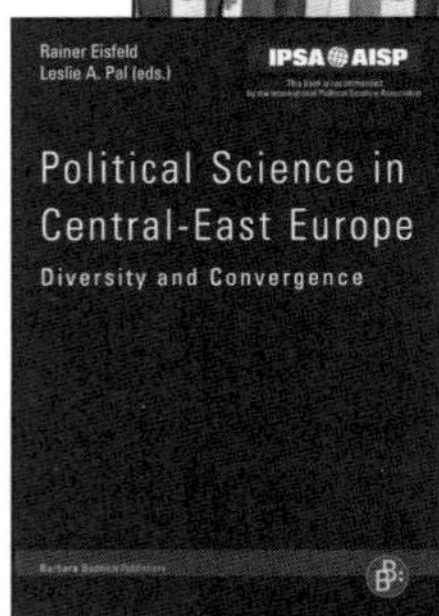

Rainer Eisfeld/ Leslie A. Pal (eds.)
Political Science in Central-East Europe
Diversity and Convergence
2010. 317 pp. Hc. 59,90 € (D), 61,60 € (A), 84,90 SFr. Sonderpreis für Mitglieder der IPSA & ECPSA: 49,90 € (D)
ISBN 978-3-86649-293-6

Felix Heidenreich
Theorien der Gerechtigkeit
Eine Einführung
UTB M. 2011. 251 S. Kt.
16,90 € (D), 17,40 € (A), 25,90 SFr
ISBN 978-3-8252-3136-1

Verlag Barbara Budrich • Barbara Budrich Publishers
Stauffenbergstr. 7. D-51379 Leverkusen Opladen
Tel +49 (0)2171.344.594 • Fax +49 (0)2171.344.693 • info@budrich-verlag.de
US-office: Uschi Golden • 28347 Ridgebrook • Farmington Hills, MI 48334 • USA • www.barbara-budrich.net

www.budrich-verlag.de